LUXURY HOUSES
TOP OF THE WORLD

edited by Martin Nicholas Kunz and Manuela Roth

teNeues

Luxury Houses
TOP OF THE WORLD

	Introduction	6

EUROPE

Norway
| *Stavanger* | Villa Hellearmen | 16 |

Sweden
| *Gothenburg* | VillAnn | 20 |

Russia
| *Moscow* | Jukovka House | 24 |

The Netherlands
| *Veenendaal* | Villa Berkel | 30 |

Germany
| *Stuttgart* | Miki 1 | 34 |

Belgium
| *Brussels* | Private Residence | 40 |

Austria
Linz	House H	44
Klosterneuburg	Residence Klosterneuburg	48
Hafning	Residence Sonndorf	54

Switzerland
Küsnacht	Country Feeling	60
Gstaad	A Surrealist Fairytale	64
Gstaad	Unconventional Originality	68
Zollikon	New Destiny	72
Zurich	Around the World in Seven Rooms	78
Crans Montana	Eccentric Mountain Interior in Red	82
Ticino	A Colorful World	86

United Kingdom
| *Belper* | Light House | 90 |

France
| *Corenc* | Villa S | 94 |
| *above Megève* | Lavish Comfort | 98 |

Italy
Varenna	The Stone House	102
Milan	Casa a Patio	106
Milan	Art Beats	110
Turin	Villa La Mandria	114
Salerno	Villa Positano	118
Salina	Villa Salina	124

Malta
| *Zejtun* | Casa Perellos | 130 |

Spain
Madrid	Camino Alto	134
Ibiza	Can Daffas	138
Andalucia	No.4, La Zagaleta	142

Portugal
| *Pombal* | Casa PR | 148 |

Greece
| *Peleponnes* | Cavogallo | 152 |

Turkey
| *Istanbul* | The Ottoman World | 156 |

AFRICA & MIDDLE EAST

Israel
| *Tel Aviv* | Miler Residence | 160 |
| *Tel Aviv* | Ariav Residence | 164 |

United Arab Emirates
| *Persian Gulf* | Helal New Moon | 168 |

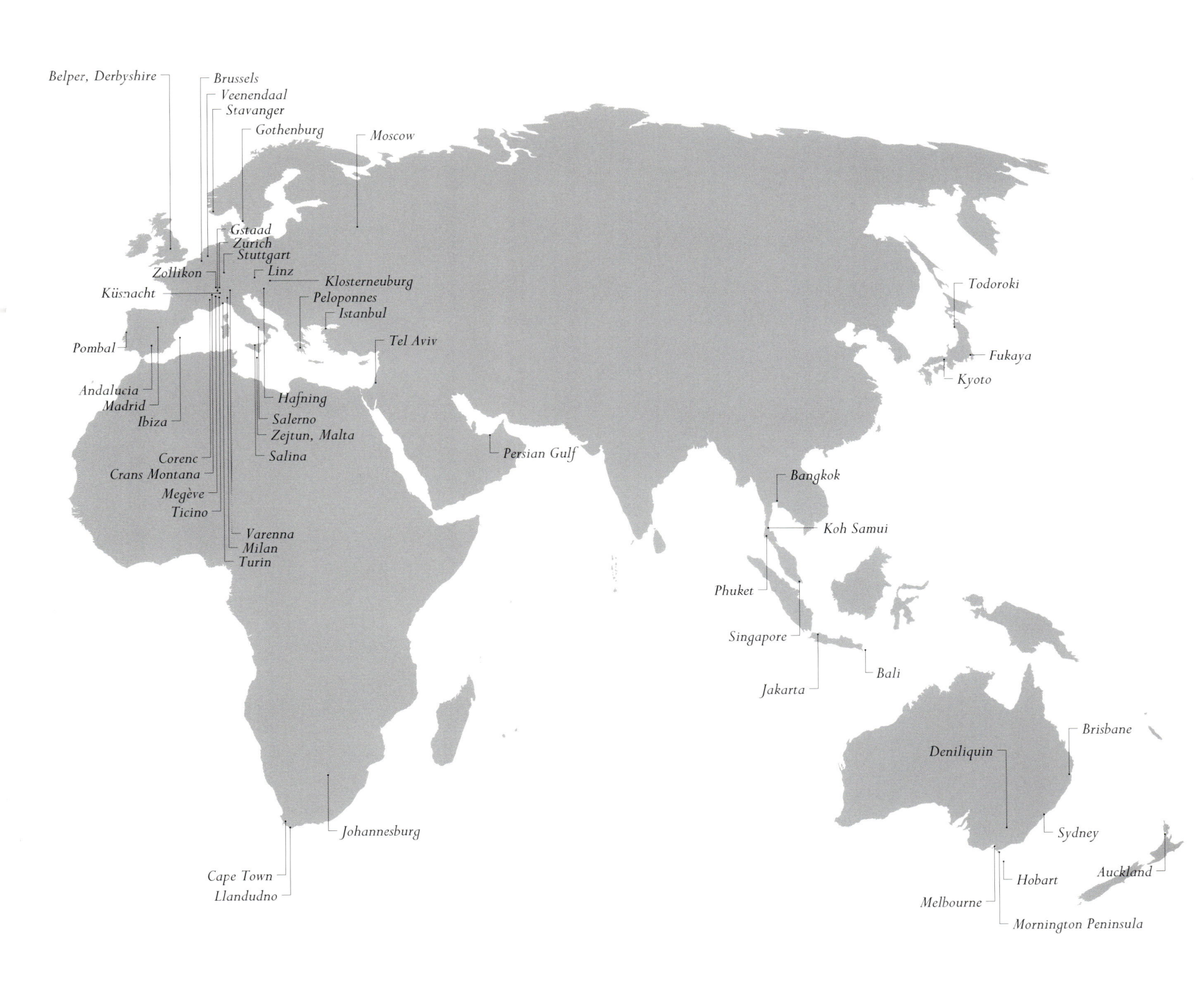

Belper, Derbyshire
Brussels
Veenendaal
Stavanger
Gothenburg
Moscow
Gstaad
Zurich
Stuttgart
Zollikon
Linz
Klosterneuburg
Todoroki
Küsnacht
Peloponnes
Istanbul
Pombal
Tel Aviv
Fukaya
Andalucia
Hafning
Kyoto
Madrid
Salerno
Ibiza
Zejtun, Malta
Corenc
Salina
Crans Montana
Persian Gulf
Megève
Bangkok
Ticino
Koh Samui
Varenna
Milan
Phuket
Turin
Singapore
Bali
Jakarta
Brisbane
Deniliquin
Sydney
Johannesburg
Auckland
Cape Town
Hobart
Llandudno
Melbourne
Mornington Peninsula

The Greatest Prospects

Intelligent luxury: these dream villas are located in the world's most beautiful spots, are almost heavenly hideaways, while meeting the challenges of everyday life and being environmentally friendly.

To lie on a comfy day bed on the terrace, while ice cubes clang in your long drink and the sun is setting over the sea—can there be anything better in the world? Natural vistas soothe the soul, and it is therefore not surprising that the luxury villas presented in this book all have one thing in common: grandiose views of the sea or the mountains, often of both. Terraces and gardens are not simply added to the back of the house, but are placed to proffer the loveliest vistas and most exciting perspectives. The same can be said for windows. It is no accident that the villas do not seem like much from the street, but boast entire glass fronts over multiple levels towards the garden. Some have additional windows placed so cleverly that they could count for paintings—also a desired effect.

No house or interior is so beautiful as that one would not want a lovely view. Well, perhaps not quite. Some of the villas in this book are located in metropolitan environs such as Tokyo or Bangkok, which necessitates partitioning off the outside or shutting the outside world off completely. These villas concentrate wholly on themselves and their courtyard with swimming pool and luscious garden, a small paradise-like alternative world in which one can unwind. But even these houses make use of glass fronts: to proffer views of their vista with patio, of themselves.

Uncompromising comfort is part and parcel of all luxury villas introduced here. But luxury itself is never a self-serving entity. The challenge lies in cleverly designed concepts, which make the best possible atmosphere and the most exquisite ambiance cope with the rigors of everyday life. Architects have found practical solutions, often supported by scores of specialists who take care of apparently negligible details such as safety, climatic considerations, and, obviously, the environment. Villas which are built in the world's most stunning locations are inevitably set in fragile ecosystems. Be it on California's coasts— a high risk area for forest fires or earthquakes—or an island in the Gulf of Thailand with its lack of drinking water and hordes of tourists: these houses require and are provided with "green" solutions, which place the least possible stress on the environment while at the same time providing the inhabitants with state-of-the-art creature comforts. These dream villas quite often have to cope with extremes—such as the two villas in Malibu, whose surfaces are kept to a minimum so as to brave bush fires—without compromising on their visual impact. One has to bear in mind that these two buildings replaced previous structures which had in fact burned down.

No doubt about it: the times when the uninterrupted roar of air-conditioning systems in hot regions was seen as status symbols are over. Many of the residences in this book have well-thought-out air circulation systems; sliding or moving glass fronts are as much part and parcel as is ideal alignment against the slope in order to utilize rising breezes or even direct them to a patio or a terrace.

Interior designers are perfectly aware of the fact that luxury should always be creative and to some extent individual. A house must reflect its owner's personality, fit into and complement its surroundings. Last but not least, its inhabitants must feel comfortable and at home. After all, houses are hideaways. The interiors of these luxury villas, despite all their extravagance, are spaces to live in rather than museums. This is mirrored for example by the rustic chalet whose owner appears to have a weakness for antlers (although he does not hunt himself)—a fact the house reflects in virtually every piece of furniture, thus almost poking fun at his eccentricity—or the welcoming family home in Australia, which balances the sober elegance of exquisite materials and the demands placed upon it by a lively bevy of children. The same goes for the house called "Colorful World", which has the observer catapulted into a fairy-tale world and whose colors, playful patterns, and original accessories impart one thing above all: true joie de vivre.

Stefanie Bisping

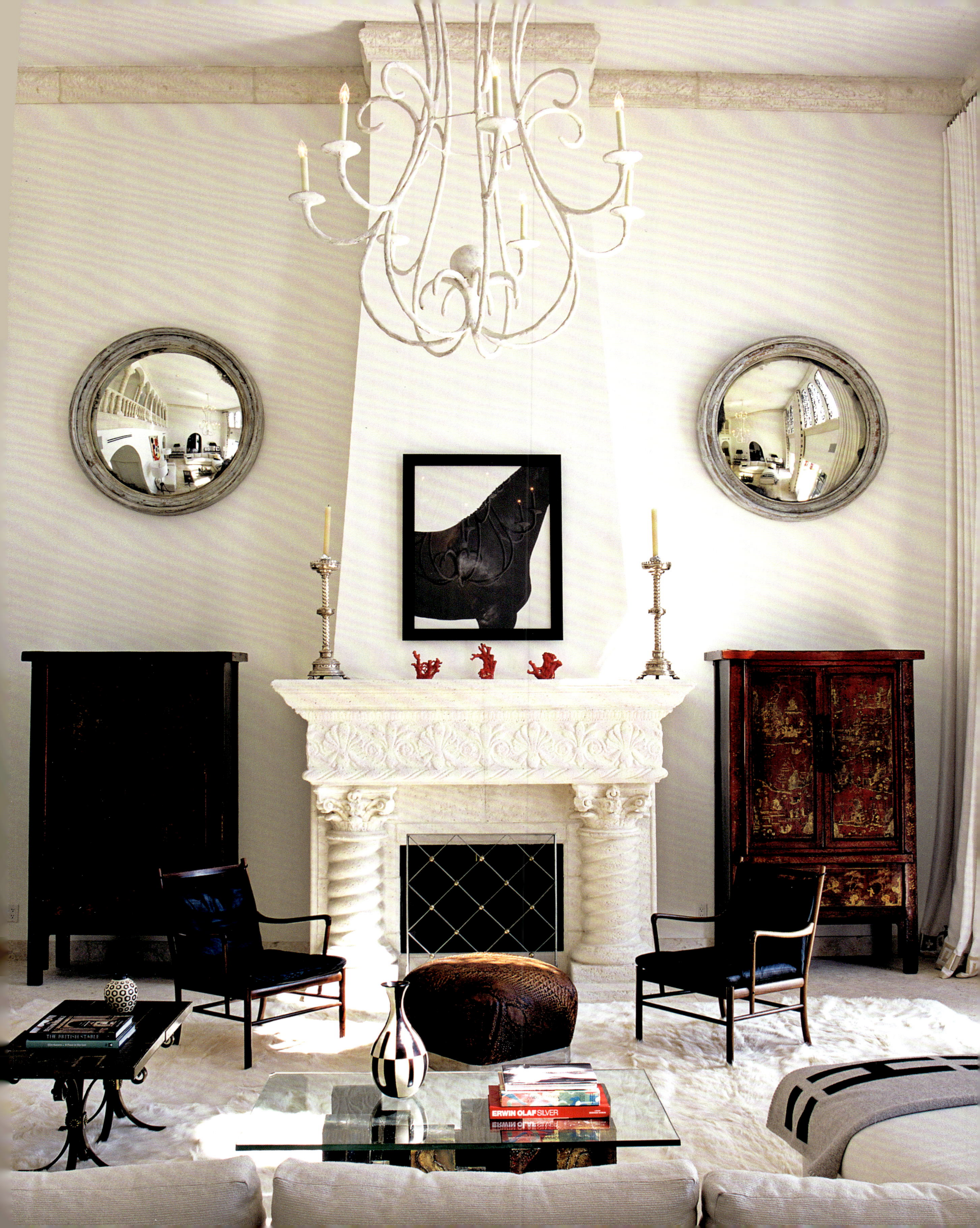
THE BRITISH STABLE
ERWIN OLAF SILVER

Kluger Luxus: Die Traumvillen liegen an den reizvollsten Orten der Welt, sind geradezu himmlische Refugien – aber zugleich auch alltagstauglich und naturverträglich.

Auf einem bequemen Day Bed auf der Terrasse liegen, während im Glas die Eiswürfel klirren und die Sonne im Meer versinkt – kann es Schöneres geben? Blicke in die Natur sind Streicheleinheiten für die Seele, und so verwundert es nicht, dass die Luxushäuser, die dieses Buch vorstellt, fast alle eines gemeinsam haben: grandiose Aussichten auf das Meer oder die Berge, in vielen Fällen sogar beides zugleich. Terrassen und Gärten liegen nicht einfach hinter dem Haus, sie befinden sich dort, wo sich die schönsten Blicke und überraschendsten Perspektiven bieten. Für die Fenster gilt Ähnliches. Nicht zufällig wirken viele der Villen fast unscheinbar, wenn man sich ihnen von ihrer „Straßenseite" nähert. Zur Gartenseite hin sind sie jedoch nicht selten über mehrere Etagen komplett verglast. Einige haben auch zusätzlich Fenster, die so geschickt platziert sind, dass sie Ersatz für Bilder sein könnten – und manchmal auch bewusst sind.

Kein Haus und kein Interieur ist eben so schön, dass man sich nicht auch eine Aussicht wünschte. Oder doch fast keines. Einige der hier vorgestellten Villen befinden sich in einem großstädtischen Umfeld – in Tokio oder Bangkok beispielsweise –, sodass es geboten scheint, sich nach außen abzuschotten, die Außenwelt buchstäblich auszusperren. Bei ihnen ist dann alles auf das Innere konzentriert: auf den Innenhof mit Schwimmbad und üppigem Garten, eine paradiesische kleine Gegenwelt, in der sich alles vergessen lässt. Doch auch diese Häuser schmücken sich mit Glasfronten: um die eigene, selbst geschaffene Aussicht auf den Patio bewundernden Blicken frei zu geben.

Kompromissloser Komfort eint alle Luxushäuser, die dieser Band vorstellt. Aber nie ist Luxus nur um seiner selbst willen das Ziel. Vielmehr geht es um ausgeklügelte Konzepte, die das bestmögliche Wohngefühl vermitteln und das erlesenste Ambiente alltagstauglich machen. Die Architekten haben praktische Lösungen gefunden, oft unterstützt von einem Heer von Spezialisten, die sich um Aspekte kümmern, die nur scheinbar nebensächlich sind: Sicherheit etwa, klimatische Gegebenheiten, und immer auch die Umwelt. Die Villen, die an den schönsten Orten der Welt liegen, befinden sich zwangsläufig auch oft in zerbrechlichen ökologischen Systemen. Sei es an der Küste Südkaliforniens, einem Hochrisikogebiet in Hinblick auf Waldbrände und Erdbeben, oder auf einer Insel im Golf von Siam, wo Wasser knapp ist und die Besucheransturme groß: Mit diesen Häusern wurden „grüne" Lösungen gesucht und gefunden, die die Natur so wenig wie möglich belasten, ohne dass die Hausbewohner deshalb auf Annehmlichkeiten im Alltag verzichten müssten. Zudem sind diese Traumhäuser oft auf Risiken vorbereitet, wie etwa die beiden Villen in Malibu, die Buschfeuern keine Angriffsflächen bieten, dabei aber ästhetisch keine Kompromisse eingehen und optisch nichts von ihrem Reiz einbüßen. Immerhin ersetzen beide Häuser Vorgängerbauten, die tatsächlich bei Waldbränden zerstört wurden.

Kein Zweifel: Die Zeiten, in denen das ununterbrochene Rauschen der Klimaanlage in heißen Regionen als Symbol von Luxus und Überfluss geschätzt wurde, sind vorbei. Viele der hier vorgestellten Häuser besitzen raffinierte Belüftungskonzepte. Glasfronten, die sich vollständig öffnen lassen, gehören ebenso dazu wie die optimale Ausrichtung eines Hauses an einen Steilhang, um aufsteigende Winde zur Kühlung zu nutzen und sie womöglich sogar geschickt in einen Patio oder auf eine Terrasse zu leiten.

Dass Luxus immer auch kreativ und in gewisser Weise individuell sein sollte, wissen die Innenarchitekten natürlich. Ein Haus soll die Persönlichkeit seines Besitzers widerspiegeln, es soll zur Umgebung passen, sie ins beste Licht rücken – und die Bewohner sollen und wollen sich darin zu Hause fühlen. Schließlich sind Häuser Refugien. Die Interieurs dieser Luxusbauten wirken bei aller Extravaganz niemals museal. Weder das rustikale Chalet, dessen Besitzer ein Faible für Geweihe hat (ohne Jäger zu sein), und dessen Haus diese Schwäche an jeder Ecke und mit fast jedem Möbelstück zeigt und ironisiert. Noch das einladende Familienhaus in Australien, das die schlichte Eleganz erlesener Materialien und Möbel mit den Ansprüchen einer vitalen Kinderschar vereinbart. Und auch nicht das Haus mit dem Namen „Bunte Welt", das aussieht, als wäre der Betrachter in ein märchenhaftes Zirkuszelt katapultiert worden – das aber durch Farben, verspielte Muster und originelle Accessoires vor allem eines vermittelt: Lebensfreude.

Stefanie Bisping

Vistas espectaculares

Lujo inteligente: estas villas de ensueño que se alzan en algunos de los lugares más hermosos del mundo son refugios paradisíacos al tiempo que resultan adecuadas para las necesidades de la vida cotidiana y son respetuosas con la naturaleza.

Recostarse en un diván de la terraza mientras los cubitos de hielo tintinean en el vaso y el sol se oculta en el mar: ¿puede existir algo mejor? La contemplación de la naturaleza resulta una caricia para el alma y por tanto no es de extrañar que casi todas las casas de lujo que presenta este libro tengan una cosa en común: espectaculares vistas al mar o a las montañas, en muchos casos incluso ambas. En estas residencias, la terraza y el jardín no se encuentran como es habitual en la parte trasera de la finca, sino en el lugar donde ofrecen las más bellas vistas y las perspectivas más sorprendentes. Lo mismo se puede decir de las ventanas. No es casualidad que estas villas resulten casi invisibles desde el "lado de la calle". Sin embargo, muchas de ellas están completamente acristaladas hacia el jardín. Algunas tienen incluso ventanas suplementarias colocadas tan diestramente que podrían ser —y de hecho a veces son— una alternativa a los cuadros.

Ninguna casa, ningún interior es tan bello que convierta en prescindibles las vistas. O casi ninguno. Algunas de las villas aquí presentadas se encuentran en entornos urbanos —Tokio o Bangkok, por ejemplo—, por lo que parece lógico que se encierren en sí mismas, dejando literalmente fuera el mundo exterior. En ellas todo mira hacia adentro, hacia el patio interior con piscina y un jardín exuberante, un paradisíaco universo paralelo en el que olvidarse del mundo. Sin embargo, estas casas se adornan asímismas con fachadas de cristal, pero esta vez con el fin de admirar el propio patio interior, expresamente concebido para su contemplación.

El confort sin compromisos es común a todas las casas de lujo presentadas en esta obra. Pero en ningún caso se aspira al lujo por sí mismo. En ellas se pretende materializar conceptos inteligentes que crean el mayor bienestar posible y logran un ambiente exquisito al tiempo que idóneo para las necesidades cotidianas. Los arquitectos, a menudo con el apoyo de un equipo de especialistas, han encontrado soluciones prácticas que resuelven aspectos al parecer secundarios, como por ejemplo la seguridad, las condiciones climáticas y, por supuesto, el entorno. Los bellos parajes sobre los que se alzan estas casas suelen ser también ecosistemas muy frágiles. Sea la costa del sur de California, una zona de alto riesgo en lo que a incendios forestales y movimientos sísmicos se refiere, o una isla en el golfo de Siam, donde el agua es escasa y la aglomeración de visitantes excesiva: con estas casas se buscaron y encontraron soluciones "verdes" que perjudicaran lo menos posible la naturaleza sin que sus habitantes tuvieran que renunciar por ello a las comodidades del día a día. Asimismo, estas residencias de ensueño están concebidas para evitar riesgos, como por ejemplo las dos villas de Malibú que no ofrecen ningún espacio a los incendios pero al mismo tiempo no renuncian a la estética ni ven mermado su atractivo desde el punto de vista óptico. No en vano ambas casas se construyeron para sustituir otras destruídas por incendios forestales.

Sin ningún tipo de duda, aquellos tiempos en los que el zumbido del aire acondicionado en las regiones tórridas era un símbolo de lujo y abundancia han pasado a la historia. Muchas de estas casas poseen un refinado concepto de ventilación. Fachadas de cristal que se abren totalmente o una estudiada orientación de la casa sobre una escarpada pendiente que aprovecha la brisa ascendente para la refrigeración e incluso la conduce diestramente hacia un patio o una terraza.

Naturalmente, los arquitectos de interiores son conscientes de que el lujo requiere siempre cierta dosis de creatividad e individualidad. Una casa debe reflejar la personalidad de su propietario, integrarse en el entorno y mostrarse por su mejor lado. Además debe ofrecer un auténtico hogar para sus habitantes: después de todo, una casa es un refugio. Por esa razón, a pesar de su carácter extravagante, los interiores de estas construcciones de lujo nunca dan la sensación de ser un museo. Ni el chalé rústico, cuyo dueño gusta de las piezas de caza (sin ser cazador), en el que esa debilidad se muestra en cada rincón y casi con cada mueble de forma irónica. Tampoco la casa familiar australiana que logra aunar la sencilla elegancia de los materiales y muebles selectos con las necesidades de un gran número de niños llenos de vitalidad. Ni siquiera la casa bautizada con el nombre de "Colorful World" (mundo de colores), que parece catapultar al observador a una carpa de circo de cuento, cuyos colores, caprichosos motivos y originales accesorios transmiten ante todo una cosa: alegría de vivir.

Stefanie Bisping

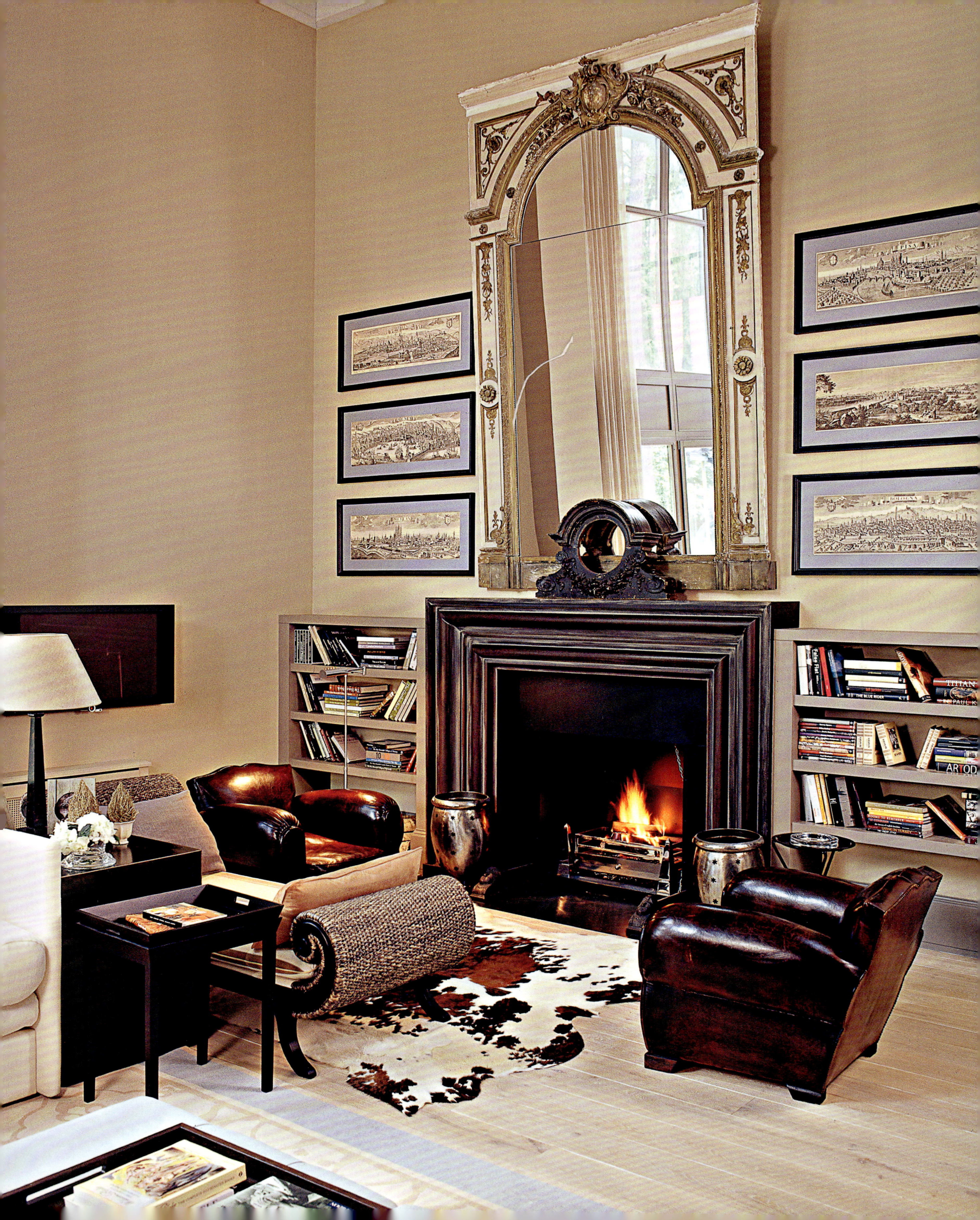

Magnifiche prospettive

Lusso intelligente: le ville da sogno si trovano nei luoghi più suggestivi del mondo; sono rifugi incantevoli e nel contempo adatti alla vita quotidiana e rispettosi della natura.

Stare comodamente sdraiati su una dormeuse in terrazza mentre nel bicchiere tintinnano i cubetti di ghiaccio e il sole scompare nel mare. C'è qualcosa di più bello? I panorami naturali sono carezze per l'anima. Così non deve stupire che le case di lusso presentate in questo libro abbiano quasi tutte una cosa in comune: meravigliose vedute sul mare o sui monti, in molti casi addirittura su entrambi. Le terrazze e i giardini non si trovano semplicemente dietro la casa, ma lì dove il paesaggio offre gli scorci più belli e le prospettive più sorprendenti. Lo stesso vale per le finestre. Non è un caso che molte ville viste dal lato che dà sulla strada diano l'impressione di essere assai modeste; viste dal lato del giardino, invece, sono completamente coperte da vetrate che si estendono per più piani. In alcune di esse le finestre sono piazzate talmente ad arte, che potrebbero sostituire i quadri e talvolta è proprio questo l'effetto che si desidera ottenere.

Nessuna casa e nessun interno è così bello da non far desiderare comunque di vedere anche il panorama esterno. O meglio, quasi nessuna: alcune delle ville presentate in questo volume si trovano in aree densamente urbanizzate come Tokyo o Bangkok; è naturale, dunque, che esse vogliano piuttosto offrire isolamento, e chiudere letteralmente fuori il mondo esterno. In queste case tutto si concentra sugli interni, sulla corte interna con piscina e sul giardino rigoglioso, un piccolo angolo di paradiso che permette di scordare tutto il resto. Eppure anche qui non mancano vetrate che permettono di ammirare liberamente il panorama artificiale del patio.

Tutte le case presentate in questo volume sono caratterizzate da un livello di comfort senza compromessi, ma il lusso fine a se stesso non è mai il vero obbiettivo: si tratta invece di sofisticati concetti che permettono di ottenere il miglior comfort abitativo possibile e che rendono anche l'ambiente più raffinato perfettamente adatto alla vita quotidiana. Gli architetti hanno trovato soluzioni pratiche (spesso assistiti da schiere di specialisti) che si occupano di aspetti solo apparentemente secondari: sicurezza, condizioni climatiche e rispetto per l'ambiente. Le ville, che sorgono nelle località più suggestive del mondo, spesso si trovano inevitabilmente all'interno di fragili sistemi ecologici. Che si tratti della costa della California del Sud, un'area ad alto rischio a causa degli incendi boschivi e dei terremoti, o di un'isola nel golfo di Siam, dove c'è carenza di acqua e le folle di visitatori sono grandi, per queste case si sono sempre cercate e trovate soluzioni "verdi" che abbiano il minor impatto possibile sulla natura senza che chi vi abita debba però rinunciare alle comodità quotidiane. Inoltre queste case da sogno sono spesso pronte ad affrontare i pericoli del contesto in cui si trovano, come ad esempio le due ville di Malibu che sono concepite in maniera tale da non offrire alcun appiglio a fuochi di sterpaglia; un accorgimento che non compromette, però, l'estetica e il fascino della struttura architettonica. Entrambi gli edifici sostituiscono costruzioni precedenti andate distrutte in incendi boschivi.

Non c'è dubbio: i tempi in cui il fruscio ininterrotto degli impianti di condizionamento nelle regioni calde era simbolo di lusso e abbondanza, sono passati. Molte delle case illustrate in questo volume hanno sistemi di aerazione molto raffinati. Le facciate vetrate, che possono essere completamente aperte, fanno parte di questa concezione al pari dell'orientamento ottimale di una casa rispetto a un pendio che permette di sfruttare i venti ascendenti per rinfrescare; venti che, dove possibile, vengono addirittura convogliati in maniera mirata in un patio o su una terrazza.

Gli architetti di interni sanno bene che il lusso dovrebbe sempre essere creativo e in un certo qual modo anche individuale. Una casa deve rispecchiare la personalità del suo proprietario, si deve adeguare alla zona circostante e metterla in luce; al suo interno chi vi abita vuole e deve sentirsi a casa. Infine le case sono dei rifugi. Gli interni di queste ville di lusso non risultano mai, a dispetto delle loro stravaganze, monumentali. Ciò vale per lo chalet rustico, il cui proprietario ha un debole per le corna di animale (pur non essendo un cacciatore) e la cui casa mette in scena con ironia questa debolezza in ogni angolo e in quasi tutto il mobilio, ma anche per l'accogliente casa famigliare in Australia che concilia la semplice eleganza di materiali e arredi con le esigenze di una vivace schiera di bambini; e a maggior ragione per la casa dal nome "Colorful World" (mondo variopinto), davanti alla quale il visitatore si sente catapultato in un fiabesco tendone da circo in cui i colori, i motivi scherzosi e gli accessori originali comunicano soprattutto una cosa: la gioia di vivere.

Stefanie Bisping

Villa Hellearmen

Stavanger, Norway

Architect: Tommie Wilhelmsen

Photos: Emile Ashley, Tommie Wilhelmsen

Norway's south-eastern coast is home to this 310-square-yard house which combines Scandinavian aesthetics with innovative architecture. In order to optimize the spare light and warmth afforded by the short summers, the transitions between interior and exterior are kept as fluid as possible. Glass fronts and white walls invite sunshine, while the light-colored wooden cladding of the exterior conveys warmth. Instead of being closed, separate units, the rooms with their open structure and rounded walls interconnect as social spaces.

An der Südostküste Norwegens vereint dieses 260-Quadratmeter-Haus skandinavische Ästhetik mit innovativer Architektur. Um Licht und Wärme des nördlichen Sommers optimal zu nutzen, sind die Übergänge zwischen Außen- und Innenbereich fließend gestaltet. Glasfronten und weiße Wände bringen Licht ins Haus, während das helle Holz der äußeren Verschalung einen warmen Eindruck vermittelt. Auch die Zimmer sind keine geschlossenen Einheiten, sondern stehen durch offene Strukturen und geschwungene Wände als soziale Räume miteinander in Beziehung.

Située sur la côte sud-est de la Norvège, cette maison de 260 mètres carrés mêle l'esthétique scandinave à l'architecture d'avant-garde. Afin de profiter au maximum de la lumière et de la chaleur de l'été nordique, les passages entre l'intérieur et l'extérieur sont aménagés de manière fluide. Grâce aux façades en verre et aux murs blancs, la lumière pénètre dans la maison, tandis que le bois clair du coffrage extérieur donne une impression de chaleur. Les pièces ne sont pas des surfaces closes mais par leurs structures ouvertes et leurs murs courbes, des espaces de vie sociale reliés les uns aux autres.

Situada en la costa sureste de Noruega esta casa de 260 metros cuadrados aúna estética escandinava y arquitectura moderna. Para aprovechar al máximo la luz y el calor del verano nórdico, los pasos del exterior a la zona interior se han estructurado de forma fluida. Ventanales y blancas paredes iluminan la casa y la madera en tono claro del revestimiento exterior crea un ambiente cálido. Las habitaciones tampoco son unidades aisladas, se comunican entre sí como salas para el disfrute común mediante estructuras abiertas y paredes onduladas.

Sulla costa meridionale della Norvegia, questa villa di 260 metri quadrati unisce l'estetica scandinava a un'architettura innovativa. Per poter sfruttare in maniera ottimale la luce e il calore dell'estate nordica, i passaggi tra interni ed esterni hanno una forma fluida. Le facciate vetrate e le pareti bianche portano luce all'interno della casa, mentre il legno chiaro del perlinato comunica un senso di calore. Anche le camere non sono unità chiuse, ma diventano spazi sociali, ponendosi in relazione l'una con l'altra grazie a strutture aperte e pareti curve.

The primary aim of this house's architecture is to let in daylight—achieved by big glass fronts and, in the bath, by large mirrors.

Tageslicht ins Haus zu bringen, ist das oberste Prinzip der Architektur dieses Hauses – durch weite Glasfronten und, im Bad, durch große Spiegel.

Faire pénétrer la lumière naturelle grâce à de larges façades en verre, et, pour la salle de bains, grâce à des miroirs, tel est le principe essentiel de l'architecture de cette maison.

El principio más importante de la arquitectura de esta casa es inundarla de luz mediante amplios ventanales y, en el cuarto de baño, grandes espejos.

Il principio cardine dell'architettura di questo edificio è di far penetrare la luce diurna all'interno della casa; a ciò provvedono le vetrate e, nel bagno, il grande specchio.

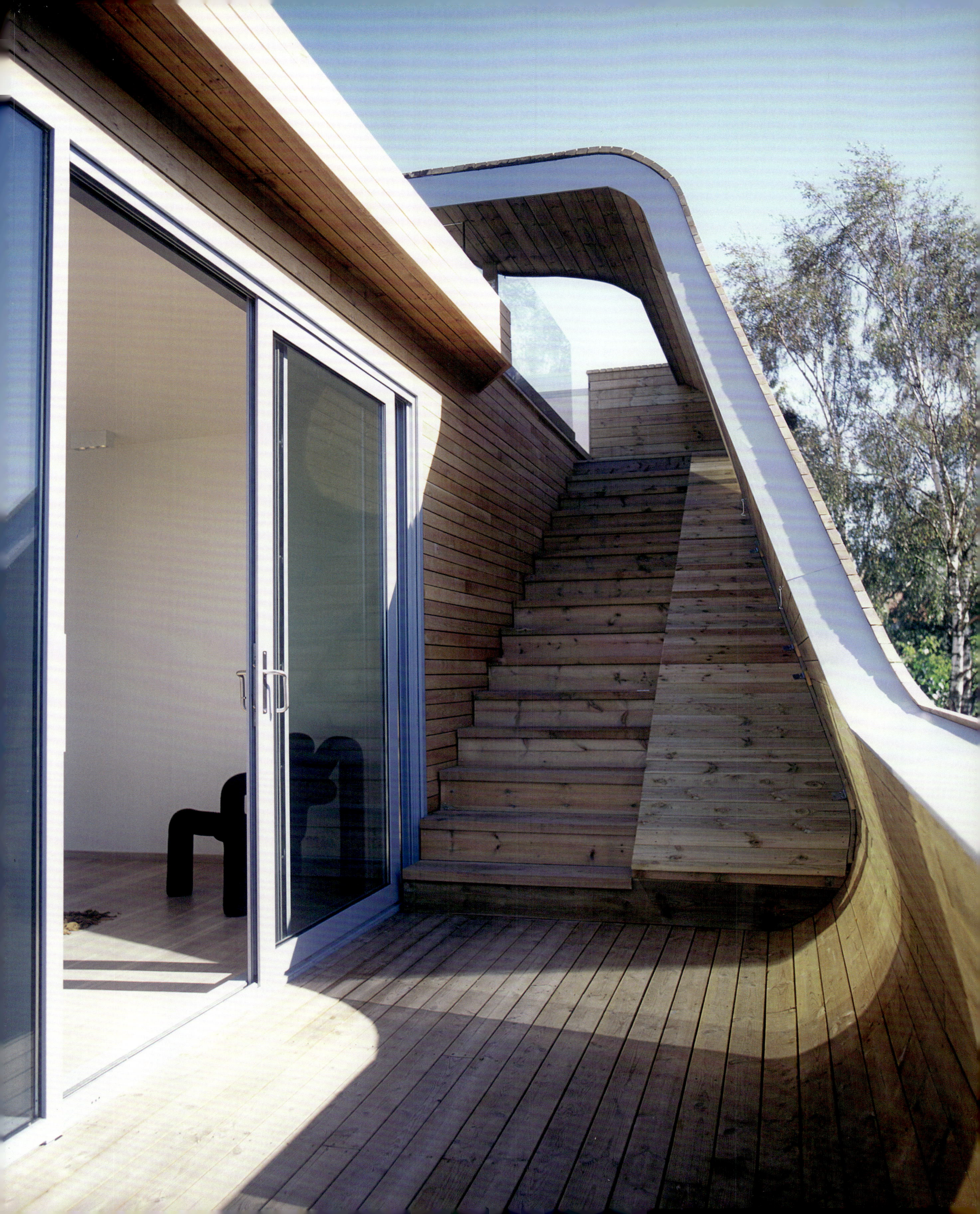

House and garden *should not be divided into two separate worlds. Good lighting conditions as well as the ceiling made of natural materials such as wood contribute to this effect (r.).*

Haus und Garten *sollen hier nicht zwei verschiedene Welten sein. Außer dem starken Lichteinfall sorgen dafür auch natürliche Materialien wie die Decke aus Holz (r.).*

La maison *et le jardin ne doivent pas constituer deux mondes différents. D'où le recours à une abondante lumière mais aussi à des matériaux naturels, comme le bois pour le plafond (à dr.).*

La casa *y el jardín no deben ser mundos diferentes. Además de la intensa iluminación, materiales naturales como el techo de madera (d.) ayudan a que ambos se unan.*

Casa e *giardino non si presentano, qui, come due mondi separati; ciò è dovuto, oltre che alla grande quantità di luce, anche ai materiali naturali come il soffitto in legno (a destra).*

Villa Hellearmen *Stavanger, Norway* 19

Architect: Wingårdh Arkitektkontor AB
Photos: James Silverman

VillAnn sprawls across its plot of land to form a backdrop to the ocean. The narrow black pool, encased by two concrete walls, faces the sea. A large wooden terrace connects both elements. The first floor houses only the large living room and the kitchen while the second floor accommodates the bedrooms. All rooms boast glass fronts to proffer views of the sea. The seemingly simple structure comes to great effect: the whole house is oriented towards the water, while at the same time affording maximum protection.

Wie eine Kulisse breitet sich die VillAnn am zum Land gelegenen Ende des Grundstücks aus. Zum Meer erstreckt sich der schmale, schwarze Pool, der von zwei Betonwänden eingefasst wird. Eine große Holzterrasse verbindet beide Elemente. Im Parterre liegen nur der große Wohnraum und die Küche, in der ersten Etage zwei Schlafzimmer. Alle Räume bieten durch Glasfronten Sicht auf das Meer. Die scheinbar einfache Struktur entfaltet gewaltige Wirkung: Das ganze Haus ist zur See hin ausgerichtet und bietet zugleich größtmöglichen Schutz.

La VillAnn s'étend tel un décor situé au bout d'un terrain orienté vers l'intérieur du pays. La piscine noire et étroite, enchâssée entre deux murs de béton, s'étend en direction de la mer. Une grande terrasse en bois relie les deux éléments. Au rez-de-chaussée se trouvent seulement la grande salle de séjour et la cuisine et, au premier étage, deux chambres à coucher. Grâce à la façade en verre, toutes les pièces ont vue sur la mer. La structure, qui semble toute simple, est pourtant d'une redoutable efficacité : toute la maison est orientée vers la mer mais offre en même temps la plus grande sécurité possible.

VillAnn se despliega como un escenario sobre el paisaje. La piscina negra y alargada, enclaustrada entre dos paredes de cemento, parece querer alcanzar el mar. Los dos elementos quedan unidos por una terraza en madera. En la planta baja se encuentran el amplio salón y la cocina, en la primera planta, dos dormitorios. Todas las habitaciones tienen grandes ventanales con vistas al mar. La estructura, que parece sencilla, despliega un efecto imponente: toda la casa está orientada al mar pero ofrece a la vez una clara sensación de seguridad e intimidad.

VillAnn si apre come un palco sulla campagna che si estende alla fine della proprietà. La stretta piscina nera, incastrata tra due pareti di cemento, sembra volersi estendere fino al mare. I due elementi sono uniti da una grande terrazza in legno. Nel parterre si trovano solamente l'ampio soggiorno e la cucina, mentre al primo piano vi sono due camere da letto. Tutti gli ambienti offrono, grazie alla facciata completamente vetrata, una meravigliosa vista sul mare. La struttura apparentemente semplice svolge un'intensa azione: l'intero edificio è orientato verso il mare e offre la massima protezione possibile.

Windows reaching right down to the floor offer views of the sea which are reminiscent of a stage setting. A steel structure with a solar sail provides shade for the concrete terrace table (far left). The window front is made of a 0.39-inch strong glass membrane (r.).

Die bodentiefen Fenster präsentieren dem Betrachter das Meer wie ein Bühnenbild. Ein Stahlgerüst mit Stoffdach beschattet den Terrassentisch aus Beton (ganz links). Die Fensterfront besteht aus einer zehn Millimeter starken Glasmembran (r.).

En contemplant la mer à travers les fenêtres qui descendent jusqu'au sol, le spectateur a l'impression de se trouver devant un décor de théâtre. Une charpente en métal surmontée d'un toit en tissu ombrage la table de béton qui se trouve sur la terrasse (tout à gauche). La façade en verre consiste en une vitre de dix millimètres d'épaisseur (à dr.).

Las ventanas llegan hasta el suelo y presentan al observador el mar como un decorado. Una armadura de acero con techo de tela da sombra a la mesa de cemento de la terraza (i.). El ventanal frontal es una membrana de cristal de 10 mm de grosor (d.).

Le finestre all'altezza del pavimento fanno apparire il mare come se fosse una scenografia. Una struttura in acciaio, con una copertura in tessuto, ombreggia il tavolino del terrazzo in calcestruzzo (prima immagine a sinistra). La facciata è realizzata con una membrana di vetro spessa dieci millimetri (a destra).

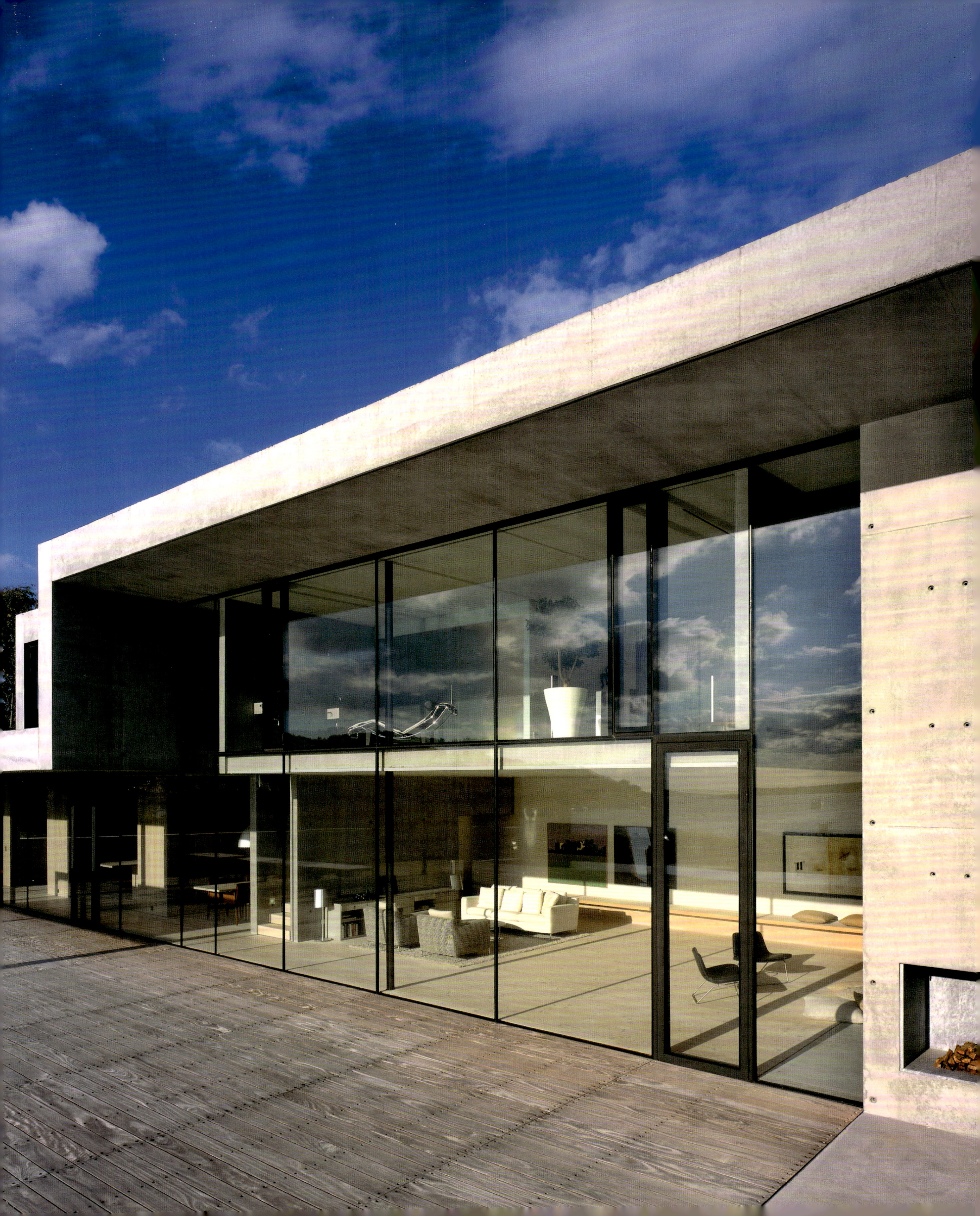

The raised terrace *affords an unspoilt view of the sea (r.). Whitewashed wooden floorboards and light walls amplify the impression of air and light and accentuate the furniture perfectly (l. and r.).*

Die erhöhte Terrasse *bietet einen unverstellten Blick aufs Meer (r.). Geweißte Holzdielen und helle Wände verstärken den Eindruck von Luft und Licht und bringen die Möbel optimal zur Geltung (l. und r.).*

La terrasse *surélevée offre une vue sans encombre sur la mer (à dr.). Les vestibules en bois blanchis et les murs clairs renforcent l'impression d'air et de lumière et mettent idéalement en valeur le mobilier (à gauche et à droite).*

La terraza *situada a un nivel más elevado ofrece fantásticas vistas al mar (d.). El vestíbulo en madera blanqueada y paredes claras refuerzan la luz y la amplitud ensalzando de forma óptima el mobiliario (i., d.).*

La terrazza *rialzata offre una splendida vista sul mare (a destra). Le tavole di legno tinte di bianco e le pareti chiare amplificano ariosità e luce e mettono in risalto il mobilio (a destra e a sinistra).*

VillAnn Gothenburg, Sweden

VillAnn *Gothenburg, Sweden*

Architect: Dmitry Velikovsky
Photos: Tim Beddow

This country house with its three floors and almost 1400 square yards is located in a pine forest some 12 miles from Moscow. It positively exudes comfort and understated luxury. Antiques from southern France, India, and China complement French-style furniture and materials, which form a harmonic ambiance with the cream colors. The first floor with its dark fire places and armchairs has a dramatic touch, while the bedrooms are easy on the eye, forming oases of peace and quiet. The half-open dining area with a view of the garden is yet another highlight.

In einem Pinienwald 20 Kilometer außerhalb von Moskau liegt dieser Landsitz, der auf drei Etagen und 1200 Quadratmetern Behaglichkeit und Gediegenheit ausstrahlt. Antiquitäten aus Südfrankreich, Indien und China, ergänzt mit Möbeln und Materialien in französischem Stil und einer Farbpalette aus Cremetönen bilden zusammen ein harmonisches Ambiente. Dabei setzt das Parterre mit dunklen Kaminen und Sesseln dramatische Akzente, während die Schlafzimmer auch optisch Oasen der Ruhe sind. Wunderschön ist der halboffene zum Garten hin ausgerichtete Essplatz.

Située dans une forêt de pins à 20 kilomètres de Moscou, cette propriété de 1 200 mètres carrés répartis sur trois étages donne une impression de confort et de solidité. Des antiquités venant du Sud de la France, de l'Inde et de la Chine, des meubles et des matériaux de style français ainsi qu'une gamme de couleurs crème y produisent une atmosphère d'harmonie. Le rez-de-chaussée, avec ses cheminées et ses fauteuils sombres, apporte une touche de contraste, tandis que les chambres à coucher sont des havres de paix, et pas uniquement sur le plan visuel. La salle à manger entrouverte sur le jardin est splendide.

Situada en un pinar a 20 kilómetros de Moscú, se encuentra esta residencia rural de tres pisos y 1200 metros cuadrados que irradia comodidad y elegancia. Antigüedades de Francia, India y China, complementadas con mobiliario y materiales en estilo francés y una gama de colores en tonos crema crean un conjunto de armonía. La planta baja dotada de chimeneas y sillones en tonos oscuros ponen cierto acento dramático, mientras que los dormitorios ofrecen, incluso por su decoración, un oasis de tranquilidad. El salón comedor, en parte abierto y orientado al jardín, es una maravilla.

In una pineta a 20 chilometri da Mosca sorge questa tenuta che con i suoi tre piani di altezza e 1200 metri quadrati di superficie risulta un ambiente confortevole e accuratamente realizzato. Pezzi di antiquariato dal Sud della Francia, dall'India e dalla Cina abbinati a mobili e materiali in stile francese e a una gamma di tonalità crema creano un ambiente armonico. Nel parterre il camino e le poltrone scuri aggiungono un accento drammatico, mentre le camere da letto sono vere e proprie oasi di pace. Magnifica la sala da pranzo semiaperta e orientata verso il giardino.

This elegant villa is hidden away in a pine forest (far left). Its interior is an impressive combination of selected antiques, bright colors, and exquisite materials.

In einem Pinienwald ist diese elegante Villa versteckt (ganz links). Ihr Interieur besticht durch die Kombination ausgewählter Antiquitäten mit hellen Farben und exquisiten Materialien.

Cette élégante villa se dissimule dans une forêt de pins (tout à gauche). Son intérieur fascine par la combinaison d'un choix d'antiquités de couleurs claires et de matériaux raffinés.

Esta elegante villa queda escondida en un pinar (i.). El interior seduce combinando selectas antigüedades con colores claros y exquisitos materiales.

Questa elegante villa è nascosta in una pineta (prima immagine a sinistra). Gli interni affascinano con una combinazione di pezzi d'antiquariato scelti, colori chiari e materiali squisiti.

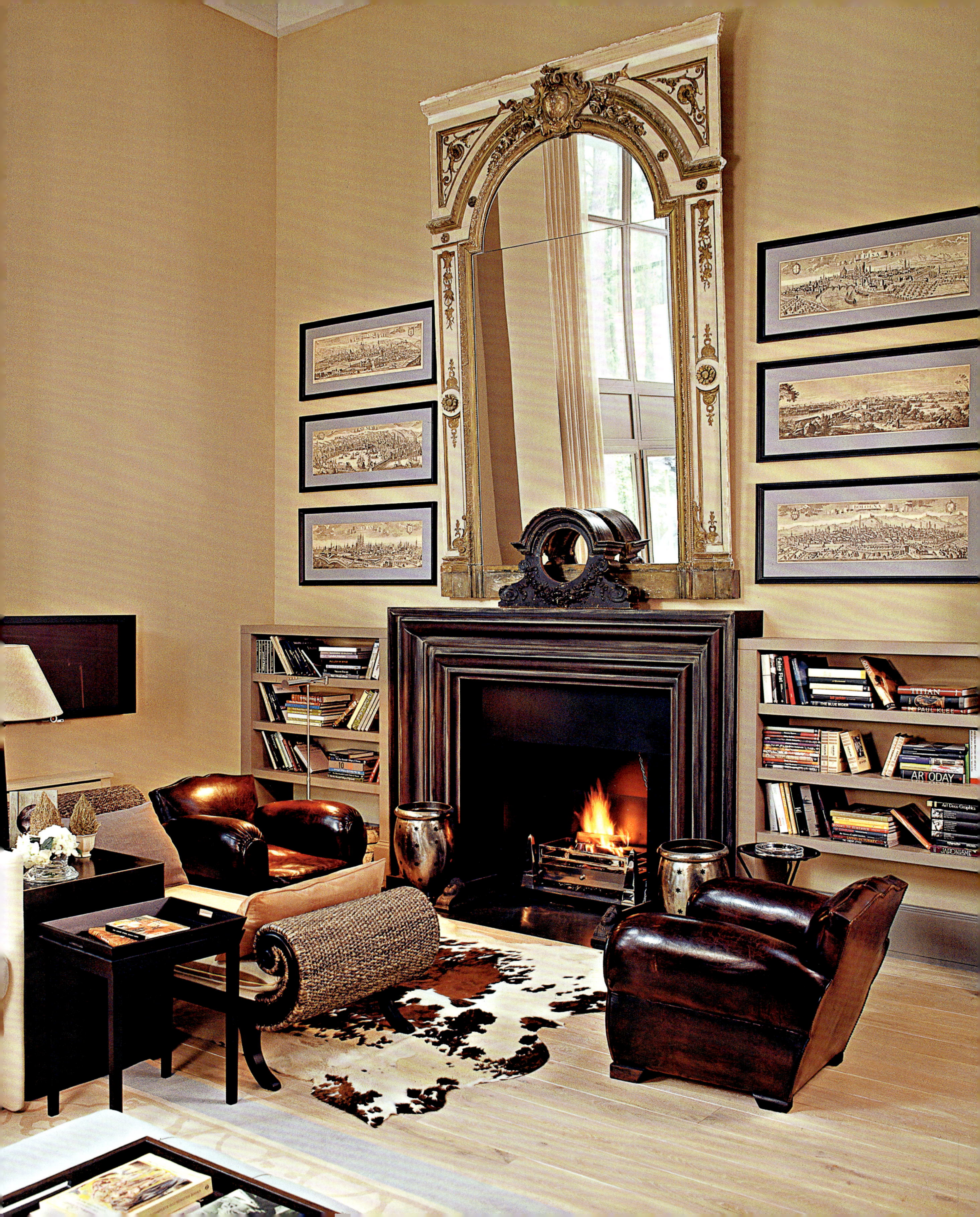

The terrace *is the prime location of this house. The rooms are dominated by the bright creme and apricot color scheme with intermittent shades of brown.*

Die Terrasse *ist der Logenplatz des Hauses. In den Räumen herrschen helle Creme- und Apricottöne vor, die höchstens hin und wieder durch gemäßigte Brauntöne unterbrochen werden.*

La terrasse *est la loge de la maison. Les couleurs claires – crème et abricot – dominent dans les pièces, et sont tout au plus rehaussées çà et là de touches de brun peu foncé.*

La terraza *es el palco de la casa. En las habitaciones dominan los tonos crema y albaricoque, interrumpidos, como mucho levemente por discretos tonos marrones.*

La terrazza *è la loggia della casa. Nelle stanze dominano i toni chiari quali il beige e l'albicocca, interrotti solo sporadicamente da qualche tenue tonalità marrone.*

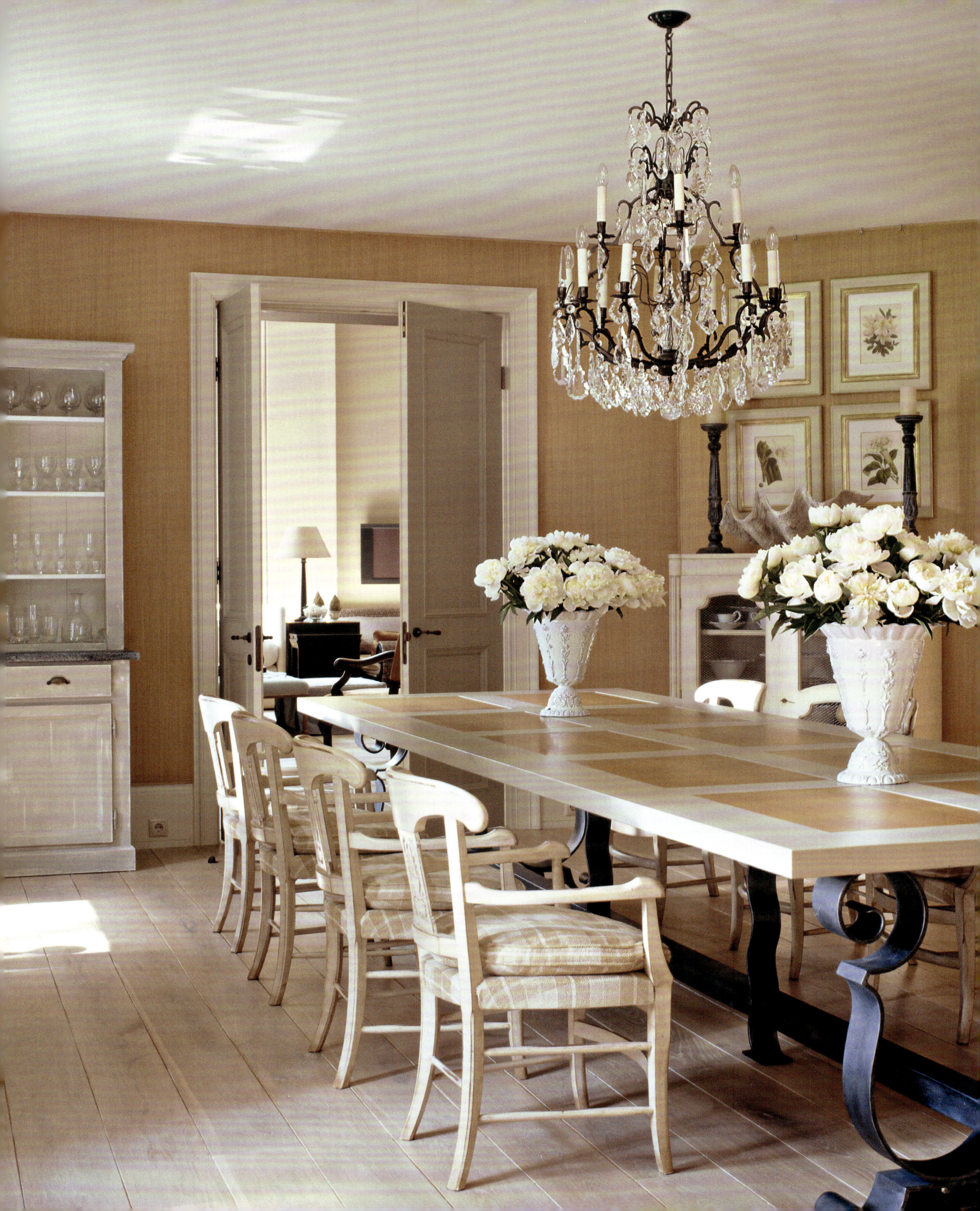

Indispensable in a true country house: a rustic snooker room.

Unentbehrlich im echten Landhaus: ein rustikales Billardzimmer.

Indispensable dans une maison de campagne digne de ce nom : une salle de billard rustique.

Imprescindible en una casa de campo: una rústica sala de billar.

Indispensabile nelle vere ville di campagna: una rustica sala da biliardo.

Jukovka House *Moscow, Russia*

Colors, materials, *and lighting combine to create a dramatic effect in this lounge.*

Farben, Materialien *und Beleuchtung schaffen in dieser Lounge einen geradezu dramatischer. Effekt.*

Les couleurs, *les matériaux et l'éclairage produisent dans ce salon un effet impressionnant.*

Los colores, *los materiales y la iluminación crean en esta sala de estar un efecto realmente dramático.*

Colori, materiali *e illuminazione creano in questa sala un effetto quasi teatrale.*

Architect: Architectural Office Paul de Ruiter

Photos: Pieter Kers

This bungalow has succeeded in balancing the desire for as much natural light as possible and the need for privacy. Access road and garden are at opposite ends of the complex and protect the living quarters in the middle with its three-sided glass facades from unwanted attention. Kitchen, study, and living room face the street; bedrooms, baths, and the TV lounge look away from it. Sliding doors allow for the partitioning of rooms, all of which open up to the garden.

Die Gratwanderung zwischen dem Wunsch nach viel natürlichem Licht und dem Bedürfnis nach Privatsphäre ist mit diesem Bungalow geglückt. Zufahrt und Garten liegen an entgegengesetzten Enden des Komplexes und schützen den in der Mitte gelegenen Wohnbereich mit seinen Glasfassaden an drei Seiten vor unerwünschten Blicken. Zur Straße liegen Küche, Arbeits- und Wohnzimmer; Schlafräume, Bäder und Fernseh-Lounge sind am weitesten von ihr entfernt. Schiebetüren erlauben es, Räume abzugrenzen. Alle Zimmer sind auf den Garten hin ausgerichtet.

Répondre tout à la fois au désir d'être inondé de lumière naturelle et au besoin d'intimité est un exercice sur la corde raide parfaitement réussi dans le cas de ce bungalow. L'accès en voiture et le jardin se trouvent aux deux extrémités opposées de ce complexe et protègent des regards indiscrets les pièces d'habitation, situées au milieu avec leurs façades en verre sur trois côtés. La cuisine, le bureau et la salle de séjour donnent sur la rue ; les chambres, les salles de bains et le salon de télévision en sont le plus éloigné possible. Des portes coulissantes permettent de séparer les pièces, toutes orientées vers le jardin.

En este bungalow se logró aunar con éxito el deseo de abundante luz natural y la necesidad de intimidad. El camino de acceso a la casa y el jardín quedan en extremos opuestos y protegen de miradas indeseadas el espacio de vivienda central con fachadas de cristal en tres de sus lados. A la calle dan la cocina, el despacho y el salón; los dormitorios, los baños y la sala del televisor, lo más lejos posible. Los espacios quedan delimitados por puertas corredizas. Todas las habitaciones dan al jardín.

La tensione tra il desiderio di poter disporre di molta luce naturale e la necessità di privacy è risolta in questo bungalow. La via di accesso e il giardino si trovano alla fine opposta del complesso e proteggono da sguardi indiscreti lo spazio abitativo, posto nella parte centrale, con le vetrate su tre lati. Verso la strada si trovano la cucina, lo studio e il salotto, mentre le camere da letto, i bagni e la sala TV si trovano nel punto più distante da essa. Porte scorrevoli permettono di delimitare gli spazi. Tutte le stanze sono orientate verso il giardino.

The bath is situated in the western part of this residence and is thus furthest from the street (l.). Glass fronts on three sides ensure a maximum of vistas of the surrounding gardens (r.).

Im Westen des Anwesens und somit am weitesten von der Straße entfernt liegt das Bad (l.). Glasfronten an drei Seiten gewähren ein Maximum an Außenansichten (r.).

C'est à l'ouest de la propriété, et donc au point le plus éloigné de la rue, que se trouve la salle de bains (à g.). Les façades en verre sur trois côtés offrent le maximum de vue sur le jardin qui l'entoure (à dr.).

El cuarto de baño se encuentra en el lado oeste de esta propiedad y por ello situado en la zona más alejada de la carretera (i.). Tres lados de la casa están dotados de ventanales que ofrecen una fantastica vista sobre el jardín (d.).

Il bagno si trova nella parte orientale della tenuta, dunque nel punto più distante dalla strada (a sinistra). Le vetrate su tre lati consentono la massima visuale sul giardino circostante (a destra).

Villa Berkel *Veenendaal, The Netherlands*

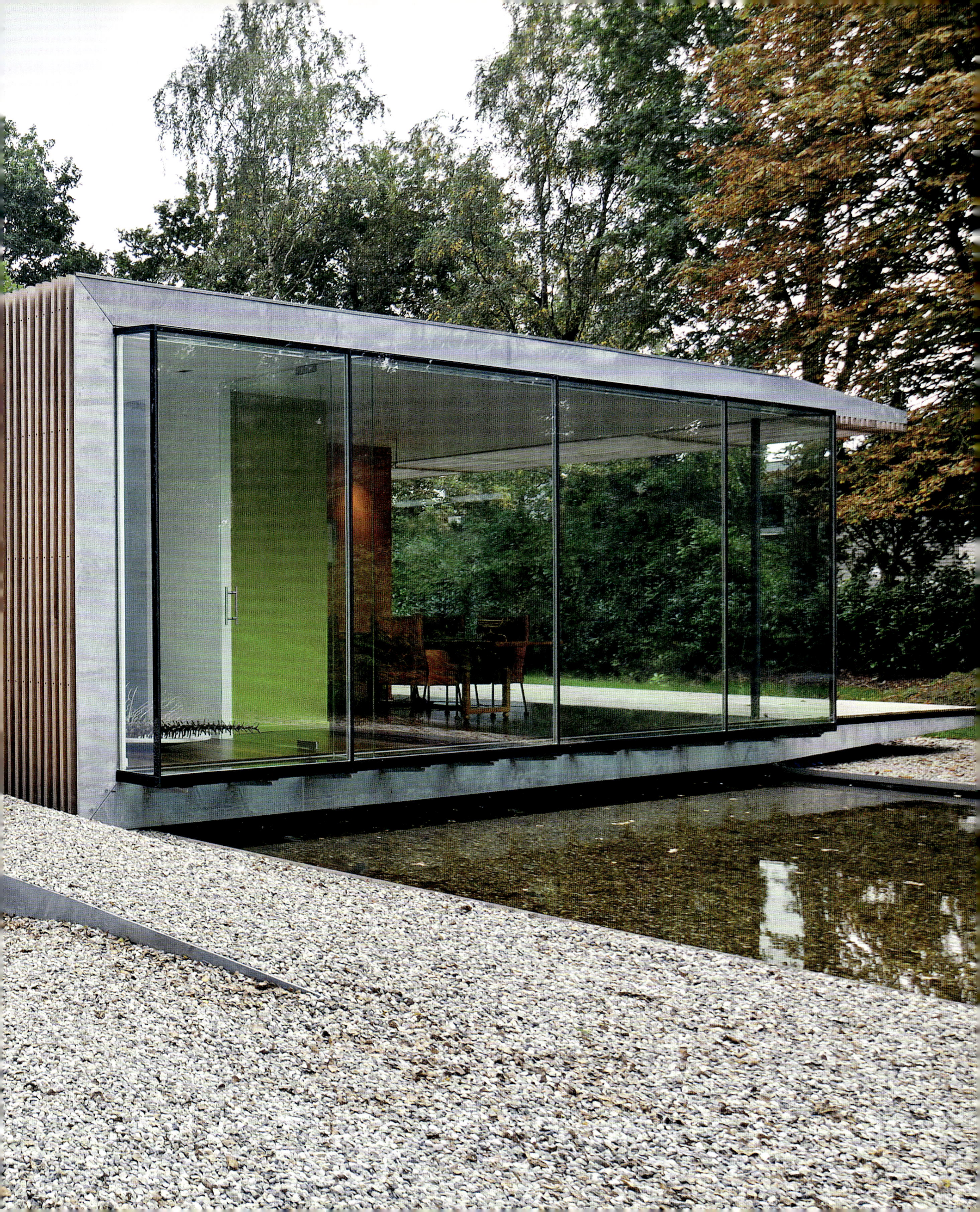

Villa Berkel *Veenendaal, The Netherlands*

The bungalow *is divided into zones (eating area l.). The wooden terrace (b. l.) appears to float on steel girders, increasing the overall impression of an almost weightless house. Lakes surrounding the building on three sides underline this impression.*

Der Bungalow *ist in Zonen aufgeteilt (links der Essbereich). Die Holzterrasse (u. l.) ruht teilweise auf Stahlträgern, so dass sie über dem Boden zu schweben scheint und das Haus besonders leicht wirkt. An den Seiten sind Teiche angelegt, die diesen Eindruck noch verstärken.*

Le bungalow *est divisé en plusieurs zones (à gauche, la salle à manger). La terrasse en bois (en b. à g.) repose en partie sur des poutrelles d'acier, de telle sorte qu'elle semble flotter au-dessus du sol, ce qui donne à la maison une touche de légèreté. Les étangs aménagés sur les côtés renforcent encore cette impression.*

El bungalow *está dividido en zonas (a la izquierda el salón comedor). La terraza en madera (ab. i.) descansa en parte sobre vigas de acero y parece flotar sobre el suelo dando una impresión de ligereza. A los lados hay estanques que refuerzan esta sensación.*

Il bungalow *è diviso in varie zone (a sinistra la zona pranzo). La terrazza in legno (in basso a sinistra) poggia in parte su longheroni in acciaio, quasi fluttuasse sul terreno, conferendo alla casa un'inaspettata leggerezza. Ai lati vi sono degli stagni che rafforzano ulteriormente questa impressione.*

Miki 1

Stuttgart, Germany

Architect: Alexander Brenner

Photos: Al Broc/Kuhnle & Knödler

While the stacked cuboids of this bright and airy city mansion are closed off to the north and the street, its three floors with an almost continuous glass front open up to the south to afford views of the pool and garden. The first floor houses the lobby, bedroom, dressing room, wine cellar, bath, and sauna while the upper floors accommodates the kitchen, dining room, and lounge. White plastered walls create a clear and concise atmosphere and materials such as walnut, rosewood, natural stone, and bog oak floors create an atmosphere of modern elegance.

Während sich die geschichteten Quader dieser Licht durchfluteten Stadtvilla nach Norden und zur Straße hin eher verschlossen geben, öffnet ihre über drei Etagen fast durchgängig gläserne Fassade nach Süden hin den Blick auf den Pool und den Garten. Im Parterre liegen Eingangshalle, Schlaf- und Ankleidezimmer, Weinkeller, Bad und Sauna, in den oberen Ebenen Küche, Essraum und Lounge. Weiß verputzte Wände schaffen optisch Klarheit, Materialien wie Nussbaum, Palisander, Naturstein und die Böden aus Mooreiche ein Ambiente moderner Eleganz.

Tandis qu'au nord et sur la rue, sa construction en fines couches de pierre de taille fait de cette villa inondée de lumière un bâtiment plutôt fermé, sa façade, tournée vers le sud, presque complètement en verre sur trois étages, offre pour sa part une vue sur la piscine et le jardin. Au rez-de-chaussée se trouvent le hall d'entrée, la chambre à coucher et le dressing, la cave à vins, la salle de bains et le sauna, tandis qu'aux étages supérieurs, on trouve la cuisine, la salle à manger et le salon. Les murs peints en blanc donnent une impression visuelle de clarté, les matériaux tels que le noyer, le palissandre, la pierre naturelle et les sols en chêne noir créent une ambiance chic et moderne.

Esta villa urbana llena de luz se levanta, compacta y hermética en dirección al norte y a la carretera, en una construcción de sillería estratificada. La zona orientada al sur se abre en una fachada de tres plantas de ventanales que ofrecen una fantástica vista sobre la piscina y el jardín. En la planta baja se encuentran el vestíbulo, los dormitorios y los vestidores, la bodega, el cuarto de baño y la sauna. En las plantas superiores, la cocina, el salón comedor y la sala de estar. Las paredes revestidas en blanco dan luminosidad y los materiales como el nogal, el palisandro, las piedras naturales y el suelo en roble pantanoso crean un ambiente de moderna elegancia.

Mentre dal lato nord e dalla strada questa villa inondata di luce, costituita da un parallelepipedo a strati, risulta piuttosto chiusa, a sud la facciata quasi completamente vetrata dei suoi tre piani abbondanti si apre, mostrando la piscina e il giardino. Nel parterre si trovano sala d'ingresso, camera da letto e guardaroba, taverna, bagno e sauna; al piano superiore la cucina, la sala da pranzo e il salotto. Le pareti intonacate di bianco danno luminosità, mentre materiali come il noce, il palissandro, la pietra naturale e i pavimenti in quercia palustre conferiscono all'ambiente una moderna eleganza.

The villa partitions itself off against the street (l.), while its asymmetric glass front opens up to the pool and surrounding countryside (r.).

Zur Straße hin schottet sich die Villa ab (l.), während sich ihre asymmetrische Glasfassade zum Pool und zur Landschaft hin öffnet (r.).

Côté rue, cette villa se ferme au monde extérieur (à g.), tandis que sa façade asymétrique en verre s'ouvre sur la piscine et le paysage alentour (à dr.).

En el lado orientado a la carretera la villa se protege de ésta (i.), mientras que la asimétrica fachada de ventanales se abre a la piscina y al paisaje (d.).

La villa è isolata dal lato della strada (a sinistra), mentre la facciata asimmetrica si schiude sulla piscina e sul paesaggio (a destra).

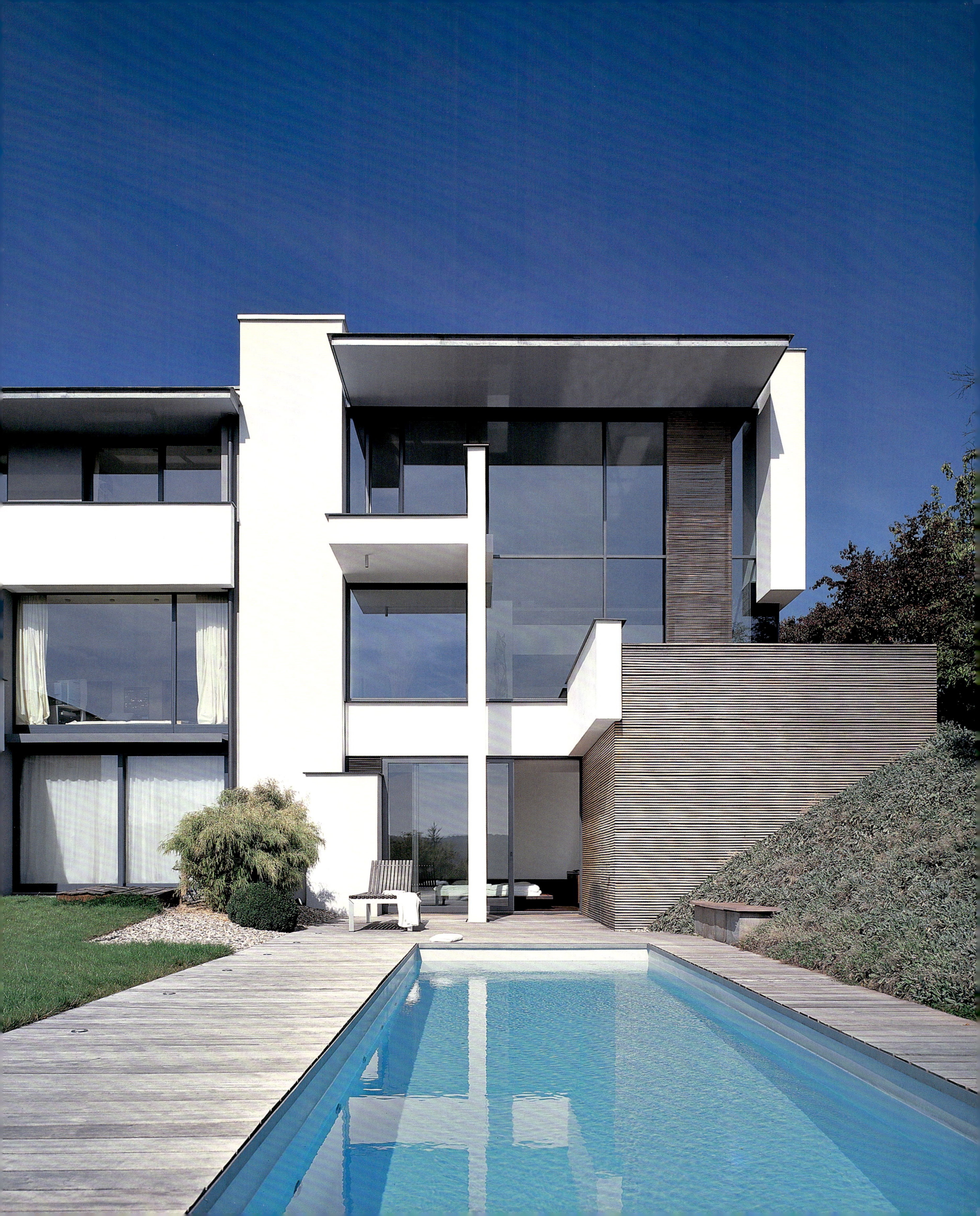

Plenty of bright daylight and extensive vistas.

Viel Tageslicht und weite Ausblicke sind hier garantiert

Beaucoup de lumière naturelle et une vue sur le lointain : telle est la garantie qu'apporte cette architecture.

Garantía de luz y amplios panoramas.

Le ampie vetrate garantiscono abbondanza di luce solare e una vista panoramica.

A factual, reduced interior accentuates both space and light.

Ein sachliches, reduziertes Interieur bringt Raum und Licht optimal zur Geltung.

Un intérieur sobre et minimaliste met en valeur de façon optimale l'espace et la lumière.

Un interior reducido y funcional aprovecha de forma óptima el espacio y la luz.

Interni sobri e minimali sottolineano la spaziosità e la luminosità degli ambienti.

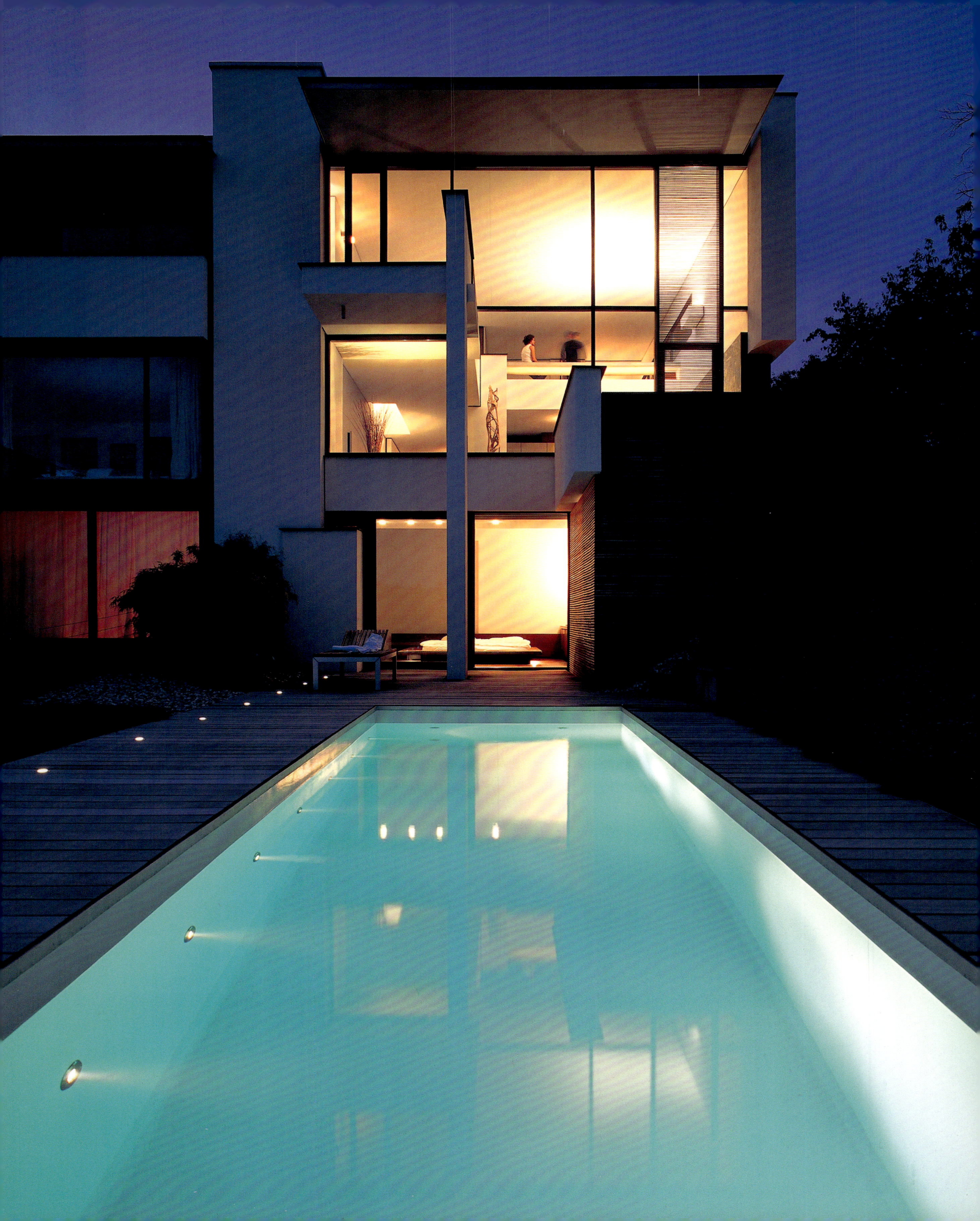

The two upper floors do without the conventional room layout. The bedroom on the first floor opens up to the pool and the wooden terrace.

Die beiden oberen Etagen verzichten auf konventionelle Raumunterteilungen. Das Schlafzimmer im Parterre blickt auf Pool und Holzterrasse.

Aux deux étages supérieurs, l'espace n'est pas divisé en pièces traditionnelles. La chambre à coucher au rez-de-chaussée a vue sur la piscine et la terrasse en bois.

Las dos plantas superiores renuncian a una distribución convencional de los espacios. El dormitorio en la planta baja tiene vistas a la piscina y a la terraza en madera.

I due piani superiori abbandonano la tradizionale suddivisione degli spazi. La camera da letto nel parterre si affaccia sulla piscina e sulla terrazza in legno.

Architect: Vincent van Duysen Architects
Photos: Christoph Kicherer, Alberto Piovano (p 40, b. r.)

This ensemble is located on a hill between two roads and consists of a residential house and a former gallery which is now being used for events. Together they boast nine floors. The upper building, housing the living quarters, affords views of a park and of Brussels itself while the gallery roof serves as terrace. Both the entrance and the first floor, clad in white marble and fitted with bright furniture, create a successful transition between the outside world and the living quarters, where carpets, wooden cladding, and golden brown marble create a warm atmosphere.

Dieses Ensemble liegt auf einem Hügel zwischen zwei Straßen und besteht aus einem Wohnhaus und einer ehemaligen Galerie, die nun für Veranstaltungen genutzt wird. Zusammen besitzen sie neun Etagen. Das höher gelegene Wohnhaus überblickt einen Park und die Dächer Brüssels. Das Dach der Galerie dient ihm als Terrasse. Der Eingangsbereich und das Parterre bilden, ausgestattet mit weißem Marmor und hellen Möbeln, den Übergang zwischen Außenwelt und Wohnbereich. Hier herrscht durch Teppiche, Holzverkleidungen und goldbraunen Marmor eine warme Atmosphäre.

Cet ensemble est situé sur une colline s'élevant entre deux rues et se compose d'une maison d'habitation et d'une ancienne galerie qui est utilisée à présent pour des réceptions. Elles ont ensemble neuf étages. La maison d'habitation, qui occupe la partie supérieure, a une vue sur un parc et les toits de Bruxelles. Le toit de la galerie sert quant à lui de terrasse. L'entrée et le rez-de-chaussée, ornés de marbre blanc et de meubles clairs, constituent une transition entre le monde extérieur et les pièces d'habitation. Grâce aux tapis, aux revêtements en bois et au marbre d'un marron doré règne ici une atmosphère de chaleur.

Este conjunto está situado sobre una colina entre dos carreteras y consta de una casa y una antigua galería que sólo se utiliza para eventos. En total, tiene nueve plantas. La casa, situada en la parte superior, tiene vistas a un parque y a los tejados de la ciudad de Bruselas. El tejado de la galería es, a la vez, la terraza de la casa. La entrada principal y la planta baja, decoradas con mármol blanco y muebles claros, crean el paso entre el exterior y la vivienda. Las alfombras, la madera y el mármol de color marrón dorado crean un ambiente especialmente acogedor.

Questo insieme si trova su una collina in mezzo a due strade ed è composto da un'abitazione e da una ex galleria, attualmente utilizzata per manifestazioni. Insieme contano nove piani. L'abitazione, posta in alto, domina con lo sguardo un parco e i tetti di Bruxelles; il tetto della galleria funge da terrazza. L'ingresso e il parterre, con i loro marmi bianchi e il mobilio chiaro, creano un passaggio dal mondo esterno alla zona giorno in cui regna un'atmosfera calda grazie ai tappeti, i rivestimenti in legno e il marmo bruno dorato.

White marble characterizes the lobby of this complex consisting of two separate buildings.

Weißer Marmor charakterisiert den Eingangsbereich des aus zwei Gebäuden bestehenden Komplexes.

Le hall d'entrée de ce complexe, composé de deux bâtiments, est en marbre blanc.

El mármol blanco caracteriza la entrada de este complejo que consta de dos edificios.

L'ingresso del complesso composto da due edifici è caratterizzato da marmo bianco.

Private Residence *Brussels, Belgium*

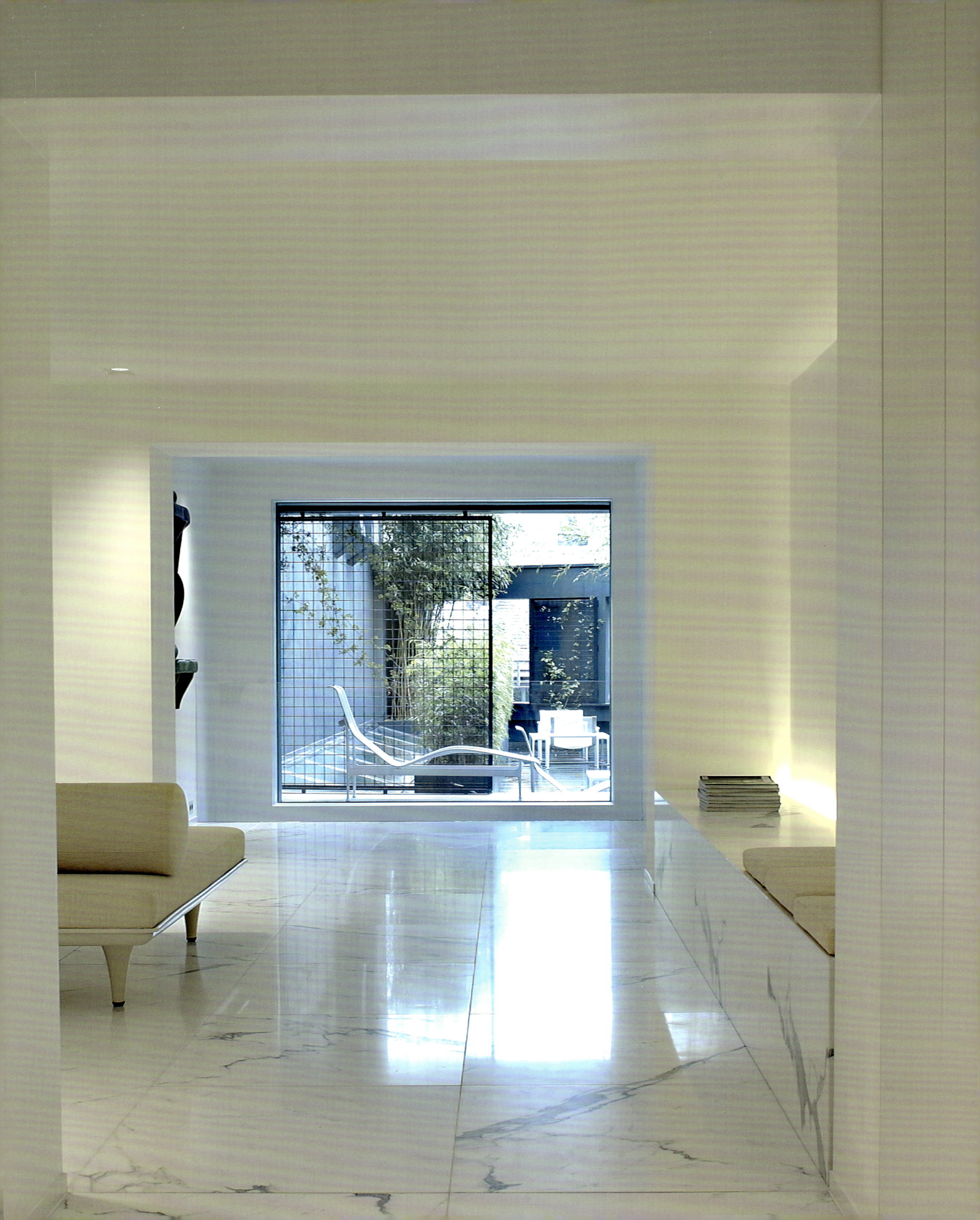

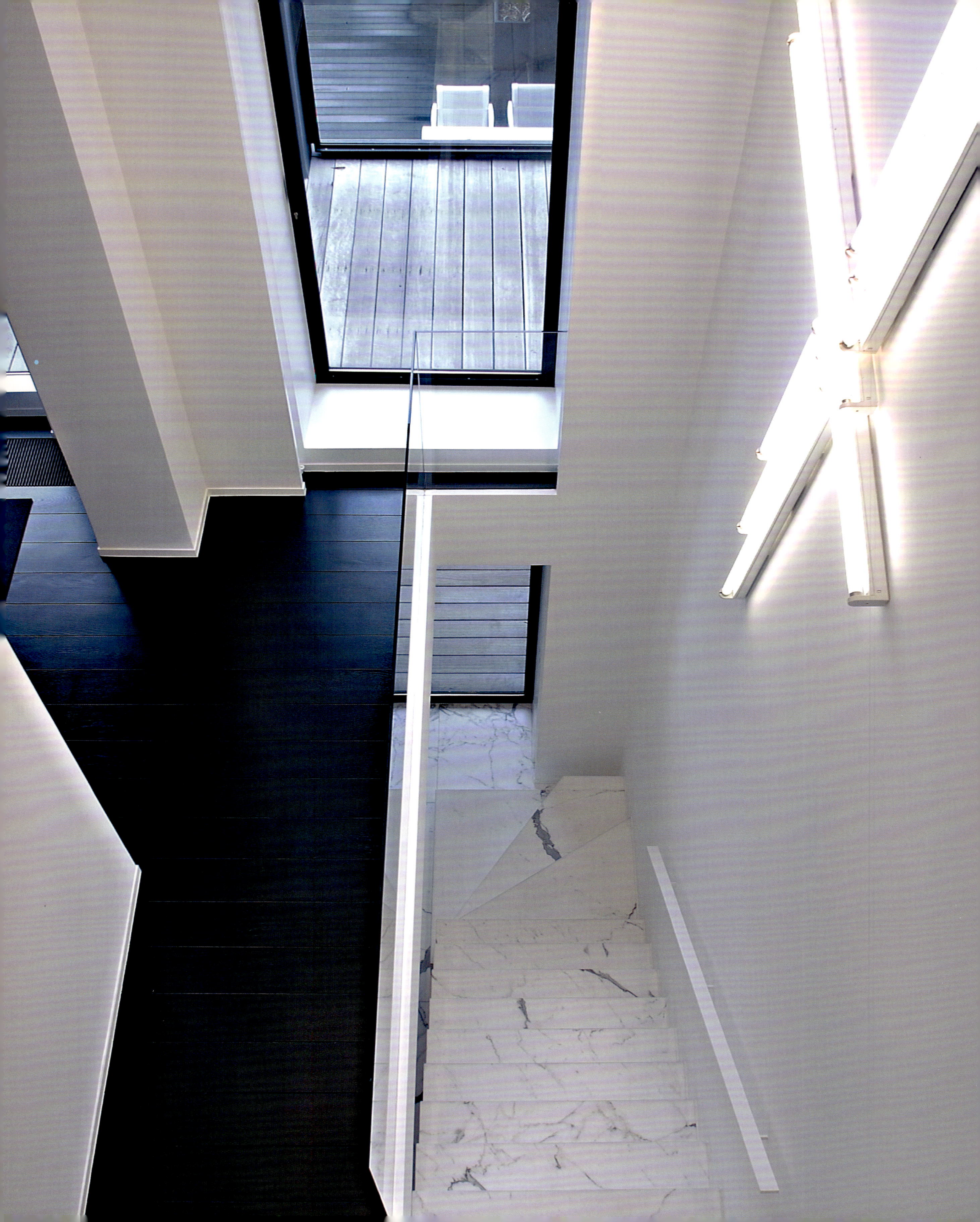

Contrasts are part and parcel of this structure. White areas create space, dark ones impart a feeling of security.

Kontraste gehören zu den Grundprinzipien des Hauses. Weiße Flächen schaffen Raum, dunkle vermitteln Geborgenheit.

Les contrastes font partie des principes fondamentaux de cette maison. Les surfaces blanches confèrent un sentiment d'espace, les parties sombres donnant un sentiment de sécurité.

Los principios básicos de esta casa son los contrastes. Las superficies blancas transmiten amplitud y las negras, seguridad.

I contrasti fanno parte dei principi cardine della casa. Le superfici bianche creano spazio, quelle scure comunicano sicurezza.

Architect: Caramel Architekten, Interior Design: F. Stiper
Photos: Hertha Hurnaus

In defiance of its location on a steep slope amidst the densely populated city of Linz, this unusual structure manages to create the impression of space. A conspicuous characteristic is the upper level, which looms some 14 yards above ground level and also covers the veranda next to the pool. While the walls on the sides touching the slope are made out of lacquered timber, the glassfronted south facade provides grand vistas over the valley. The bright interior is held in generous proportions, its design combining cool geometric shapes with warm materials.

Der Lage an einem Steilhang und der dichten Bebauung in Linz zum Trotz gelingt es diesem Haus, durch seine originelle Architektur den Eindruck von Weite zu erzeugen. Eine auffällige Besonderheit ist die obere Etage, die mehr als 13 Meter über das Parterre hinausragt und die Veranda neben dem Pool überdacht. Während die Wände zum Hang aus versiegeltem Holz bestehen, gewährt die verglaste Südfront grandiose Blicke aufs Tal. Großzügig und hell ist auch das Interieur, dessen Design kühle geometrische Formen mit warmen Materialen verbindet.

Bien qu'elle soit située sur un versant escarpé et que la ville de Linz soit une zone fortement urbanisée, cette maison parvient, grâce à l'originalité de son architecture, à donner une impression d'espace. Citons comme particularité tout à fait remarquable l'étage supérieur, qui surplombe de plus de 13 mètres le rez-de-chaussée et couvre la véranda, à côté de la piscine. Tandis que les murs qui donnent sur le versant sont en bois vitrifié, la façade sud en verre offre une vue grandiose sur la vallée. L'intérieur, dont le design associe formes géométriques froides et matériaux chauds, est spacieux et clair.

Pese a la alta densidad de población de Linz, esta casa situada en una ladera transmite, gracias a su original arquitectura, una especial sensación de amplitud. Una característica especial es la planta superior, la cual sobresale más de 13 metros sobre la planta baja y cubre el mirador que hay junto a la piscina. Las paredes orientadas a la ladera son de madera laqueada y el frente sur, de magníficos ventanales, ofrece unas impresionantes vistas sobre el valle. El interior es de dimensiones amplias y claras, cuyo diseño combina formas geométricas con materiales cálidos.

Nonostante la posizione su un pendio scosceso e la densa urbanizzazione di Linz, questa casa riesce a trasmettere, grazie all'originalità della sua architettura, una sensazione di ampiezza. Una peculiarità che salta all'occhio è il piano superiore che sporge di oltre 13 metri rispetto al parterre e che copre la veranda vicino alla piscina. Mentre le pareti rivolte verso il pendio sono in legno laccato, la facciata sud, completamente vetrata, offre una vista mozzafiato sulla valle. Gli interni, spaziosi e luminosi, uniscono con il loro design fredde linee geometriche e materiali caldi.

The upper floor of this spectacular building stands out beyond its base (far left and right). Eccentric geometry is also applied to individual rooms (l.). The living quarters appear to melt into one another (pp.)

Spektakulär ist die Anlage des oberen Stockwerks, das weit über das untere hinausragt (ganz links und rechts). Auch die einzelnen Räume bestimmt eine ausgefallene Geometrie (l.). Die Wohnbereiche scheinen ineinander zu fließen (folgende Seiten).

Ce qui est spectaculaire, c'est la construction en saillie de l'étage supérieur qui surplombe largement l'étage inférieur (tout à gauche et à droite). Les différentes pièces obéissent à une géométrie originale (à g.). Les pièces d'habitation semblent se fondre les unes dans les autres (pages suivantes).

Las instalaciones de la planta superior, que sobresalen generosamente sobre la inferior, son espectaculares (d. e i.). Los diferentes espacios también quedan determinados por una singular geometría (i.). Los distintos espacios parecen fluir entre sí (páginas siguientes).

Spettacolare la realizzazione del piano superiore che sporge di molto sopra il piano sottostante (prima immagine a sinistra e a destra). Anche le singole stanze sono caratterizzate da insolite geometrie (a sinistra). Gli spazi abitativi sembrano confluire l'uno nell'altro (pagina seguente).

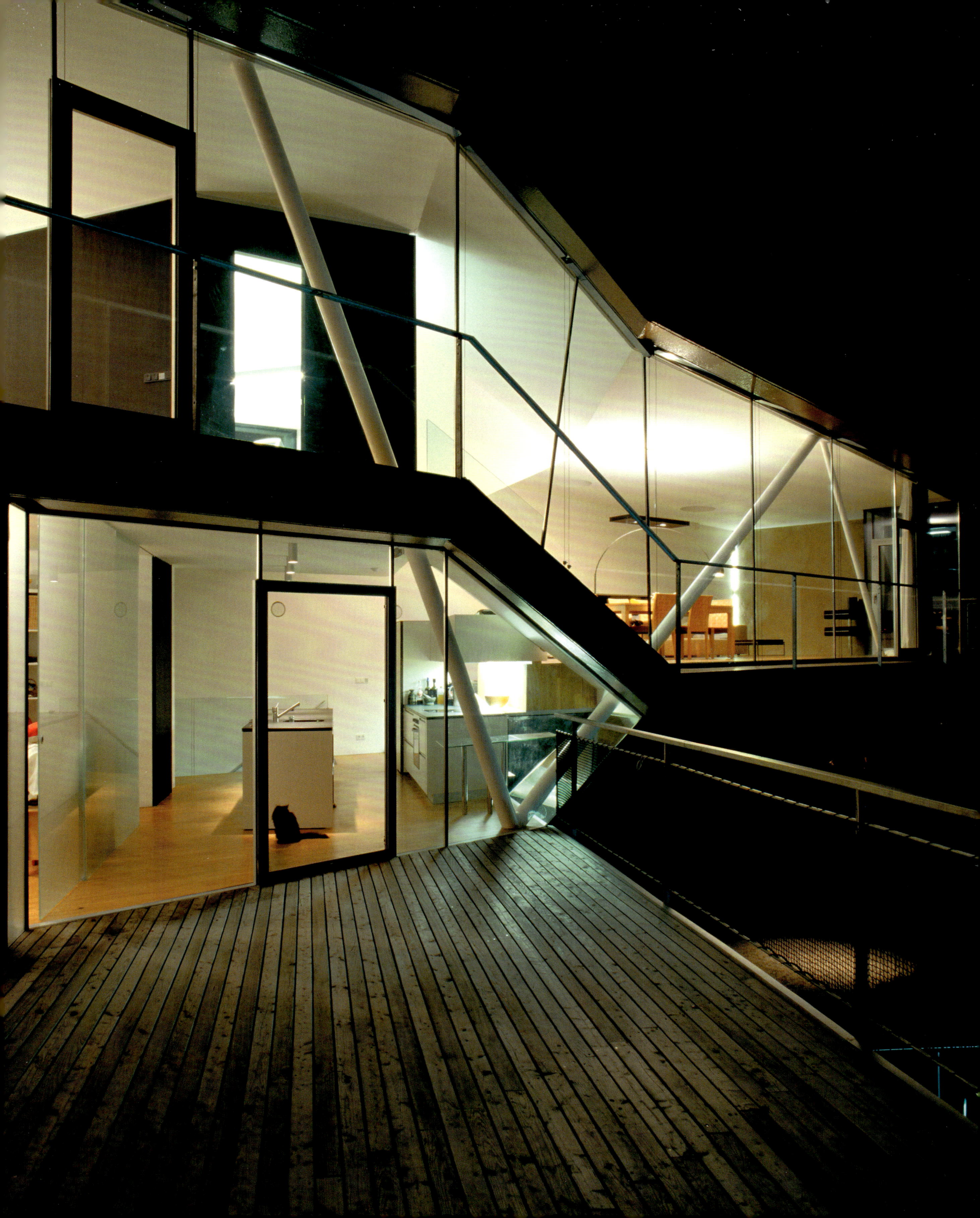

46   House H *Linz, Austria*

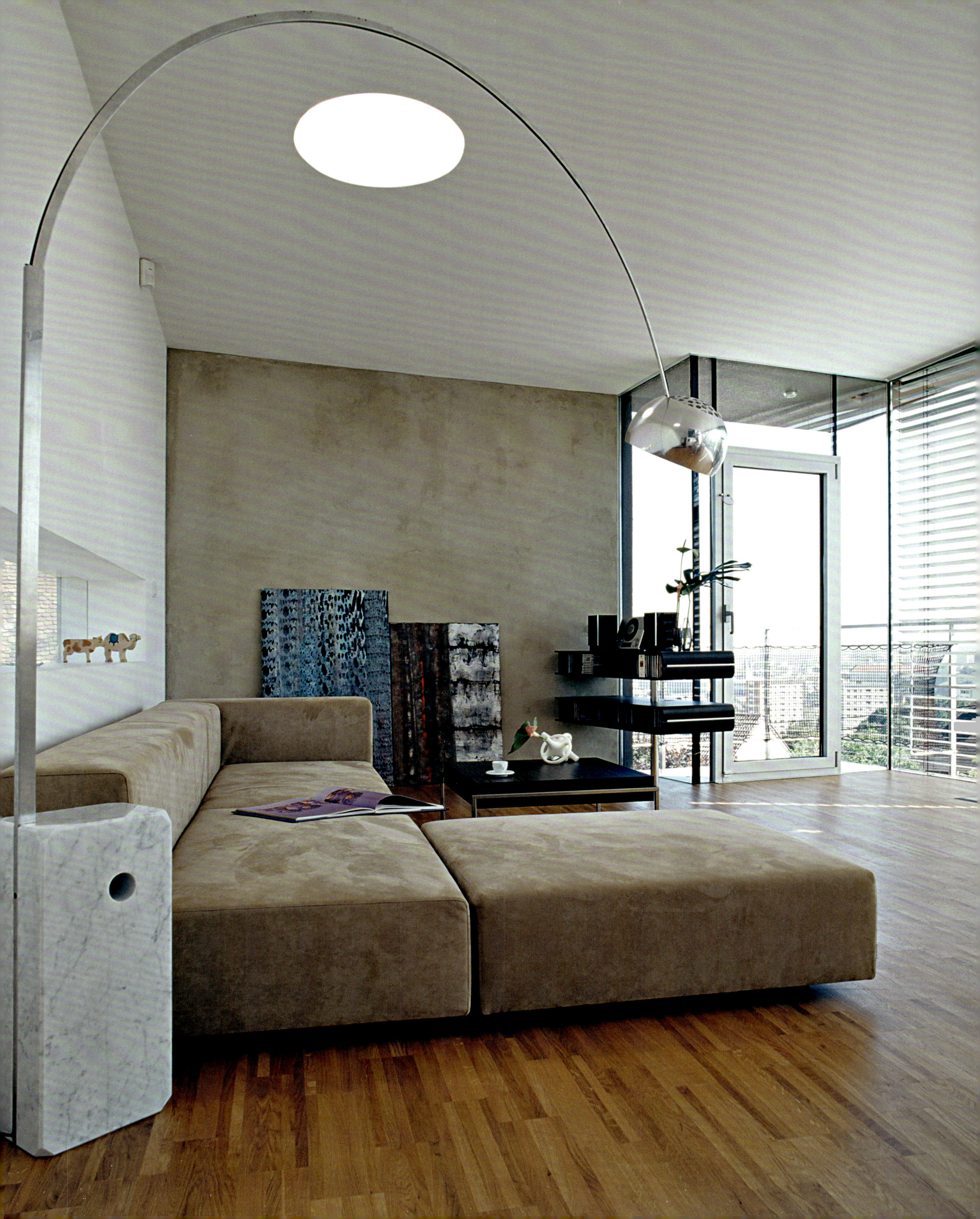

Residence Klosterneuburg

Klosterneuburg, Austria

Architect: project A.01 architects

Photos: Nadine Blanchard

This generously proportioned villa with its multiple floors stretches across a south-facing slope. The first floor largely does without dividing walls whereas the second floor extends far beyond the first floor and offers intimate retreats. This level houses both children's and guest rooms as well as a tall gallery with a glass sliding roof—perfect for reading or working. The master bedroom on the upper level proffers a grand vista of the valley. The pool is directly adjacent to the living space, seamlessly fusing living quarters and the exterior.

An einem Südhang erstreckt sich diese großzügige Villa über mehrere Ebenen. Im Parterre wurde auf Trennwände weitgehend verzichtet. Die erste Etage ragt weit über die untere hinaus und bietet intime Rückzugsorte. Hier befinden sich Kinder- und Gästezimmer sowie eine hohe Galerie mit gläsernem Schiebedach – schön zum Lesen und Arbeiten. Das Hauptschlafzimmer in der obersten Ebene bietet einen weiten Blick ins Tal. Der Pool schließt sich unmittelbar an die Wohnhalle an, sodass Wohn- und Außenbereich miteinander verschmelzen.

Cette villa spacieuse située sur le versant sud d'une colline s'étend sur plusieurs niveaux. Le rez-de-chaussée n'a pratiquement pas de cloisons. Le premier étage surplombe largement la partie basse et offre des lieux de refuge plein d'intimité. C'est là que se trouvent les chambres d'enfants et d'amis ainsi qu'une haute galerie recouverte d'un toit de verre coulissant – idéal pour lire ou travailler. La chambre à coucher principale se trouve à l'étage supérieur et offre une vue immense sur la vallée. La piscine est située juste à côté de la grande salle de séjour, de telle sorte que la surface d'habitation et l'espace extérieur se fondent l'un dans l'autre.

Esta generosa villa se extiende en varios niveles sobre una ladera orientada al sur. En la planta baja se ha renunciado totalmente a los tabiques. La primera planta sobresale claramente y ofrece salas para disfrutar de la intimidad. En ella se encuentran los dormitorios de los niños y de los invitados así como una galería alta de techo corredizo de cristal, un lugar ideal para la lectura o el trabajo. El dormitorio principal se encuentra en la planta más alta y ofrece amplias vistas sobre el valle. La piscina queda tan integrada a la casa que la zona dedicada a la vivienda y el exterior parecen fundirse entre ellos.

Questa villa, posizionata su un pendio rivolto a sud, si sviluppa su più piani. Nel parterre le pareti divisorie sono completamente assenti. Il primo piano sporge di molto rispetto a quello inferiore e offre angoli intimi. Qui si trovano le stanze dei bambini e degli ospiti, nonché una galleria con una copertura in vetro apribile: magnifica per leggere e lavorare. La camera da letto principale si trova all'ultimo piano; da qui si può vedere tutta la valle. La piscina fa direttamente seguito al soggiorno, di modo che zona giorno ed esterni si fondono in un tutt'uno.

Nothing here to obstruct the vistas of the countryside. The first floor (r.) does without classic room layout and proffers vistas of the surroundings.

Nichts schränkt die Aussicht auf die Landschaft ein. Das Parterre (r.) verzichtet auf die Begrenzungen einer klassischen Raumaufteilung und gewährt freie Blicke auf die Landschaft.

Rien ne vient limiter la vue sur le paysage. Au rez-de-chaussée, on a une vue illimitée sur le paysage, puisqu'on a renoncé à toutes les cloisons de l'agencement classique des pièces (à dr.).

Nada limita las vistas del paisaje. Incluso la planta baja (d.) renuncia a las barreras de una distribución clásica de los espacios y ofrece un fantástico panorama.

Nulla disturba la vista panoramica. Anche il parterre (a destra) rinuncia alla ripartizione tradizionale degli spazi per liberare lo sguardo sul paesaggio.

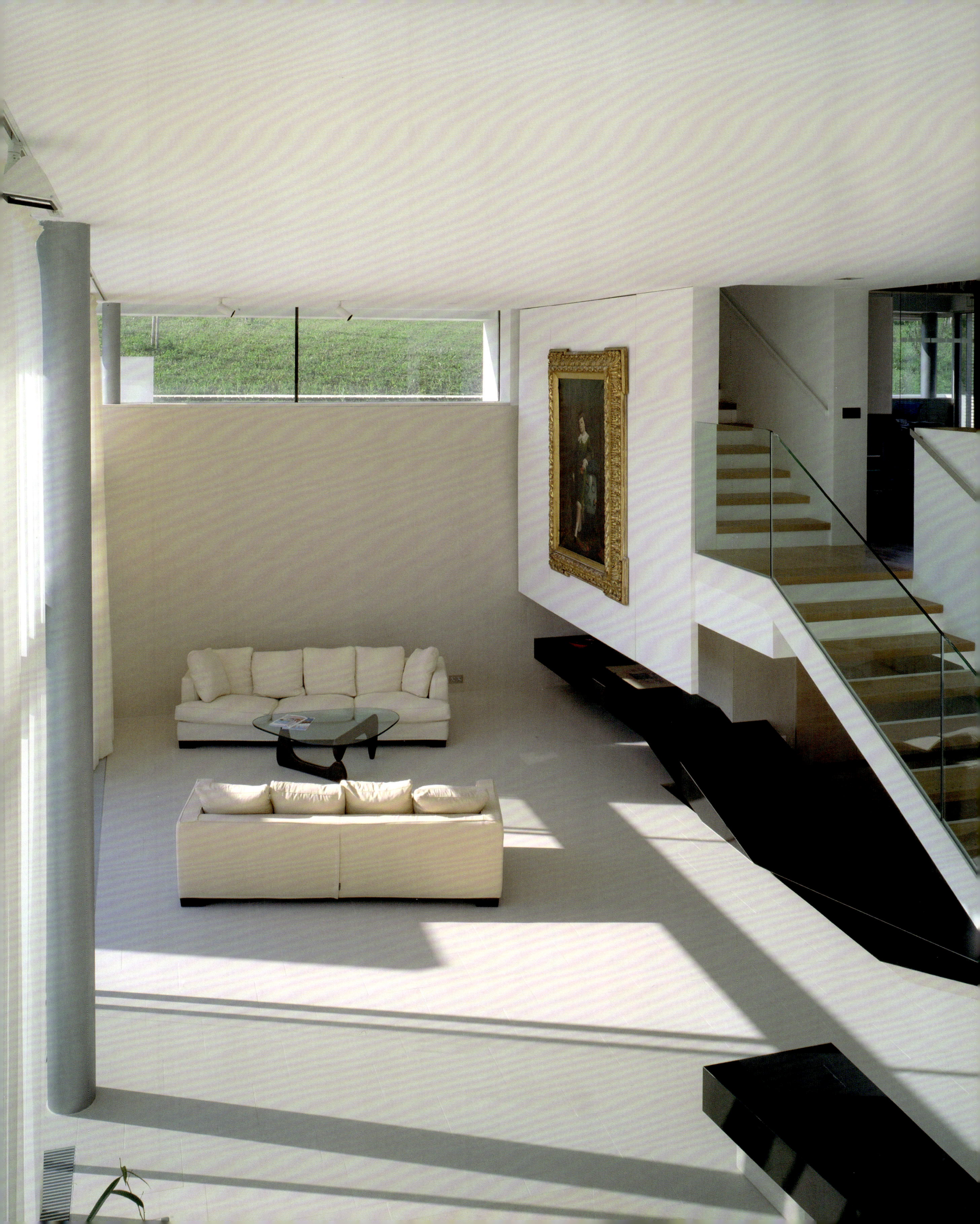

Residence Klosterneuburg *Klosterneuburg, Austria*

Residence Klosterneuburg *Klosterneuburg, Austria* 51

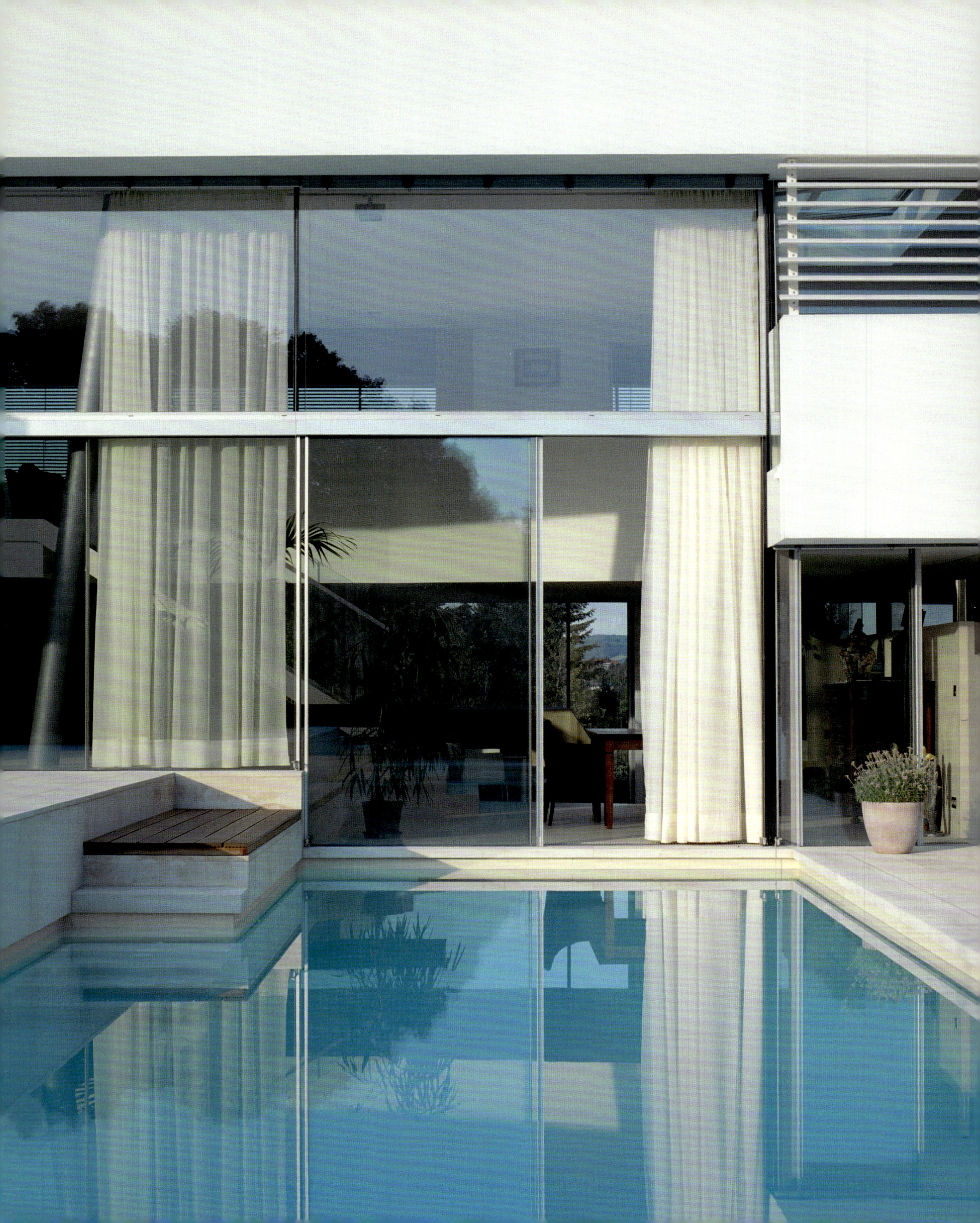

With nothing to separate pool and building, the two elements form a single unit (l.). The kitchen is very well integrated into the building (b.), a fitness room with steam bath (f. b.) is located in the basement.

Der Pool beginnt unmittelbar am Gebäude und bildet mit ihm eine Einheit (l.). Die Küche ist komplett in das Gebäude integriert (u.), ein Fitnessraum mit Dampfbad (ganz unten) befindet sich im Untergeschoss.

La piscine est attenante au bâtiment et constitue une unité avec lui (à g.). La cuisine est très bien intégrée dans le bâtiment (en bas), et l'on trouve une salle de fitness avec bain de vapeur (tout en bas) au sous-sol.

La piscina empieza directamente junto al edificio formando con él una unidad (i.). La terraza cubierta (ab.) un gimnasio con baño turco (ab.) se encuentran en la planta inferior.

La piscina si trova nelle immediate vicinanze dell'edificio e costituisce con questo un'unica unità (a destra). La cucina è perfettamente integrata nell'edificio (sotto), mentre al piano inferiore si trova una stanza per il fitness con bagno turco (in fondo).

Residence Klosterneuburg *Klosterneuburg, Austria*

Architect: YES architecture
Photos: Croce&Wir

This villa is built into the steep slope of the mountain overlooking the valley of Hanfing. Its north and south concrete facades are clad in steel, while the east wall is made of stone to store heat energy. To the west the house opens up to the 27-yards-long pool and a breathtaking panorama. The extensive living quarters for adults lack any perceptible separating walls and impart a distinct loft feeling; the nurseries are inserted yet separate, conveying a feeling of security in the midst of generosity. Earth and sun collectors provide energy for heating.

Oberhalb des Tals von Hanfing ist diese Villa in steiler Hanglage gegen den Berg gebaut. Nach Norden und Süden ist ihr Betonkörper mit Stahl verkleidet, an der Ostseite speichert eine Steinmauer Wärme. In Richtung Westen öffnet sich die Fassade des Hauses zum 25 Meter langen Pool hin zu einem großartigen Panorama. Der weite Wohnbereich der Eltern wirkt ohne spürbare Raumaufteilung wie ein Loft; die Zimmer für die Kinder liegen als separate Einheiten darin eingefügt und vermitteln Geborgenheit inmitten von Großzügigkeit. Erdflach- und Sonnenkollektoren sorgen für Heizenergie.

Cette maison, construite sur le versant escarpé d'une montagne, domine la vallée de Hafning. Au nord et au sud, les structures en béton sont recouvertes d'acier, tandis qu'un mur en pierre emmagasine la chaleur côté est. À l'ouest, la façade de la maison s'ouvre sur une piscine de 25 mètres de long, ainsi que sur un panorama splendide. Les pièces d'habitation des parents, spacieuses mais sans cloisons visibles, font penser à un loft. Les pièces des enfants constituent des unités séparées, insérées dans l'ensemble, qui inspirent un sentiment de sécurité malgré les dimensions généreuses de l'espace alentour. Une pompe à chaleur thermique et des panneaux photovoltaïques pourvoient au chauffage de la maison.

Esta villa ha sido construída contra la montaña, en una empinada ladera sobre el valle de Hanfing. En los lados norte y sur la base de cemento está revestida de acero y en el lado este un muro de piedra almacena el calor. En dirección oeste, la fachada de la casa, orientada a la piscina de 25 metros de longitud, ofrece un panorama espectacular. La amplia vivienda de los padres distribuída sin que la separación de los distintos espacios sea patente asemeja un loft. Los dormitorios de los niños están integrados como unidades independientes y resultan especialmente acogedores en la amplitud de la vivienda. Paneles solares y colectores planos proporcionan energía.

Questa villa è stata eretta in una posizione di forte pendenza sopra la valle di Hanfing. A nord e a sud la struttura in cemento è rivestita in acciaio, mentre a est una parete in pietra immagazzina il calore. A ovest la facciata della casa si schiude sulla piscina da 25 metri per mostrare un meraviglioso paesaggio. L'ampio spazio abitativo dei genitori, privo di una divisione degli spazi visibile, ricorda un loft. Al suo interno vi sono collocate, come unità separate, le stanze dei bambini che in mezzo a tanto spazio forniscono un senso di protezione. Pannelli solari a terra e collettori solari producono l'energia necessaria per il riscaldamento.

The wall of natural stone stores the heat. Alternative energy is used to keep the house warm (l.). The interior is dominated by first-class materials and contemporary art (r.).

Die Natursteinmauer dient als Wärmespeicher, beheizt wird das Haus durch alternative Energie (l.). Das Interieur dominieren hochwertige Materialien und zeitgenössische Kunst (r.).

Le mur en pierre naturelle sert à récupérer la chaleur et la maison utilise les énergies nouvelles pour le chauffage (à g.). À l'intérieur dominent les matériaux de haute qualité et l'art contemporain (à dr.).

El muro de piedra natural almacena calor. El sistema de calefacción de la casa usa energía alternativa (i.). En el interior dominan materiales de alta calidad y arte contemporáneo (d.).

Il muro in pietra naturale immagazzina calore; la casa viene scaldata con energie alternative (a sinistra). Gli interni sono dominati da materiali di alto pregio e da opere di arte contemporanea (a destra).

Residence Sonndorf *Hafning, Austria*

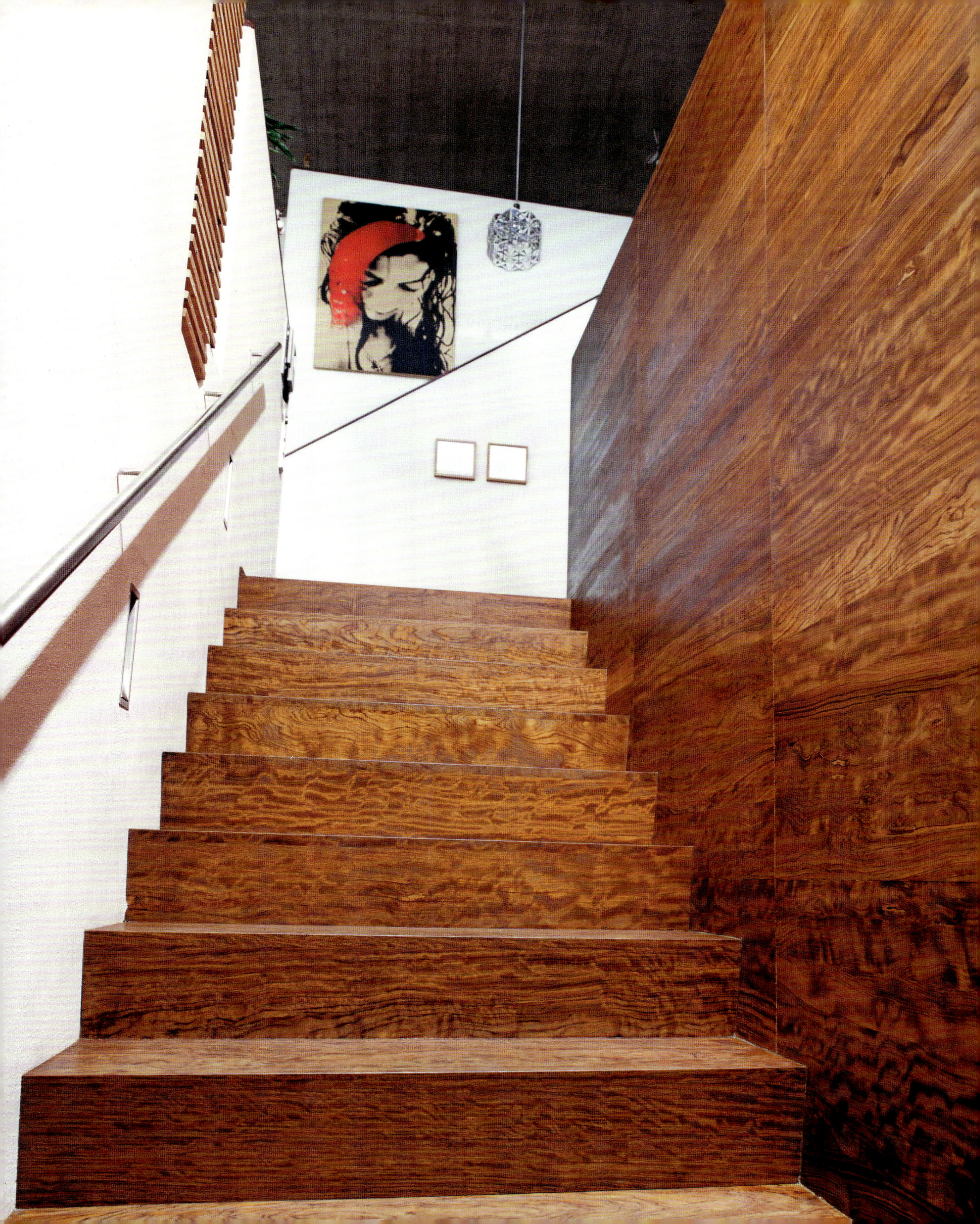

The pool has the ideal length of 27 yards (a. r.). Both private and official rooms are decorated extravagantly (a. r., b.).

Der Pool hat mit 25 Metern Länge Gardemaß (o. l.). Extravagant sind sowohl die privaten als auch die offiziellen Räume gestaltet (o. r., u.).

La piscine est plutôt de grande taille, avec ses 25 mètres de long (en haut à gauche). Les pièces à usage privé tout comme les pièces officielles sont aménagées de manière extravagante (en haut et à droite ; en bas).

La piscina tiene 25 metros de longitud (ar. i.). Tanto los espacios privados como los comunes lucen una extravagante decoración (ar. d., ab.).

La piscina con i suoi 25 metri risulta molto grande (in alto a destra). Sia gli spazi privati che gli ambienti ufficiali sono arredati in maniera stravagante (in alto a destra, sotto).

Residence Sonndorf *Hafning, Austria*

Extraordinary appearance: the concrete building forms a terraced structure against the steep slope.

Außergewöhnliche Optik: Terrassenförmig ist der Betonbau in den Steilhang geschichtet.

Effet visuel exceptionnel : le bâtiment en béton situé sur un terrain escarpé est composé de plusieurs niveaux en terrasses.

Un panorama extraordinario: el edificio de cemento queda encajado formando terrazas en una ladera.

Estetica fuori dal comune: la struttura in calcestruzzo si inserisce come terrazzamento nel pendio.

Residence Sonndorf *Hafning, Austria*

The north and south facades are paneled with untreated corten steel, which develops a warm patina through oxidation.

Die südliche und die nördliche Fassade sind mit unbehandeltem Cortenstahl verkleidet, der dadurch eine warm wirkende Patina aus Rost ansetzt.

Les façades nord et sud ont un revêtement en acier Corten non traité, lequel se recouvre dès lors d'une patine de rouille qui donne un effet de chaleur.

Las fachadas sur y norte están revestidas del inusual acero de corten creando una cálida pátina de oxido rojizo.

Le facciate a nord e a sud sono rivestite in acciaio Cor-Ten grezzo che con la sua patina di ossido trasmette un senso di calore.

The architecture *literally jumps at the observer coming from the west: the pool, separated from the main building and terrace, towers above ground like a cut-off concrete bridge.*

Im Westen *springt die Architektur geradezu in die Landschaft vor: Der von Haupthaus und Terrasse abgesetzte Swimmingpool ragt wie eine abgeschnittene Betonbrücke in die Luft.*

À l'ouest*, le bâtiment fait une véritable saillie dans le paysage : la piscine attenante à la maison principale et à la terrasse surplombe la pente et reste suspendue dans l'air comme un pont en béton coupé.*

En el *lado oeste la arquitectura parece lanzarse al paisaje: la piscina, alejada de la casa y de la terraza, sobresale en el aire como un puente de cemento cortado.*

A ovest *l'architettura balza direttamente nel paesaggio: la piscina posta davanti alla casa e alla terrazza si staglia nell'aria come un ponte interrotto in calcestruzzo.*

Residence Sonndorf *Hafning, Austria*

Interior Design: Sue Rohrer
Photos: Agi Simoes/zapaimages.com

This old house with a modern extension, located on Lake Zürich, is full of comfy corners and inglenooks. The first floor consists of a single open room dominated by a solid wall protruding into the room. It serves to divide different lounge areas: library, TV, and living space. Perfectly white wooden floorboards and sandy colored walls impart a feeling of warmth and elegance. Antiques such as Indian cabinets in the live-in kitchen with its fireplace and the heavy oak table create a unique atmosphere.

Kuschelige Oasen zum Entspannen und viele Kaminecken prägen dieses alte Haus mit modernem Anbau am Zürichsee. Das Parterre ist ein einziger offener Raum, den ein breiter Turm dominiert. Er fungiert als optischer Raumteiler zwischen unterschiedlichen Lounge-Bereichen: Bibliothek, Fernseh- und Wohnecke. Schneeweiß gestrichene Holzdielen und sandfarbene Wände verleihen dem Haus Wärme und Eleganz zugleich. Antiquitäten wie die indischen Schränke in der Wohnküche mit Kamin und der schwere Eichentisch schaffen eine unverwechselbare Atmosphäre.

Ce qui caractérise cette maison ancienne située sur le lac de Zurich, et à laquelle s'ajoute un bâtiment annexe moderne, ce sont les oasis douillettes pour se détendre et le grand nombre de cheminées. Le rez-de-chaussée se compose d'une seule et unique pièce ouverte surmontée d'une large tour. Elle sert de meuble de séparation entre les différentes parties du salon : bibliothèque, coin télévision, coin séjour. Le vestibule en bois peint en blanc pur et les murs de couleur sable confèrent à cette maison une atmosphère à la fois chaude et élégante. Les antiquités, comme par exemple les armoires indiennes dans la cuisine-salle à manger avec cheminée et la lourde table en chêne, créent une atmosphère unique.

Acogedores oasis de relajación y muchos rincones con chimenea caracterizan esta casa antigua de moderna construcción a orillas del lago de Zúrich. La planta baja es un espacio único, abierto y dominado por una torre, que hace las funciones de separador óptico de los diferentes sectores de la sala: la biblioteca, el rincón del televisor y el salón propiamente dicho. El parqué pintado de níveo blanco y las paredes de color arena dotan a la casa de calidez y elegancia a la vez. Las antigüedades como los armarios indios de la amplia cocina con chimenea y una pesada mesa crean un ambiente muy peculiar.

Oasi avvolgenti, ideali per rilassarsi, e molti angoli con camino caratterizzano questa casa antica con un ampliamento moderno, che sorge sul lago di Zurigo. Il parterre è un unico spazio aperto dominato da una torre larga che funge, visivamente, da elemento divisore tra le varie aree della sala: biblioteca, angolo TV e salotto. Il pavimento a listoni bianco-neve e le pareti color sabbia conferiscono alla casa calore e eleganza al tempo stesso. Pezzi d'antiquariato, come gli armadi indiani nella cucina abitabile con camino e il tavolo in rovere massiccio, donano all'ambiente un'atmosfera inconfondibile.

Breathtaking vistas, strong contrasts. The latter is exemplified by the zebra and leopard pattern below the impressive chandelier (r.).

Großartiger Ausblick, starke Kontraste. Zu Letzterem gehört das Zebra- und Leopardendessin unterm üppigen Kronleuchter (r.).

Vue grandiose, contrastes puissants. Un exemple de ces derniers : le motif de zèbre et de léopard sous le lustre imposant (à dr.).

Una vista formidable e intensos contrastes. Ejemplo de contraste es el dibujo de cebra y leopardo bajo la opulenta araña de cristal (d.).

Meravigliosi panorami, forti contrasti; a quest'ultimo appartengono il motivo zebrato e quello leopardato sotto il lussuoso lampadario (a destra).

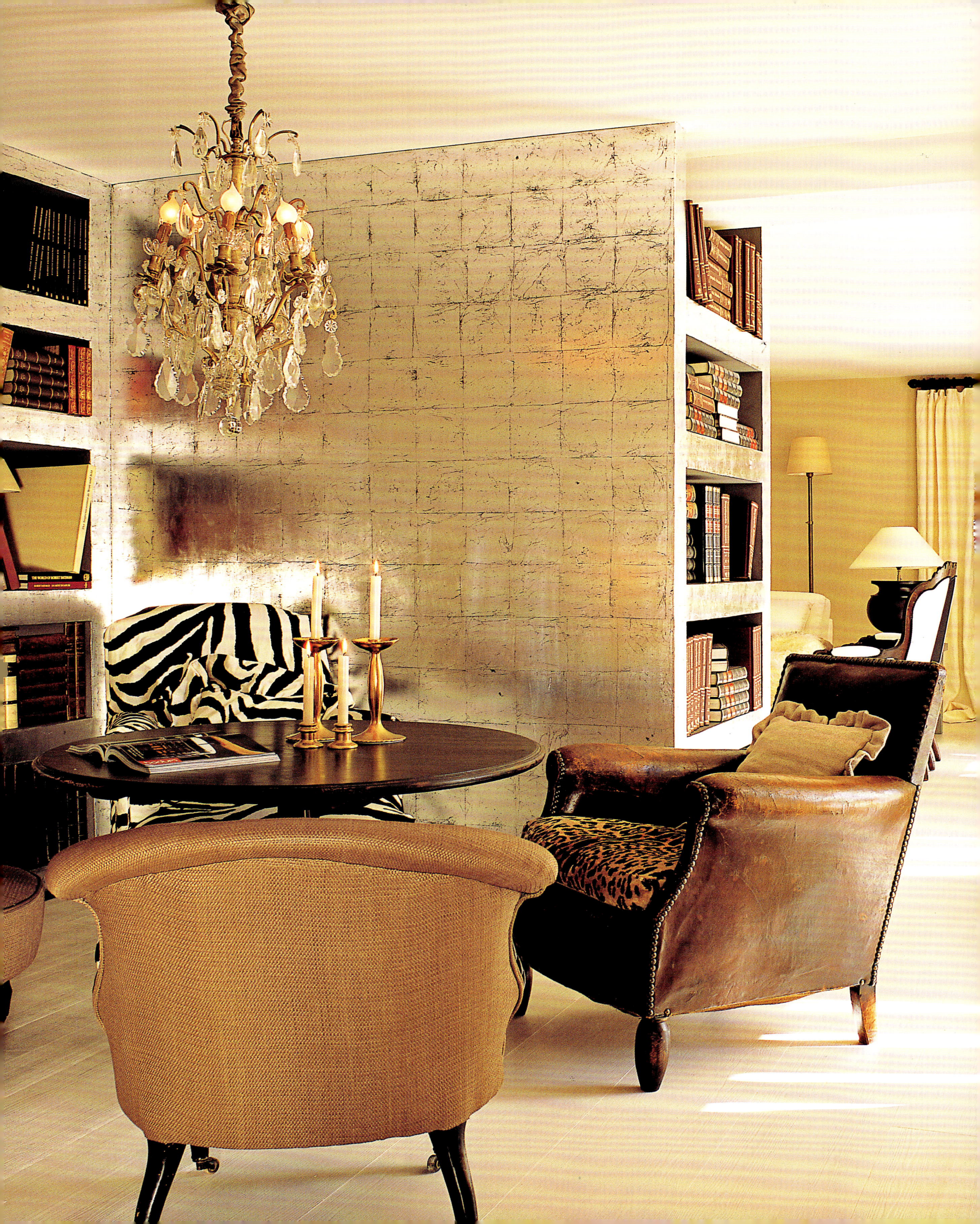

Light and dark, *playful and sober, antique and modern: the interior is built on contrasts. The open-plan kitchen (r.) boasts a fire place and two beautiful Indian cabinets.*

Hell und dunkel, *verspielt und sachlich, antik und modern: Gegensätzen verdankt das Interieur seine Wirkung. Die Wohnküche (r.) prägen der silberne Turm mit Kamin und zwei wunderschöne Schränke aus Indien.*

Clair et *sombre, fantaisiste et sobre, ancien et moderne : tels sont les contrastes qui caractérisent cet intérieur. Dans la grande cuisine-salle à manger, on remarque surtout la tour argentée avec la cheminée et deux magnifiques armoires indiennes.*

Claridad y *oscuridad, ornamentación y funcional, antigüedad y modernidad: el interior debe agradecer su idiosincrasia a las antítesis. La amplia cocina (d.) se caracteriza por la torre plateada con chimenea y los dos maravillosos armarios originarios de la India.*

Chiaro e *scuro, giocoso e sobrio, antico e moderno: l'effetto degli interni è dovuto ai contrasti. La cucina abitabile (a destra) è caratterizzata dalla torre argentata con camino e da due splendidi armadi indiani.*

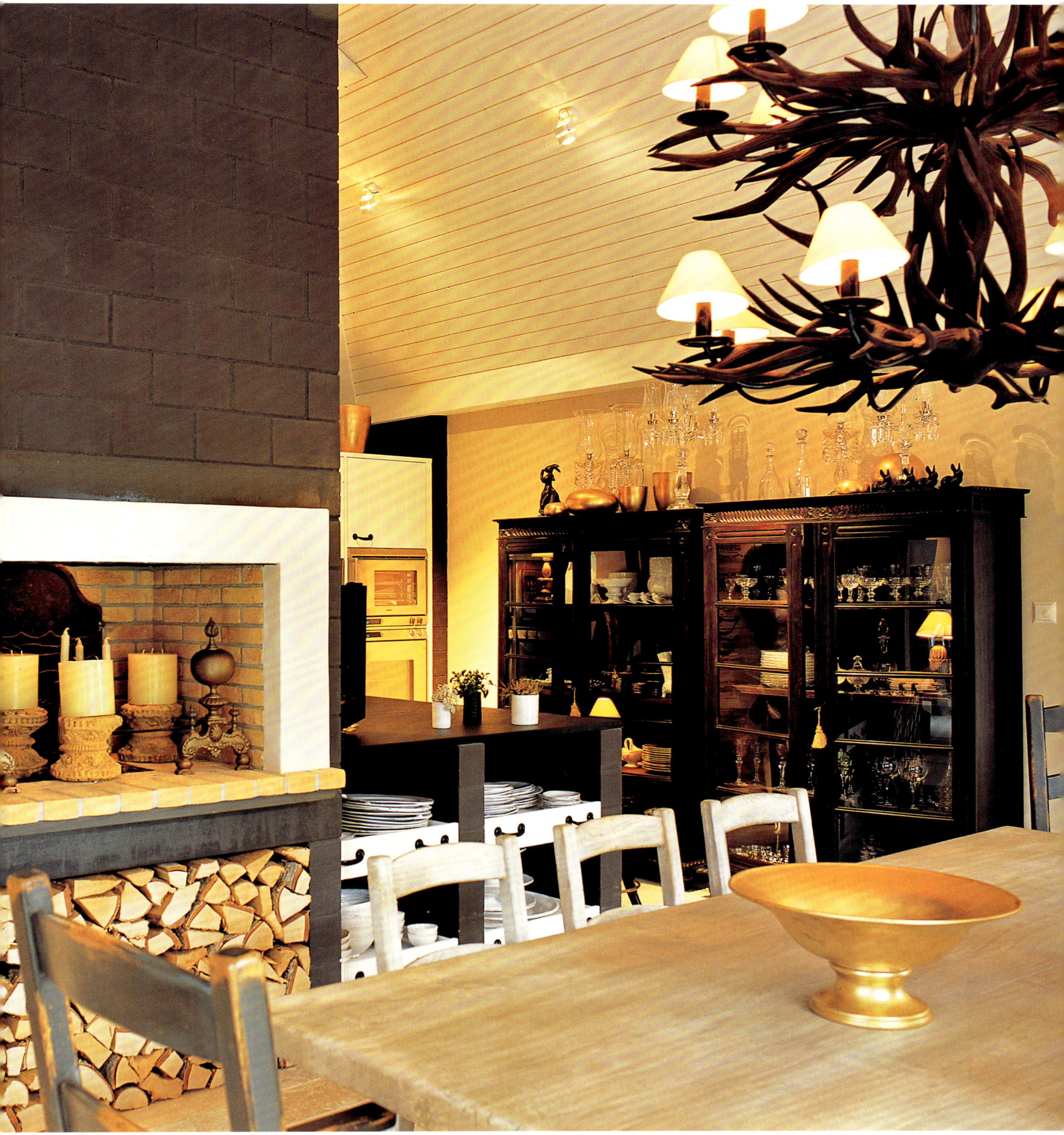

Interior Design: Carlo Rampazzi
Photos: Reto Guntli/zapaimages.com

The interior of this timeworn chalet with its old-fashioned facade gives one the impression of being in one of Salvador Dalí's dreams. Dividing walls were removed to create large spaces, low ceilings with their silver surface reflect the greens and reds of the walls and create the illusion of height. Huge candelabra, contemporary Chinese art, accessories of Baroque extravagance, and furniture such as the bean-shaped divan impart the fairy-tale like atmosphere which inspired the chalet's name.

Als hätte man sich in einen Traum Salvador Dalís verirrt, so sieht das Interieur dieses äußerlich ganz klassischen alten Chalets aus. Trennwände wurden entfernt, um großzügige Räume zu schaffen, die niedrigen Decken vermitteln durch eine das Rot und Grün der Wände reflektierende Silberschicht optisch den Eindruck von Höhe. Riesige Kronleuchter, zeitgenössische chinesische Kunst, Accessoires von barocker Extravaganz und Möbel wie das bohnenförmige Sofa schaffen die märchenhafte Atmosphäre, die dem Haus den Namen gegeben hat.

Quand on regarde l'intérieur de ce vieux chalet tout à fait classique extérieurement, on a l'impression de s'être perdu dans un rêve de Salvador Dalí. Les cloisons ont été retirées afin de créer des pièces spacieuses, les plafonds bas produisent une impression visuelle de hauteur grâce à une couche de peinture argentée qui réfléchit le rouge et le vert des murs. Les lustres géants, l'art chinois contemporain, les accessoires d'une extravagance baroque et les meubles tels que le canapé en forme de haricot créent une atmosphère de conte de fées qui a donné son nom à la maison.

Como si se hubiera perdido uno en un sueño de Salvador Dalí, así es el interior de este antiguo chalet cuyo exterior, sin embargo, es totalmente clásico. Se suprimieron los tabiques para crear espacios amplios. Mediante una capa plateada que reflecta el rojo y verde de las paredes, los bajos techos parecen realmente altos. Enormes arañas de cristal, objetos de arte chino contemporáneo, elementos decorativos de extravagancia barroca y muebles como el sofá en forma de judía crean el ambiente de fábula surrealista que ha dado nombre a la villa.

All'interno di questo antico chalet, il cui esterno ha un aspetto assai tradizionale, sembra di essersi persi in un sogno di Salvador Dalí. Le pareti divisorie sono state eliminate per creare ampi spazi aperti; i soffitti bassi creano un'illusione di altezza grazie a uno strato di argento che riflette il rosso e il verde delle pareti. Enormi lampadari, arte cinese contemporanea, accessori dalla stravaganza barocca e mobili come il divano a forma di fagiolo creano l'atmosfera fiabesca che ha dato il nome alla casa.

The outwardly traditional Swiss mountain chalet harbors within its walls a surreal daydream come true: this extraordinary villa is both playful and fantastic.

Das äußerlich traditionelle Chalet aus der Schweizer Bergwelt erweist sich von innen als Realität gewordener surrealistischer Tagtraum: Verspielt und fantastisch ist diese extravagante Villa.

Extérieurement, c'est un chalet de montagne suisse traditionnel mais à l'intérieur, c'est un rêve éveillé surréaliste devenu réalité : cette villa extravagante est pleine de fantaisie et de fantastique.

Este chalé situado en las montañas suizas es de exterior tradicional pero su interior se muestra como un sueño surrealista hecho realidad: esta extravagante villa de oníricas formas es fabulosa.

Lo chalet, tipico delle località montane svizzere, negli interni si rivela essere una fantasia surrealista divenuta realtà: questa villa stravagante è giocosa e fantastica.

A Surrealist Fairytale *Gstaad, Switzerland*

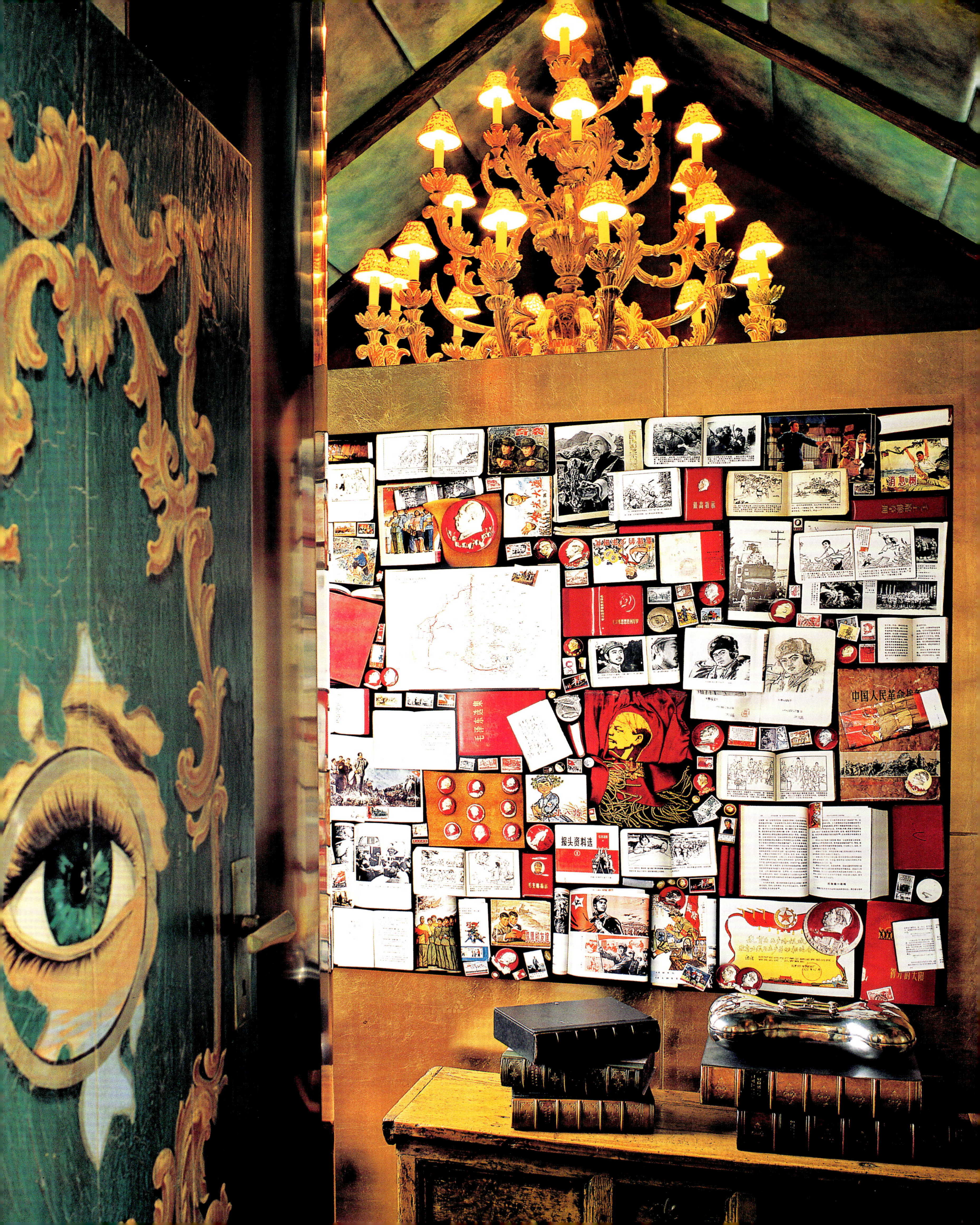

Every detail *of these opulent colors, shapes, figures, and symbols is worthy of closer examination.*

In diesem Rausch *aus Farben, Formen, Figuren und Symbolen verdient jedes Detail Aufmerksamkeit.*

Dans cette *profusion de couleurs, de formes et de symboles, chaque détail mérite l'attention.*

En esta *embriaguez de colores, formas, figuras y símbolos cada detalle merece atención.*

Nell'ebbrezza dei *colori, delle forme, delle figure e dei simboli ogni dettaglio merita attenzione.*

66   A Surrealist Fairytale Gstaad, Switzerland

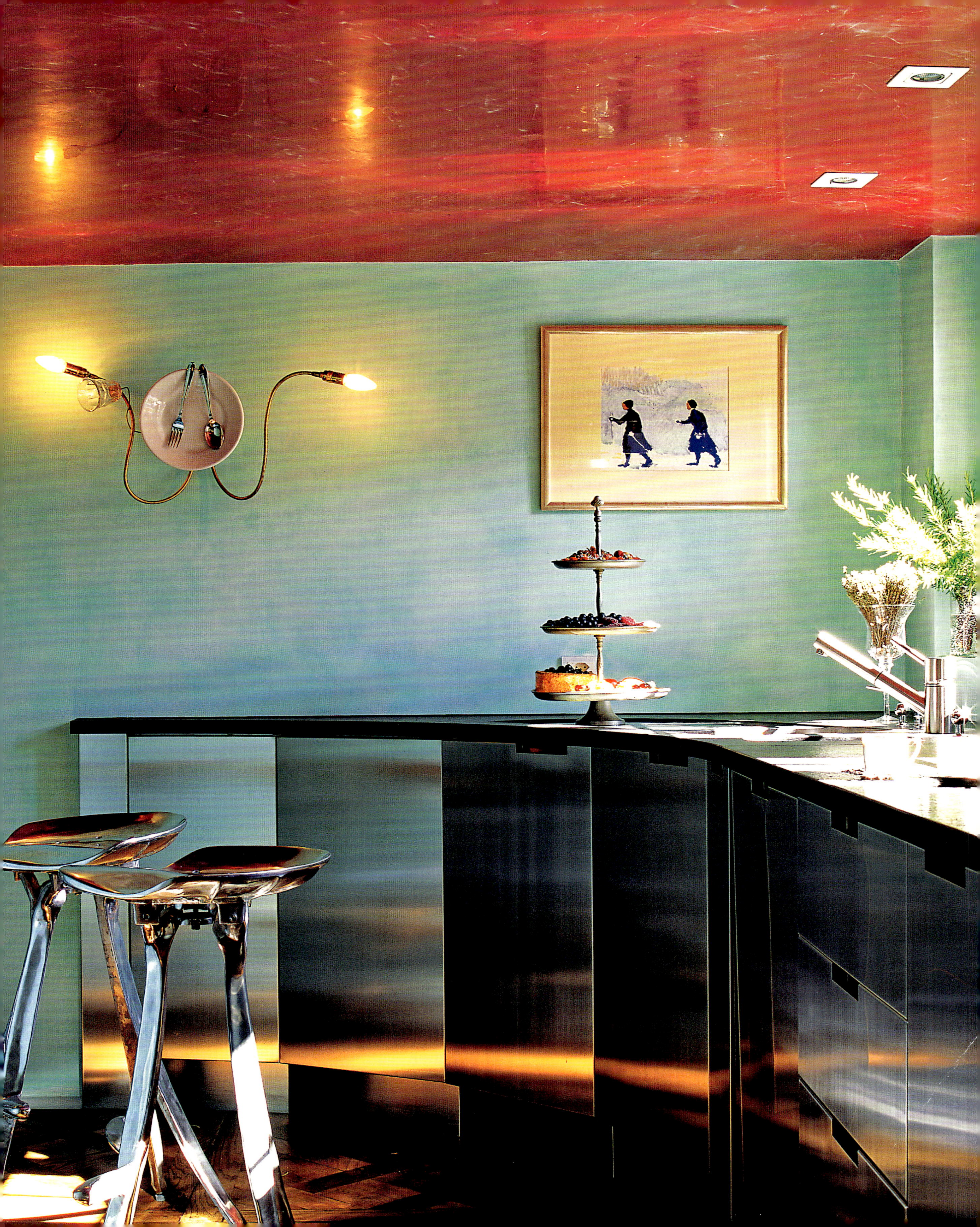

Interior Design: Anne Lux
Photos: Reto Guntli/zapaimages.com

This chalet made from pine wood appears to grow out of its surroundings. The nearly 290 square yards provide enough space for five bedrooms. The interior, which combines antique wooden floors and walls with original objets d'art and designer furniture, exudes nature's calm steadfastness as well as Gstaad's exclusive flair. Only a few rather unusual pieces dominate the living quarters and the dining room. The wooden kitchen features a metal table and a large-scale photograph, providing an exciting contrast to the homely chalet atmosphere.

Dieses Chalet aus Pinienholz scheint aus der Landschaft förmlich empor zu wachsen. Auf 240 Quadratmetern finden fünf Schlafzimmer Platz. Das Interieur, das antike Holzböden und -wände mit originellen Kunstobjekten und Designermöbeln verbindet, spiegelt Ruhe und Beständigkeit der Natur ebenso wider wie die Exklusivität von Gstaad. Den Ess- und Wohnraum dominieren wenige, aber ausgefallene Stücke. In der Holzküche stehen ein Metalltisch und eine großformatige Fotografie in spannungsreichem Kontrast zur heimeligen Chalet-Atmosphäre.

Ce chalet en bois de pin semble littéralement sortir du paysage. Sur les 240 mètres carrés, il y a de la place pour cinq chambres à coucher. L'intérieur qui unit des sols et des murs en bois anciens, des objets d'art originaux et des meubles design, reflète tout autant le calme et la stabilité de la nature que le luxe que l'on trouve à Gstaad. Quelques objets, rares mais frappants, dominent la salle à manger et la salle de séjour. Dans la cuisine en bois massif, on trouve une table en métal et une photo de grand format qui crée un contraste impressionnant avec l'atmosphère douillette du chalet.

Este chalé de madera de pino parece emerger literalmente del paisaje. Sus 240 metros cuadrados acogen cinco dormitorios. El interior, que aúna antiguos suelos y paredes de madera con piezas de arte originales y muebles de diseño, refleja tanto la calma y la estabilidad de la naturaleza como el carácter exclusivo de Gstaad. El salón comedor está dominado por pocas pero llamativas piezas. En la cocina de madera, la mesa metálica y una fotografía de gran formato crean un contraste lleno de emoción con la atmósfera acogedora del chalé.

Questo chalet in legno di pino sembra veramente spuntare e crescere dal paesaggio. Nei suoi 240 metri quadrati trovano posto cinque camere da letto. Gli interni, i pavimenti e le pareti in legno antico, abbinati a oggetti d'arte e mobili di design, rispecchiano la quiete e l'immutabilità della natura rispetto all'esclusività di Gstaad. La zona giorno è dominata da pochi pezzi ma molto originali. Nella cucina, completamente in legno, l'atmosfera intima e accogliente dello chalet è spezzata da un tavolo in metallo e da una fotografia di grande formato.

Rustic elements stress the traditional chalet style (l.). The combination of heavy timber with steel surfaces and a photograph of Catherine Claude impart a special feeling to the kitchen (r.).

Rustikale Elemente betonen den traditionellen Chalet-Stil (l.). Die Kombination von schwerem Holz mit Oberflächen aus Stahl und der Fotografie von Catherine Claude geben der Küche (r.) besonderen Reiz.

Les éléments rustiques mettent en valeur le style chalet traditionnel (à g.). L'alliance de bois massif et de surfaces en métal ainsi que la photographie de Catherine Claude confèrent à la cuisine (à dr.) un charme particulier.

Los elementos rústicos acentúan el tradicional estilo de chalé (i.). La combinación de madera maciza con superficies de acero y la fotografía de Catherine Claude dan un especial atractivo a la cocina (d.).

Elementi rustici sottolineano lo stile tipico dello chalet (a sinistra). La combinazione di legno massiccio e di superfici in acciaio e la fotografia di Catherine Claude danno alla cucina un fascino particolare (a destra).

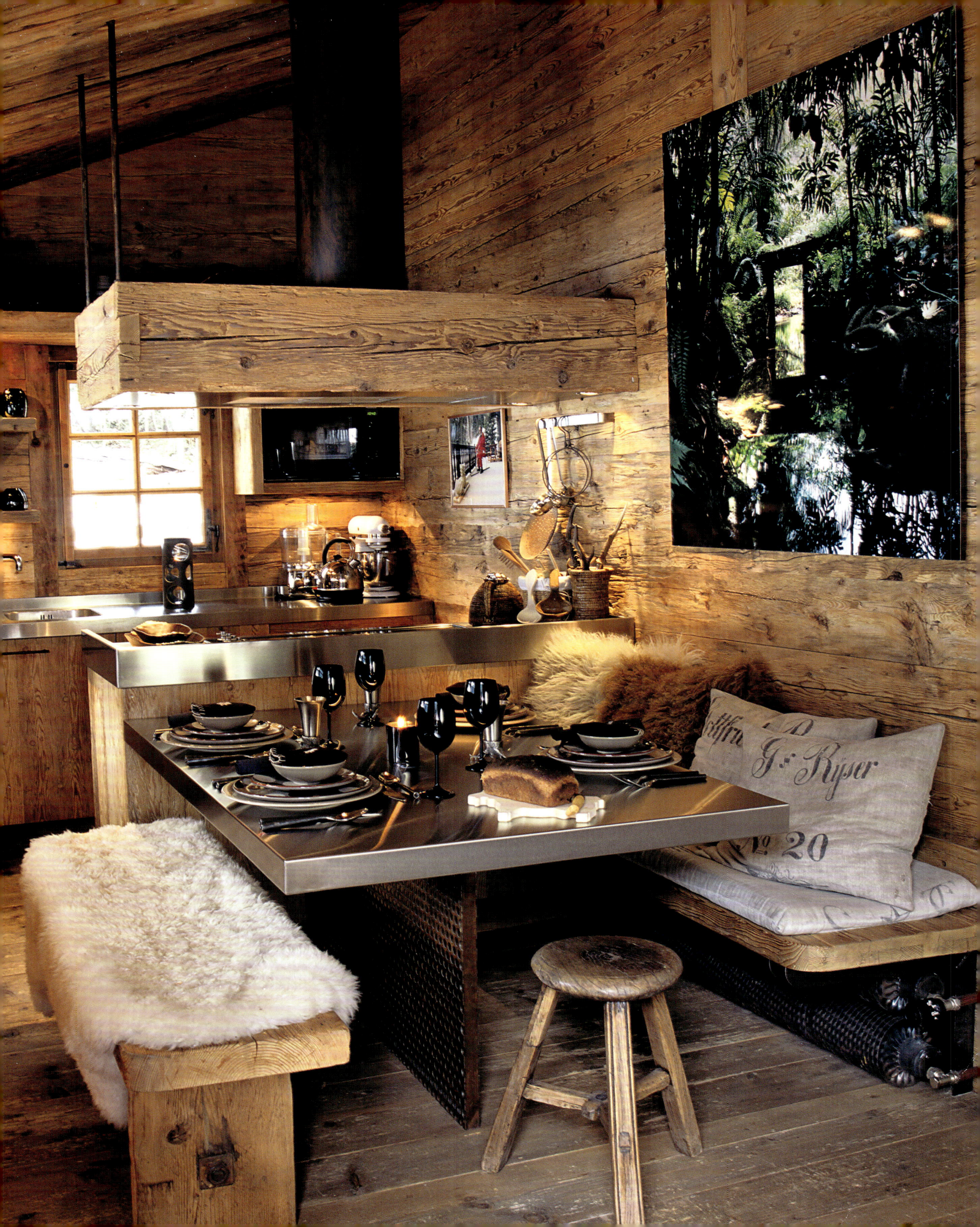
G. Ryser
No 20

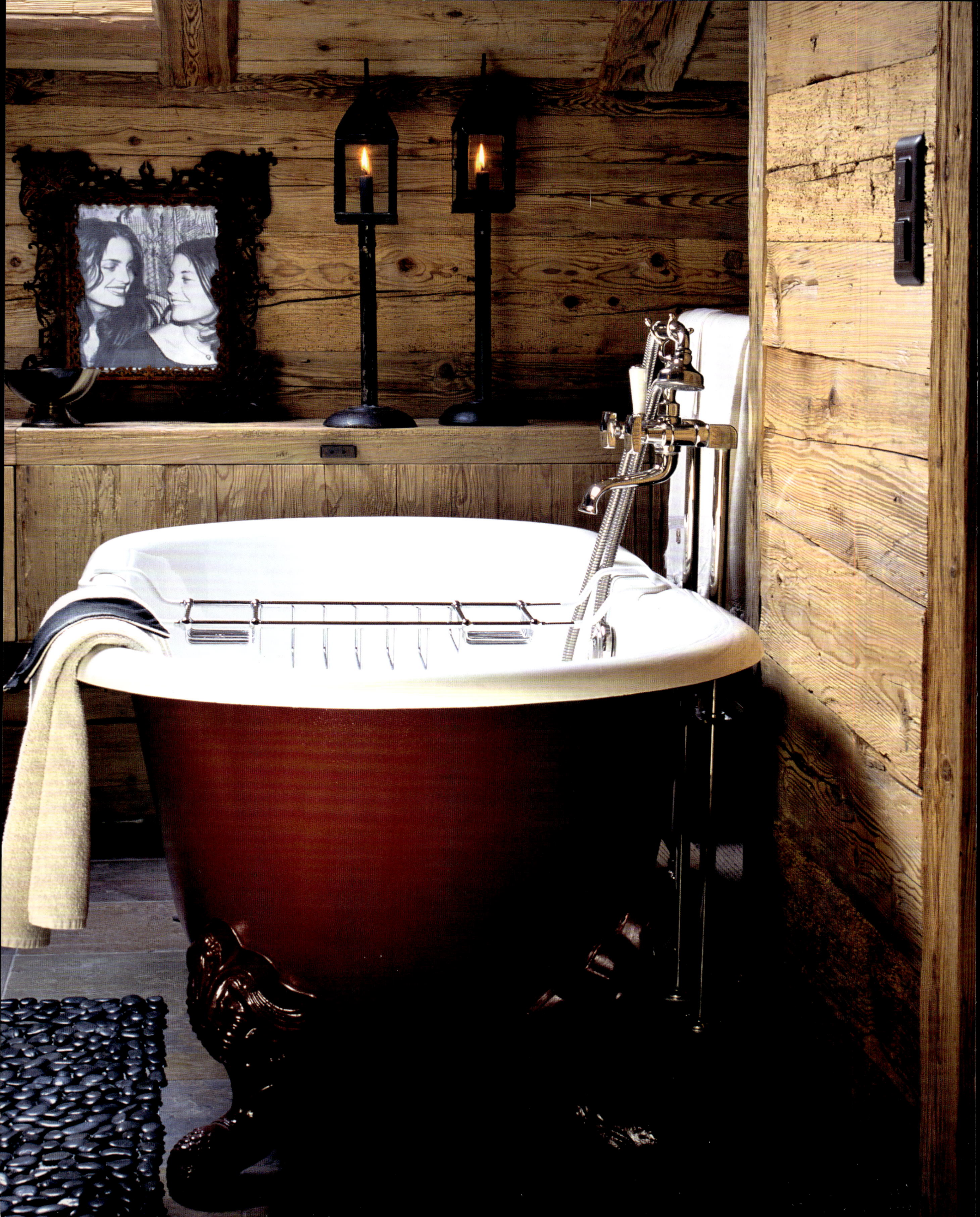

A sense for the extraordinary: the antique bathtub was subjected to a burgundy red coat of paint (l.). The dining room (a. r.) is dominated by copper tables and a painting by the South African artist Mustafa Maluka. The leather bed's throw is made of fox and bison hide. (f. b. r.).

Sinn fürs Ausgefallene: Die antike Badewanne erhielt einen bordeauxroten Anstrich (l.). Das Esszimmer (o. r.) dominieren der Kupfertisch und ein Gemälde des südafrikanischen Künstlers Mustafa Maluka. Füchse und Bisons gaben ihr Fell für den Überwurf des Lederbetts (ganz unten rechts).

Sens de l'originalité : la baignoire ancienne a été peinte en rouge bordeaux (à g.). Ce qui donne le ton dans la salle à manger (en h. à dr.), c'est la table en cuivre et un tableau de l'artiste sud-africain Mustafa Maluka. Des peaux de renard et de bison servent de couvre-lit pour le lit en cuir (tout en bas à droite).

Sentido de originalidad: a la antigua bañera se le dio una capa de rojo bordeaux (i.). En el salón comedor (ar. d.) destacan la mesa de cobre y un lienzo del artista sudafricano Mustafa Maluka. Piel de zorro y bisonte adornan como cubrecama la cama (abajo a la derecha).

Gusto per l'insolito: la vasca da bagno antica è stata riverniciata in bordeaux (a sinistra). La sala da pranzo (in alto a destra) è dominata dal tavolo in rame e da un quadro dell'artista sudafricano Mustafa Maluka. Volpi e bisonti hanno ceduto il loro manto per il copriletto (in fondo a destra).

Unconventional Originality Gstaad, Switzerland

Interior Design: Sue Rohrer
Photos: Reto Guntli/zapaimages.com

The interior of this house, which used to serve as a storage space for wine casks, is made up of valuable antiques and modern furniture, of rummage and designer pieces. Strong contrasts of color meet the eye. A coat of paint gives plain materials such as the spruce floors a new lease of life. The living quarters combine the library and seating areas. The chandelier above a low table adds a special touch. Little details such as a collection of elephants and hats add a very personal touch to the property.

Die Kombination von kostbaren Antiquitäten und modernen Möbeln, von Trödel und Designerstücken sowie starke farbliche Kontraste prägen das Interieur dieses Hauses, das einstmals der Lagerung von Weinfässern diente. Schlichte Materialien wie die Böden aus Fichtenholz erhalten durch Anstriche eine besondere Vitalität. Der Wohnbereich vereint Bibliothek und Sitzecken. Der Kronleuchter über dem niedrigen Tisch setzt hier einen besonderen Akzent. Details wie eine Sammlung von Elefanten und Hüten geben diesem Haus eine sehr persönliche Note.

Ce qui marque l'intérieur de cette maison, qui, à l'origine, servait à entreposer les tonneaux de vin, c'est le mélange d'antiquités de grande valeur et de meubles modernes, d'objets achetés chez le brocanteur et de pièces design, mélange doublé de forts contrastes de couleurs. Les matériaux sobres, tels que les sols en bois d'épicéa, une fois peints, présentent une vitalité toute particulière. Dans la salle de séjour, sont intégrés la bibliothèque et plusieurs coins-salons. Le lustre, au-dessus de la table basse, attire tout particulièrement l'attention. Les détails, comme par exemple la collection d'éléphants et de chapeaux donnent à cette maison une note très personnelle.

La combinación de valiosas antigüedades y mobiliario moderno, de objetos de mercadillo y piezas de diseño, así como los contrastes cromáticos caracterizan el interior de esta construcción que antaño servía para almacenar toneles de vino. Materiales sencillos como los suelos de pino ganan vitalidad con una capa de pintura. El salón está compuesto de una biblioteca y un rincón para sentarse. La lámpara de araña sobre una mesita baja pone un especial acento. Detalles como una colección de elefantes y sombreros confieren a la casa una nota muy personal.

La combinazione di preziosi pezzi d'antiquariato e di mobili moderni, di oggetti da mercatino delle pulci e pezzi di design, nonché di forti contrasti cromatici caratterizza gli interni di questa casa, un tempo utilizzata come magazzino per le botti di vino. Materiali semplici come i pavimenti in legno d'abete rosso acquisiscono una particolare vitalità grazie alla verniciatura. La zona giorno riunisce biblioteca e soggiorno. Il lampadario sopra al tavolo basso conferisce all'ambiente una nota particolare. Dettagli come una raccolta di elefanti e di cappelli danno a questa casa un tocco molto personale.

This house owes its unique atmosphere to a collection of extraordinary objets d'art and accessories.

Einer Sammlung außergewöhnlicher Kunstobjekte und Accessoires verdankt das Haus seine einzigartige Atmosphäre.

Une collection d'objets d'art et d'accessoires exceptionnelle confère à cette maison une atmosphère unique en son genre.

La extraordinaria colección de objetos de arte y los elementos decorativos confieren a esta casa un ambiente único.

La casa deve la sua singolare atmosfera a una straordinaria raccolta di oggetti d'arte e di accessori.

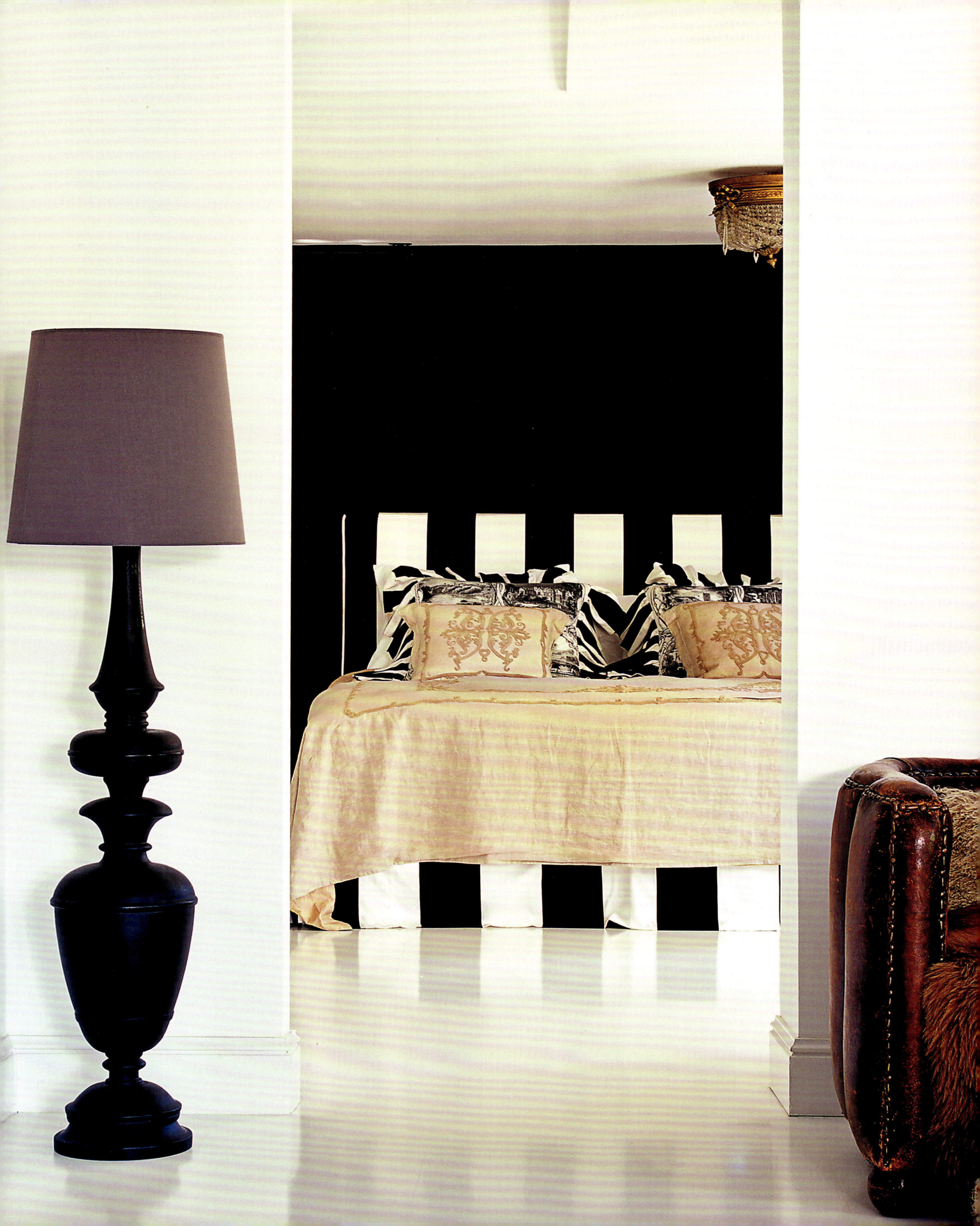

View of the study (l.). Armchairs are grouped around the table in the bar cum library; the chandelier gives off sparkling light (r.).

Blick ins Arbeitszimmer (l.). Um den Tisch in der kombinierten Bar und Bibliothek sind tiefe Sessel gruppiert; der Kronleuchter sorgt für funkelndes Licht (r.).

Vue sur le bureau (à g.). Des fauteuils profonds sont rassemblés autour de la table de cette pièce qui fait tout à la fois office de bibliothèque et de bar ; le lustre apporte une lumière étincelante (à dr.).

Una mirada al despacho (i.). En la zona que combina bar y biblioteca, alrededor de la mesa se agrupan los profundos sillones y la araña de cristal procura una luz brillante (d.).

Uno sguardo allo studio (a sinistra). Intorno al tavolo nella sala bar-biblioteca sono raggruppate profonde poltrone; il lampadario dispensa una luce brillante (a destra).

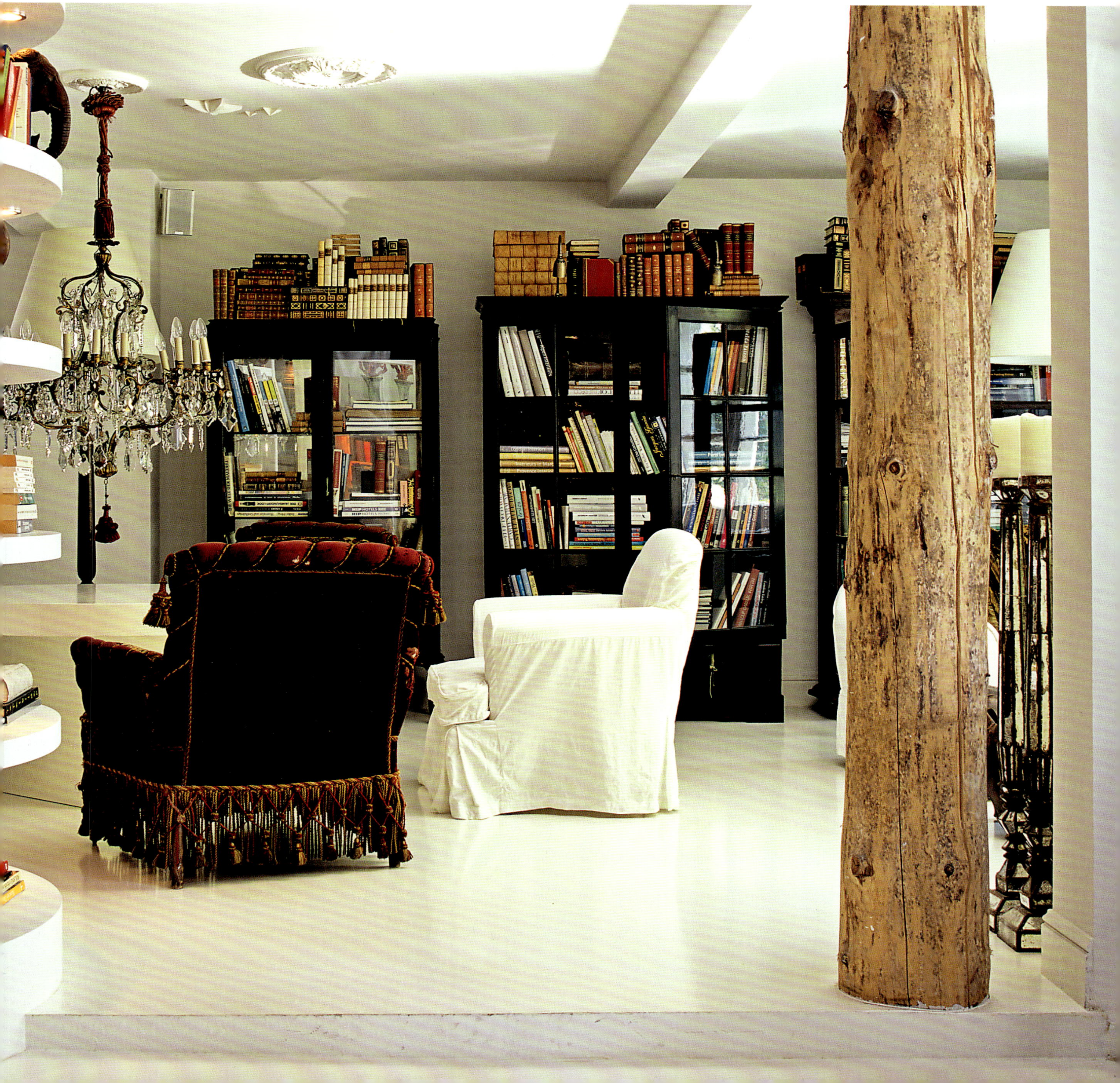

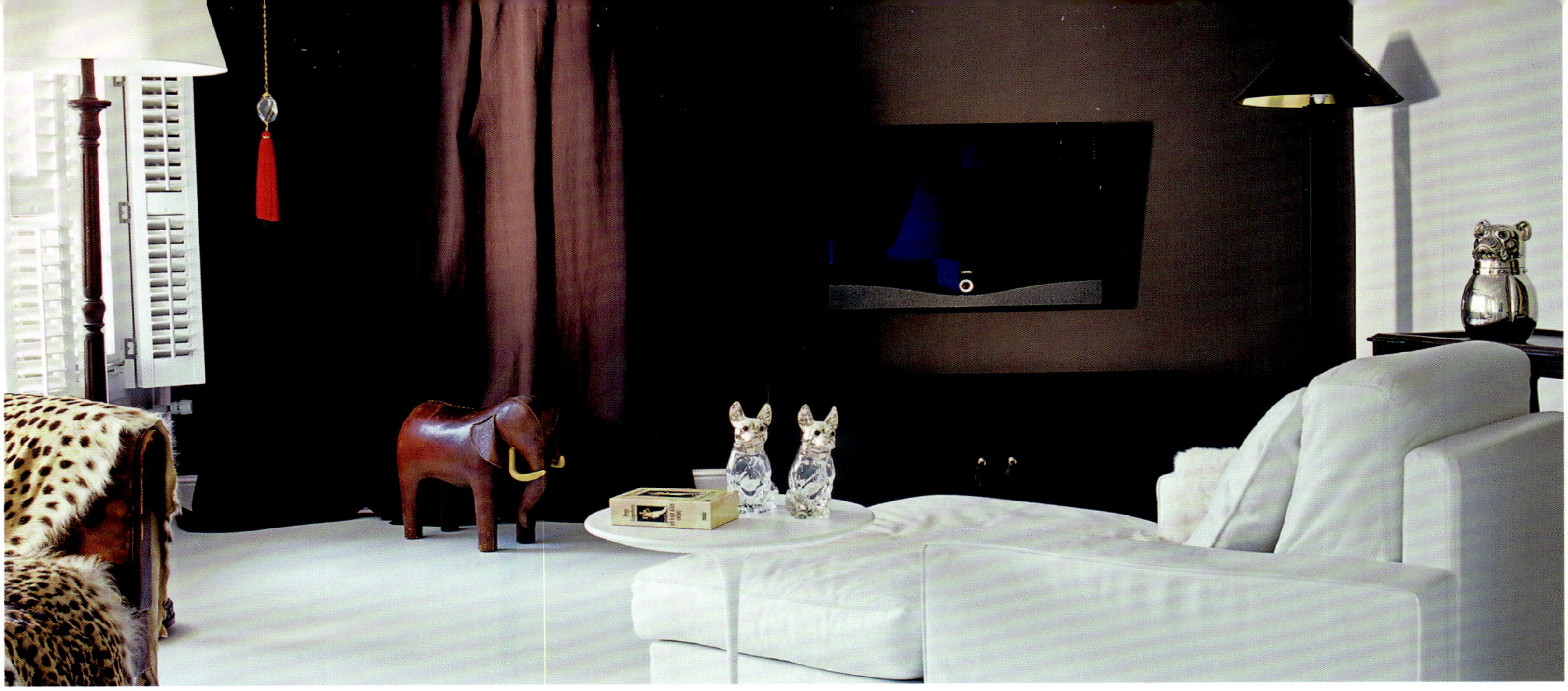

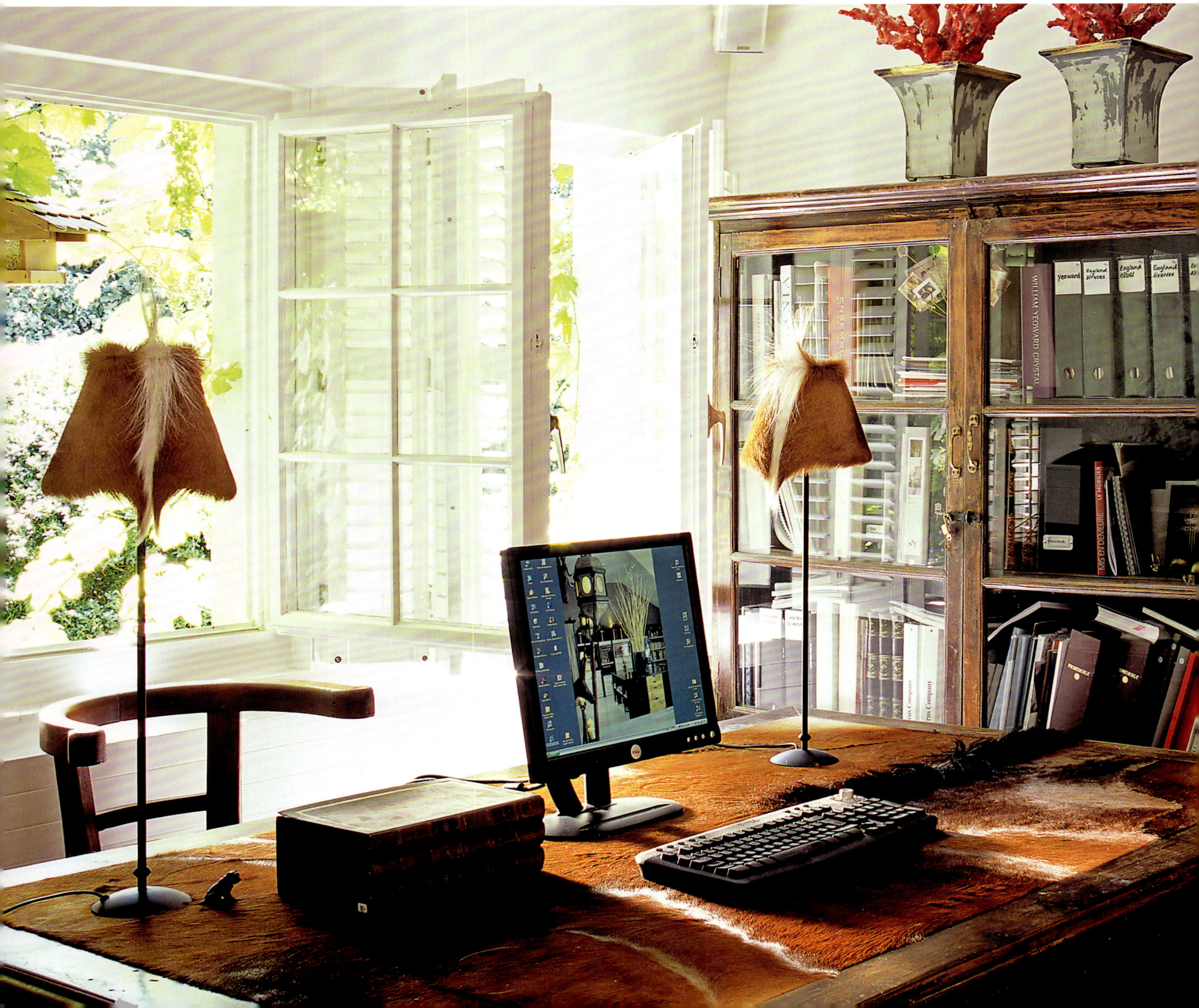

Elephants provide for a decorative leitmotif (l.). Light walls and floors accentuate the antiques (b. l.). The same goes for the collection of hats (b. r.).

Elefanten sind ein dekoratives Leitmotiv (l.). Vor hellen Wänden und Böden kommen Antiquitäten besonders zur Geltung (u. l.). Das gilt auch für die Hutsammlung (u. r.).

Les éléphants constituent un élément de décor qui revient comme un leitmotiv (à g.). Les murs et les sols blancs mettent très bien en valeur les antiquités (en b. à g.). Il en est de même pour la collection de chapeaux (en b. à dr.).

Los elefantes son un decorativo leitmotiv (i.). Las antigüedades destacan especialmente ante suelos y paredes en tonos claros (ab. i.). El mismo efecto se observa para la colección de sombreros (ab. d.).

Gli elefanti sono un leitmotiv delle decorazioni (a sinistra). La contrapposizione con le pareti e i pavimenti chiari mette in particolare risalto i pezzi d'antiquariato (in basso a sinistra). Lo stesso vale per la collezione di cappelli (in basso a destra).

Around the World in Seven Rooms

Zurich, Switzerland

Interior Design: Susanne von Meiss
Photos: Agi Simoes/zapaimages.com

Because of the exquisite collections making up its interior, this villa is more reminiscent of a museum than a residence. Antiques and modern furniture, black-and-white photographs and colorful paintings, plain materials and richly decorated fabrics make for a perfect combination. At the same time, each room is in a class of its own: the dark red and luscious dining room, the light and airy salon. The accessories bear witness to travels around the globe; statues, earthenware containers, and antique cigarette boxes reflect the collecting theme of the property.

Fast musealen Charakter hat diese Villa, so erlesen sind die Sammlungen, aus denen ihr Interieur besteht. Effektvoll sind Antiquitäten und moderne Möbel, Schwarzweißfotografien und farbenfrohe Gemälde, schlichte Materialien und reich verzierte Stoffe miteinander kombiniert. Zugleich ist jeder Raum eine Welt für sich: Dunkelrot und üppig das Esszimmer, hell und luftig der Salon. Die Accessoires erinnern an Reisen rund um die Erde; Statuen, Gefäße und antike Zigarettenetuis nehmen das Motiv des Sammelns auf.

Par ses collections de qualité qui décorent l'intérieur, cette villa ressemble presque à un musée. Combinés ensemble, les antiquités et les meubles modernes, les photographies en noir et blanc et les tableaux aux couleurs vives, les matériaux sobres et les étoffes richement décorées produisent un effet impressionnant. Par ailleurs, chaque pièce est un monde en soi : la salle à manger est de couleur rouge foncé et regorge d'objets ; le salon est clair et aéré. Les accessoires évoquent des voyages autour du monde ; les statues, les récipients, et les étuis à cigarettes anciens reprennent le motif de la collection.

Las colecciones de arte que decoran el interior de esta villa son tan selectas que ésta parece casi un museo. Las antigüedades y el moderno mobiliario son espectaculares: fotografías en blanco y negro y lienzos de vivos colores, materiales sencillos y telas colmadas de adornos se combinan entre sí. A la vez, cada habitación es un mundo diferente: el comedor en rojo oscuro y opulento, el salón aireado y claro. Los elementos decorativos recuerdan un viaje alrededor del mundo. Estatuas, vasijas y pitilleras antiguas reflejan un espiritu de coleccionista.

Questa villa ha un aspetto quasi monumentale tanto sono scelte le collezioni che distinguono gli interni. La combinazione di pezzi d'antiquariato e di mobili moderni, di fotografie in bianco e nero e di quadri variopinti, di materiali semplici e di stoffe riccamente decorate risulta di grande effetto. Allo stesso tempo ogni stanza è un mondo a parte: la sala da pranzo è rosso scuro e sontuosa, il salone chiaro e arioso. Gli accessori ricordano viaggi in tutto il mondo; statue, vasi e portasigarette antichi riprendono il tema della collezione.

Every detail is a rarity: the honey pots from South America, the candle holders from Uruguayan sheep horns (l.) and the old chaise longue rescued from a psychiatrist's practice (r.).

Jedes Detail ist eine Rarität: Die Honiggefäße aus Südamerika, die Kerzenhalter aus den Hörnern von Schafen aus Uruguay (l.) und die alte Chaiselongue aus der Praxis eines Psychiaters (r.).

Rien que des objets rares : les récipients à miel viennent d'Amérique du Sud, le bougeoir en corne de mouton d'Uruguay (à g.) et le vieux divan provient du cabinet d'un psychiatre (à dr.).

Cada detalle es una rareza. Las vasijas para la miel originarias de Sudamérica, los candelabros hechos con la astada de ovejas de Uruguay (i.). y el antiguo diván de la consulta de un psiquiatra (d.).

Ogni dettaglio è una rarità: i recipienti del miele dal Sud America, il candelabro realizzato con corna di montone dall'Uruguay (a sinistra) e una vecchia chaise-longue dallo studio di uno psichiatra (a destra).

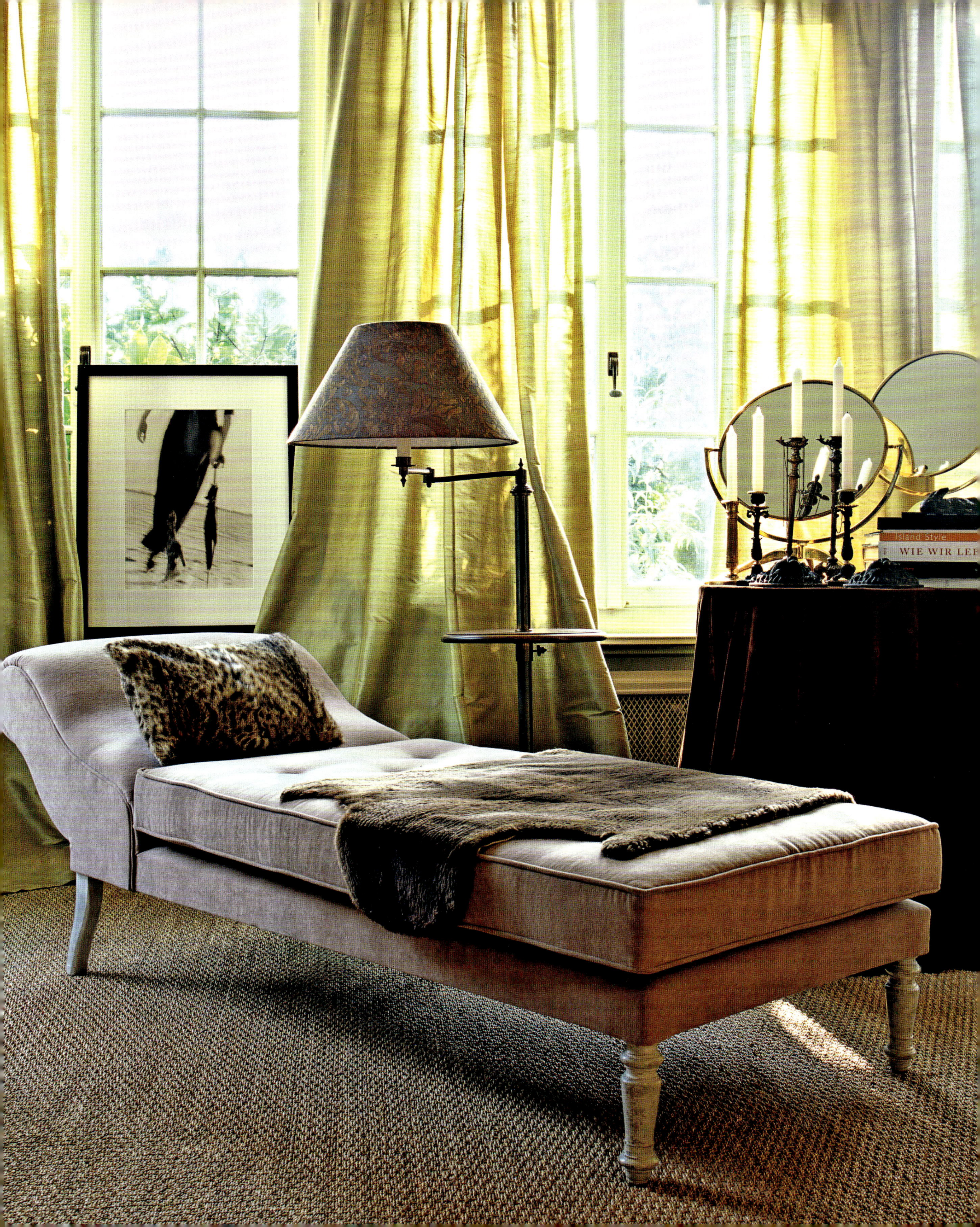
Island Style
WIE WIR

Collections such as the cigarette boxes (a. l.), paintings, photographs, and handpicked antiques characterize each room. The dining room in Queen Ann style is crowned by an English chandelier of 1840 (b. and r.).

Sammlungen wie die Zigarettenetuis (o. l.), Gemälde, Fotografien und handverlesene Antiquitäten prägen jeden Raum. Das Esszimmer im Queen Ann-Stil krönt ein englischer Kronleuchter von 1840 (u., r.).

Des collections d'étuis à cigarettes (en h. à g.), de tableaux, de photographies et des antiquités triées sur le volet donnent à chaque pièce son style. Dans la salle à manger de style Queen Anne est suspendu un lustre anglais de 1840 (en b. et à dr.).

Colecciones de pitilleras (ar. i.), lienzos, fotografías y antigüedades elegidas personalmente dan carácter a cada habitación. El salón comedor en estilo Queen Anne está coronado por una británica araña de cristal de 1840 (ab. y d.).

Ogni stanza è caratterizzata da collezioni come quella di portasigarette (in alto a sinistra), di quadri, di fotografie e di antichità scelte con cura. Nella sala da pranzo in stile "Queen Anne" troneggia un lampadario inglese del 1840 (in basso e a destra).

80 Around the World in Seven Rooms Zurich, Switzerland

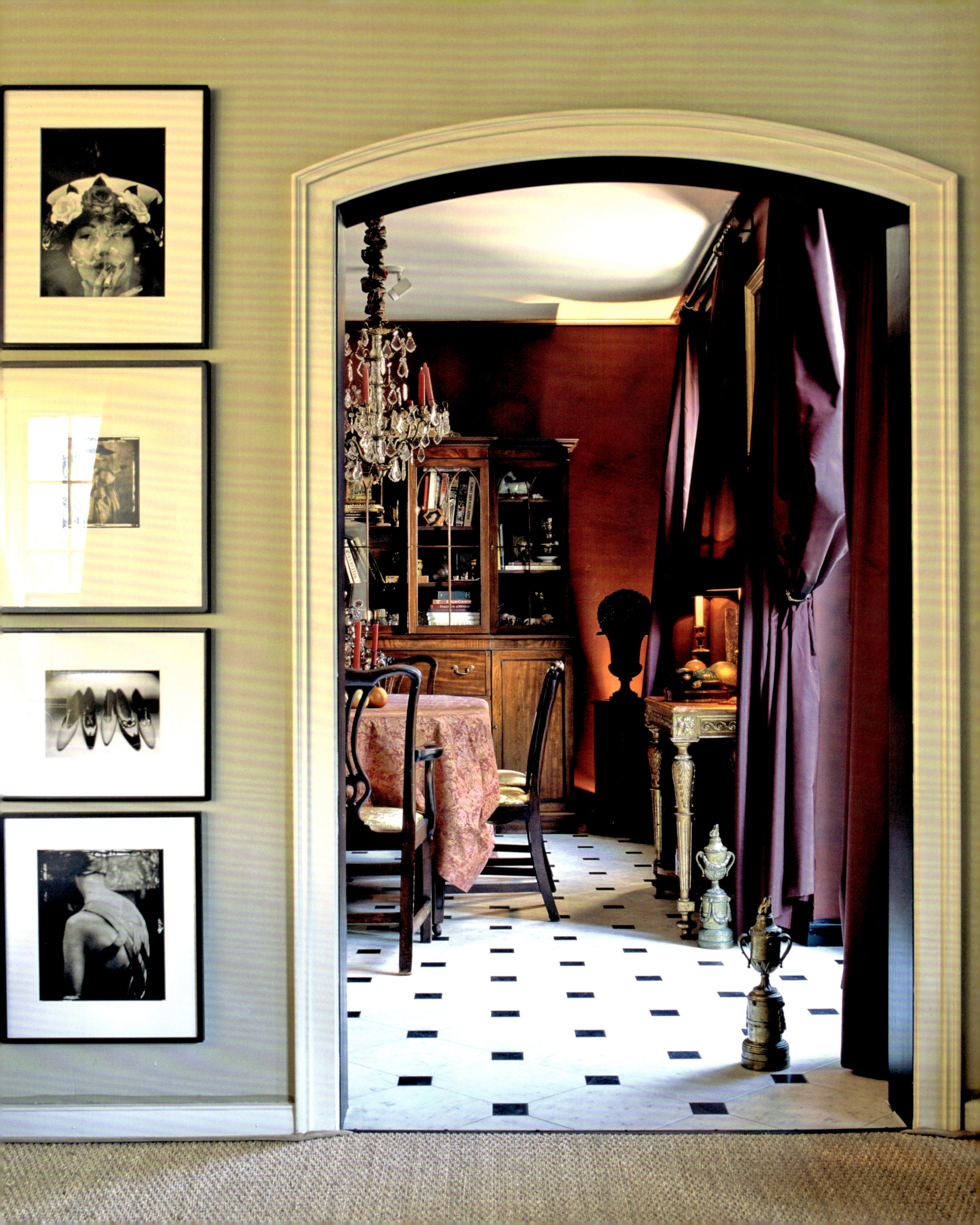

Eccentric Mountain Interior in Red

Crans Montana, Switzerland

Interior Design: Carlo Rampazzi
Photos: Reto Guntli/zapaimages.com

Glamorous, luscious, and colorful are the perfect words to describe the interior of this apartment located on the two upper floors of a chalet with grand views of Crans Montana. Four bedrooms with en-suite bathrooms, a generous lounge, an open-plan kitchen, and the sun terrace make the "eccentric mountain" a place to linger. The unexpected usage of antlers bring an ironic touch into the mountain atmosphere; well-worked floors and beams form a nice contrast to the coral red walls and colorful accessories.

Glamourös, üppig und farbenfroh ist das Interieur dieses Apartments, das sich in den beiden oberen Etagen eines Chalets mit grandioser Aussicht auf Crans Montana befindet. Vier Schlafzimmer mit Bädern, eine große Lounge, eine Wohnküche und die Sonnenterrasse machen den „exzentrischen Berg", wie der Name des Chalets übersetzt lautet, zu einem Ort, den man nicht verlassen möchte. Dezent eingestreute Geweihe ironisieren die Bergwelt; solide gefertigte Böden und Balken bilden einen Kontrast zu korallenroten Wänden und bunten Accessoires.

Cet appartement, dont l'intérieur présente une décoration glamour, surabondante et riche en couleurs, s'étend sur les deux étages supérieurs d'un chalet offrant une vue grandiose sur Crans Montana. Quatre chambres avec salles de bains, un grand salon, une grande cuisine et un solarium font de cette « montagne excentrique », tel est le nom de ce chalet dans sa traduction française, un lieu que l'on ne quitte pas volontiers. Des bois de cerf, placés discrètement çà et là, évoquent avec ironie le monde de la montagne. Les sols et les poutres solides contrastent avec les murs d'un rouge corail et les accessoires de toutes les couleurs.

Elegante, ostentoso y colorido es el interior de este apartamento, que se encuentra en las dos plantas superiores de un chalet con espectaculares vistas sobre Crans Montana. Cuatro dormitorios con baño, una espaciosa sala de estar, una amplia cocina y la soleada terraza hacen de la "excéntrica montaña", como la traducción del nombre del chalet dice, un lugar que no se desea abandonar nunca. Cornamentas de piezas de caza decentemente situadas ironizan sobre la vida en las montañas y las vigas y los suelos macizos contrastan con paredes en color rojo coral y alegres elementos decorativos.

Gli interni di questo appartamento, che occupa gli ultimi due piani di uno chalet che gode di una meravigliosa vista su Crans-Montana, sono opulenti, sfarzosi e vivacemente colorati. Quattro camere da letto con bagno, un'ampia sala, una cucina abitabile e il solarium fanno della "montagna eccentrica" (il nome dato allo chalet) un luogo che non si vorrebbe mai lasciare. Corna di animale distribuite con discrezione ironizzano sul mondo alpino, mentre travi e pavimenti sobri contrastano con le pareti color rosso corallo e gli accessori variopinti.

Daring color: the interior is characterized by luminous reds and playful accessories.

Mut zur Farbe: Leuchtendes Rot und verspielte Accessoires prägen das Interieur.

Le courage de la couleur : l'intérieur se caractérise par un rouge lumineux et des accessoires fantaisistes.

Osadía cromática: rojo brillante y originales elementos decorativos caracterizan el interior.

Colori coraggiosi: gli interni sono caratterizzati da accessori di un rosso acceso e da oggetti di carattere ludico.

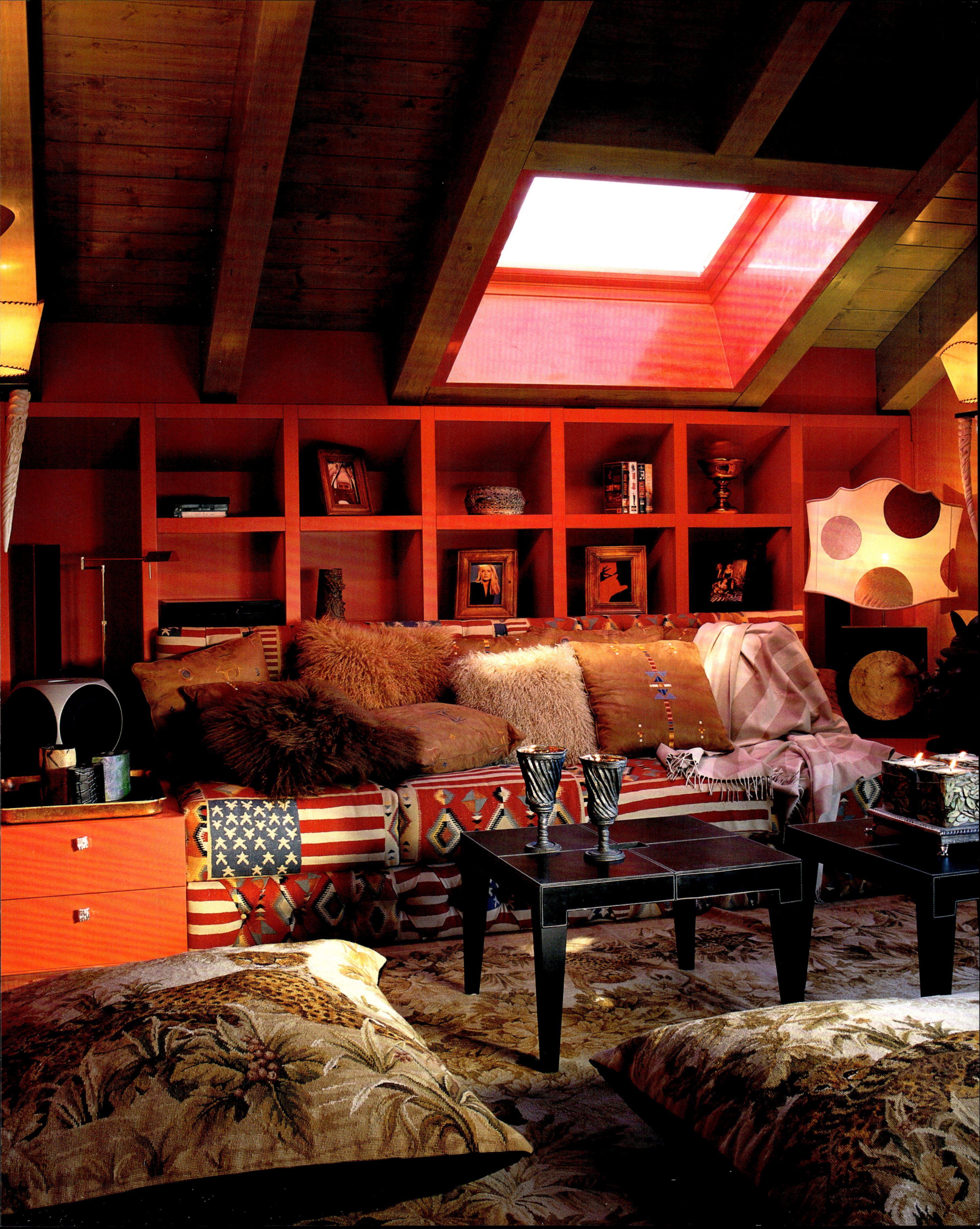

The wood *of this chalet fits the warm colors of both the bedroom and the living room perfectly (b. l., b. r.). Sea blue and silver accentuate the faucet in the bathroom (a. r.).*

Das Holz *des Chalets passt perfekt zu den warmen Farben von Schlaf- und Wohnzimmer (u. l. und r.). Im Bad setzen Meerblau und Silber die modernen Armaturen in Szene (o. r.).*

Le bois *du chalet s'harmonise parfaitement avec les couleurs chaudes de la chambre à coucher et de la salle de séjour (en bas à g. et à dr.). Dans la salle de bains, le bleu marin et l'argent servent de toile de fond à une robinetterie moderne (en h. à dr.).*

La madera *del chalé combina perfectamente con el cálido color del dormitorio y el salón comedor (ab. i. y d.). En el cuarto de baño, el azul marino y el plateado realzan la grifería (ar. d.).*

Il legno *dello chalet si adatta perfettamente ai toni caldi della camera da letto e del soggiorno (in basso a sinistra e a destra). Nel bagno, il blu mare e l'argento mettono in rilievo la rubinetteria moderna (in alto a destra).*

Eccentric Mountain Interior in Red *Crans Montana, Switzerland*

A Colorful World

Ticino, Switzerland

Interior Design: Carlo Rampazzi
Photos: Reto Guntli/zapaimages.com

Casa Leone is located in the southernmost corner of Switzerland just to the north of Lago Maggiore and proffers fantastic views towards Italy. It was erected using the stones of the original building. Ceiling-high windows and the usage of the same marble for the flooring of the living quarters and the terrace dissolve conventional boundaries between the interior and the exterior. Red and green walls, colorful paintings and lusters combined with bright accessories and furniture from a variety of different countries and eras impart a warm and vital atmosphere.

Im südlichsten Winkel der Schweiz, oberhalb des Lago Maggiore liegt die Casa Leone und bietet fantastische Ausblicke nach Italien. Aus den Steinen des Vorgängerbaus wurde ein Haus geschaffen, das die Unterschiede zwischen innen und außen auflöst: durch raumhohe Fenster und die Verwendung des gleichen Marmors für die Böden von Wohnbereich und Terrasse. Rote und grüne Wände, farbenfrohe Gemälde und Lüster schaffen zusammen mit bunten Accessoires und Möbelstücken aus verschiedenen Ländern und Epochen eine warme, lebensfrohe Atmosphäre.

La Casa Leone est située dans la partie la plus méridionale de la Suisse, au-dessus du Lac Majeur et offre une vue fantastique sur l'Italie. Les pierres sont celles du bâtiment précédent, mais grâce à des fenêtres qui montent jusqu'au plafond et à l'utilisation du même marbre pour le sol de la terrasse comme pour celui des pièces d'habitation, les différences entre l'espace intérieur et l'espace extérieur s'estompent. Les murs rouges et verts, les tableaux et les lustres riches en couleurs, ainsi que les accessoires de toutes les couleurs et les meubles provenant de différents pays et de différentes époques créent une atmosphère pleine de chaleur et de joie de vivre.

Casa Leone se encuentra en el punto más meridional de Suiza, situada por encima del Lago Mayor ofrece unas vistas fantásticas de Italia. Con las piedras del edificio predecesor, se construyó esta casa que consigue disipar las diferencias entre exterior e interior: los ventanales son de la misma altura que la pared y el mármol del suelo de la vivienda es el mismo que el de la terraza. Paredes en rojo y verde, lienzos coloridos y candelabros unidos a elementos decorativos de muchos colores y mobiliario de diferentes países y épocas crean un ambiente cálido y alegre.

Nel lembo più meridionale della Svizzera, sopra il Lago Maggiore, si trova Casa Leone che offre meravigliose vedute dell'Italia. Con le pietre dell'edificio precedente è stata realizzata una casa che annulla le differenze tra interno ed esterno grazie alle ampie finestre e all'utilizzo dello stesso marmo sia per il pavimento della zona giorno che per la terrazza. Le pareti rosse e verdi, i dipinti e i lampadari dai colori vivaci creano, assieme ad accessori colorati e mobili di paesi ed epoche diverse, un'atmosfera calda e gioiosa.

This house combines grand vistas across to Italy with a colorful interior and paintings by the German artist Fritz Meinhard.

Grandiose Blicke auf Italien verbindet dieses Haus mit einem farbenfrohen Interieur und Gemälden des deutschen Künstlers Fritz Meinhard.

Cette maison dispose tout à la fois d'une vue grandiose sur l'Italie et d'un intérieur riche en couleurs où sont exposées des toiles de l'artiste allemand Fritz Meinhard.

Esta casa combina grandiosas vistas de Italia con un interior lleno de color y lienzos del artista alemán Fritz Meinhard.

Questa casa abbina meravigliose vedute dell'Italia a interni vivacemente colorati e quadri dell'artista tedesco Fritz Meinhard.

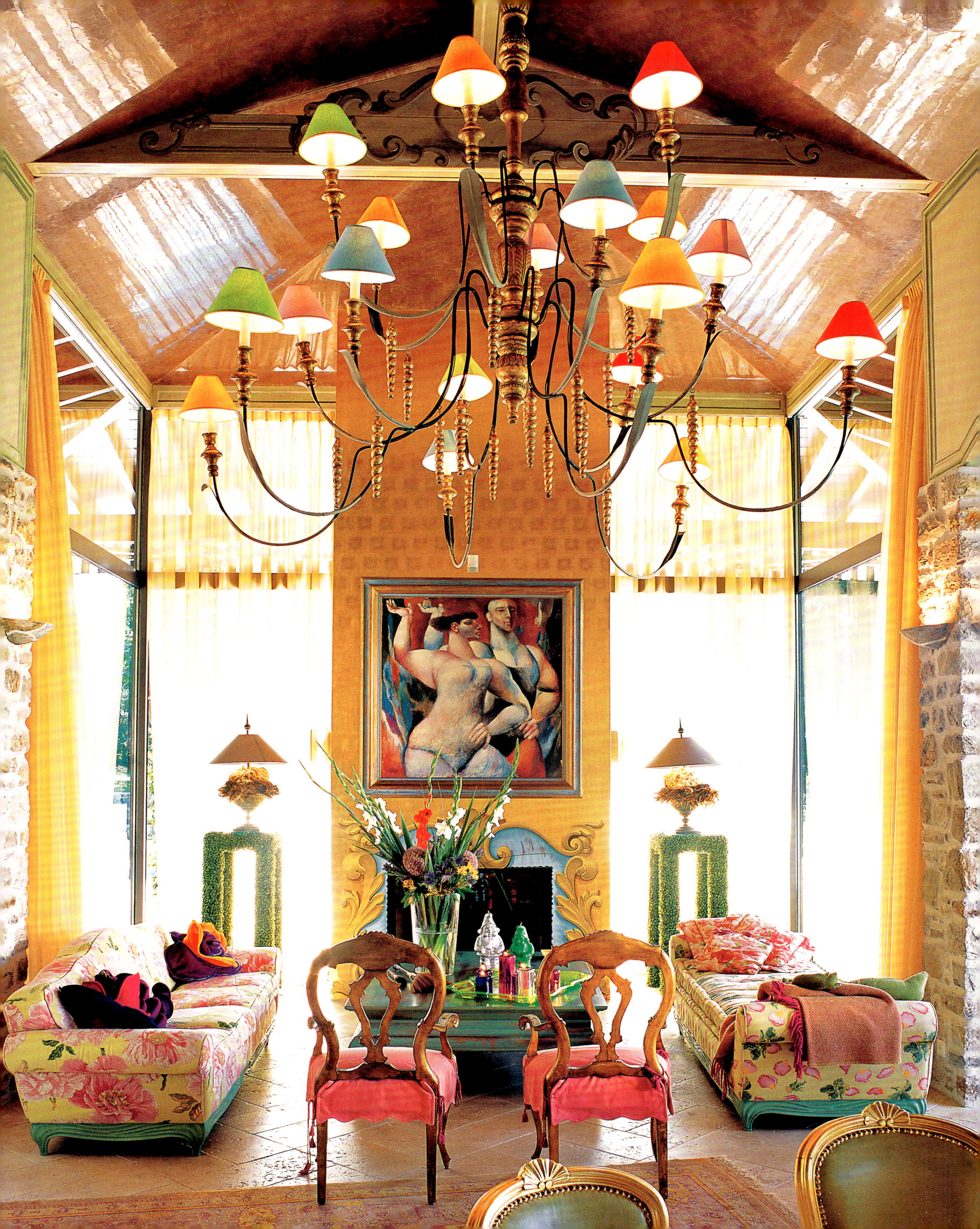

The terrace with its marble floors mirrors the general ambiance of the interior without trying to compete with the views.

Auf der Terrasse setzen sich die Marmorböden und das Wohngefühl des Interieurs fort – ohne mit der Aussicht konkurrieren zu wollen.

Tout comme les sols en marbre, l'ambiance de l'intérieur se prolonge sur la terrasse, mais sans faire concurrence au paysage.

En la terraza el suelo de mármol y el acogedor ambiente del interior se prolongan sin pretender competir con las fantásticas vistas.

I pavimenti in marmo estendono lo spazio abitativo dagli interni fino alla terrazza, senza però voler entrare in competizione con il panorama.

The vestibule *leading to the bedroom is kept in warm reds. Its striped ceiling is reminiscent of a circus.*

Die gestreifte *Decke des in warmen Rottönen gehaltenen Vorraums zum Schlafzimmer erinnert an ein Zirkuszelt.*

Le plafond *à rayures de l'antichambre, qui s'ouvre sur la chambre à coucher et où dominent les tons chauds rouges, fait penser à un chapiteau de cirque.*

La antesala *del dormitorio, decorada en cálidos tonos rojos, presenta un techo a rayas que recuerda la carpa de un circo.*

Il soffitto *dell'anticamera della stanza da letto, striato di calde tonalità rosse, ricorda il tendone di un circo.*

Light House

Belper, Derbyshire, United Kingdom

Architect: Hudson Architects

Photos: Steve Townsend

The Light House affords grandiose vistas of the Amber Valley and is characterized by spacious light-filled interiors. The northern quarters are dug into the hillside while the south opens up to the surrounding countryside, a fact reflected by the building materials themselves: red stone, oak, and glass. The stone is very similar to the local rock strata and acts as a link between house and surrounding. The kitchen, living and dining rooms combine to a single space diffused with light. A hole in the tortoise shell slate roof provides light for the inner courtyard.

Eine grandiose Aussicht auf das Amber Valley und großzügige lichtdurchflutete Innenräume prägen das Light House. An der Nordseite ist es in den Hügel versenkt, während es sich nach Süden hin öffnet. Dies schlägt sich auch in den verwendeten Materialien nieder: roter Stein, Eichenholz und Glas. Der Stein ähnelt dem, der in der Region vorkommt, und findet sich als Bindeglied zur Natur auch im Haus wieder. Küche, Wohn- und Essbereich sind ein einziger, Licht durchfluteter Raum. Eine Öffnung im an Schildpatt erinnernden Dach erhellt den Innenhof.

La Light House se caractérise par sa une vue grandiose sur l'Amber Valley et un aménagement sophistiqué de la lumière. Au nord, elle disparaît dans la colline, pour s'ouvrir sur sa façade sud. Cela se retrouve aussi dans les matériaux utilisés : pierre rouge, chêne et verre. La pierre ressemble à celle qui vient de la région et on la retrouve d'ailleurs également dans la maison, donnant ainsi une impression de continuité avec la nature. La cuisine, la salle de séjour et la salle à manger constituent une seule et même pièce inondée de lumière. Une ouverture dans le toit faisant penser à une écaille éclaire la cour intérieure.

Las espectaculares vistas sobre el Ambar Valley y ambientes amplios y luminosos caracterizan la Light House. Por el lado norte la casa queda hundida en una loma y se abre hacia la fachada sur. Esto se refleja también en los materiales escogidos: piedra roja, madera de roble y cristal. La piedra se parece a la que es típica de la región y se reencuentra en el interior de la casa como lazo de unión con la naturaleza. La cocina, el salón y el comedor comparten un único espacio inundado de luz. El tejado, en forma de concha, tiene una abertura que ilumina el patio interior.

Una vista meravigliosa sull'Amber Valley e interni ampi e luminosi caratterizzano la Light House, il cui lato nord scompare nella collina sviluppandosi verso sud. Ciò si ripercuote anche sull'uso dei materiali: pietra rossa, legno di quercia e vetro. La pietra assomiglia a quella proveniente dalla regione e si trova anche all'interno della casa come trait d'union con la natura. La cucina, la sala da pranzo e il soggiorno formano un unico spazio inondato di luce. Un'apertura nel tetto, che ricorda il guscio di una tartaruga, rischiara la corte interna.

The skylight with a diameter of four yards provides enough light for the inner courtyard.

Das Oberlicht mit einem Durchmesser von knapp vier Metern erhellt den zentralen Innenhof.

Un vasistas de près de quatre mètres de diamètre éclaire la cour intérieure centrale.

La claraboya de casi cuatro metros de diámetro ilumina el patio interior central.

Il lucernario, con un diametro di quasi quattro metri, rischiara la corte centrale interna.

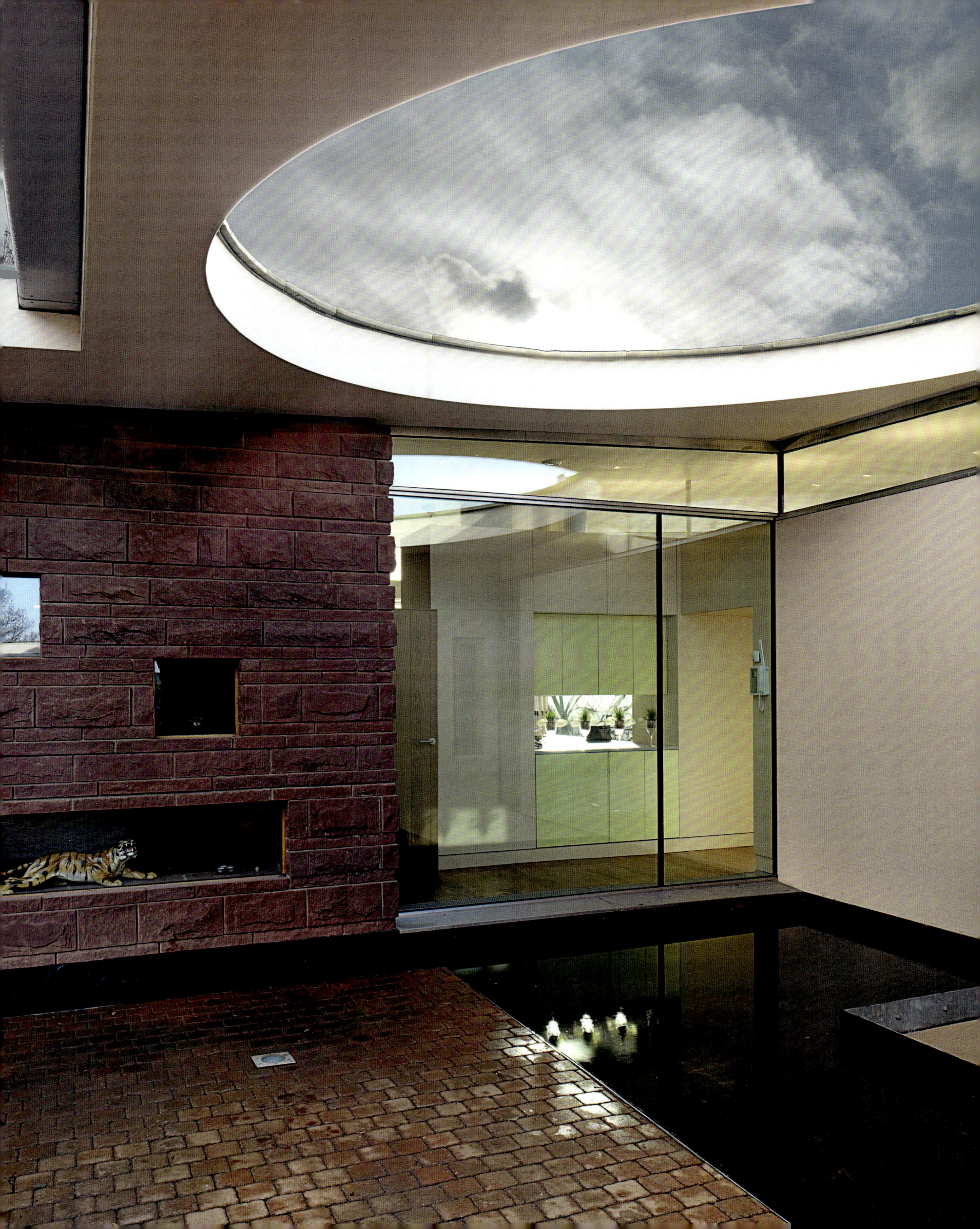

The projecting glazed sun lounge, which is accessible from the main reception room, offers 180 degree views of the valley and the village below.

Die auskragende und verglaste Sonnen-Lounge, die von der Eingangshalle aus erreichbar ist, bietet mit ihrer Glasfassade einen 180-Grad-Blick auf das Tal und das Dorf.

Grâce à sa façade en verre, le salon ensoleillé de deux étages offre au deuxième étage une vue de 180 degrés sur la vallée et la ville.

La sobresaliente fachada de vidrio del solarium, al que se accede desde el salón de entrada, ofrece un panorama de 180 grados sobre el valle y el pueblo.

La facciata vetrata aggettante, accessibile dalla hall principale, offre una vista a 180 gradi della valle e del paese sottostanti.

The tortoiseshell pattern reflects colors of both the village's roofs and fields (t.). The kitchen, living, and dining areas combine to form a large space (b.).

Das Schildpatt-Muster spiegelt die Farben der Dächer und Felder des Dorfs (o.). Küche, Wohn- und Essbereich gehen in einem großen Raum ineinander über (u.).

Le motif en écaille reflète les couleurs des toits et des champs du village (en haut). La cuisine, la salle de séjour et la salle à manger se fondent dans une seule et même grande pièce (en bas).

El carey refleja los colores de los tejados y de los campos del pueblo (ar.). La cocina, la sala de estar y el salón comedor se funden en una gran espacio (ab.).

Il motivo a tartaruga rispecchia i colori dei tetti e dei campi del paese (in alto). La cucina, la sala da pranzo e il soggiorno si fondono in un unico spazio (in basso).

Architect: Herault Arnod Architectes
Photos: Georges Fessy

The three levels of this spectacular villa fan out towards the valley and the city of Grenoble. Broad terraces and dramatic protrusions offer a new vista with every step. The first floor is dug into the hillside, so the large cedars on the plot could remain. It houses garages, service rooms, and bedrooms. Tree trunks and greenery connect to the surrounding nature. The upper levels housing the living quarters, kitchen, and pool are bright, light, and airy.

Die drei Ebenen dieser spektakulären Villa fächern sich zum Tal und zur Stadt Grenoble hin auf. Breite Terrassen und dramatische Überhänge öffnen immer neue Ausblicke. Das Parterre ist so in den Hang gegraben, dass die großen Zedern auf dem Grundstück erhalten werden konnten. Hier sind Garagen, technische Räume und die Schlafzimmer untergebracht. Baumstämme und viel Grün verleihen ihnen eine naturnahe Atmosphäre. Die oberen Etagen mit Wohnräumen, der Küche und dem Pool sind dagegen Licht durchflutet und luftig.

Les trois niveaux de cette maison spectaculaire s'ouvrent en éventail sur la vallée et la ville de Grenoble. Des terrasses larges et des surplombs impressionnants s'ouvre une vue qui ne cesse de se renouveler. Le rez-de-chaussée, où l'on trouve les garages, les pièces avec les installations techniques et les chambres, est creusé dans la pente de telle sorte qu'on a pu conserver les grands cèdres qui se trouvaient sur le terrain. La présence des troncs d'arbre et des espaces verts donnent l'impression de se trouver en pleine nature. En revanche, les étages supérieurs, où se trouvent les salles de séjour, la cuisine et la piscine, sont inondés de lumière et aérés.

Las tres plantas de esta expectacular villa están orientadas al valle y a la ciudad de Grenoble. Amplias terrazas y dramáticos declives ofrecen sorprendentes vistas. La planta baja está tan hundida en la ladera que los grandes cedros de la finca se pudieron conservar. En ella se encuentran los garajes, las instalaciones técnicas y los dormitorios. Los troncos de los árboles y la verde vegetación les da un ambiente muy natural. Las plantas superiores dedicadas a las salas de estar, la cocina y la piscina destacan por su claridad y luminosidad.

I tre piani di questa splendida villa sono disposti a ventaglio in direzione della valle e della città di Grenoble. Ampie terrazze e sporgenze spettacolari aprono vedute sempre nuove. Il parterre è scavato nel pendio in maniera tale che è stato possibile conservare i grossi cedri che crescono sul terreno; qui trovano posto i garage, le stanze tecniche e le camere da letto. I tronchi d'albero e l'abbondante verde creano in queste ultime un contatto con la natura. I piani superiori, che ospitano la zona giorno, la cucina e la piscina, sono invece ariosi e inondati di luce.

Light and generosity characterize the upper level of this spectacular building surrounded by ancient cedars.

Licht und Großzügigkeit prägen die obere Ebene des spektakulären, von alten Zedern bewachten Baus.

C'est la lumière et l'espace qui caractérisent le premier étage de cette maison spectaculaire, gardée par de vieux cèdres.

La luz y el espacio caracterizan la planta superior de esta espectacular casa custodiada por cedros centenarios.

Luce e spazio abbondante caratterizzano il piano superiore di questo edificio protetto da vecchi cedri.

Villa S *Corenc, France*

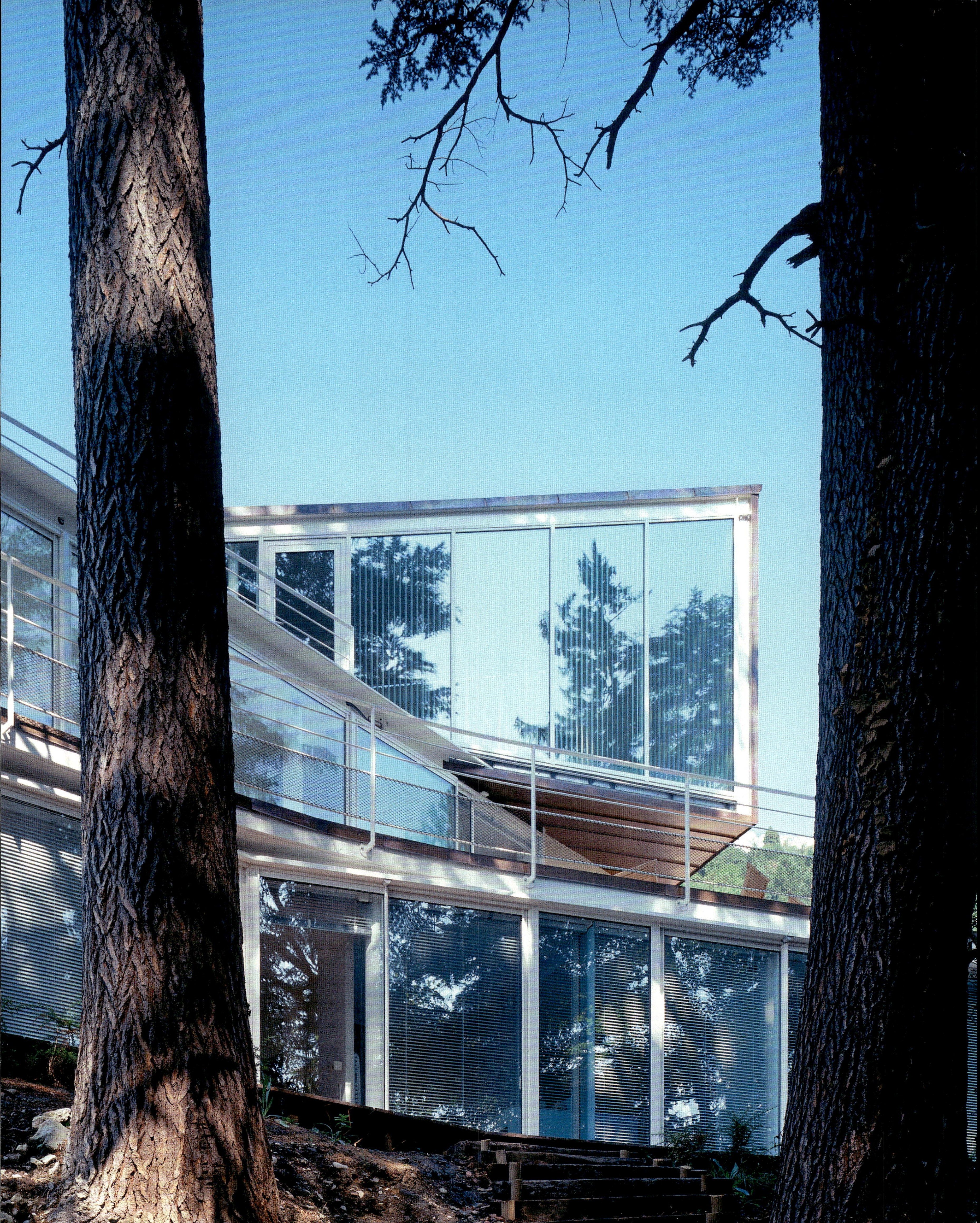

Terraces and protrusions create new and unexpected "living areas".

Terrassen und Überhänge schaffen neue, unerwartete Wohn-Räume.

Les terrasses et les surplombs créent de nouveaux « espaces d'habitation » inattendus.

Terrazas y desniveles crean espacios nuevos y sorprendentes.

Terrazze e sporgenze creano spazi abitativi nuovi e inattesi.

Villa S *Corenc, France*

The living *and dining areas provide plenty of space for all eventualities (t.). The pool proffers vistas of Grenoble (b.).*

Viel Platz *für den Alltag und besondere Anlässe bieten der Wohn- und Essbereich (o.). Im Pool schwimmt man mit Blick auf Grenoble (u.).*

La salle *de séjour-salle à manger offre beaucoup de place, pour la vie de tous les jours comme pour les grandes occasions (en haut). Dans la piscine, on a vue sur Grenoble (en bas).*

El salón *comedor ofrece mucho espacio para la vida cotidiana y las ocasiones especiales (ar.). En la piscina se disfruta el baño con vistas sobre Grenoble (ab.).*

La zona *giorno offre spazio abbondante per la quotidianità e per le occasioni speciali (in alto). Dalla piscina lo sguardo ondeggia su Grenoble (in basso).*

Photos: Reto Guntli/zapaimages.com

This generously equipped holiday residence is located at the foot of the Montblanc above the elegant skiing resort of Mégève. Antlers form the decorative leitmotif of this sturdy wooden chalet. They serve as legs for chairs, arm rests, lamps, and candlesticks and decorate wardrobes, mirrors, and chandeliers. Together with modern furniture and colorful accessories they create an original, friendly family residence with plenty of space for guests. The living area with its large fireplace forms the heart and soul of the house.

Am Fuß des Montblanc-Massivs liegt dieses üppig ausgestatte Urlaubsdomizil über dem eleganten Skiort Mégève. Dekoratives Leitmotiv des massiven Holzchalets sind Geweihe. Sie fungieren als Stuhlbeine und -lehnen, Lampenfüße und Kerzenleuchter und zieren Schränke, Spiegel und Kronleuchter. In Kombination mit modernen Möbeln und Accessoires in leuchtenden Farben ist so ein originelles, freundliches Familienhaus entstanden, in dem viele Gäste Platz finden. Herz und Seele des Hauses ist der Wohnbereich mit seinem großen Kamin.

Cette maison de vacances abondamment décorée se trouve au pied du massif du Mont-Blanc, dominant la station de ski plutôt chic qu'est Mégève. Les bois de cerf constituent le leitmotiv de la décoration de ce chalet en bois massif. Ceux-ci font office de pieds de chaise et d'accoudoirs, de pieds de lampe et de chandeliers et ornent armoires, miroirs et lustres. Assortis à des meubles modernes et à des accessoires aux couleurs vives, ils confèrent à cette maison familiale pouvant accueillir beaucoup de monde une atmosphère sympathique et originale. La salle de séjour, avec sa grande cheminée, constitue le cœur et l'âme de cette maison.

Esta casa de vacaciones tan exuberantemente decorada está situada a los pies del macizo del Mont-blanc, sobre la elegante estación de esquí Mégève. El leitmotiv de la decoración de este sólido chalet de madera son las cornamentas de piezas de caza: se utilizan como patas y respaldos de las sillas, pies de lámpara y candelabros y adornan armarios, espejos y arañas de cristal. La combinación del moderno mobiliario y los elementos decorativos en vivos colores ha creado un ambiente familiar original y agradable en el que se pueden hospedar muchos invitados. El alma de la casa es el salón y su gran chimenea.

Questa residenza per le vacanze riccamente arredata si trova ai piedi del massiccio del Monte Bianco sopra la località sciistica di Mégève. Le corna di animali sono il Leitmotiv delle decorazioni di questo massiccio chalet in legno; vengono usate come gambe e braccioli delle sedie, base delle lampade e candelabri, decorano armadi, specchi e lampadari. In combinazione con mobili moderni e accessori dai colori brillanti, è sorta così una casa familiare originale e gradevole capace di accogliere un grande numero di ospiti. Il cuore della casa è rappresentato dalla zona giorno con il suo grande camino.

Antlers of all sizes are omnipresent in this chalet—from the comfy fireplace (f. l.) to the lobby (r.). To the left lies the wooden bathroom.

Geweihe in allen Größen sind in diesem Chalet omnipräsent – vom kuscheligen Kamin (ganz links) bis zur Eingangshalle (r.). Links das Bad aus schwerem Holz.

Les bois de cerf de toutes tailles sont omniprésents dans ce chalet – depuis la cheminée douillette (tout à gauche) jusqu'au hall d'entrée (à dr.). À gauche, la salle de bains en bois massif.

En este chalet, desde la acogedora zona de la chimenea (i.) hasta el vestíbulo (d.), las cornamentas de piezas de caza de diferentes tamaños, están omnipresentes. A la izquierda el cuarto de baño en madera maciza.

Le corna, di tutte le dimensioni, sono onnipresenti in questo chalet: dall'intimo camino (prima immagine a sinistra) fino all'ingresso (a destra). A sinistra il bagno in legno massiccio.

Lavish Comfort *above Mégève, France*

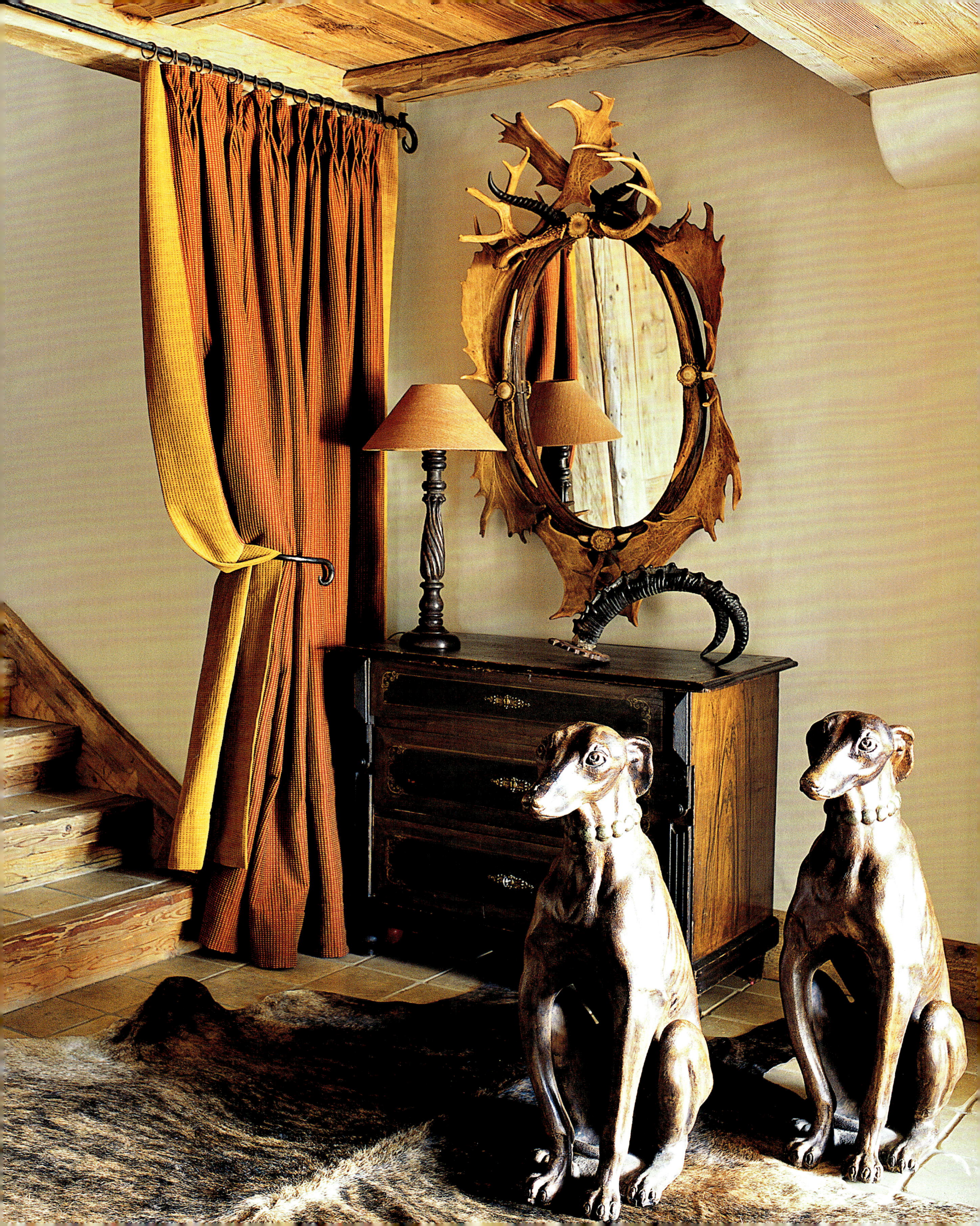

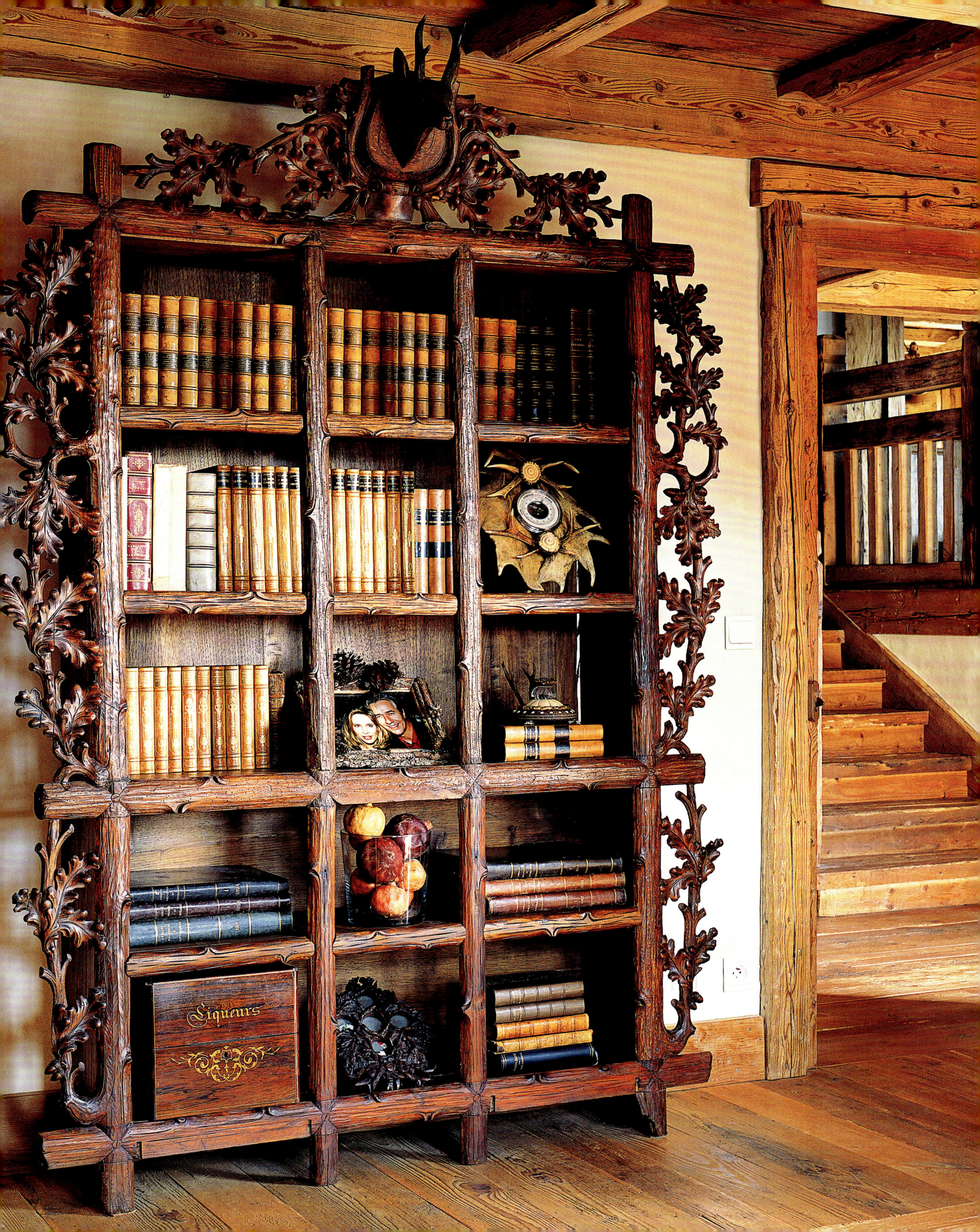
Liqueurs

Even the bookshelf in the living room is adorned with antlers (l.). The same goes for the lamps and candle holders in the dining room. The delicate fabric patterns serve to lighten things up (r.).

Auch das Bücherregal im Wohnzimmer ist mit Geweihen dekoriert (l.) – genauso wie die Lampen und Kerzenhalter des Esszimmers. Aufgelockert wird der Gesamteindruck durch das zarte Dessin der Textilien (r.).

La bibliothèque, dans la salle de séjour, est elle aussi décorée de bois de cerf (à g.), tout comme les lampes et les chandeliers de la salle à manger. L'impression d'ensemble est rendue plus attrayante par la finesse du motif des tissus (à dr.).

La estantería del salón también está decorada con cornamentas (i.), al igual que las lámparas y los candeleros del comedor. La impresión general queda aligerada por el delicado estampado de las telas (d.).

Anche la libreria nel soggiorno è decorata con corna (a sinistra); lo stesso per le lampade e i candelabri della sala da pranzo. L'impressione generale viene alleggerita grazie al delicato disegno dei tessuti (a destra).

Architect: Arturo Montanelli
Photos: Alberto Muciaccia (pp 102 l., 103), Toni Meneguzzo

The villa fits perfectly into the landscape of the mountains and Lake Como—not only because of its pleasing shape, but also because of its ecofriendly energy strategy. The stone house is inspired by local historical buildings; it combines traditional architecture with minimalist, modern fittings. Stone floor and wood-paneled walls and ceilings provide a stark contrast to the red furniture and accessories. The pool is designed so as to blend in visually with the lake in the background.

Harmonisch fügt sich diese Villa in die Landschaft der Berge und des Comer Sees ein, die sie durch ein umweltschonendes Energiekonzept zugleich so wenig wie möglich belastet. Inspiriert ist das Stone House von den historischen Bauten der Region; die traditionelle Architektur aus Stein verbindet es mit einer minimalistischen, modernen Ausstattung. Steinerne Böden und holzverkleidete Wände und Decken stehen in starkem Kontrast zu roten Möbeln und Accessoires. Der Pool ist so angelegt, dass er optisch mit dem See verschmilzt.

Cette villa s'insère harmonieusement dans le paysage de montagne du lac de Côme, paysage auquel elle nuit le moins possible grâce à un système énergétique écologique. La Stone House s'inspire des bâtiments historiques de la région ; elle combine une architecture traditionnelle en pierre et un aménagement moderne minimaliste. Les sols en pierre ainsi que les revêtements en bois des murs et du plafond contrastent fortement avec les meubles et les accessoires rouges. La piscine est aménagée de façon à se fondre visuellement avec le lac.

Esta villa se integra con armonía en el paisaje de montañas y del Lago de Como, al cual apenas perjudica pues la villa disfruta de un concepto de energía para proteger el medioambiente. Stone House está inspirada en los edificios históricos de la región. Combina la arquitectura tradicional en piedra con instalaciones minimalistas y modernas. Suelos de piedra y paredes y techos revestidos en madera crean un fuerte constraste con los muebles en color rojo y los elementos decorativos. La piscina está situada de tal modo que parece fundirse con las aguas del lago.

Questa villa si inserisce armoniosamente nel paesaggio dei monti e del lago di Como; allo stesso tempo una concezione energetica ecologica le permette di gravare il meno possibile sull'ambiente circostante. La Stone House si ispira agli edifici storici della regione: qui la tradizionale architettura in pietra viene abbinata a un arredamento moderno e minimalista. Pavimenti in pietra e pareti e soffitti rivestiti in legno contrastano fortemente con i mobili e gli accessori rossi. La piscina è disposta in maniera tale da dare l'impressione di fondersi con il lago.

The desire for harmony with nature and usage of local materials form the base of this building's architecture. The pool deck creates an external living space (r.).

Der Wunsch nach Harmonie mit der Natur und die Verwendung lokaler Materialien liegen der Architektur dieses Hauses zugrunde. Das Pooldeck ist als externer Wohnraum konzipiert (r.).

Le désir d'harmonie avec la nature et l'utilisation des matériaux de la région sont les principes sur lesquels se fonde l'architecture de cette maison. Le rebord de la piscine est conçu comme une pièce d'habitation extérieure (à dr.).

El principio de la arquitectura de esta casa es el deseo de vivir en armonía con la naturaleza y la utilización de materiales típicos de la región. La cubierta de la piscina está concebida como espacio exterior (d.).

La ricerca dell'armonia con la natura e l'uso di materiali locali sono alla base della concezione architettonica di questa casa. Il terrazzo con piscina è pensato come uno spazio abitativo esterno (a destra).

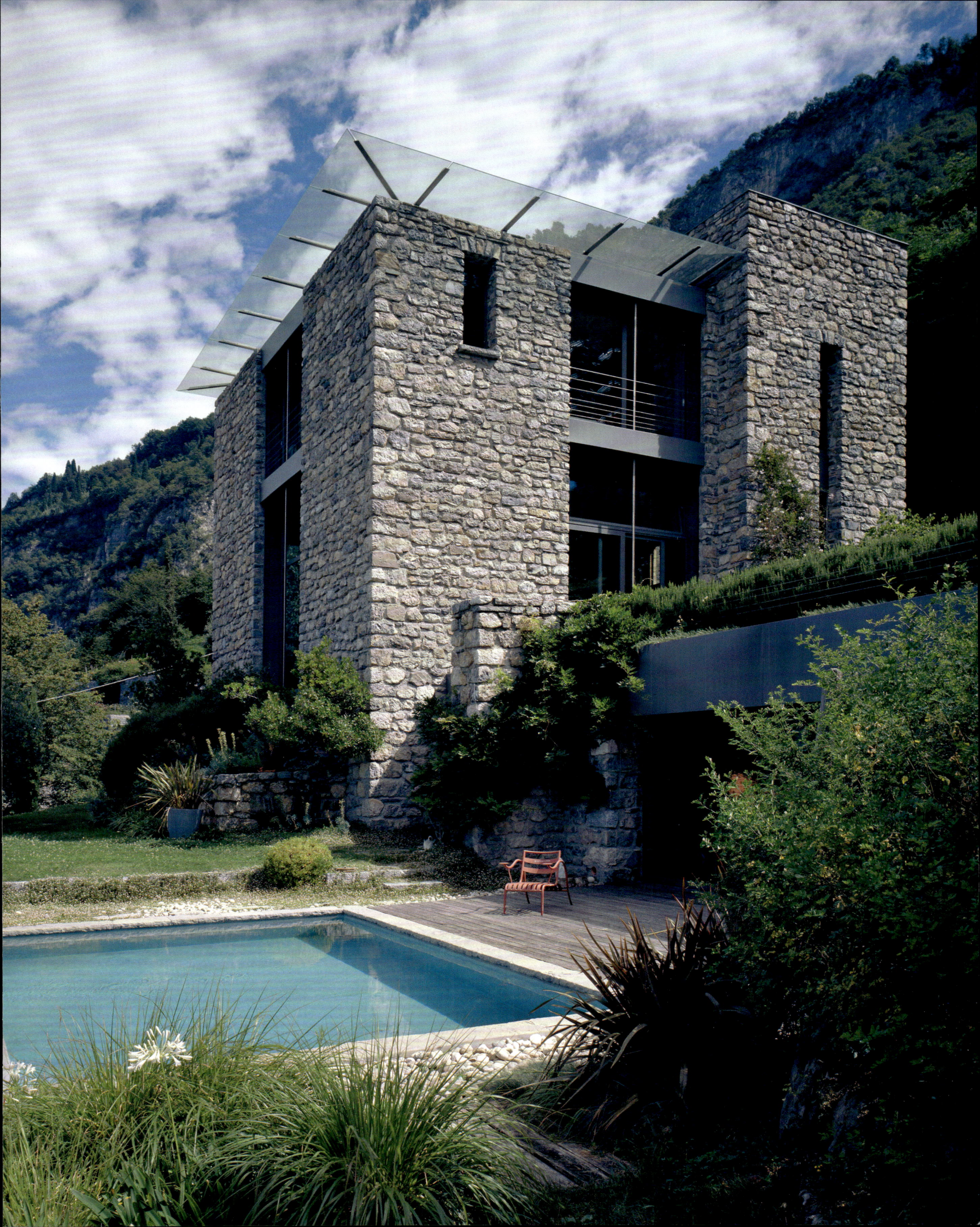

The Stone House *Varenna, Italy*

Stone floors and wooden ceilings dominate all rooms (a. l.). The kitchen (b. l.) consists of steel and, in keeping with the living room, avoids superfluous details (b. r.).

Steinböden und Holzdecken dominieren alle Räume (o. l.). Die Küche (u. l.) besteht aus Stahl und vermeidet wie der Wohnraum jedes überflüssige Detail (u. r.).

Dans toutes les pièces, ce sont les sols en pierre et les plafonds en bois qui donnent le ton (en h. à g.). La cuisine en acier (en b. à g.), tout comme la salle de séjour (en b. à dr.), élimine tout élément superflu.

Suelos de piedra y techos de madera dominan en todas las habitaciones (ar. i.). La cocina (ab. i.) en acero evita, al igual que el salón, cualquier detalle innecesario (ab. d.).

Tutte le stanze sono dominate da pavimenti in pietra e soffitti in legno (in alto a sinistra). La cucina (in basso a sinistra) è in acciaio e evita qualunque dettaglio superfluo, così come l'intera stanza (in basso a destra).

Architect: Carlo Donati
Photos: Matteo Piazza

This 13-foot-tall bungalow was erected on a long and narrow plot of industrial land. Movable window fronts open up to the inner courtyard to turn it into an extended living space. The pool appears to be out in the open, but is physically separated from both garden and lobby by glass walls. The Turkish baths, kitchen, and bedrooms also form a harmonious optical unit. This imparts a feeling of space which is further stressed by the limited amount of materials used and effective positioning of furniture.

Dieser vier Meter hohe Bungalow ist auf dem langen, schmalen Grundstück eines Industriebaus um einen Innenhof herum errichtet, der durch verschiebbare Fensterfronten zum erweiterten Wohnraum wird. Der Pool scheint im Freien zu liegen, ist aber durch Glaswände von Garten und Foyer getrennt. Optisch verschmelzen auch das türkische Bad, die Küche und die Schlafzimmer miteinander. So entsteht ein Eindruck von Weitläufigkeit, der durch die Verwendung weniger Materialien und die wirkungsvolle Platzierung der Möbel noch betont wird.

Ce bungalow, d'une hauteur de quatre mètres, a été construit sur le terrain long et étroit d'un bâtiment industriel, autour d'une cour intérieure qui, grâce à aux grandes baies vitrées coulissantes, s'intègre aux pièces d'habitation. La piscine semble être en plein air alors qu'en fait, elle est séparée du jardin et du foyer par des murs en verre. Sur le plan visuel, le bain turc, la cuisine et les chambres se fondent également les uns dans les autres. Ce qui donne une impression de lointain ; impression qui est encore accentuée par l'utilisation d'un nombre restreint de matériaux et la disposition judicieuse des meubles.

Sobre un terreno alargado y estrecho de un polígono industrial, este bungalow de cuatro metros de altura está construído alrededor de un patio interior, el cual se convierte en un salón mediante ventanales correderos. La piscina parece estar al aire libre y, sin embargo, queda separada del vestíbulo y del jardín por amplios ventanales. El baño turco, la cocina y el dormitorio parecen fusionarse entre sí. De este modo se crea una sensación de amplitud acentuada por la sobriedad de los materiales y el adecuado emplazamiento del mobiliario.

Questo bungalow alto quattro metri eretto sul terreno lungo e stretto di un ex fabbricato industriale, è costruito intorno ad una corte interna che diventa spazio abitativo grazie alle vetrate mobili della facciata. La piscina sembra essere all'aperto, ma è separata dal giardino e dal foyer da pareti vetrate. Anche il bagno turco, la cucina e le camere da letto si fondono visivamente assieme; se ne accentua così la lunghezza, ulteriormente sottolineata dall'uso di pochi materiali e dall'efficace posizione dei mobili.

The bungalow opens up to the narrow, long garden in the inner courtyard. The parallel pool serves to create the impression of width.

Der Bungalow öffnet sich zum schmalen, langen Garten im Innenhof, den der parallel verlaufende Pool optisch verbreitert.

Ce bungalow s'ouvre sur un long et étroit jardin aménagé dans la cour intérieure que la piscine, construite parallèlement à cette cour, agrandit.

El bungalow se abre al patio interior donde se encuentra el estrecho y largo jardín que amplía ópticamente la piscina ubicada en paralelo.

Il bungalow si apre sul giardino nella stretta e lunga corte interna, facendo sembrare più ampia la piscina che corre parallela.

Casa a Patio *Milan, Italy*

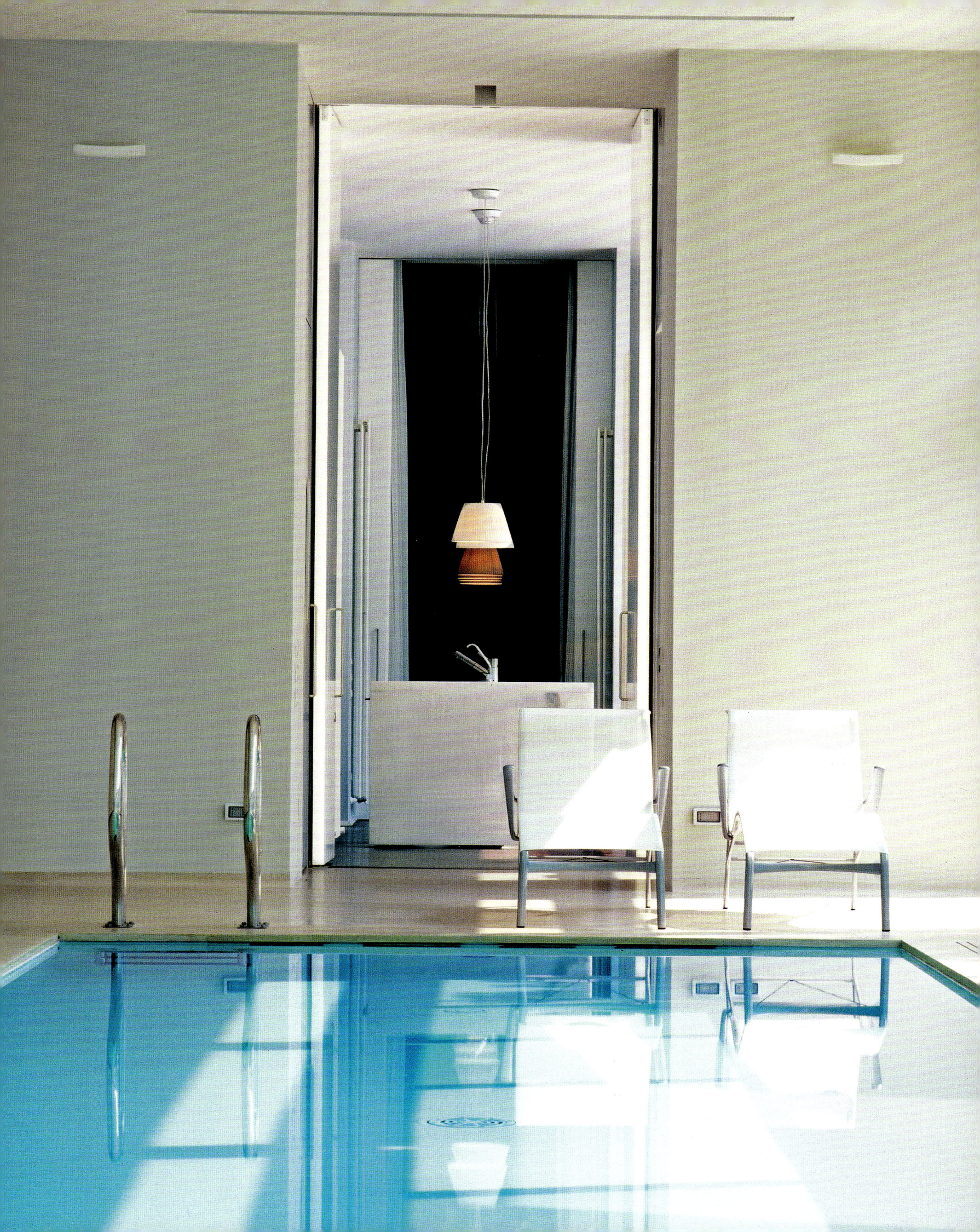

Kitchen and dining area are interconnected. The combination of light furniture and dark floors creates exciting contrasts.

Küche und Essbereich sind miteinander verbunden. Die Kombination heller Möbel und dunkler Böden schafft einen spannungsreichen Kontrast.

La cuisine et la salle à manger ne sont pas séparées. Les meubles clairs disposés sur des sols sombres forment un contraste captivant.

La cocina y el salón comedor se comunican entre sí. La combinación de muebles claros y suelos oscuros crea un intenso contraste.

La cucina e la sala da pranzo sono collegate fra loro. La combinazione di mobili chiari e pavimenti scuri crea un avvincente contrasto.

Glass fronts *incorporate the patio as an external living room instead of separating it from the house.*

Glasfronten beziehen *den Patio als externen Wohnraum ein, statt das Haus von ihm zu trennen.*

Par les *façades en verre, le patio devient un espace de vie extérieur qui n'est pas séparé de la maison.*

Los ventanales *frontales parecen incluir el espacio exterior del patio en la casa en lugar de separarlo de ella.*

Anziché isolarlo, *le vetrate collegano la casa al patio, trasformandolo in uno spazio abitativo esterno.*

Interior Design: Aldo Rota
Photos: Reto Guntli/zapaimages.com

This villa, whose origins date back to the 15th century, is located in a village near Milan. The structure and historical details such as the floors, frescoes, and large fire places remained intact during the modernization of the dilapidated building. The rest of the interior consists of state-of-the-art equipment ranging from the professional kitchen via the Italian design furniture to large-scale paintings by the owner himself. The former stables now house his studio. A vestibule lined with statues dating back to the 17th century leads to the inner courtyard.

In einem Dorf bei Mailand liegt diese Villa, deren Ursprünge auf das 15. Jahrhundert zurückgehen. Ihre Struktur und die historischen Details wie Böden, Fresken und die großen Kamine blieben bei der Restaurierung des halb verfallenen Hauses erhalten. Das übrige Interieur wurde ultramodern gestaltet: von der Profiküche über die italienischen Designermöbel bis zu den großflächigen Gemälden des Hausherrn. Sein Atelier liegt in den ehemaligen Stallungen. Ein von Statuen aus dem 17. Jahrhundert gesäumtes Vestibül führt in den Innenhof.

Cette villa se trouve dans un village près de Milan, dont les origines remontent au XVe siècle. Sa structure et les éléments historiques tels que les sols, les fresques et les grandes cheminées ont été conservés lors de la restauration de la maison, qui était à moitié en ruines. Le reste de l'intérieur a été aménagé d'une manière ultramoderne : de la cuisine professionnelle aux gigantesques tableaux du propriétaire, dont l'atelier se trouve dans ce qui était anciennement les écuries, en passant par le mobilier signé par des designers italiens. Le vestibule, jalonné de statues du XVIIe siècle, s'ouvre sur une cour intérieure.

Esta casa, cuyos orígenes se remontan al siglo XV, está en un pueblo cercano a Milán. Durante la restauración de la casa, que estaba casi en ruinas, se mantuvieron la estructura y los detalles históricos como el suelo, los frescos y la gran chimenea. El restante espacio interior se ideó siguiendo líneas muy modernas: desde la cocina de estilo profesional y los muebles de diseño italiano hasta los grandes lienzos del propietario de la casa. El estudio de pintura se encuentra en los antiguos establos. El vestíbulo, bordeado por estatuas del siglo XVII, da acceso al patio interior.

Questa villa, risalente al XV secolo, è ubicata in un paese nei pressi di Milano. La sua struttura e i dettagli storici, come i pavimenti, gli affreschi e il grande camino, sono stati preservati durante i lavori di ristrutturazione dello stabile per metà diroccato. Il resto degli interni è stato allestito in stile ultramoderno a partire dalla cucina professionale passando per i mobili di design italiani fino ai grandi quadri del padrone di casa, il cui atelier si trova in quelle che un tempo erano le stalle. Un vestibolo circondato da statue del XVII secolo porta alla corte interna.

Columns and statues stem from the 17th century (f. l.). The contemporary interior creates a dynamic contrast (l., r.).

Säulen und Statuen stammen aus dem 17. Jahrhundert (ganz links). Das zeitgenössische Interieur steht dazu in dynamischem Kontrast (l., r.).

Les colonnes et les statues datent du XVIIe siècle (tout à gauche). L'intérieur, de style contemporain, crée un contraste plein de dynamisme (à g., à dr.).

Las columnas y las estatuas son del siglo XVII (izquierda). El interior contemporáneo crea un contraste dinámico (i., d.).

Le colonne e le statue sono del XVII secolo (prima immagine a sinistra). A queste si oppongono dinamicamente gli interni moderni (a sinistra e destra).

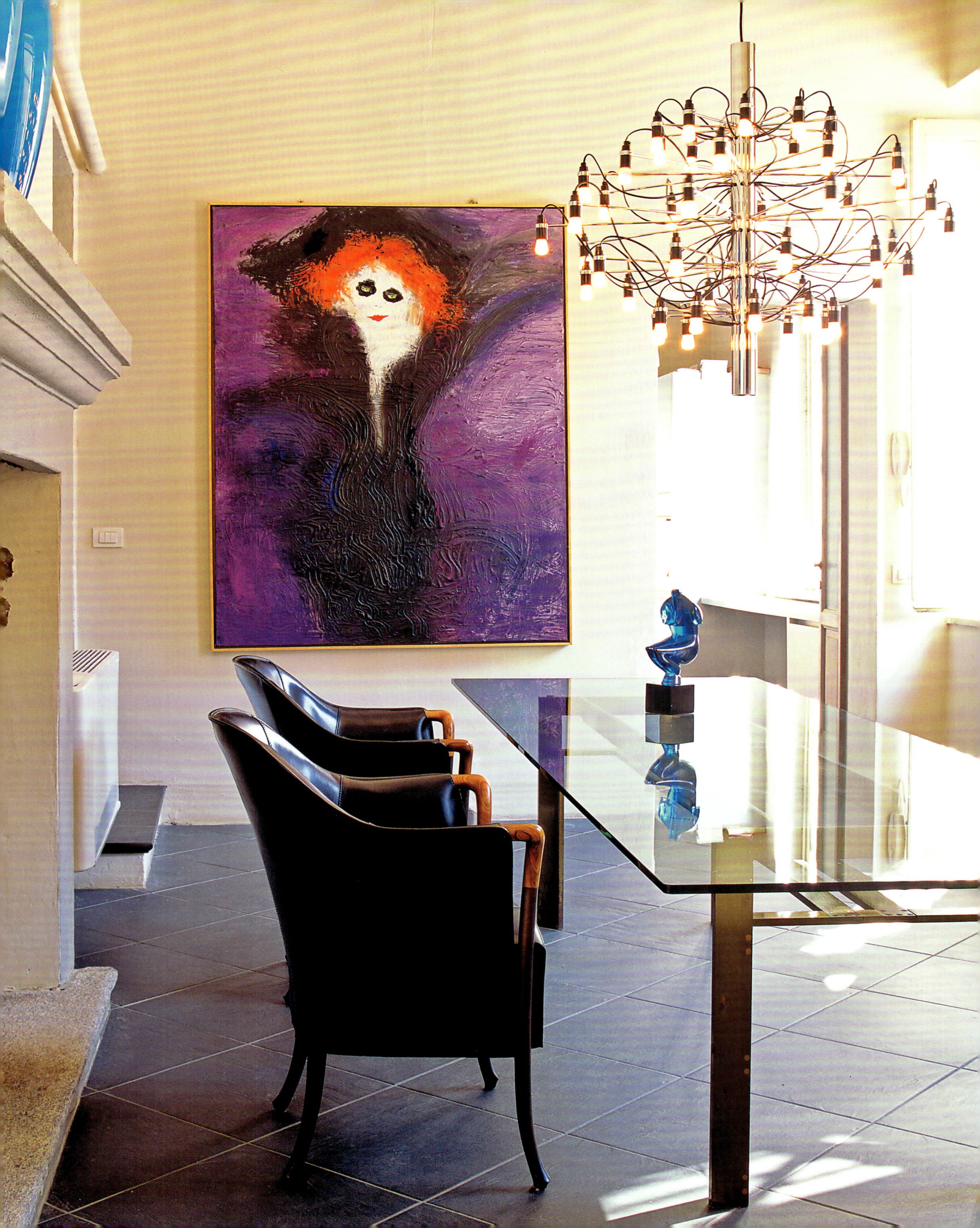

There is a fascinating interplay here between modern and old (a. l.). The yellow facade of the main building glows beautifully in the sunlight (b. l.). The living room exudes a contemporary air (r.). Only 20 of these shelving units were ever made.

Reizvoll ist das Zusammenspiel von alt und modern (o. l.). Wunderschön leuchtet die sonnengelbe Fassade des Haupthauses (u. l.). Zeitgenössisch präsentiert sich der Wohnraum (r.). Das Regal wurde nur 20mal hergestellt.

Jeu agréable entre l'ancien et le moderne (en h. à g.). La façade de la maison principale, d'un jaune lumineux sous le soleil, est magnifique (en b. à g.). La salle de séjour est aménagée en style contemporain (à dr.). Les étagères n'ont été fabriquées qu'en 20 exemplaires.

La combinación de antiguo y moderno es muy interesante (ar. i.). La fachada del edificio principal en vivo amarillo tiene un brillo maravilloso (ab. i.). El salón es de estilo contemporáneo (d.). Sólo se han fabricado 20 estanterías como ésta.

Affascinante il gioco di antico e moderno (in alto a sinistra). Magnifica la facciata della casa di un brillante giallo sole (in basso a sinistra). Il soggiorno ha uno stile contemporaneo (a destra). Dello scaffale esistono solo 20 pezzi.

Art Beats *Milan, Italy* 113

Architect: Carlo Donati

Photos: Matteo Piazza

Purist design and a warm country-house atmosphere form an exciting contrast and stress the generosity of the 720-square-yard Villa La Mandria. Both steps and walls of the staircase are clad in the conspicuous Santafiora stone and pink onyx marble. Dark red and orange form the lucent mainstay of the otherwise pastel interior, a very fine example for which is the stone fireplace. The cellar is home to a more than 311-square-yard fitness and leisure area.

Puristisches Design und warme Landhausatmosphäre bilden in der Villa La Mandria einen spannenden Kontrast und betonen die Großzügigkeit des 600-Quadratmeter-Hauses. Auffällig sind Materialien wie Santafiora-Stein und pinkfarbener Onyxmarmor, die für die Stufen und Verkleidung des Treppenhauses gewählt wurden. Dunkelrot und Orange setzen leuchtende Akzente im überwiegend cremefarbenen Interieur. Besonders gelungen ist dies am steinernen Kamin. Im Keller erstrecken sich über 260 Quadratmeter ein Fitness- und ein Spielbereich.

Dans la villa La Mandria, le design puriste et l'atmosphère chaude d'une maison de campagne forment un contraste captivant et mettent en valeur l'espace dans cette maison de 600 mètres carrés. Ce qu'on remarque tout de suite, ce sont les matériaux comme la pierre de Santafiora et le marbre-onyx rose, utilisés comme revêtement pour la cage et les marches de l'escalier. Dans cet intérieur à dominante crème, le rouge foncé et l'orange forment des contrastes éclatants, particulièrement réussis dans le cas de la cheminée en pierre. Dans la cave, une salle de fitness et une salle de jeux occupent plus de 260 mètres carrés.

El ambiente de casa de campo y el diseño purista que caracterizan esta villa crean un apasionante contraste y acentúan la generosidad de los 600 metros cuadrados de superficie. Especialmente ostentosos son materiales como la piedra de Santafiora y el mármol Onix rosado que se escogieron para revestir la escalera de la casa. Tonos en rojo oscuro y naranja dan un efecto luminoso a un interior dominado por los tonos crema, efecto que resulta especialmente atractivo en la chimenea de piedra. En el sótano se extienden más de 260 metros cuadrados dedicados a zona de juegos y gimnasio.

L'unione di design purista e di un'atmosfera calda da casa di campagna creano nella villa La Mandria un contrasto emozionante e sottolineano l'ampiezza di questa casa di 600 metri quadrati. Particolari i materiali come la pietra Santafiora e il marmo onice rosa scelti per i gradini e per il rivestimento della tromba delle scale. Il rosso scuro e l'arancione danno una nota di brillantezza agli interni prevalentemente beige; questo effetto è particolarmente riuscito con il camino in pietra. Nella cantina si estende per quasi 260 metri quadrati l'area fitness e ricreazione.

This villa is located in an exclusive park (f. l.). Its interior with the soft, warm tones of creme and red is easy on the eyes (r.). The kitchen is dominated by clear lines and the contrast between light and dark (l.).

In einem exklusiven Park liegt diese Villa (ganz links). Ihr Interieur bietet mit weichen Creme- und warmen Rottönen Entspannung für die Augen (r.). Klare Linien und der Kontrast von Hell und Dunkel prägen die Küche (l.).

Cette villa se trouve dans un parc splendide (tout à gauche). Son intérieur, avec ses tons crème doux et ses chaudes teintes de rouge, est une vraie détente pour les yeux (à dr.). La cuisine se caractérise par des lignes claires et un contraste entre le clair et le foncé (à g.).

Esta villa está situada en un parque exclusivo (izquierda). El interior en suaves tonos crema y cálidos tonos rojos relaja la vista (d.). Las líneas claras y el contraste entre claro y oscuro caracterizan la cocina (i.).

Questa villa sorge in un parco esclusivo (prima immagine a sinistra). Gli interni, con le tenue tonalità beige e i caldi toni di rosso, sono un toccasana per gli occhi (a destra). La cucina è caratterizzata da linee pulite e dal contrasto tra chiaro e scuro (a sinistra).

Villa La Mandria Turin, Italy

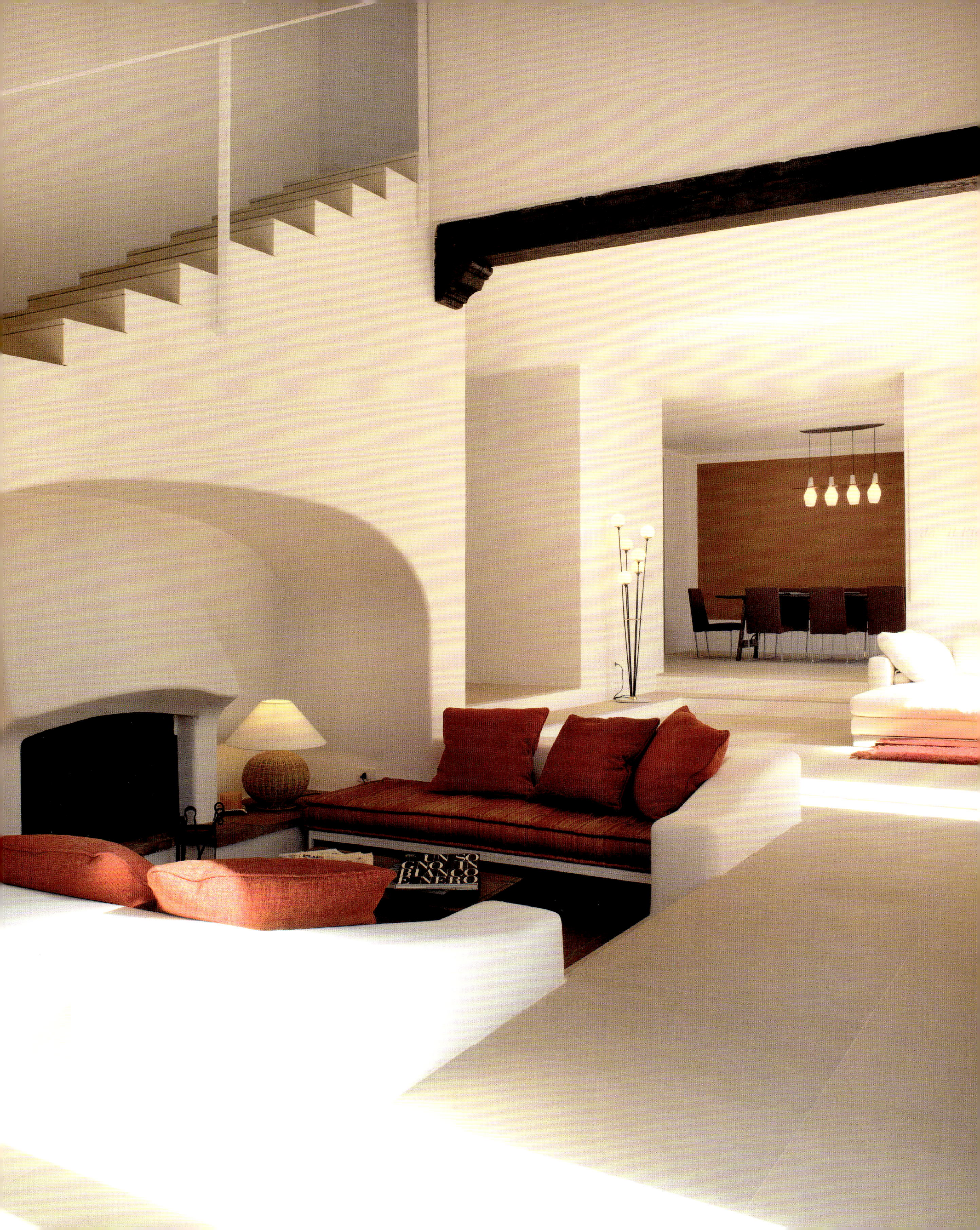
UN SO
GNO IN
BIANCO
E NERO

116 Villa La Mandria *Turin, Italy*

The interior *is puristic, but the color ensures a warm feeling. The dining area is to the left, the bath, lounge, and stairs to the right.*

Das Interieur *ist puristisch, aber durch die Farbakzente niemals kühl. Links der Essbereich, rechts Bad, Lounge und Treppe.*

L'intérieur *est de style puriste, mais grâce à des touches de couleur, il n'est jamais froid. À gauche, la salle à manger, à droite, la salle de bains, le salon et l'escalier.*

El interior, *de estilo purista, no resulta frío debido a las acertadas pinceladas de color. A la izquierda el comedor, a la derecha el cuarto de baño, la sala de estar y la escalera.*

Gli interni *puristi non risultano mai freddi grazie alle note di colore. A sinistra la zona pranzo, a destra il bagno, la sala e la scala.*

Architect: Lazzarini & Pickering
Photos: Matteo Piazza

Originally, this house was part of a villa dating back to the 18th century. Today it has two floors with a lounge in a mezzanine. It boasts a remarkable interior the most distinguishing features of which are the steel frames adorned by old Vietri tiles. They are not found on the floor, as one would expect, but adorn the walls as a continuous border and are also integrated into the modern furnishings. In one case the border starts on the living room ceiling and moves down the wall to cover the dining table. Cushions and pillows in luminous colors as well as the tiles come to great effect against plain white walls.

Dieses Haus war ursprünglich Teil einer Villa aus dem 18. Jahrhundert. Heute besteht es aus zwei Stockwerken mit einer Lounge in einer Zwischenetage und einem bemerkenswerten Interieur. Auffälligstes Merkmal sind die Stahlrahmen, die alte Vietri-Kacheln fassen. Sie zieren nicht die Böden, sondern sind als durchlaufendes Band in das moderne Mobiliar integriert. So beginnt es beispielsweise im Wohnbereich an der Decke, läuft die Wand hinab und bildet dann einen Esstisch aus. Polster und Kissen in leuchtenden Farben entfalten wie die Kacheln vor weißen Wänden eine starke Wirkung.

Cette maison faisait partie à l'origine d'une villa du XVIIIe siècle. Aujourd'hui, elle se compose de deux étages avec un salon en mezzanine et un intérieur remarquable. Ce qui saute aux yeux, ce sont les cadres en acier qui entourent les anciens carreaux de faïence Vietri. Ils ne décorent pas les sols, mais sont intégrés dans le mobilier comme un ruban continu qui se déroule à travers la pièce. C'est ainsi, par exemple, que dans la salle de séjour, ce ruban part du plafond, descend le long du mur et forme ensuite une table de salle à manger. Tout comme les carreaux de faïence, les canapés et les coussins de couleurs vives ressortent fortement sur les murs blancs.

Esta casa, originalmente parte de una villa del siglo XVIII, posee dos plantas con una sala en un entresuelo y notables interiores. Lo más destacable del edificio son los marcos de acero que enmarcan antiguos azulejos de Vietri. Estos no decoran el suelo sino que se integran en el mobiliario moderno en forma de una banda continua que, por ejemplo, se inicia en el techo del salón, desciende por la pared y se convierte finalmente en una mesa en el comedor. Los cojines y tapizados de brillantes colores causan, al igual que los azulejos, un intenso efecto sobre los tabiques blancos.

Questa casa faceva originariamente parte di un complesso del XVIII secolo. Oggi è composta da due piani con una sala su un livello intermedio e interni degni di nota. Una delle caratteristiche più appariscenti sono i telai in acciaio che montano antiche piastrelle in ceramica di Vietri. Queste non adornano i pavimenti ma sono integrate nel mobilio moderno creando una fascia continua che, in un caso, inizia sul soffitto della zona giorno, corre lungo la parete e forma un tavolo da pranzo. Imbottiture e cuscini dai colori accesi, accostati alle pareti bianche, creano un effetto intenso, proprio come le piastrelle.

This colorful and elegant villa with its gorgeous pool provides contemporary living in a historical context.

Zeitgenössisches Wohnen in historischem Kontext realisiert diese farbenfrohe und elegante Villa mit traumhaftem Pool.

Un aménagement contemporain dans un contexte historique, voilà ce que propose cette villa élégante riche en couleurs qui dispose d'une piscine de rêve !

Esta elegante y colorida villa con una piscina de ensueño hace realidad una forma de vida actual en un contexto histórico.

Questa villa vivace ed elegante, con una piscina da sogno, concilia le esigenze della vita moderna con il contesto storico.

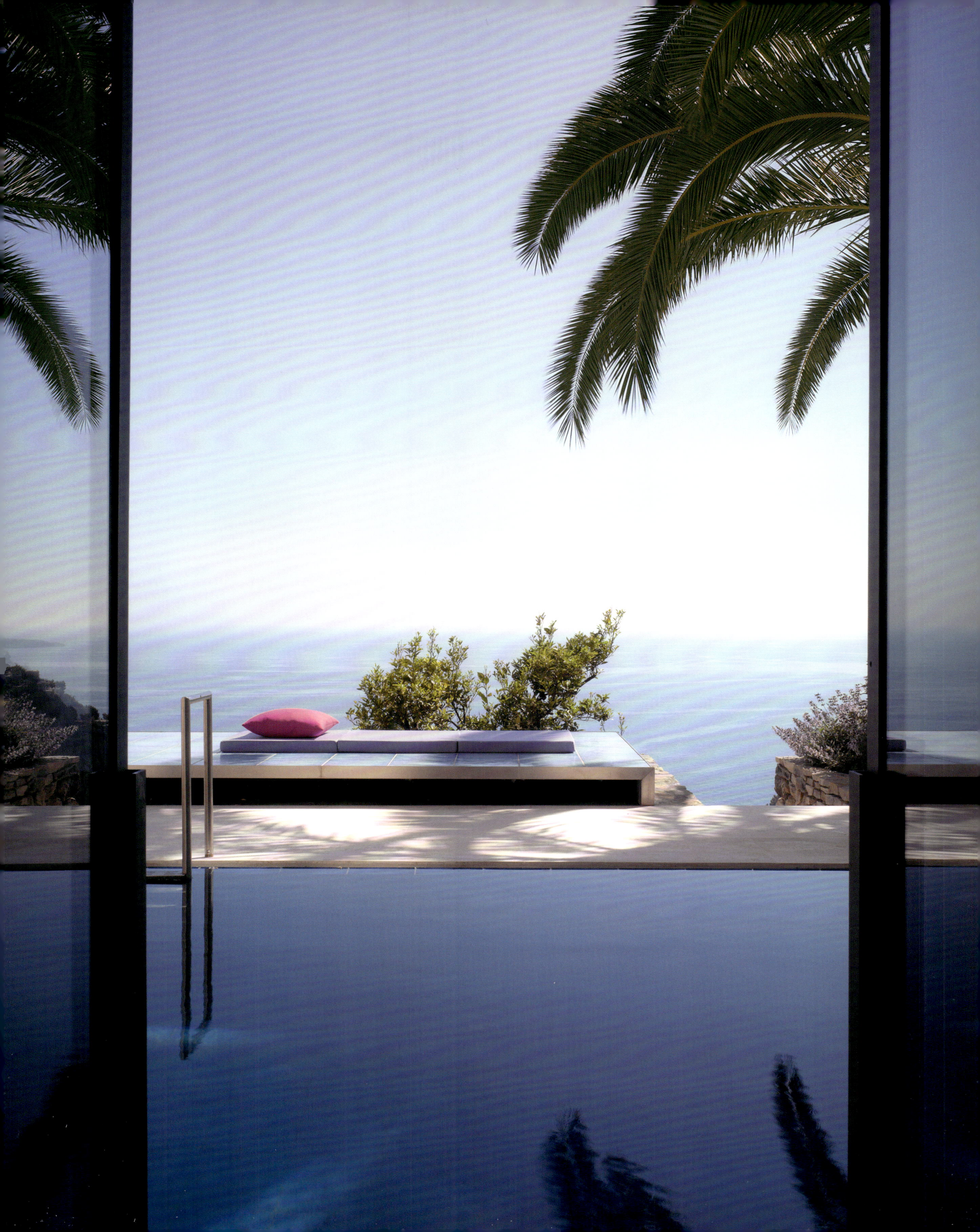

Villa Positano *Salerno, Italy*

The unusual tiles dating back to the 18th and 19th centuries can be found in every room. In this case they adorn the foundations of the interior balcony which extends a good six feet into the room (l.). They grace tables, ceilings, and walls and are complemented by similarly colorful cushions (r.).

Ausgefallen sind die Kacheln aus dem 18. und 19. Jahrhundert, die sich in jedem Raum finden. Hier verkleiden sie auch den Sockel des Innenbalkons, der zwei Meter in den Raum ragt (l.). Sie bilden Tische und sind Decken- und Wandschmuck. Ergänzt werden sie durch nicht minder farbenfrohe Kissen (r.).

Ce qui est original, ce sont les carreaux de faïence que l'on retrouve dans toutes les pièces. Ici, ils revêtent le soubassement d'un balcon intérieur qui fait une saillie de deux mètres dans la pièce (à g.). Ces mêmes carreaux forment des tables et décorent les plafonds et les murs. Les coussins, qui complètent cette décoration, ont des couleurs non moins joyeuses (à dr.).

Las baldosas del siglo XVIII y XIX que se encuentran en todas las habitaciones son preciosas. Revisten también el zócalo del balcón interior que ocupa dos metros de la habitación (i.). Adornan mesas, techos y paredes. Se complementan con cojines de colores también vivos (d.).

Originali le piastrelle del XVIII e del XIX secolo che si trovano in ogni stanza. Qui rivestono anche il basamento del balcone interno che si estende per due metri nella stanza (a sinistra); ovunque formano tavoli e fungono da decorazione per soffitti e pareti. A completare l'effetto si aggiungono numerosi cuscini non meno variopinti (a destra).

The seating *area appears to be a contemporary interpretation of classic Moorish living (l.).*

Wie eine *zeitgenössische Interpretation klassischer maurischer Wohnkultur mutet diese Sitzecke an (l.).*

Ce canapé *d'angle donne l'impression d'être une interprétation contemporaine de l'art de vivre mauresque (à g.)*

Esta zona *de asiento se presenta como una interpretación contemporánea de la clásica forma de vida morisca (i.).*

Questa panca *d'angolo pare un'interpretazione contemporanea della cultura abitativa moresca (a sinistra).*

Villa Positano Salerno, Italy

The dining area is also complemented by a circumferential construction of framed tiles (a. r, b. r.).

Auch den Essbereich gestaltet eine umlaufende Konstruktion aus gerahmten Kacheln (r. o., r. u.).

La salle à manger doit elle aussi sa forme à une seule et même bande de carreaux de faïence sertis de noir (en h. à dr., en b. à dr.).

Una construcción circular de baldosas enmarcadas (d. ar., d. ab.) decora también el salón comedor.

Anche la zona pranzo dà forma a una struttura continua rivestita di piastrelle (in alto a destra, in basso a destra).

Villa Positano *Salerno, Italy*

Architect: Primadesign
Photos: Giorgio Baroni

This 300-year-old farmhouse on the coast of Salina was modernized with the aim of keeping its authentic flair. The structure of the cuboid rooms with their massive walls remained intact. Niches and built-in benches replaced the pictures and even part of the furnishings. The ceiling joists were replaced. Sparingly used matching rustic furniture and terracotta tiles from Sicily complete the atmosphere. Each room leads onto a terrace; arches and windows offer views of the Tyrrhenian Sea.

Modern, aber authentisch sollte dieses 300 Jahre alte Bauernhaus an der Küste Salinas nach dem Umbau sein. Die Struktur der an Kuben erinnernden Räume mit schweren Mauern blieb erhalten. Nischen und eingebaute Bänke ersetzen alle Bilder und einen Teil der Einrichtung. Die Deckenbalken wurden erneuert. Dazu passen rustikale Möbel, die durch ihre sparsame Verteilung besonders betont werden, und Terrakotta-Fliesen aus Sizilien. Jedes Zimmer führt auf eine Terrasse; Bögen und Fenster lenken die Blicke aufs Tyrrhenische Meer.

Après les travaux de transformation, cette ferme, construite il y a plus de 300 ans et située sur la côte de Salina, devait être moderne mais rester authentique. La structure des pièces, qui font penser à des cubes, et leurs murs épais ont été conservés. Des niches et des bancs encastrés remplacent tous les tableaux et une partie du mobilier. Les solives ont été changées. Les meubles rustiques, dont la répartition parcimonieuse les fait ressortir encore davantage, et le carrelage en terre cuite de Sicile sont en parfaite harmonie avec cette architecture. Toutes les pièces s'ouvrent sur une terrasse ; les arcs et les fenêtres invitent à contempler la mer Tyrrhénienne.

Al restaurar esta casa rústica de 300 años de antigüedad situada en la costa de Salina se puso especial cuidado para que resultara moderna a la vez que auténtica. Se mantuvo la estructura de las habitaciones, de volumen cúbico y gruesos muros. Los nichos y bancos integrados en el interior sustituyen a los cuadros y a gran parte de los elementos decorativos. Las vigas del techo fueron renovadas. Los muebles son rústicos y están distribuidos con una sobriedad que los realza especialmente y las baldosas de terracota, naturalmente, son originarias de Sicilia. Cada habitación da a una terraza y los arcos y las ventanas invitan a disfrutar de las vistas sobre el Mar Tirreno.

Moderna ma autentica: ecco come risulta questo casale contadino costruito 300 anni fa che sorge sulla costa di Salina. La struttura delle stanze, che ricordano cubi dalle spesse pareti è stata preservata. Le nicchie e le panche a muro sostituiscono tutti i quadri e parte dell'arredo. Le travi del soffitto sono state sostituite. In questo ambiente si adattano particolarmente bene i mobili rustici, distribuiti in maniera essenziale per metterli in risalto, e il pavimento in cotto siciliano. Ogni stanza porta su una terrazza; archi e finestre conducono lo sguardo sul Mar Tirreno.

This 300-year-old farm is characterized by a rustic atmosphere and the lack of superfluous details.

Rustikale Atmosphäre und der Verzicht auf jedes überflüssige Detail prägen dieses 300 Jahre alte Bauernhaus.

Une atmosphère rustique règne dans cette ferme vieille de 300 ans qui renonce à tout détail superflu.

Esta casa de campo de 300 años de antigüedad se caracteriza por el ambiente rústico y la renuncia a todo detalle superfluo.

Questo casale contadino costruito 300 anni fa è caratterizzato da atmosfere rustiche e dalla rinuncia a ogni dettaglio superfluo.

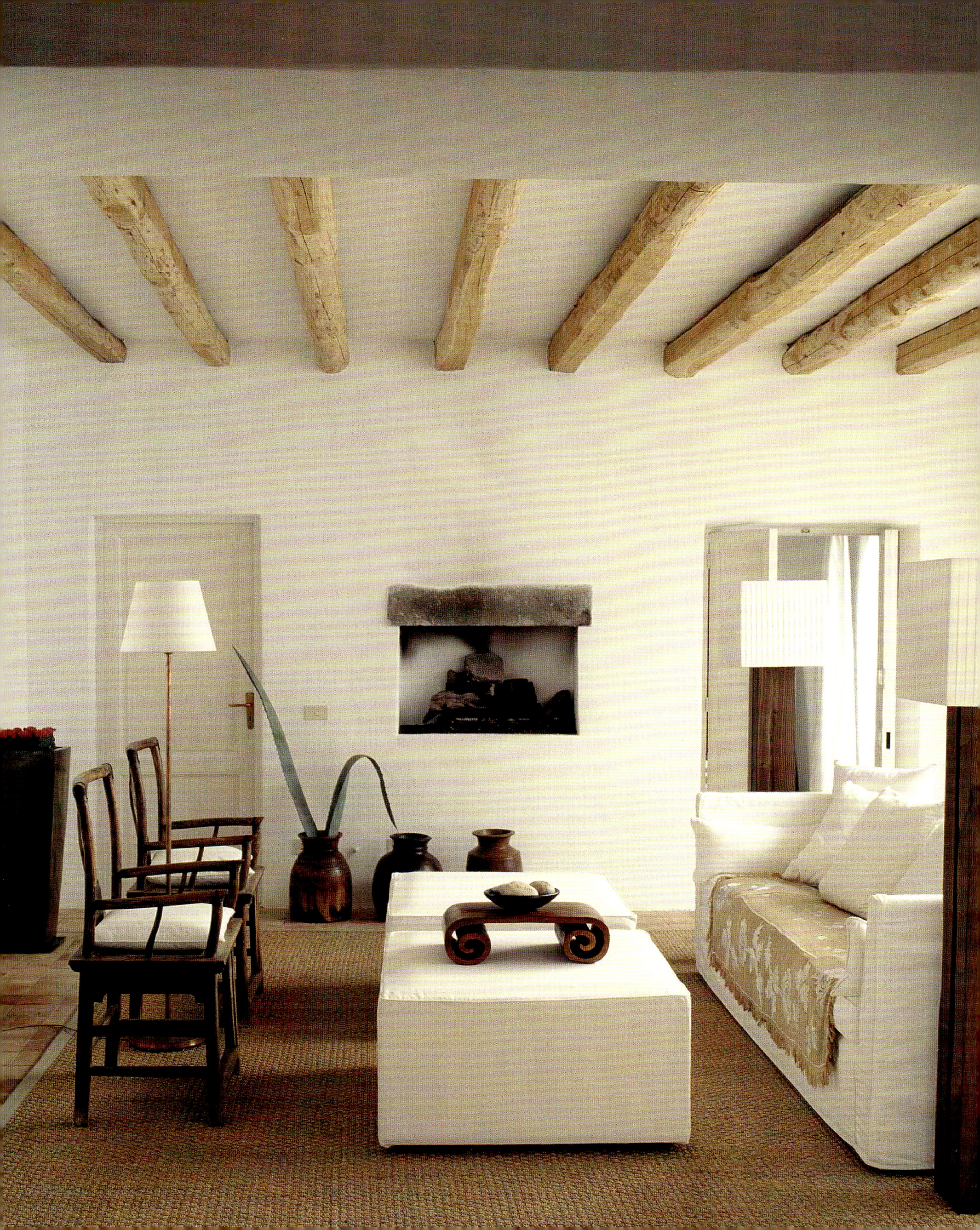

Heavy wooden beams in the ceiling and thick walls dominate the interior: simple but effective. Windows take the place of pictures.

Schwere Deckenbalken und solide Mauern geben den Stil des Interieurs vor: einfach, aber wirkungsvoll. Statt Bildern gibt es Fenster.

De lourdes poutres et des murs épais déterminent le style de la maison : simple mais impressionnant. Pas de tableaux, mais des fenêtres !

Las macizas vigas del techo y los sólidos muros predeterminan el estilo del interior: sencillo pero con carácter. En vez de cuadros hay ventanas.

Lo stile degli interni è caratterizzato da massicce travi sui soffitto e da solide mura: semplice ma efficace. Al posto dei quadri vi sono finestre.

The terrace with its roof made of wood and bamboo proffers a fantastic view of the sea—and further living space out of doors.

Die Terrasse mit einem Dach aus Holz und Bambus bietet einen wunderschönen Blick aufs Meer – und einen weiteren Wohnraum im Freien.

La terrasse recouverte d'un toit en bois et en bambou offre une vue magnifique sur la mer, ainsi qu'une pièce supplémentaire en plein air.

La terraza con el techo de madera y bambú ofrece una maravillosa vista sobre el mar y otro espacio de disfrute en el exterior.

La terrazza con il tetto in legno e bambù offre una meravigliosa vista sul mare e una camera in più all'aperto.

Soft lines, *clear white, and sparse vegetative decoration imbue southern flair (l.). Light rounded walls and tall arches impart the bedroom with its ensuite bathroom the illusion of height (r.).*

Weiche Linien, *klares Weiß und sparsamer Schmuck durch Pflanzen verströmen südliches Flair (l.). Helle Wände mit abgerundeten Ecken und hohe Mauerbögen verleihen dem Schlafzimmer mit angeschlossenem Bad optisch Höhe (r.).*

Des lignes *douces, un blanc immaculé et quelques plantes pour toute décoration évoquent l'ambiance des pays du sud (à g.). Des murs clairs aux angles arrondis et de hautes arcades confèrent à la chambre à coucher et à la salle de bains attenante une impression de hauteur (à dr.).*

Líneas suaves, *un blanco lúcido y una sobria decoración con plantas desprenden un ambiente meridional (i.). Las claras paredes de redondeadas esquinas y los altos arcos de los muros dan una sensación de altitud a este dormitorio con cuarto de baño (d.).*

Linee morbide, *bianco brillante e ornamenti floreali essenziali caratterizzano l'atmosfera tipicamente mediterranea (a sinistra). Le pareti chiare con bordi arrotondati e gli alti archi danno un'impressione di altezza alla camera da letto con bagno annesso (a destra).*

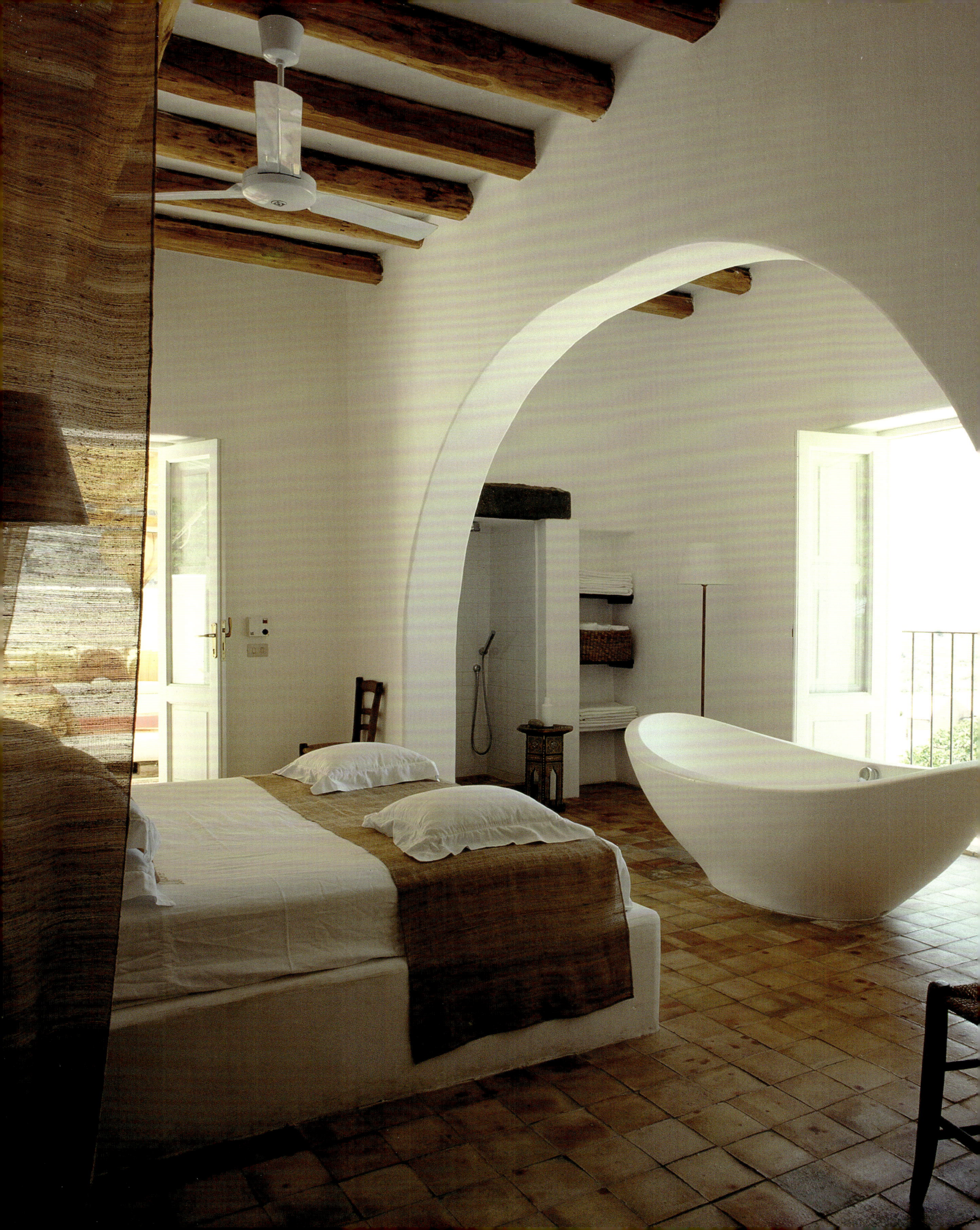

Architect: Architecture Project
Photos: David Pisani/Metropolis

This renovated country estate is located in the old part of Zejtun, the "Citta Rohan". Ramon Perellos y Roccaful, grandmaster of the Knights of Malta, had it built in the early 18th century. While the historical fabric of the building was kept, later additions have since been replaced by two modern wings, which house a kitchen, comfortable bathrooms, and guest rooms. The inner courtyard and garden form the heart of the residence: the peaceful and well-hidden living quarters under the open sky are perfect for relaxing and daydreaming.

In der Altstadt von Zejtun, der „Citta Rohan", liegt dieser restaurierte Landsitz. Ramon Perellos y Roccaful, Großmeister des Malteserordens, erbaute ihn im frühen 18. Jahrhundert. Die historische Bausubstanz wurde erhalten, Anbauten aus jüngerer Vergangenheit jedoch durch zwei moderne Flügel ersetzt, in denen Küche, komfortable Bäder und Gästezimmer Platz finden. Der Innenhof und der Garten bilden das Herz des Anwesens: einen friedlichen und versteckten Wohnbereich unter freiem Himmel, zugleich einen Ort, wo man herrlich Entspannen und Träumen kann.

C'est dans la vieille ville de Zeitun, la « Citta Rohan » que se trouve cette propriété restaurée. Ramon Perellos y Roccaful, grand maître de l'ordre de Malte, la fit construire au début du XVIIIe siècle. Le gros œuvre historique a été conservé, toutefois, des bâtiments annexes d'une époque plus récente ont été remplacés par deux ailes modernes où se trouvent la cuisine, des salles de bains et des chambres d'amis confortables. La cour intérieure et le jardin constituent le cœur de la propriété : un lieu de résidence calme et très à l'écart à ciel ouvert, et en même temps un lieu magnifique qui invite à la détente et à la rêverie.

Esta casa solariega restaurada se encuentra situada en el barrio antiguo de Zejtun, el "Citta Rohan". Ramón Perellos y Roccaful, Gran Maestre de la Orden de Malta mandó construirla a principios del siglo XVIII. La estructura básica se mantuvo pero las zonas construidas mas recientemente fueron sustituidas por dos alas modernas donde se encuentran la cocina, cómodos cuartos de baño y las habitaciones de los huéspedes. El patio interior y el jardín son el alma de la casa: un espacio tranquilo y escondido bajo el cielo abierto para relajarse y soñar.

Questa residenza di campagna restaurata si trova nella città vecchia di Zejtun, la "Citta de Rohan". Fu edificata agli inizi del XVIII secolo da Ramon Perellos y Roccaful, Gran Maestro dell'Ordine di Malta. La parte storica dell'edificio è stata preservata, mentre gli ampliamenti realizzati successivamente sono stati sostituiti con due ali moderne in cui hanno trovato posto la cucina, bagni confortevoli e le stanze per gli ospiti. La corte interna e il giardino sono il cuore della tenuta: una zona giorno a cielo aperto, pacifica e nascosta; un luogo dove potersi rilassare perfettamente e sognare.

Two modern wings complete the historical building, which stems from the 18th century (l.). The patio with garden and pool form its center. Shade is provided by orange trees (r.).

Zwei moderne Flügel ergänzen das historische Haus aus dem frühen 18. Jahrhundert (l.). Sein Herzstück ist der Patio mit Garten und Pool, den Orangenbäume beschatten (r.).

Deux ailes modernes ont été ajoutées à la demeure historique datant du début du XVIIIe siècle (à g.). Sa pièce maîtresse, c'est le patio avec jardin et piscine, ombragé par des orangers (à dr.).

Dos alas modernas complementan la histórica casa de principios del siglo XVIII (i.). El corazón de este conjunto se encuentra en el patio con jardín y piscina a la sombra de los naranjos (d.).

Due ali moderne completano l'edificio storico degli inizi del XVIII secolo (a sinistra). Cuore della tenuta il patio con giardino e piscina in cui crescono alberi di arancio (a destra).

Casa Perellos *Zejtun, Malta*

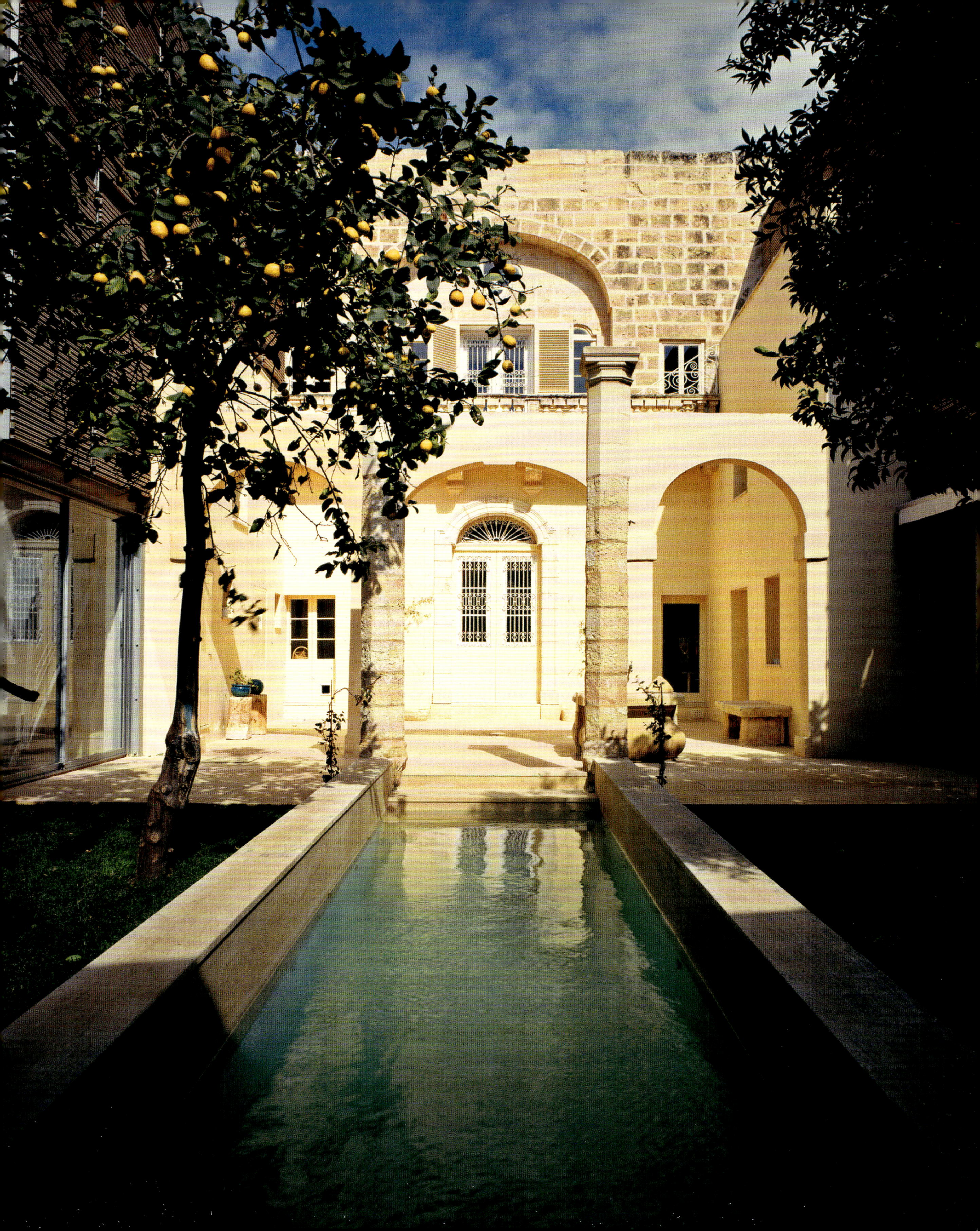

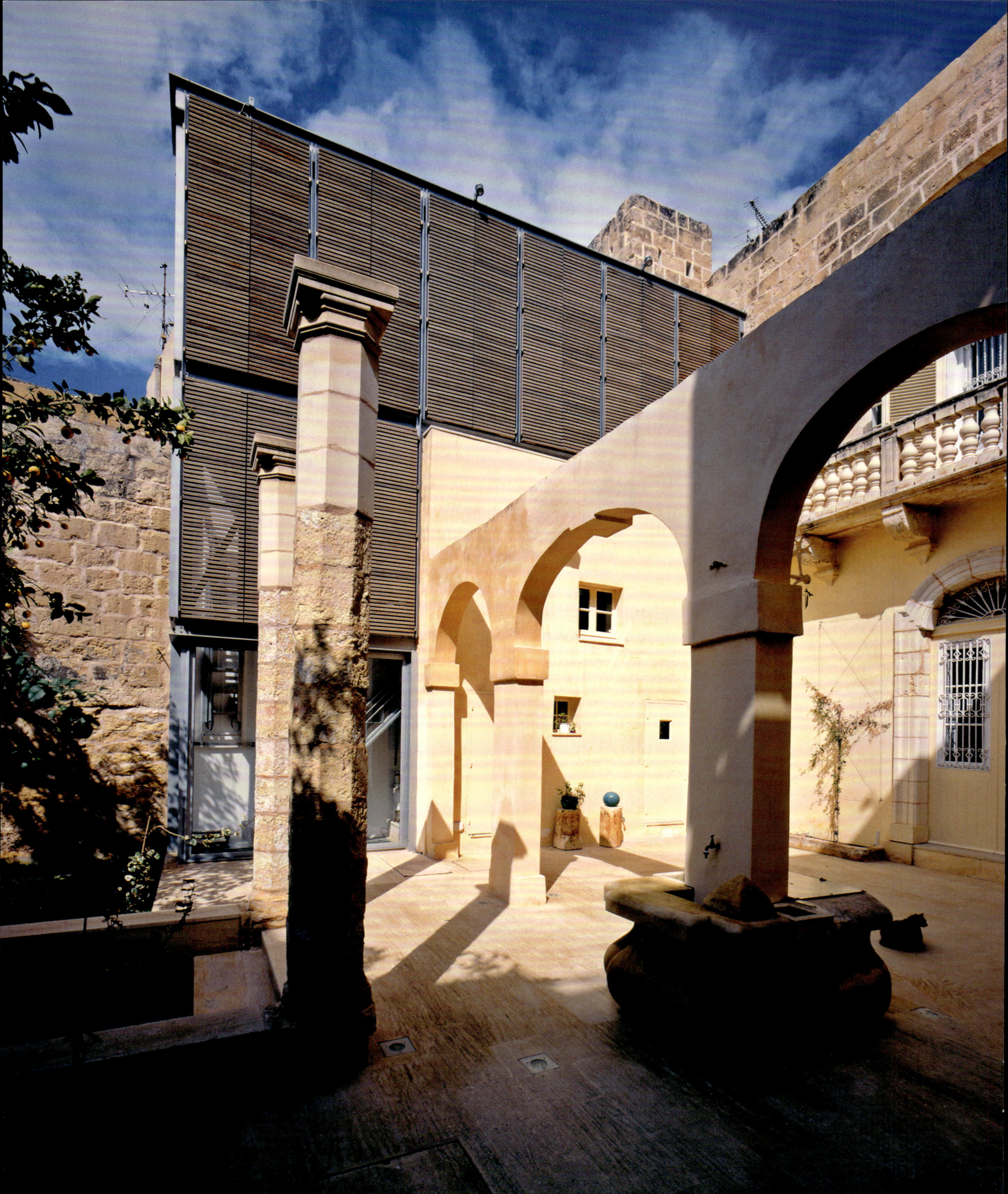

The modern *extensions are cleverly integrated into the historical core (l.). Modern bathrooms provide contemporary creature comforts (r.).*

Geschickt sind *die modernen Anbauten in die historische Bausubstanz integriert (l.). Zeitgenössischen Komfort bieten die modernen Bäder (r.).*

Les ajouts *modernes sont admirablement intégrés au bâtiment historique (à g.). La salle de bains moderne offre tout le confort contemporain (à dr.).*

Los anexos *modernos han sido diestramente integrados al histórico edificio (i.). Los modernos cuartos de baño ofrecen comodidad y bienestar (d.).*

Ben riusciti *i moderni ampliamenti integrati nella struttura storica (a sinistra). I bagni offrono ogni moderno comfort (a destra).*

Casa Perellos *Zejtun, Malta*

Interior Design: Malales Martinez Canut
Photos: Silvio Posadas

The interior of this dual-level chalet in La Moraleja is dominated by a mix of different cultures. Geometric lines together with natural material stress the size and spaciousness of the house. An ebony paneled fireplace forms the core of the living room. A range of different wall paneling serves to divide the chalet into different areas—both optically and functionally. The bathrooms are adorned with Murano glass to create an impression of style and elegance, while the African accents provide a feeling of warmth and vitality.

Eine Mischung verschiedener Kulturen prägt das Interieur dieses zweistöckigen Chalets in La Moraleja. Geometrische Linien verleihen natürlichen Materialien Struktur und betonen Weite und Geräumigkeit des Hauses. Herzstück des Wohnzimmers ist ein mit Ebenholz verkleideter Kamin. Verschiedenartige Wandpaneele trennen seine Bereiche auch optisch ihren Funktionen entsprechend. Die Bäder sind mit Murano-Kristall bedeckt. So entsteht ein Eindruck von Stil und Eleganz sowie durch die afrikanischen Akzente zugleich von Wärme und Vitalität.

Ce qui caractérise l'intérieur de ce chalet de deux étages, situé à La Moraleja, c'est le mélange de différentes cultures. Les lignes géométriques donnent une structure aux matériaux naturels et mettent en évidence le caractère spacieux de la maison. La pièce maîtresse de la salle de séjour est une cheminée aux revêtements d'ébène. Des panneaux muraux séparent, matériellement mais aussi visuellement, les différentes parties selon leur fonction. Les salles de bains ont un revêtement en cristal de Murano. C'est ce qui donne une impression de style et de chic alors que les objets africains apportent une touche de chaleur et de vitalité.

Una mezcla de diferentes culturas, las maderas y las pieles caracterizan el interior de este chalé de dos alturas en La Moraleja. Las líneas geométricas dotan de estructura a los materiales naturales y acentúan la amplitud y espaciosidad de la casa. El corazón del salón es la chimenea revestida madera de ébano. Paneles de diferentes estilos separan también ópticamente sus diversos sectores según la función. Los baños están recubiertos de cristal de Murano. Así se crea una impresión de estilo y elegancia y, gracias a los acentos africanos, también de calidez y vitalidad.

Un misto di diverse culture caratterizza gli interni di questo chalet a due piani a La Moraleja. Linee geometriche conferiscono struttura ai materiali naturali e accentuano l'ampiezza e la spaziosità della casa. Cuore del salotto, un camino rivestito di ebano. Pannelli a muro di diverso tipo dividono anche visivamente le varie zone a seconda della funzione. I bagni sono ricoperti con cristallo di Murano che dà stile ed eleganza; al tempo stesso le note africane comunicano un senso di calore e vitalità.

African influences, geometrical lines, and natural materials combine to an exceptional interior.

Afrikanische Einflüsse, geometrische Linien und natürliche Materialien verbinden sich zu einem außergewöhnlichen Interieur.

Les influences africaines, les lignes géométriques et les matériaux naturels contribuent ensemble à faire de cet intérieur une réalisation exceptionnelle.

Influencias africanas, líneas geométricas y materiales naturales crean un extraordinario estilo interior.

Influssi africani, linee geometriche e materiali naturali si uniscono per dare vita a interni straordinari.

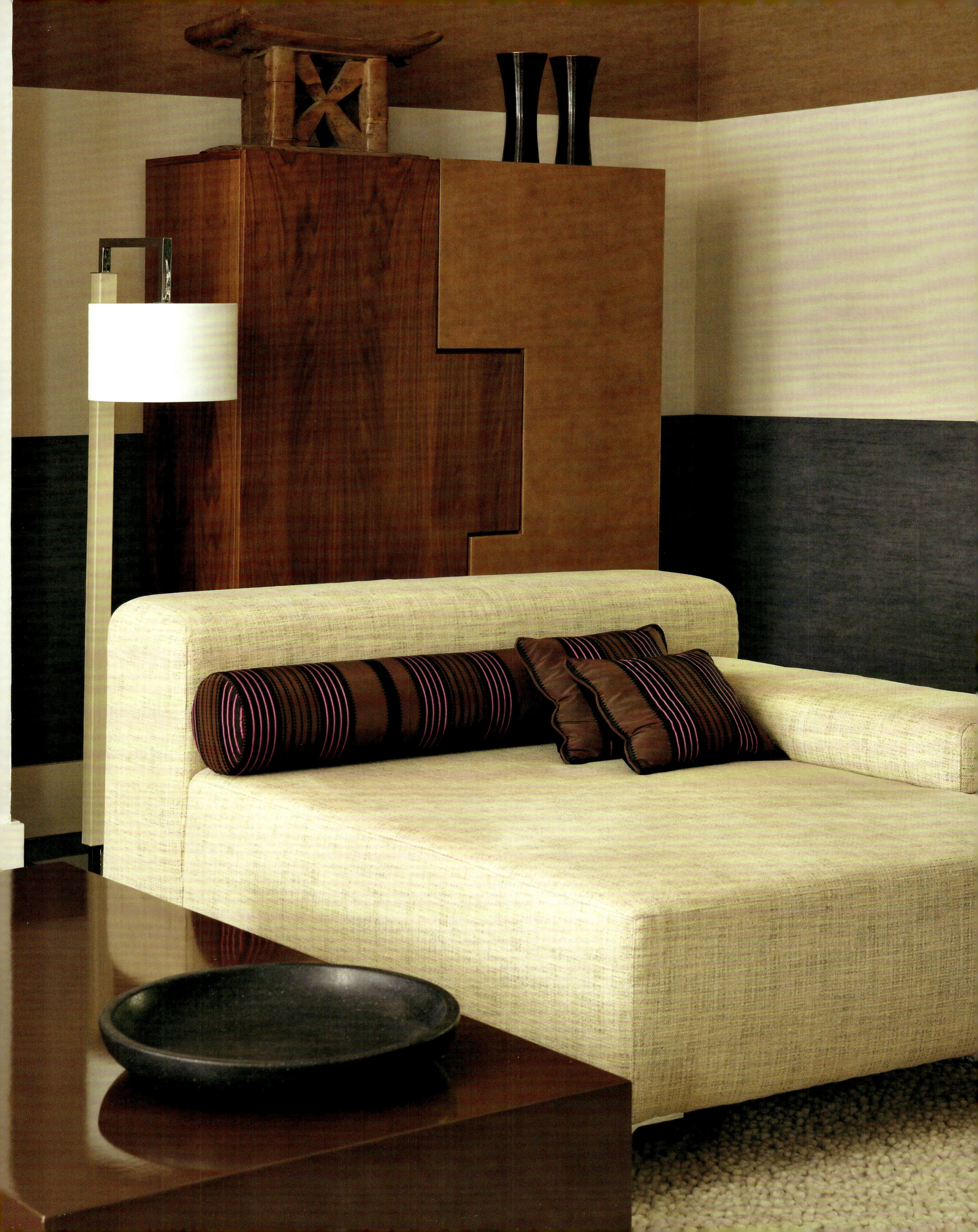

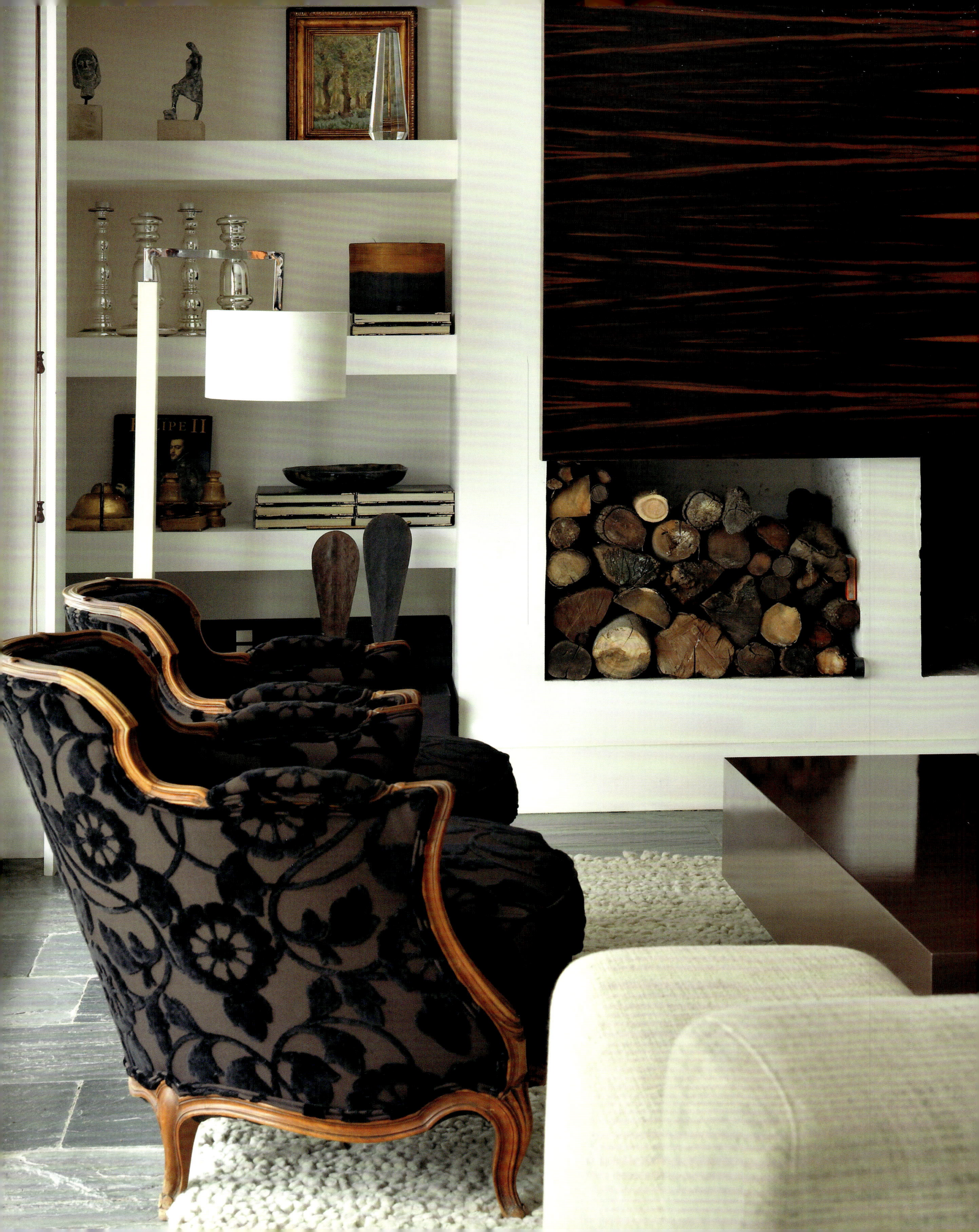

The fire place in the living room is clad in ebony (l.). Eccentric accessories and warm creme and brown tones create a harmonic yet exotic ambiance.

Der Kamin im Wohnzimmer ist in Ebenholzplatten gefasst (l.). Ausgefallene Accessoires und eine Palette aus warmen Creme- und Brauntönen schaffen ein harmonisches, aber dennoch exotisches Ambiente.

La cheminée dans la salle de séjour est recouverte de panneaux en bois d'ébène (à g.). Des accessoires originaux et toute une palette chaude de tons crème et marron créent une ambiance harmonieuse, et néanmoins exotique.

La chimenea del salón está revestida de placas de madera de ébano (i.). Elementos decorativos originales y una gama de cálidos tonos en crema y marrón crean una ambiente de armonía y a la vez exótico.

Il camino nel soggiorno è impiallacciato con legno d'ebano (a sinistra). Accessori originali e una gamma di tonalità crema e marrone creano un ambiente armonico ed esotico allo stesso tempo.

Interior Design: Malales Martinez Canut
Photos: Silvio Posadas

This house, whose white cuboids are reminiscent of the old ibicenca style houses, presents itself in a wholly contemporary vain. The interior is characterized by exquisite taste and yet more African touches. The bathrooms display a minimalist elegance, whereas the exterior with its natural materials creates the impression of a peaceful oasis. The infinity pool invites to daydreaming, a large-scale photograph of an African woman dominates the otherwise puristically furnished lounge. The overall impression is that of a harmonic miniature universe.

Ganz zeitgenössisch präsentiert sich dieses Haus, dessen Exterieur aus weißen Würfeln an den Stil alter ibizenkischer Häuser erinnert. Innen prägen es ein erlesener Geschmack und afrikanische Anklänge. Die Bäder sind von minimalistischer Eleganz, die mit natürlichen Materialien gestalteten Außenbereiche Oasen des Friedens. Am Infinity Pool möchte man lange träumen. Die großformatige Fotografie einer Afrikanerin beherrscht die sonst puristisch eingerichtete Lounge. Der Gesamteindruck ist der eines harmonischen Miniatur-Universums.

Cette maison, qui, vue de l'extérieur, ressemble à plusieurs cubes blancs juxtaposés évoquant les anciennes maisons de style ibizan, est une construction purement contemporaine. Un goût raffiné et la présence de l'Afrique caractérisent l'aménagement intérieur. Les salles de bains sont d'une élégance minimaliste, les espaces extérieurs, aménagés avec des matériaux naturels, sont des havres de paix. Au bord de la piscine à débordement, on souhaite que le rêve ne s'arrête jamais. La photographie grand format d'une Africaine règne sur le salon, à l'ameublement très puriste au demeurant. Au total, cette maison donne l'impression d'être un univers en miniature où règne l'harmonie.

Esta casa, cuyo exterior de cubos blancos tiene reminiscencias del clásico estilo de Ibiza, presenta un carácter totalmente contemporáneo. El interior viene determinado por un gusto exquisito con notas africanas. Los baños son de una elegancia minimalista; los espacios exteriores, acondicionados con materiales naturales, un oasis de paz. Uno se quedaría para siempre en la piscina de bordes difusos. La fotografía de gran formato de una africana domina el salón, por lo demás, decorado de forma purista. La impresión general es un armónico universo en miniatura.

Questa casa, i cui esterni a forma di cubi bianchi riportano alla mente le case in classico stile ibicenco, ha uno stile contemporaneo. Gli interni sono caratterizzati da gusti raffinati e da echi africani. I bagni sono arredati con eleganza minimalista; all'esterno, con materiali naturali, sono state realizzate varie oasi di pace. La piscina, che si fonde con l'orizzonte, è un luogo ideale per rimanere a lungo a sognare. La fotografia di grande formato di una ragazza africana domina la sala, altrimenti arredata in maniera purista. L'impressione generale è quella di un universo in miniatura profondamente armonico.

Mediterranean dream house: the garden with its infinity pool (f. l.) and the interior with palms and large-scale objets d'art (l., r.).

Mediterranes Traumhaus: Der Garten mit Infinity-Pool (ganz links) und das Interieur mit Palmen und großformatiger Kunst (l., r.).

Une maison méditerranéenne de rêve : le jardin, avec sa piscine à débordement (tout à gauche) et l'intérieur, avec ses palmiers et ses tableaux grand format (à g. et à dr.).

Una casa mediterránea de ensueño: jardín con piscina de bordes difusos (izquierda) y el interior con palmeras y arte de gran formato (i., d.).

Villa mediterranea da sogno; il giardino con piscina a filo con l'orizzonte (prima immagine a sinistra) e gli interni con palme e grandi opere d'arte (a sinistra e a destra).

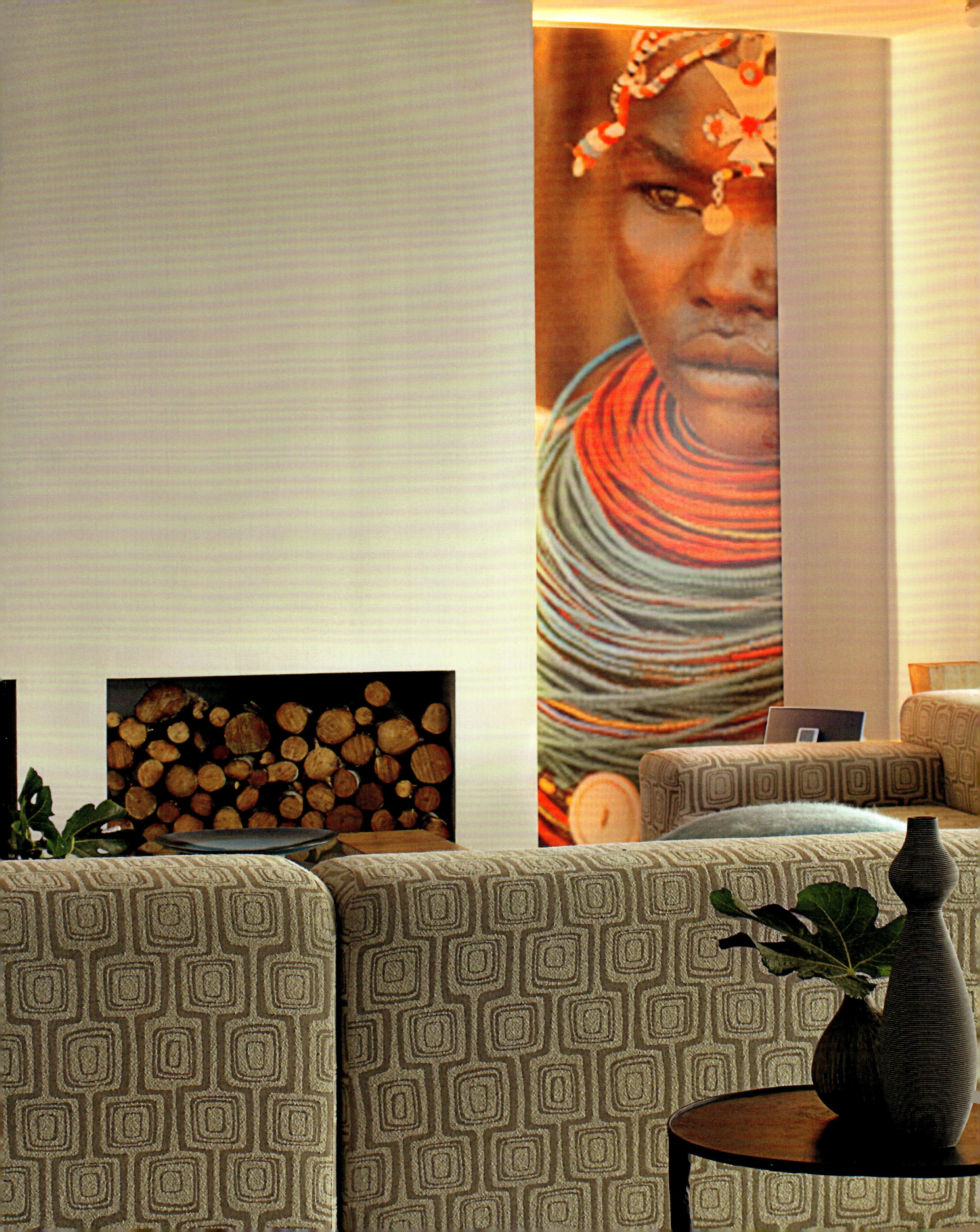

The structure *of white cuboids is reminiscent of the old ibicenca style houses.*

Die Anmutung *alt-ibizenkischer Bauweise prägt die Villa aus weißen Würfeln.*

L'architecture composée *de cubes blancs fait songer aux anciennes maisons de style ibizan.*

La arquitectura *de cubos blancos es del estilo clásico de Ibiza.*

L'architettura composta *da cubi bianchi richiama le case in classico stile ibicenco.*

The bathroom *is characterized by a sober and functional elegance. The wooden patio and open-air dining area extend the living space to the outside.*

Schlichte und *funktionale Eleganz prägt das Bad. Die Holzterrasse und der Essbereich im Freien weiten den Wohnbereich aus.*

La salle *de bains est d'une élégance sobre et fonctionnelle. La terrasse en bois et la salle à manger en plein air agrandissent la salle de séjour en y intégrant l'espace extérieur.*

Una elegancia *sencilla y funcional caracteriza el cuarto de baño. La terraza de madera y el comedor al aire libre amplian al exterior la zona de la vivienda.*

Il bagno *è caratterizzato da un'eleganza sobria e funzionale. La terrazza in legno e la zona pranzo all'aperto allargano gli spazi abitativi all'esterno.*

Architect: Thomas de Cruz Architects/Designers; Roach & Partners Developers
Photos: Simon Collins

This spectacular house sits on the slope of a hill and is located inland from the southern Spanish coast. It combines an innovative, environmentally friendly energy concept with calm, rolling lines to fit perfectly into the old Andalusian farm landscape. A dual-level gallery forms the center of the structure. The living quarters open up to the outside and reveal extensive views, while cool patios face the hillside. A dining room with a glass floor connects both parts. The facade can be opened so as use the wind for cooling. Extended roofs and balconies offer shade.

Auf einem Hügel im Hinterland der südspanischen Küste thront dieses spektakuläre Haus. Es vereint ein innovatives Umweltkonzept mit ruhigen, fließenden Linien, die sich harmonisch in die alte Kulturlandschaft Andalusiens einfügen. Eine doppelstöckige Galerie bildet das Herzstück. Die Wohnräume sind nach außen gerichtet und eröffnen weite Ausblicke, zur Hügelseite hin liegen kühle Patios. Ein Essraum mit Glasboden verbindet beide Teile. Die Fassade lässt sich so öffnen, dass die Windverhältnisse zur optimalen Kühlung genutzt werden. Vordächer und Balkons spenden Schatten.

Cette maison spectaculaire est située sur une colline située dans l'arrière-pays de la côte sud de l'Espagne. Elle réunit une conception écologique innovatrice et des lignes calmes et fluides qui s'insèrent harmonieusement dans le paysage naturel et architectural séculaire de l'Andalousie. Une galerie s'élevant sur deux étages constitue la pièce maîtresse de cette maison. Les pièces d'habitation sont orientées vers l'extérieur et offrent des vues immenses sur le lointain, les patios frais se trouvant du côté de la colline. Une salle à manger à sol de verre réunit les deux parties. La façade peut s'ouvrir de façon à utiliser le vent comme moyen idéal de rafraîchir la maison. Les auvents et les balcons apportent de l'ombre.

Esta casa, ubicada en la ladera de una colina en tierras interiores de la costa del sur de España, aúna un innovador concepto ecológico y tranquilas y fluidas líneas integradas con armonía en el paisaje y cultura andaluces. Una galería de dos pisos forma el núcleo de la residencia. Las estancias están orientadas hacia el exterior y ofrecen amplias vistas, mientras que en el lado que da a la colina se abren frescos patios. Un comedor con suelo acristalado une ambos sectores. La fachada se puede abrir para aprovechar el efecto refrigerador de la brisa. Amplios aleros y balcones proporcionan sombra.

In cima ad una collina nell'entroterra della costa spagnola meridionale troneggia questa casa spettacolare. Essa unisce una concezione ambientale innovativa a linee fluide e tranquille che si inseriscono armonicamente nell'antico panorama culturale dell'Andalusia. Cuore dell'edificio è una galleria a due piani. Gli spazi abitativi sono rivolti all'esterno e si aprono sul panorama in lontananza; sul lato rivolto verso le colline vi sono freschi giardini. Una sala da pranzo con il pavimento in vetro unisce le due parti. È possibile aprire le vetrate della facciata in maniera tale da sfruttare i venti per rinfrescare la villa in maniera ottimale. Le tettoie e i balconi provvedono all'ombreggiatura.

The pool faces the surrounding countryside (l.). The inside offers lovely views of the pool (r.).

Der Pool ist zur umgebenden Landschaft hin ausgerichtet (l.). Ihn selbst kann man auch vom Hausinneren aus betrachten (r.).

La piscine est orientée vers le paysage environnant (à g.). On peut aussi la contempler de l'intérieur de la maison (à dr.).

La piscina está orientada al paisaje circundante (i.). También se puede disfrutar de sus vistas desde el interior de la casa (d.).

La piscina è orientata verso il paesaggio circostante (a sinistra). Questa può essere osservata anche dall'interno della casa (a destra).

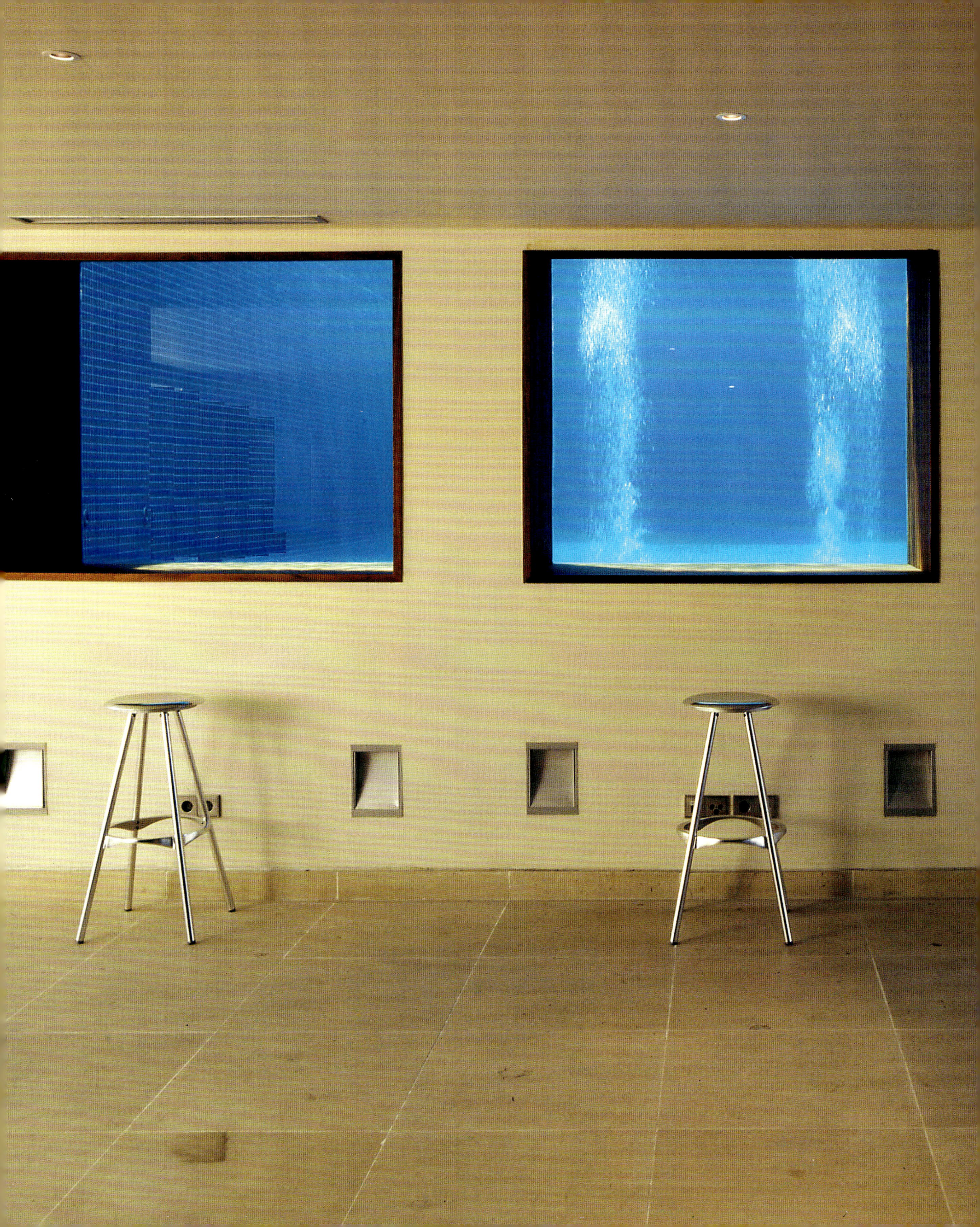

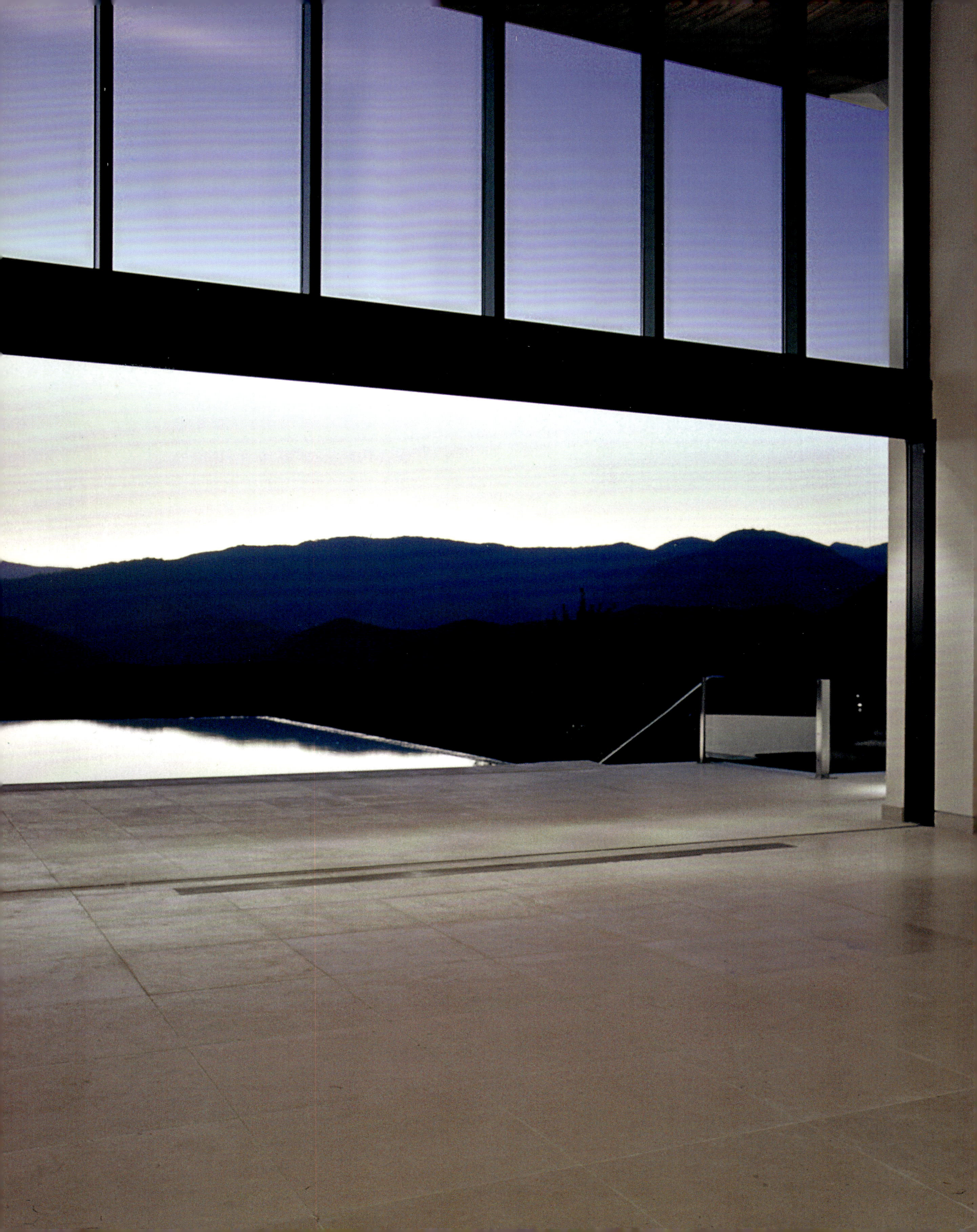

The double *height living space affords vistas of the valley below (l.). Air rising up the slope guarantees good air circulation. The dining room connects those parts of the building facing the valley (r.).*

Der sich *über zwei Geschosse erstreckende Wohnraum blickt auf das Tal (l.). Die Hanglage bietet eine optimale Belüftung. Das Esszimmer verbindet die zur Aussicht und zum Tal hin gelegenen Gebäudeteile miteinander (r.).*

La galerie *d'une hauteur de deux étages a vue sur la vallée (à g.). Le site en pente permet une aération optimale. La salle à manger relie les deux bâtiments, orientés sur la vue et sur la vallée (à dr.).*

La galería *de dos plantas disfruta de vistas sobre el valle (i.). La situación en una ladera ofrece una óptima ventilación. El comedor comunica entre sí los diferentes espacios, orientados al panorama y al valle (d.).*

La galleria *a due piani guarda sulla valle (a sinistra). La posizione in pendenza permette una perfetta ventilazione. La sala da pranzo unisce il lato dell'edificio rivolto verso le colline a quello rivolto verso la valle (a destra).*

The dining area with its glass floor forms a bridge between kitchen and living room. The movable glass front opens up to turn the room into an open-air gallery with the protruding roof offering shade. Flowing water has a calming influence.

Der Essbereich mit Glasboden bildet eine Brücke zwischen Küche und Wohnzimmer. Wird die Glasfront geöffnet, liegt er wie die Galerie im Freien, wird aber vom Dachüberhang beschattet. Wasserflächen verleihen dem Haus eine ruhige Ausstrahlung.

La salle à manger avec son sol en verre forme un pont entre la cuisine et la salle de séjour. Si l'on ouvre la façade en verre, elle se trouve tout comme la galerie en plein air, mais est ombragée par un toit en saillie. Les plans d'eau confèrent à la maison une aura de calme et de sérénité.

El salón comedor con suelo de cristal crea un puente entre la cocina y el salón. Si se abre el ventanal queda abierto al aire libre como la galería pero sombreado por el tejado. Zonas de agua transmiten sensación de calma y tranquilidad.

La sala da pranzo con il pavimento in vetro forma un ponte tra la cucina e il soggiorno. Se le vetrate della facciata vengono aperte, anche questa, come la galleria, si trova all'aperto, ma viene ombreggiata dalla sporgenza del tetto. Le superfici d'acqua creano un'atmosfera di tranquillità.

Small patios providing shade surround the house (a.). From the garden the house unfolds in all its grandeur (b. l., b. r.).

Rund um das Haus liegen kleine Patios, die Schatten und Kühle bieten (o.). Auf der Gartenseite entfaltet das Haus seine ganze Grandezza (u. l., u. r.).

Tout autour de la maison, de petits patios offrent de l'ombre et de la fraîcheur (en haut). Mais c'est côté jardin que cette maison dévoile toute sa majesté (en b. à g., en b. à dr.).

Al rededor de la casa se encuentran pequeños patios que procuran sombra y frescor (ar.). En la parte que da al jardín la casa despliega toda su grandeza (ab. i., ab. d.).

Piccoli patii che dispensano ombra e fresco circondano la casa (sopra). Dal lato del giardino la casa rivela tutta la sua grandezza (in basso a sinistra, in basso a destra).

Architect: p&r Arquitectos
Photos: Fernando Guerra/FG+SG

The elements of Casa PR, itself consisting of a number of cubes, are added to the far end of a plain and can only be reached via a private road. The lower level is set into the hillside, the upper level, which appears to be balancing on a steep slope, is set upon the lower level. The projecting roof provides shade for the extensive terrace in front of the glass facade of the living quarters. The concept of clear lines and reduced design is continued in the interior, where vistas over the trees and hilly landscape provide a feast for the eyes.

Die Elemente der aus mehreren Würfeln bestehenden Casa PR sind ans Ende einer Ebene gefügt. Zu erreichen ist sie nur über eine Privatstraße. Die untere Ebene des Hauses ist in den Hang gegraben; die obere Etage, die auf dem Abhang zu balancieren scheint, ruht auf der unteren. Der überstehende Teil beschattet die weite Terrasse vor der verglasten Front des Wohnbereichs. Innen setzt sich das Konzept der klaren Linien und des reduzierten Designs fort. Von dort schaut man auf Bäume und Hügelland – eine Wohltat für die Augen.

Les éléments de la Casa PR, composée de plusieurs cubes, sont assemblés à l'extrémité d'une plaine accessible seulement par une voie privée. Le niveau inférieur de la maison s'enfonce dans le coteau. L'étage supérieur, qui semble se balancer sur le versant, repose sur l'étage inférieur. La partie saillante ombrage la terrasse spacieuse qui s'étend devant la façade en verre des pièces d'habitation. À l'intérieur, on retrouve les mêmes lignes claires et un design minimaliste. De là, le regard se porte sur des arbres et un paysage de collines, un véritable bonheur pour les yeux.

Los elementos de la casa PR, que consta de varios cubos, están encajados al final de una llanura. Sólo se puede llegar por una carretera privada. La planta baja de la casa están hundida en la ladera; la parte superior, que parece balancearse sobre la ladera, descansa sobre la inferior. La parte que sobresale procura sombra a la espaciosa terraza situada ante los ventanales de la zona dedicada a la vivienda. En el interior predomina el concepto de líneas claras y el diseño minimalista desde el que se disfruta de un paisaje de arboledas y colinas: un regalo para la vista.

Gli elementi di Casa PR, composta da più cubi, sono posizionati al termine di una pianura. Essa è raggiungibile solo attraverso una strada privata. Il piano inferiore dell'edificio è scavato in un pendio; il piano superiore, che sembra bilanciare la china, poggia su quello inferiore. La parte sporgente ombreggia l'ampia terrazza davanti alla facciata vetrata della zona giorno. Gli interni continuano il discorso delle linee pulite e del design essenziale. Da qui la vista dà sugli alberi e sulle colline del paesaggio: un vero toccasana per gli occhi.

This cuboid, set amidst a rolling landscape, appears to be a visual counterpoint. Its lower level is set into the slope, while the upper one proffers extensive vistas.

Wie ein visueller Kontrapunkt ist dieser eckige Würfel in die Landschaft aus sanften Hügeln gesetzt. Seine untere Ebene ist in der Anhöhe verankert; die obere bietet eine weite Aussicht.

Ce cube anguleux semble posé tel un contrepoint visuel sur le paysage de collines douces. Son étage inférieur s'enfonce dans la butte ; l'étage supérieur offre une vue sur le lointain.

Este cubo angular es un contrapunto visual en el paisaje de onduladas colinas. La planta inferior está anclada en la colina, la superior ofrece un amplio panorama.

Questo cubo si erge nel paesaggio di colline dolci come se fosse un contrappunto visivo. Il piano inferiore è ancorato nell'altura; dal piano superiore si scorge il panorama in lontananza.

Casa PR *Quinta da Gramela, Pombal, Portugal*

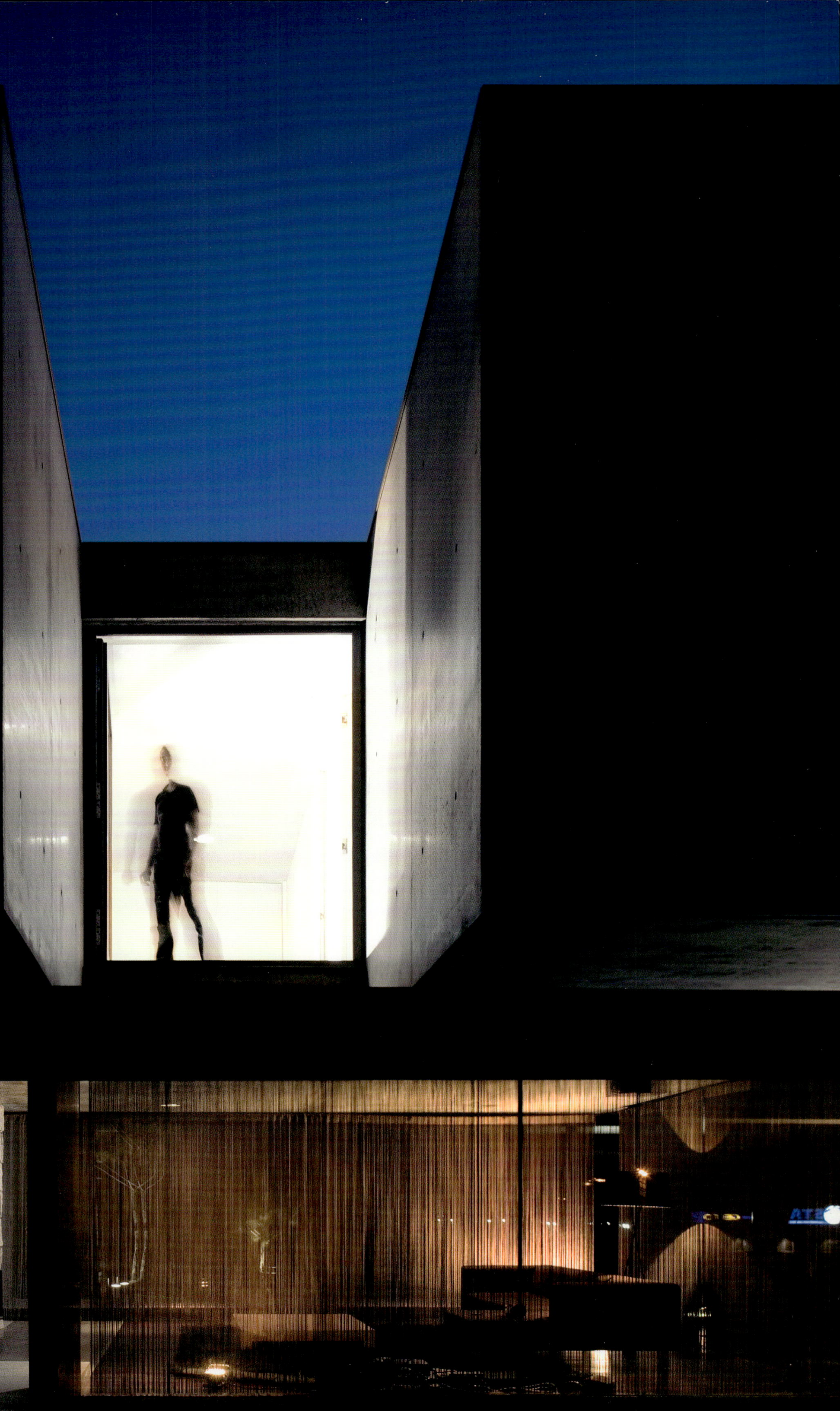

The two levels intertwine in such a way that they appear to float (a. l.). The sober interior serves to stress spatial generosity (b. l., r.).

Die beiden Ebenen sind so verschränkt, dass sie aufeinander zu schweben scheinen (o. l.). Das reduzierte Interieur lässt die Weite der Räume wirken (u. l., r.).

Les deux étages sont agencés de telle sorte qu'ils semblent flotter l'un sur l'autre (en h. à g.). L'intérieur minimaliste met en évidence la grandeur des pièces (en b. à g., à dr.).

Las dos plantas quedan tan ensambladas que parecen flotar una sobre otra (ar. i.). El reducido interior consigue transmitir amplitud de espacio (ab. i., d.).

I due piani si intrecciano in maniera tale che sembrano fluttuare l'uno sull'altro (in alto a sinistra). Gli interni scarni devono la loro efficacia all'ampiezza delle stanze (in basso a sinistra, destra).

Casa PR *Quinta da Gramela, Pombal, Portugal* 151

Architect: Charles Shoup
Photos: Reto Guntli/zapaimages.com

This villa, located on a steep coast, frames a large inner courtyard. On one side the salon, library, dining room, and kitchen open up to the patio, on the other the guest wing. The bedrooms on the lower floor lead to the sea. The interior is also spectacular: English and French antiques, chests from Damascus, and tables with mother of pearl inlays work perfectly against the backdrop of marble fireplaces, Dorian columns, and coffered ceilings. Together with the silver accessories and colorful silk, the overall impression is one of a luscious oriental piece of art.

Diese an einem Küstenhang gelegene Villa rahmt einen großen Innenhof. Auf einer Seite öffnen sich Salon, Bibliothek, Esszimmer und Küche zum Patio, auf der anderen der Gästetrakt. Die Schlafzimmer der unteren Etage weisen zum Meer hin. Spektakulär ist das Interieur: Englische und französische Antiquitäten, Truhen aus Damaskus und Tische mit Perlmutt-Intarsien verbinden sich vor der Kulisse aus Marmorkaminen, dorischen Säulen und Kassettendecken mit Accessoires aus Silber und bunter Seide zu einem üppigen orientalischen Kunstwerk.

Cette villa côtière construite sur une pente encadre une grande cour intérieure. D'un côté, le salon, la bibliothèque, la salle à manger et la cuisine s'ouvrent sur le patio, de l'autre s'ouvre l'aile réservée aux hôtes. Les chambres de l'étage inférieur sont orientées vers la mer. L'intérieur est spectaculaire : des antiquités anglaises et françaises, des coffres de Damas et des tables de marqueterie en nacre sont assemblés dans un décor de cheminées en marbre, de colonnes doriques et de plafonds à caissons avec des accessoires en argent et en soie multicolore pour constituer ensemble une œuvre d'art de style oriental extrêmement chargée.

Esta villa, situada en una ladera de la costa, encuadra un gran patio interior. Por un lado el salón, la biblioteca, el comedor y la cocina se abren al patio y, por el otro lado, la zona dedicada a los invitados. Los dormitorios de la planta inferior están orientados al mar. El interior es espectacular: antigüedades de Inglaterra y Francia, arcas de Damasco y mesas con marquetería en nácar se se unen entre sí ante un escenario de chimeneas de mármol, columnas dóricas y un techo artesonado con elementos en plata y seda colorida creando una exuberante obra de arte oriental.

Questa villa, posizionata su un pendio della costa, circonda una grande corte interna. Un lato ospita il salone, la biblioteca, la sala da pranzo e la cucina che si affacciano sul patio, l'altro è costituito dall'ala per gli ospiti. Le camere da letto del piano inferiore sono rivolte verso il mare. Gli interni sono spettacolari: pezzi di antiquariato inglesi e francesi, cassapanche di Damasco e tavoli con intarsi in madreperla sono accostati agli accessori in argento e seta colorata di una sontuosa opera d'arte orientale, il tutto nello scenario offerto dal camino in marmo, dalle colonne doriche e del soffitto a cassettoni.

This palace is a piece of art in itself. It plays with all eras and styles—be it in the opulent bathrooms (f. l.) or the gardens. The goddess Demeter watches over the portico (l.).

Ein Gesamtkunstwerk ist dieser Palast, der mit allen Epochen und Stilrichtungen spielt – in den opulenten Bädern (ganz links) genauso wie in den Gärten (l.). Links steht die Göttin Demeter am Ende eines Säulengangs.

Ce palais, qui joue avec les époques et les styles, dans les salles de bains (tout à gauche) richement décorées tout comme dans les jardins, est une œuvre d'art totale. À gauche, la déesse Déméter se tient debout à l'extrémité d'une colonnade.

Este palacio es una completa obra de arte que juega con todas las épocas y estilos: tanto en los opulentos cuartos de baño (izquierda) como en el jardín. A la izquierda la diosa Deméter al extremo de una columnata.

Questo palazzo è un'opera d'arte totale che gioca con tutte le epoche e le tendenze stilistiche, partendo dai bagni opulenti (prima immagine a sinistra) per arrivare al giardino. A sinistra, al termine del colonnato, è rappresentata la dea Demetra.

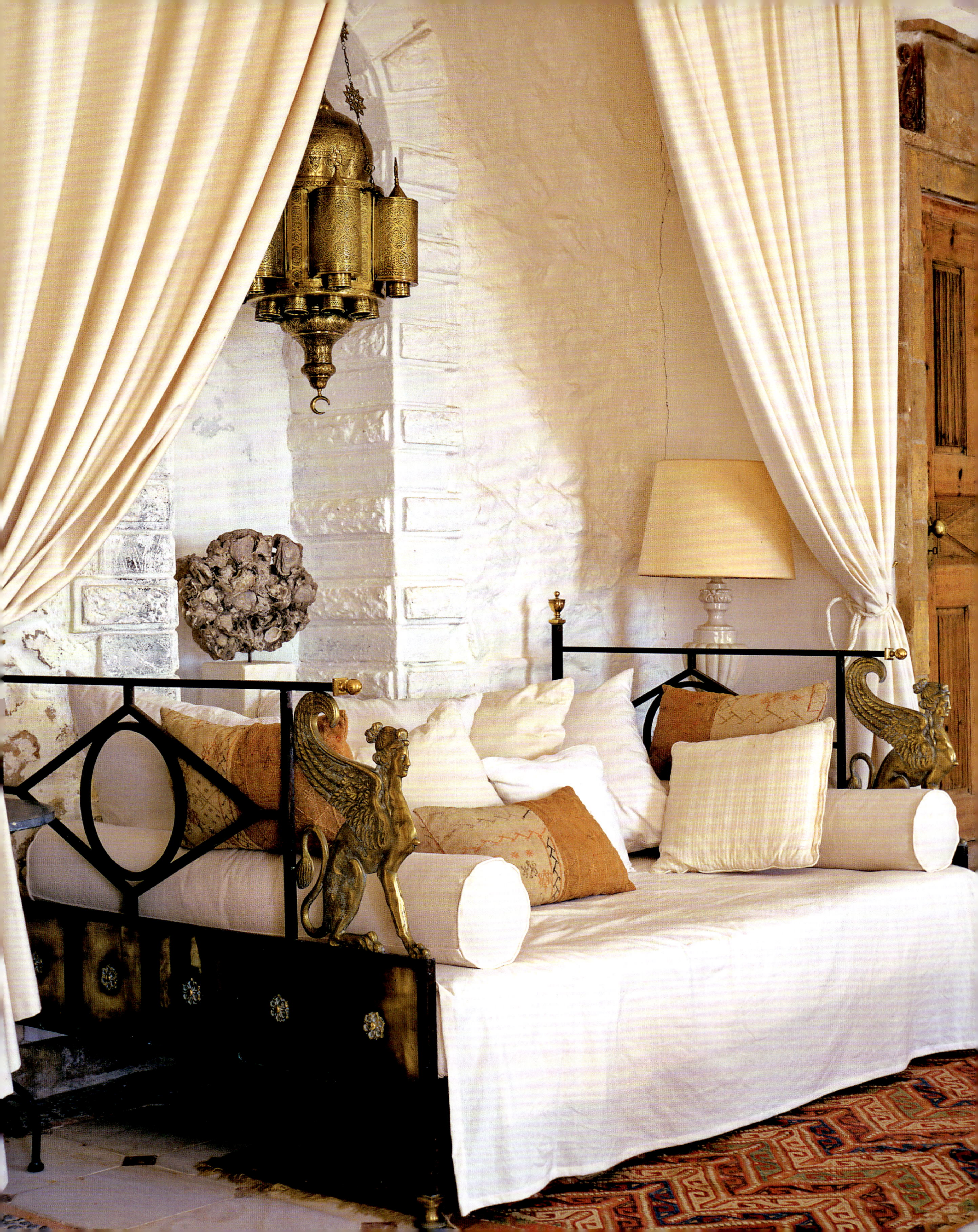

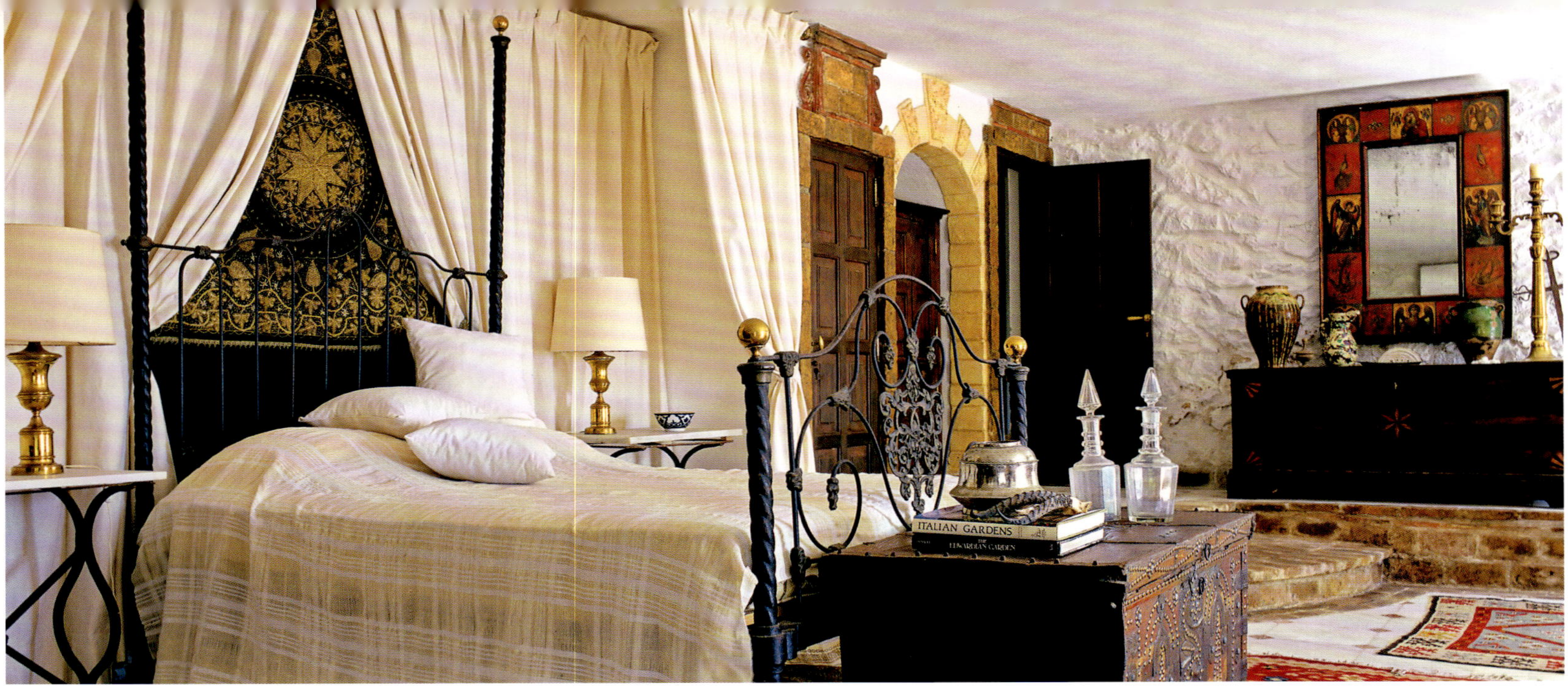
ITALIAN GARDENS

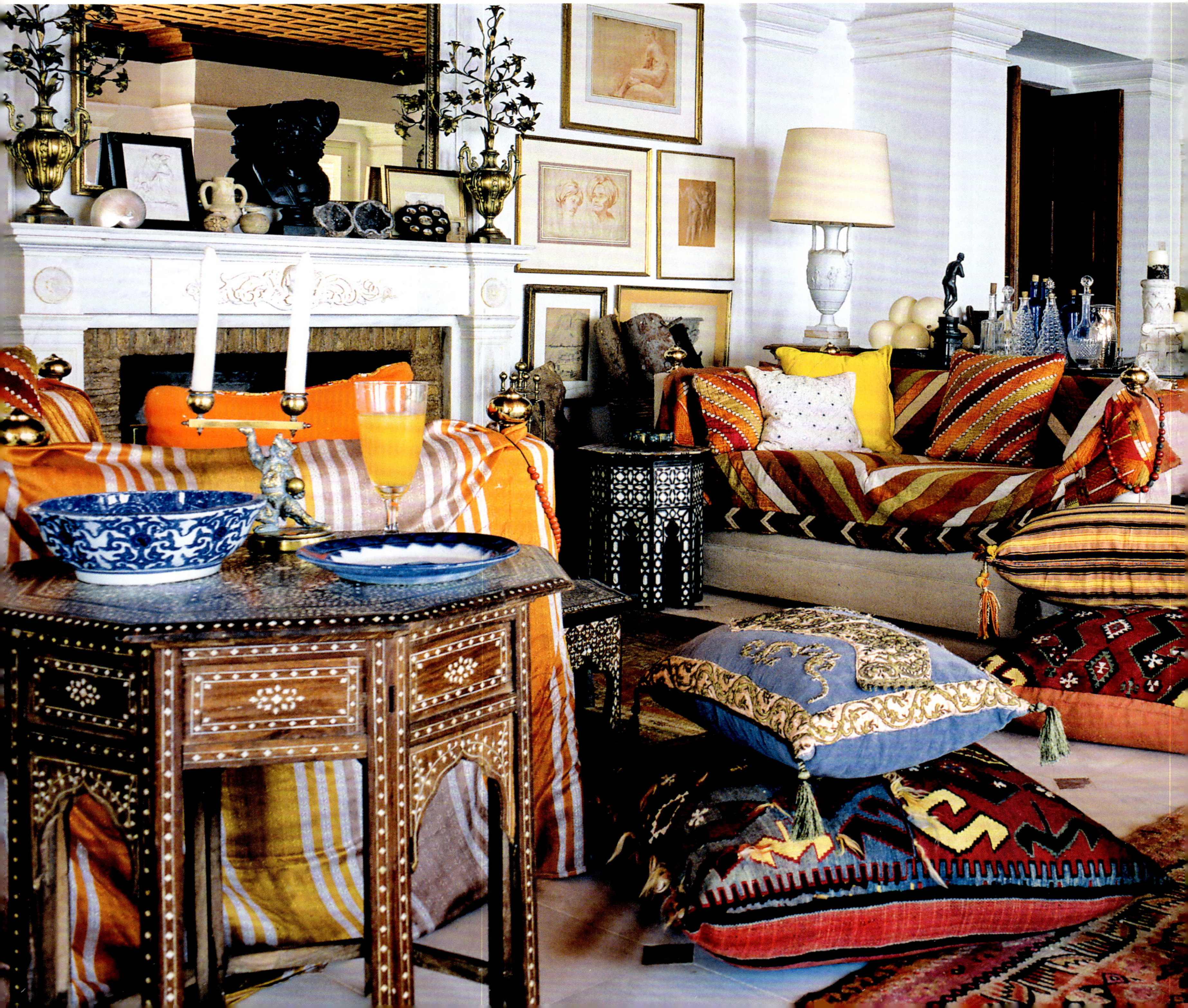

Antiques and selected accessories dominate all nine guest suites (l.). Precious furniture, colorful oriental cushions, and specially picked objets d'art adorn the salon (b. l.).

Antiquitäten und ausgesuchte Accessoires prägen die neun Gästesuiten (l.). Den Salon (u. l.) schmücken wertvolle Möbel, bunte orientalische Kissen und ausgesuchte Kunstobjekte.

Les antiquités et les accessoires choisis avec soin donnent le ton dans les neuf suites destinées aux invités (à g.). Des meubles précieux, des coussins orientaux de toutes les couleurs et des objets d'art choisis avec discernement décorent le salon (en b. à g.).

Antigüedades y escogidos elementos decorativos caracterizan las nueve suites para los invitados (i.). El salón (ab. i.) está decorado con un valioso mobiliario, cojines orientales de colores y selectas obras de arte.

Pezzi d'antiquariato e accessori pregiati caratterizzano le nove suite per gli ospiti (a sinistra). Il salone (in basso a sinistra) è adornato con mobili pregiati, cuscini orientali variopinti e raffinati oggetti artistici.

Interior Design: Serdar Gülgün
Photos: Reto Guntli/zapaimages.com

This villa, built in the 19th century, gives new life to the grandeur of the Ottoman court. Objets d'art and antiques, dating back to the era of the old Turkish rulers, appear fresh and full of life combined with luminous fabrics. The green walls of the lobby and living room make a perfect backdrop for framed works of calligraphy. The dining room with its Venetian mirrors on black walls achieves a similar effect. The result is a symphony of comfort and elegance.

In dieser im 19. Jahrhundert errichteten Villa wurde die Grandezza des ottomanischen Hofs zu neuem Leben erweckt. Kunstobjekte und Antiquitäten aus der Epoche des alten türkischen Herrscherhauses wirken neben Textilien in leuchtenden Farben frisch und vital. Die grün gestrichenen Wände von Eingangshalle und Wohnraum bilden den perfekten Hintergrund für gerahmte Kalligrafien. Im Esszimmer sorgen venezianische Spiegel auf schwarzen Wänden für einen ähnlichen Effekt. Ergebnis ist eine Sinfonie aus Behaglichkeit und Eleganz.

Dans cette villa construite au XIXe siècle revit la grandeur de la cour ottomane. Associés à des étoffes de couleurs vives, les objets d'art et les antiquités datant de l'époque de l'ancienne dynastie turque donnent une impression de fraîcheur et de vitalité. Les murs du hall d'entrée et de la salle de séjour peints en vert offrent un fond parfait pour les calligraphies encadrées. Dans la salle à manger, les miroirs vénitiens accrochés sur les murs noirs produisent un effet similaire. Tout cela a pour résultat de créer une symphonie mêlant le confort à l'élégance.

En esta villa, construída en el siglo XIX, resucitó la grandeza de la corte otomana. Objetos de arte y antigüedades de la época de la antigua dinastía turca junto a telas de vivos colores crean un efecto vital y resplandeciente. Las paredes verdes del vestíbulo y del salón crean un transfondo perfecto para las caligrafías enmarcadas. En el salón comedor, los espejos venecianos sobre fondo negro crean un efecto similar. El resultado es una sinfonía de elegancia y comodidad.

In questa villa del XIX secolo si sono riportati a nuova vita i fasti della corte ottomana. Oggetti d'arte e pezzi di antiquariato dell'epoca dell'antica casa regnante turca sembrano nuovi e vitali accostati a tessuti dai colori accesi. Le pareti tinte di verde della sala d'ingresso e della zona giorno sono lo sfondo perfetto per le calligrafie incorniciate. Un effetto simile viene ricreato nella sala da pranzo dagli specchi veneziani posti contro le pareti nere. Il risultato è una sinfonia di accoglienza ed eleganza.

Each room of this beautifully designed villa is a feast of colors, shapes, and materials.

Jeder Raum dieser grandios komponierten Villa ist ein Fest aus Farben, Formen und Materialien.

Chaque pièce de cette villa majestueuse est une fête des couleurs, des formes et des matériaux.

Cada una de las habitaciones de esta villa de grandiosa composición es una fiesta de colores, formas y materiales.

Ogni stanza di questa fastosa villa è una festa di materiali, colori e forme.

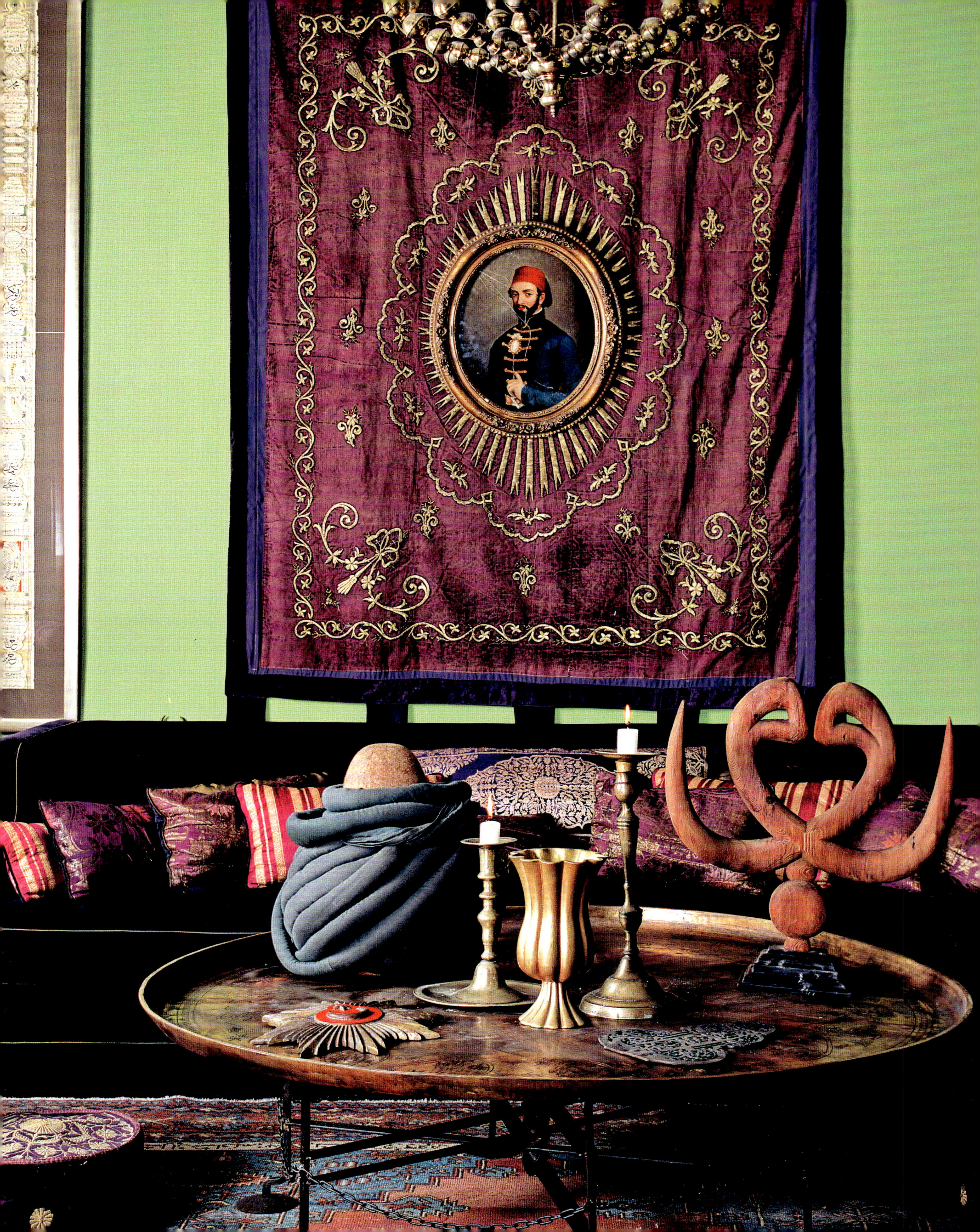

Framed works *of calligraphy are part of the owner's collection and come into their own against the backdrop of selected antiques.*

Gerahmte Kalligrafien *gehören zur Kunstsammlung des Hausherrn und sind zusammen mit den erlesenen Antiquitäten besonders wirkungsvoll.*

Les calligraphies *encadrées font partie de la collection d'œuvres d'art du propriétaire de la maison et sont très bien mises en valeur avec les antiquités raffinées.*

Las caligrafías *enmarcadas pertenecen a la colección de objetos de arte del propietario y junto a las selectas antigüedades son especialmente bellas.*

Le scritture *incorniciate fanno parte della collezione d'arte del padrone di casa e, assieme ai pezzi d'antiquariato scelti, risultano particolarmente efficaci.*

158   The Ottoman World   Istanbul, Turkey

The living *room with bay window combines luminous colors, different materials, and objets d'art such as the antique Chinese bronze horse to create a feeling of complete elegance.*

Das Wohnzimmer *mit schönem Erker vereint strahlende Farben, unterschiedliche Materialien sowie Kunstobjekte wie das antike Bronzepferd aus China zu einem Gesamtbild tadelloser Eleganz.*

La salle *de séjour avec sa jolie fenêtre en encorbellement unit des couleurs éclatantes, des matériaux de différentes sortes ainsi que des objets d'art comme ce cheval en bronze antique de Chine pour composer un tableau d'une élégance sans faille.*

El salón *con un bonito mirador aúna colores brillantes, diferentes materiales así como objetos de arte como el caballo de bronce originario de China creando un conjunto de elegancia absoluta.*

Il soggiorno, *con il grazioso bovindo, unisce in un elegante quadro generale colori brillanti, materiali diversi e opere d'arte come l'antico cavallo in bronzo cinese.*

Architect: Alex Meitlis
Photos: Kineret Levy

The classic elegance of one of Tel Aviv's oldest villas goes hand in hand with state-of-the-art creature comforts. White arches and polished concrete floors create ample space and a feeling of generosity; golden accessories and exuberant chandeliers crafted in Istanbul bestow the white interior with an atmosphere of indulgent luxury. Large framed windows offer views of the garden and provide for plenty of light. The first floor is home to the lounge, kitchen, and dining room, whereas the second floor houses the master bedroom with en-suite bathroom and spectacular vistas.

Die klassische Eleganz einer der ältesten Villen Tel Avivs verbindet sich hier mit zeitgenössischem Komfort. Weiße Bögen und polierte Betonböden schaffen Weite und Großzügigkeit; goldene Accessoires und üppige Kronleuchter aus Istanbul verleihen dem weißen Interieur eine Atmosphäre von schwelgerischem Luxus. Große eisengefasste Fenster geben den Blick in den Garten frei und sorgen für viel Licht im Inneren. Im Parterre befinden sich Lounge, Küche und Speisezimmer, die erste Etage ist dem riesigen Schlafzimmer mit Bad vorbehalten – von hier bietet sich eine spektakuläre Aussicht.

Cette villa, qui est l'une des plus anciennes de Tel-Aviv, réunit l'élégance classique de jadis et le confort moderne d'aujourd'hui. Les arcs blancs et les sols en béton poli donnent une impression d'espace et d'immensité ; les accessoires en or et les lustres exubérants d'Istanbul confèrent à l'intérieur blanc une atmosphère de luxe fastueux. De grandes fenêtres serties de fer donnent sur le jardin, laissant entrer une abondante lumière dans l'intérieur de la maison. Au rez-de-chaussée se trouvent le salon, la cuisine et la salle à manger, le premier étage est réservé à une immense chambre à coucher avec salle de bains, d'où l'on a une vue spectaculaire.

La clásica elegancia de una de las villas más antiguas de Tel Aviv se une aquí a la comodidad contemporánea. Arcos blancos y suelos de cemento pulido crean un espacio amplio y generoso. Adornos dorados y exuberantes arañas de cristal traídas de Estambul regalan al blanco interior un ambiente de opulento lujo. Grandes ventanales enmarcados en hierro ofrecen vistas al jardín e iluminan el interior. En la planta baja se encuentran la sala de estar, la cocina y el salón comedor. En la primera planta, desde la que se disfruta de una vista espectacular, se encuentra un amplio dormitorio con cuarto de baño.

L'eleganza classica di una delle ville più antiche di Tel Aviv si unisce, in questo edificio, al comfort moderno. Archi bianchi e pavimenti in cemento levigato comunicano un senso di ampiezza. Accessori dorati e sfarzosi lampadari di Istanbul conferiscono agli interni un'aria di lusso sfrenato. Le grandi finestre con il telaio in ferro si affacciano sul giardino e rendono luminosi gli interni. Nel parterre si trovano la sala, la cucina e la sala da pranzo. Il primo piano è riservato alla gigantesca camera da letto con bagno; da qui è possibile godere di una vista spettacolare.

Classical aspects and modernity coexist peacefully in this house—a case in point are the exuberant chandeliers alongside clear lines.

Klassik und Moderne stehen in diesem Haus stets nebeneinander – wie hier die die üppigen Kronleuchter neben den sachlichen Linien.

Dans cette maison, le classique et le moderne se mêlent constamment – comme ici, par exemple, les lustres imposants et les lignes sobres.

En esta casa lo clásico y lo moderno están en continua convivencia: exuberante araña de cristal junto a líneas funcionales.

Questa casa vive del costante abbinamento di classico e moderno, come si vede dall'incontro tra lo sfarzo del lampadario e la sobrietà delle linee.

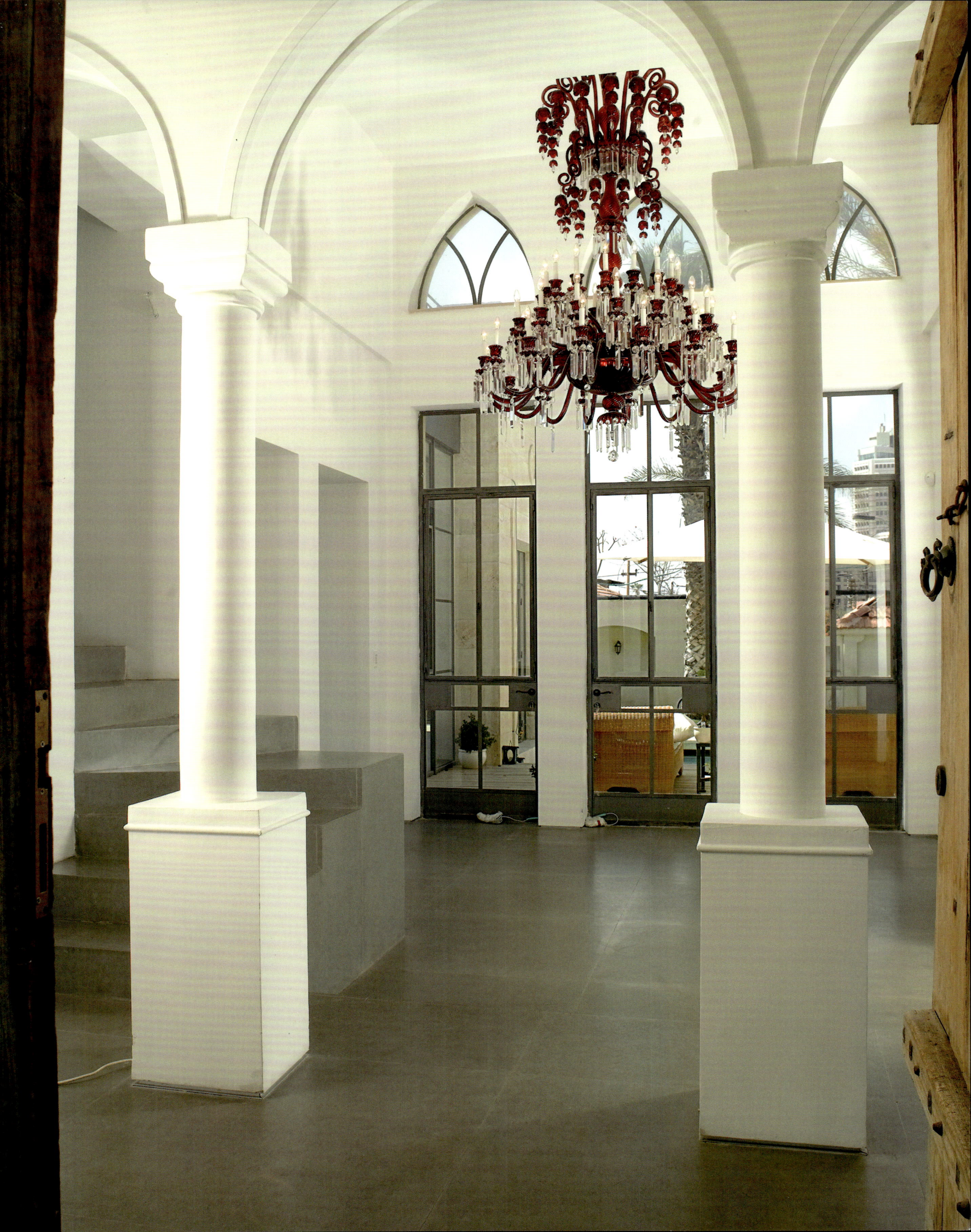

White and gold dominate the interior. Modern pieces of furniture agree with the grand luster stemming from the early 20th century in the dining area (r.).

Weiß und Gold sind die prägenden Farben des Interieurs. Auch im Essbereich vertragen sich moderne Möbel gut mit dem prachtvollen Lüster aus dem frühen 20. Jahrhundert (r.).

Le blanc et l'or sont les couleurs dominantes de cet intérieur. Dans la salle à manger également, les meubles modernes sont bien assortis au splendide lustre du début du XXe siècle (à dr.).

Los colores que dominan el interior son el blanco y el dorado. En el salón comedor el mobiliario moderno congenia también con el magnífico candelabro de principios del siglo XX (d.).

Il bianco e l'oro sono i colori che caratterizzano gli interni. Anche nella sala da pranzo il mobilio moderno si abbina bene ai fastosi lampadari degli inizi del XX secolo (a destra).

Miler Residence Tel Aviv, Israel

Miler Residence *Tel Aviv, Israel* 163

Architect: Alex Meitlis
Photos: Yael Pincus

This house, barely six yards wide but some 35 yards long, is nested in a large garden to the south of Tel Aviv. Its most striking feature is the terrace, whose roof rests on massive columns. It provides relief from the unforgiving sun and softens the transition between the exterior and the interior both optically as well as climatically. The design for the house, the garden, and the brilliant white interior including even the lights stem from one source. This creates a special atmosphere of harmony and clarity.

Südlich von Tel Aviv liegt dieses nur knapp sechs Meter breite, dafür aber über 30 Meter lange Haus inmitten eines großen Gartens. Sein hervorstechendestes Merkmal ist die Terrasse, deren Dach auf massiven Säulen ruht. Sie bietet Schutz vor der intensiven Sonne des Südens und federt den Übergang zwischen Außen- und Innenbereich optisch und klimatisch ab. Das Design von Haus, Garten und dem strahlend weißen Interieur bis hin zu den Lichtquellen stammt aus einer Hand. So entsteht ein Eindruck besonderer Harmonie und Klarheit.

Cette maison d'à peine six mètres de large mais de plus de 30 mètres de long au centre d'un grand jardin, est située au sud de Tel-Aviv. Ce qu'elle a de plus frappant, c'est sa terrasse, dont le toit repose sur des colonnes massives. Elle protège contre le soleil torride des pays du sud et assure une transition à la fois optique et climatique entre l'intérieur et l'extérieur. La maison, le jardin et l'intérieur d'un blanc lumineux ainsi que les sources de lumières sont signées de la même main. Ce qui produit une impression d'harmonie et de clarté.

Rodeada de un extenso jardín, esta casa de apenas seis metros de ancho pero de más de 30 metros de largo, está situada al sur de la ciudad de Tel Aviv. Su característica principal es la terraza, cuyo techo descansa sobre sólidas columnas. Protege del fuerte sol meridional y suaviza, tanto óptica como climáticamente, la división entre espacio exterior e interior. El diseño de la casa, el jardín, el interior en blanco reluciente y la iluminación son obra de una misma persona. De este modo se crea un ambiente de especial armonía y claridad.

A sud di Tel Aviv, in mezzo a un ampio giardino, sorge questa casa larga meno di sei metri, ma lunga più di trenta. La sua caratteristica peculiare è la terrazza il cui tetto poggia su massicce colonne e che offre protezione dall'intenso sole del Sud e rende più mite il passaggio dall'esterno all'interno, dal punto di vista sia termico sia climatico. Il design dalla casa, del giardino, degli interni di un luminoso bianco fino alle fonti di luce sono tutti opera della stessa mano, il che rafforza l'impressione di grande armonia e chiarezza.

The long, narrow base area of this house is as extraordinary as its terrace with the roof resting on tall columns.

Außergewöhnlich sind der lange, schmale Grundriss des Hauses und seine Terrasse mit dem auf hohen Säulen ruhenden Dach.

Ce qui est exceptionnel ici, c'est le plan de la maison, longue et étroite, ainsi que sa terrasse avec son toit reposant sur de hautes colonnes.

Extraordinaria es la alargada y estrecha planta de la casa así como la terraza con el techo descansando sobre altas columnas.

Particolari il lungo e stretto terreno sui cui sorge la casa e la terrazza con il tetto che poggia su alte colonne.

Ariav Residence *Sdema, Tel Aviv, Israel*

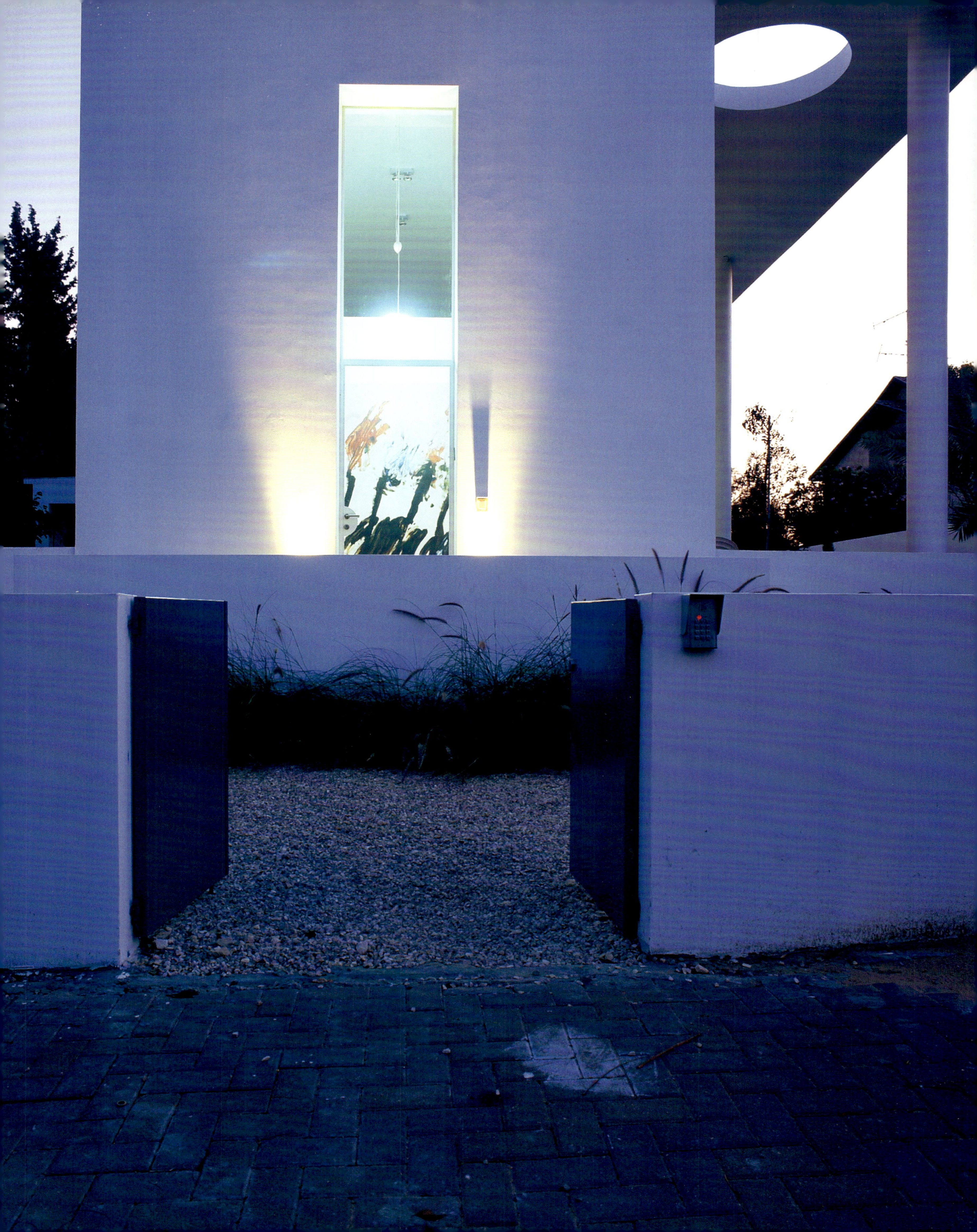

The interior thrives on a sparse color scheme. The effect is increased by natural light, diffusing every nook and cranny. Both living room and master bedroom have windows on two sides.

Das Interieur kommt mit ganz wenig Farbakzenten aus. Verstärkt wird der Effekt makelloser Helligkeit durch viel natürliches Licht: Wohnzimmer und Master Bedroom haben Fenster an beiden Seiten.

Il y a très peu de touches de couleur dans cet intérieur. L'impression de clarté impeccable est renforcée par l'abondance de lumière naturelle que laisse entrer la maison : la salle de séjour et la grande chambre principale ont des fenêtres sur les deux côtés.

El interior se contenta con algunas pinceladas de color. El efecto de inmaculada claridad se refuerza mediante abundante luz natural. El salón y el dormitorio principal tienen ventanas a ambos lados.

Gli interni si presentano con pochissime note colorate. L'effetto di candida luminosità viene rafforzato dall'abbondante luce naturale: il soggiorno e la camera da letto principale hanno finestre su ambo i lati.

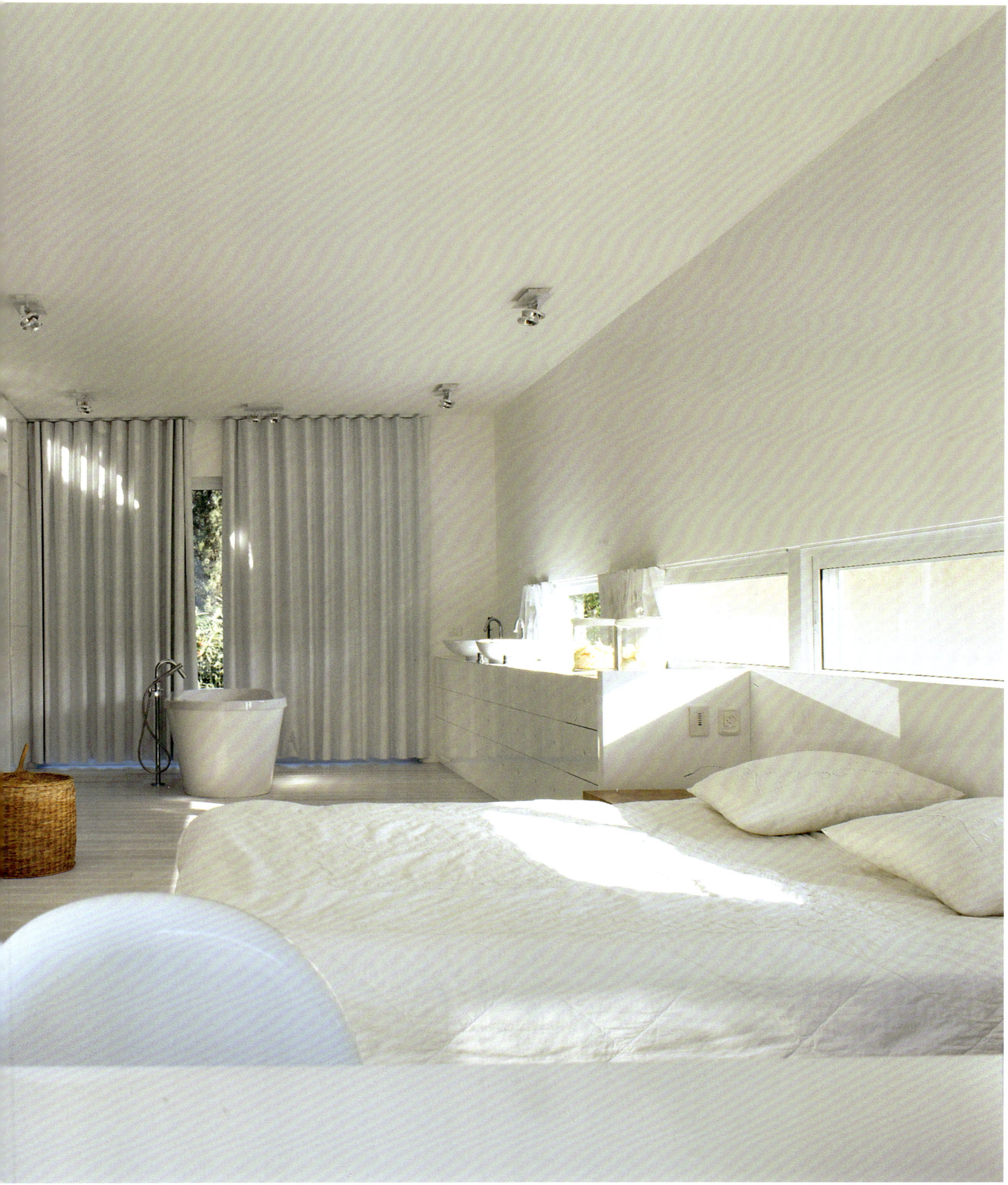

Architect: Steven Ehrlich Architects with Godwin Austen Johnson
Photos: Courtesy of Irfan Naqi

This nearly 35,000-square-foot residence combines modern technology and traditional Islamic aesthetics to create a contemporary vision of the surrounding culture. The complex, cased in Arabian Peninsula sandstone, consists of a number of dual level buildings and is straddled and unified by an aluminum-clad roof the size of a soccer pitch which is supported by 14 columns. It has the shape of a crescent moon, the Islamic symbol for new life. The overall impression is that of a gigantic Bedouin tent. Reflecting pools and the luscious gardens provide refreshing shade and coolness and turn the complex into an oasis.

Moderne Technologie und islamische Ästhetik verbinden sich in diesem 3250-Quadratmeter-Palast zu einer futuristischen Vision aus dem Morgenland. Der in Sandstein von der Arabischen Halbinsel gehüllte Komplex besteht aus mehreren zweistöckigen Gebäuden und wird von einem fußballfeldgroßen, aluminiumverkleideten Dach, das auf 14 Säulen ruht, überspannt und geeint. Es hat die Form eines sichelförmigen Monds, im Islam das Symbol neuen Lebens. Insgesamt entsteht der Eindruck eines riesigen Beduinenzelts. Spiegelnde Wasserflächen und der üppige Garten spenden Schatten und Kühle, und verwandeln den Komplex in eine Oase.

La rencontre de la technologie moderne et de l'esthétique islamique fait de ce palais de 3 250 mètres carrés une vision contemporaine de l'Orient. Ce complexe, enchâssé dans le grès de la Péninsule arabique, se compose de plusieurs bâtiments de deux étages et est recouvert d'un toit d'aluminium de la taille d'un terrain de football reposant sur 14 colonnes, qui enjambe et unit le tout. Il a la forme d'un croissant de lune, ce qui dans l'islam, est symbole de vie nouvelle. Globalement, il fait songer à une immense tente de Bédouins. Des plans d'eau miroitants et des jardins luxuriants apportent ombre et fraîcheur à l'ensemble, transformant le complexe en oasis.

Moderna tecnología y ascetismo islámico se unen en este palacio de 3250 metros cuadrados en una vision contemporánea de oriente. El complejo, recubierto en piedra arenisca de la peninsula arábica, consta de varios edificios de dos plantas. Estos quedan unidos y cubiertos por un tejado recubierto en aluminio de las dimensiones de un campo de fútbol que descansa sobre 14 columnas. Tiene forma de media luna, en el Islam símbolo de la nueva vida. La estructura asemeja una enorme tienda beduína. Brillantes espejos de agua y el denso jardín procuran frescor.

In questo palazzo di 3250 metri quadrati la moderna tecnologia e l'estetica islamica creano una visione futuristica dell'Oriente. Il complesso ricoperto di pietra arenaria proveniente dalla penisola araba è composto da più edifici di due piani ed è coperto e unito da un tetto rivestito di alluminio e grande come un campo da calcio poggiato su 14 colonne. Il palazzo ha la forma di una mezzaluna, che nella simbologia islamica rappresenta la vita nuova. Nel suo complesso ricorda una gigantesca tenda di beduini. Brillanti specchi d'acqua e il giardino rigoglioso offrono ombra e refrigerio, trasformando il complesso in un'oasi.

The architecture of this house, inspired by a gigantic Bedouin tent, is spectacular. Bordering onto the facade, the pool is reminiscent of an oasis and chills (r.).

Spektakulär ist die Architektur dieses Hauses, die von einem Beduinenzelt inspiriert ist — allerdings einem gigantischen. Ein Pool säumt die Fassade. Er spendet Kühle und erinnert an eine Oase (r.).

L'architecture de cette maison, qui s'inspire d'une (gigantesque) tente de bédouins, est spectaculaire. Une piscine borde la façade. Elle apporte de la fraîcheur et évoque une oasis (à dr.).

Inspirada en una carpa beduina gigante, la arquitectura de esta casa es espectacular. Una piscina bordeando la fachada da frescor rememorando un oasis (d.).

Spettacolare la concezione architettonica di questa villa ispirata a una tenda di beduini, ma di dimensioni gigantesche. Una piscina orla la facciata e dispensa fresco, ricordando un'oasi (a destra).

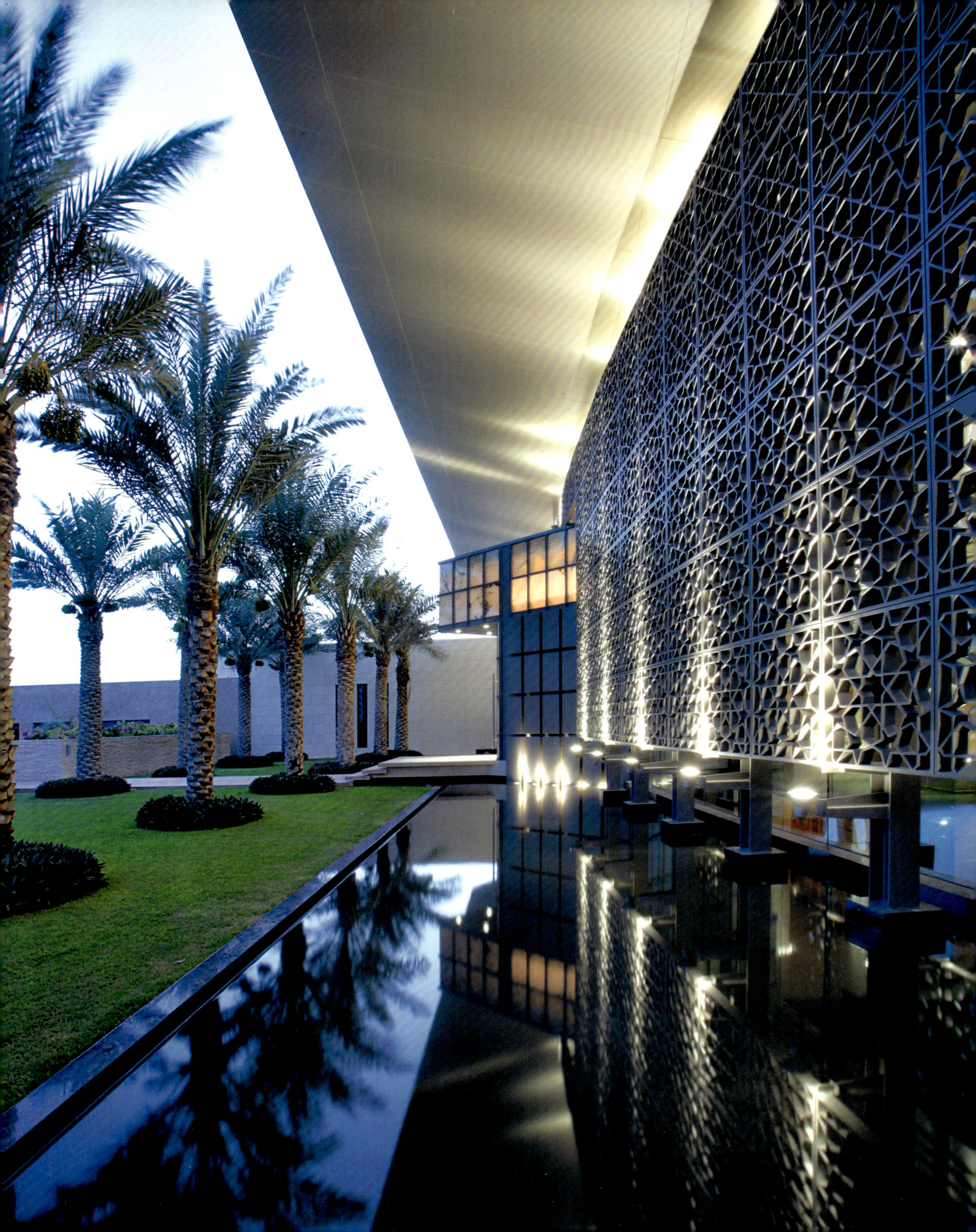

170 Helal "New Moon" Residence *Persian Gulf, United Arab Emirates*

Large expanses of water move seamlessly into the interior to provide natural cooling (l.). The main entrance is lined with palms (r.).

Die Wasserflächen setzen sich nahtlos ins Innere fort, um eine natürliche Kühlung zu bieten (l.). Den Haupteingang flankieren Palmen (r.).

Les plans d'eau se prolongent sans transition à l'intérieur, apportant une fraîcheur naturelle à cette propriété (à g.). L'entrée principale est flanquée de palmiers (à dr.).

Las zonas de agua se prolongan continuadamente en el interior para ofrecer un fresco natural (i.). Las entradas están flanqueadas por palmeras (d.).

Gli specchi d'acqua continuano senza soluzione di continuità all'interno per fornire refrigerio naturale (a sinistra). L'ingresso principale è fiancheggiato da palme (a destra).

The foyer *possesses separate entrances for men and women (l.). The roof in shape of a crescent moon is the size of a football pitch and provides shade (b. r.).*

Die Empfangshalle *verfügt über getrennte Bereiche für weibliche und männliche Gäste (l.). Das wie ein Halbmond geformte Dach hat die Größe eines Fußballfelds und spendet Schatten (u. r.).*

Le hall *de réception comprend deux sections séparées l'une de l'autre pour les invités : l'une pour les femmes, l'autre pour les hommes (à g.). Le toit, en forme de croissant de lune et de la taille d'un terrain de football, procure de l'ombre (en b. à dr.).*

El vestíbulo *dispone de salas separadas para visitas femeninas y maculinas (i.). El techo en forma de media luna tiene el tamaño de un campo de fútbol y da sombra suficiente (ab. d.).*

L'atrio *dispone di aree separate per accogliere uomini e donne (a sinistra). Il tetto a forma di mezzaluna ha le dimensioni di un campo da calcio e funge da ombreggiante (in basso a destra).*

Helal "New Moon" Residence *Persian Gulf, United Arab Emirates*

174 Helal "New Moon" Residence *Persian Gulf, United Arab Emirates*

The residence *consists of a number of two-storied buildings. At night it sparkles like a massive diamond (b. l.).*

Das Anwesen *besteht aus mehreren zweistöckigen Gebäuden. In der Dunkelheit funkelt es wie ein gewaltiger Diamant (u. l.).*

Cette propriété *se compose de plusieurs bâtiments de deux étages. Dans l'obscurité, elle étincèle de mille feux comme un énorme diamant (en b. à g.).*

La propiedad *consta de varios edificios de dos plantas. De noche brilla como un gigantesco brillante (ab. i.).*

La tenuta *è composta da più edifici a due piani. Nell'oscurità brilla come un enorme diamante (in basso a destra).*

Architect: Nico van der Meulen
Photos: Wieland Gleich

The lobby of this three level villa, which can be reached via a glass bridge, is magnificent in its own right. A staircase leads to the first floor. Opposite lies a balcony which belongs to the master bedroom. A 15 by 29.5 foot large window in the hall affords a breathtaking view of both Table Mountain and the harbor. Those who manage to tear themselves away will reach a bar with a view, the living quarters, an open-plan kitchen, and balconies to daydream on. One will never want to leave the partly roofed terrace including pool.

Großartig ist schon der dreistöckige Eingangsbereich dieser Villa. Man erreicht ihn über eine gläserne Brücke. Eine Treppe führt zum Parterre, ihr gegenüber liegt ein Innenbalkon, der zum Hauptschlafzimmer gehört. Ein 4,50 x 9 Meter großes Fenster eröffnet in der Halle einen grandiosen Blick auf den Tafelberg und den Hafen. Wer sich von dort losreißen kann, erreicht eine Bar mit Aussicht, die Wohnräume, eine offene Küche und Balkons zum Schauen und Träumen. Die halb überdachte Terrasse am Pool möchte man nie mehr verlassen.

L'entrée de cette villa de trois étages, à laquelle on accède par un pont en verre, est tout bonnement grandiose. Un escalier mène au rez-de-chaussée et face à lui se trouve un balcon intérieur qui fait partie de la chambre à coucher principale. Une grande fenêtre de 4,5 mètres sur 9 offre dans le hall une vue grandiose sur la Montagne de la Table (Table Mountain) et sur le port. Une fois que l'on a pu se détacher de ce lieu, on parvient à un bar avec vue, aux pièces d'habitation, à une cuisine ouverte et aux balcons pour contempler et rêver. Quant à la terrasse recouverte en partie par un toit et située près de la piscine, on n'a plus envie de la quitter.

Ya el vestíbulo de esta villa con sus tres pisos de altura resulta grandioso. A él se accede a través de una pasarela de cristal. Frente a la escalera que conduce a la planta baja hay un balcón interior perteneciente a la alcoba principal. Un enorme ventanal de 4,50 x 9 metros abre la nave a unas impresionantes vistas del monte Mesa (Table Mountain) y el puerto. Quien consiga abandonar ese bello espacio pasará a un bar con vistas, los salones, una cocina abierta y varios balcones desde los que contemplar el paisaje y soñar. Uno no quisiera irse nunca de la terraza semitechada junto a la piscina.

Già solo l'ingresso a tre piani di questa villa è grandioso: per raggiungerlo è necessario attraversare un ponte in vetro. Una scala conduce al parterre; di fronte a questa si trova una balcone interno appartenente alla camera da letto principale. Una finestra di 4,50 x 9 metri nella sala offre una stupefacente vista sulla Table Mountain e sul porto. Chi riesce a strapparsi a questa visione mozzafiato raggiunge un bar con vista panoramica, le camere, una cucina aperta e i balconi dove rimanere a guardare e a sognare. La terrazza semicoperta presso la piscina invita a trascorrervi giornate intere.

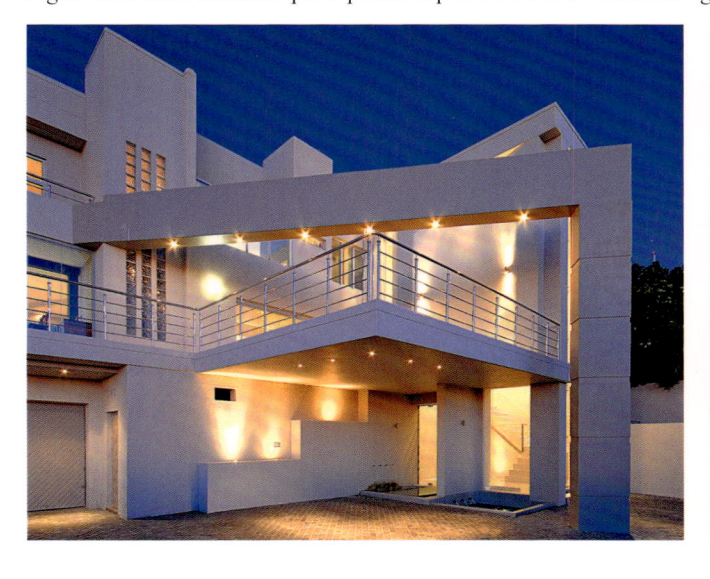

A bar with a view (l.) and a colossal pool (r.) belong to the highlights of this house, which offers an unspoilt view of Table Mountain.

Eine Bar mit Aussicht (l.) und ein kolossaler Pool (r.) gehören zu den Höhepunkten dieses großzügigen Hauses, das einen unverstellten Blick auf den Tafelberg bietet.

Un bar avec vue (à g.) et une piscine colossale (à dr.) font partie des grandes réalisations de cette immense maison d'où l'on a une vue imprenable sur le Table Mountain.

Un bar con vistas (i.) y una piscina colosal (d.) son parte de los privilegios de esta generosa casa que ofrece un panorama inolvidable sobre el monte Mesa.

Bar con vista panoramica (a sinistra) e piscina gigantesca (a destra): solo alcuni dei punti di forza di questa ampia casa con vista panoramica sull'area del Table Mountain.

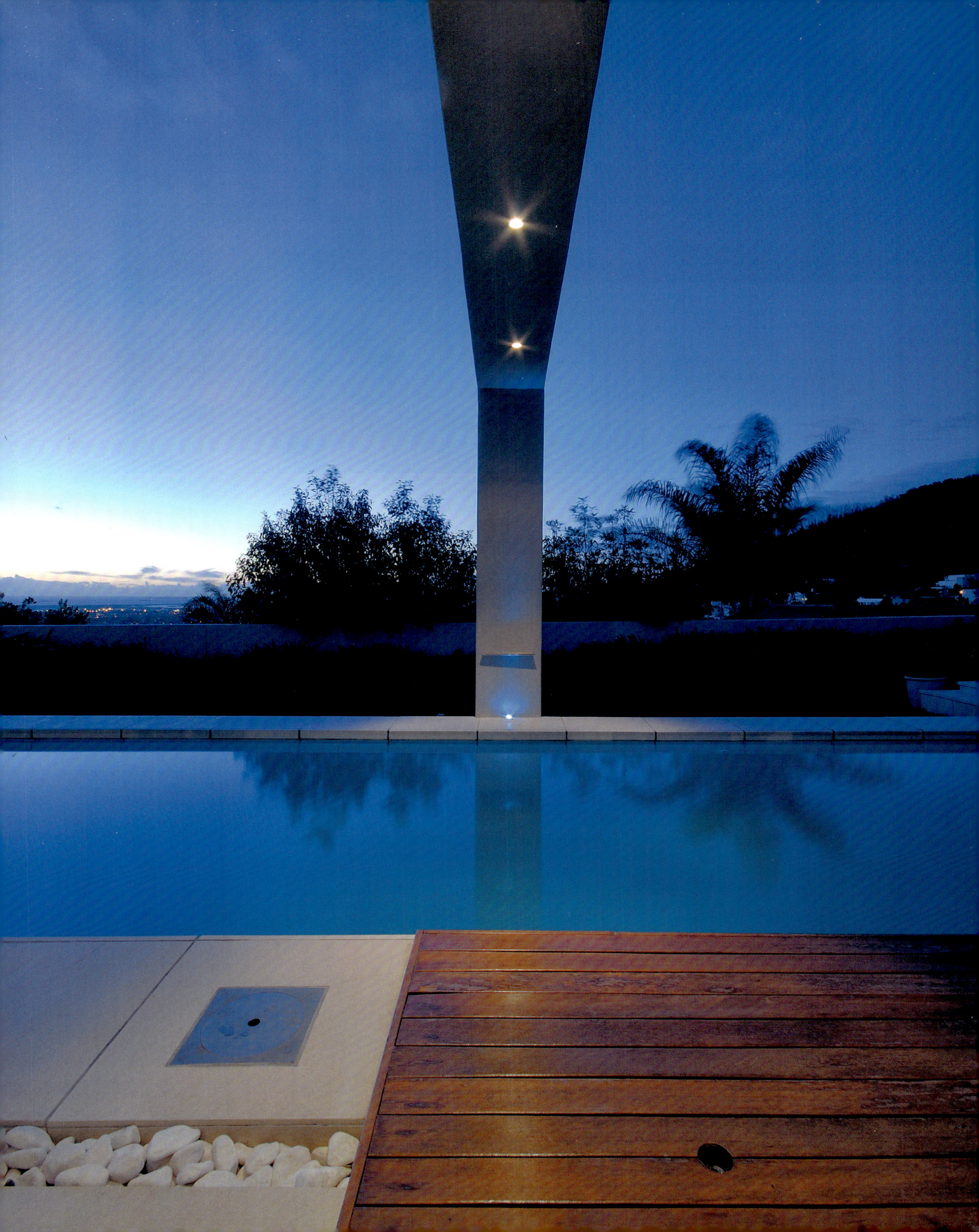

Closed living *quarters continue as a matter of course onto a roofed terrace (r.). Lounge and bar can be opened up to the veranda by folding doors to create one single space with fantastic vistas (b.).*

Die überdachte *Terrasse setzt wie selbstverständlich die geschlossenen Wohnräume fort (r.). Lounge und Bar lassen sich durch Falttüren mit der Veranda verbinden und werden so zu einem einzigen großen Raum mit großartiger Aussicht (u.).*

La terrasse *couverte prolonge tout naturellement les pièces de séjour fermées (à dr.). Le salon et le bar peuvent s'ouvrir sur la véranda grâce à des portes extensibles pour constituer une seule et même pièce avec vue grandiose (en b.).*

La terraza *cubierta parece una prolongación natural de los espacios interiores (d.). La sala de estar y el bar se comunican con el porche mediante puertas plegables convirtiéndose en un amplio espacio que ofrece magníficas vistas (ab.).*

La terrazza *coperta prosegue in maniera naturale gli spazi abitativi chiusi (a destra). La sala e il bar sono uniti alla veranda tramite porte a soffietto e diventano un unico grande spazio dalla visuale magnifica (in basso).*

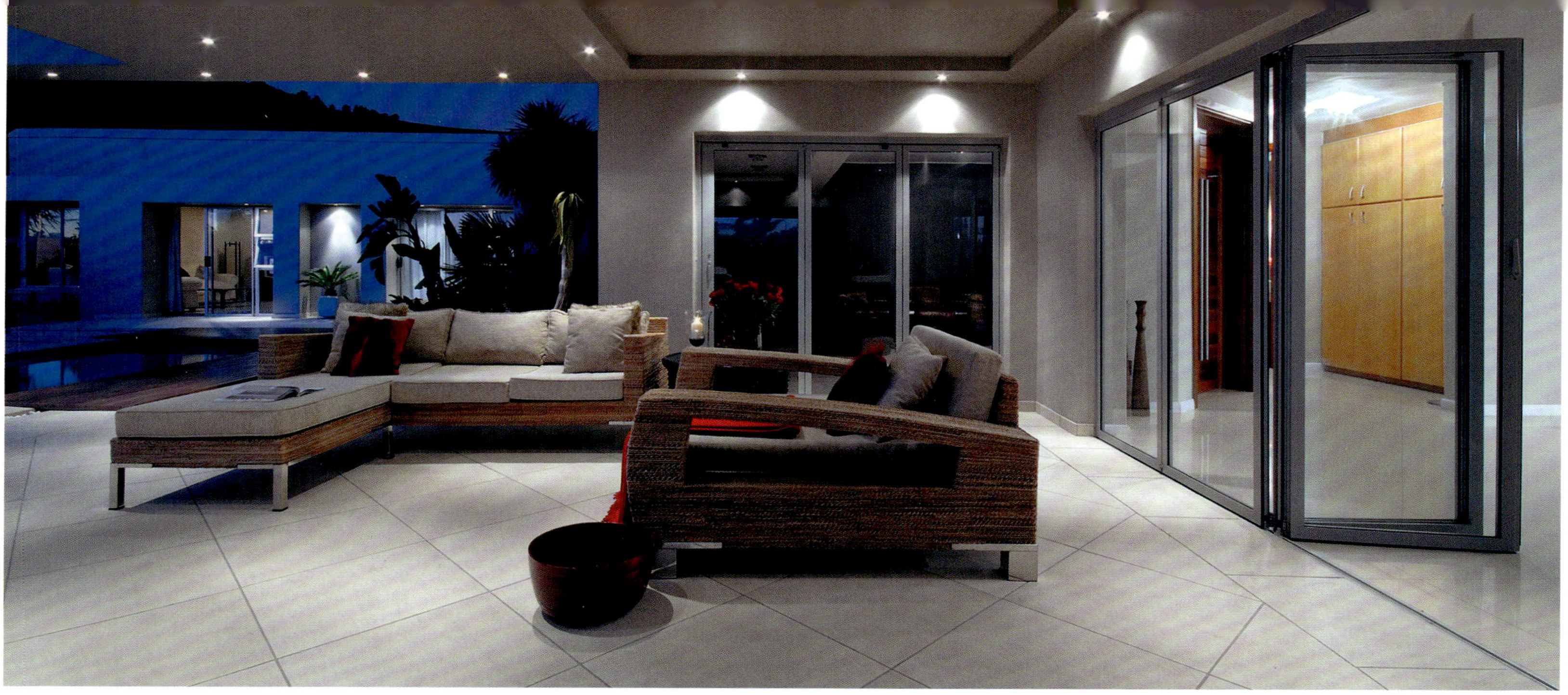

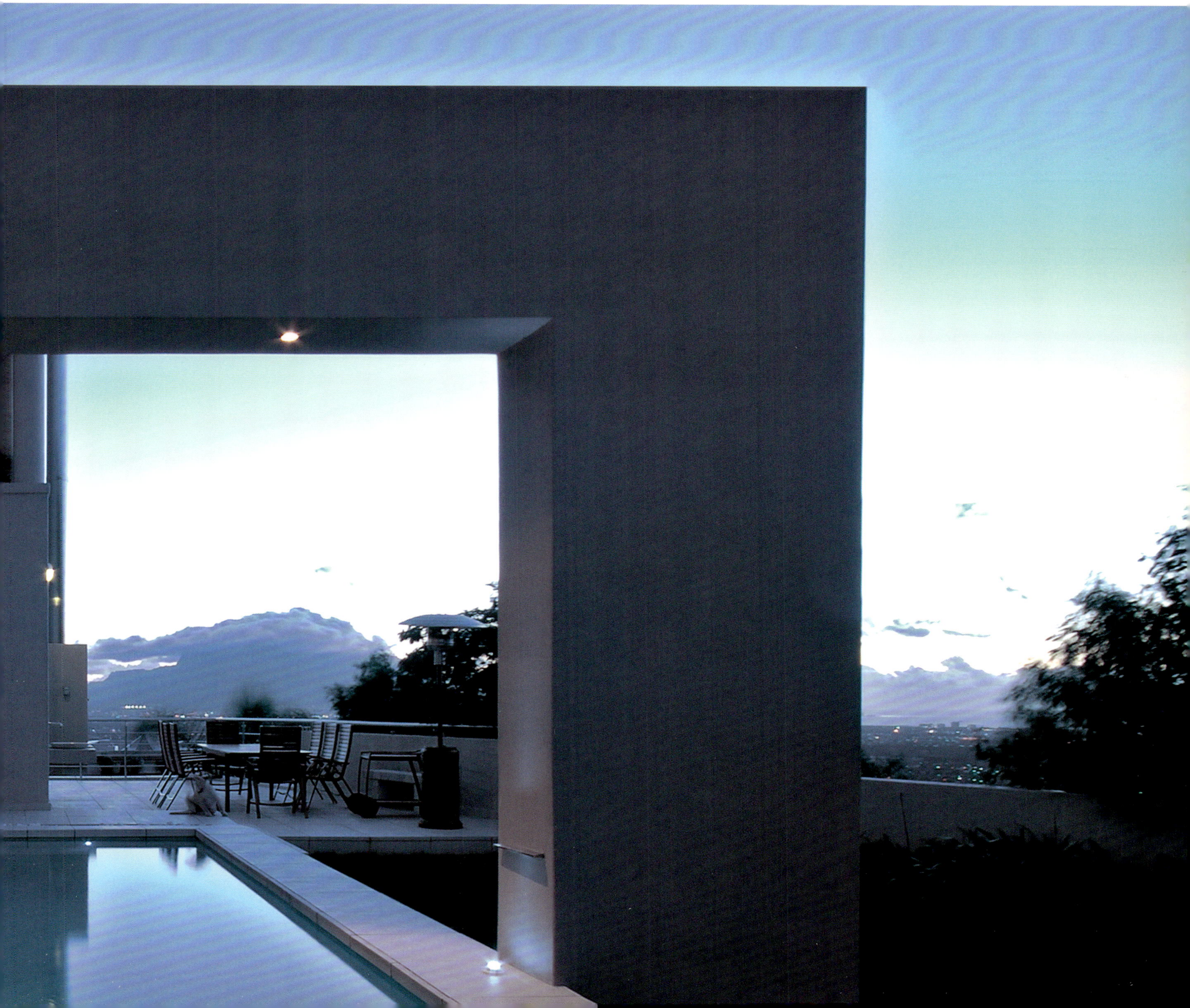

Alexandra TT

Cape Town, Bantry Bay, South Africa

Architect: Stefan Antoni Olmesdahl Truen Architects
Greg Truen and Stefan Antoni
Photos: Stefan Antoni

Not only its location with view of the Atlantic Ocean is like a fairy tale come true. Its rolling lines are inspired by water, waves, and shells. The first floor is raised above the sea and opens up to it with a large glass front to enjoy the view. Here you will find living quarters and salon, the kitchen and wine cellar as well as pool and garden—prime seats sheltered from the wind to witness the natural spectacle afforded by the setting sun. A spiral staircase climbs up the dual-level lounge to lead to the second floor with its bedrooms.

Märchenhaft ist nicht nur die Lage dieser Villa mit Blick auf den atlantischen Ozean. Ihre geschwungenen Linien sind von Wasser, Wellen und Muscheln inspiriert. Das Parterre liegt erhöht und ist zur See hin verglast, um die Aussicht optimal zur Geltung zu bringen. Hier befinden sich Wohn- und Gesellschaftsräume, Küche und Weinkeller sowie Pool und Garten – windgeschützt angelegte Logenplätze für das Spektakel des Sonnenuntergangs. Eine Wendeltreppe schwingt sich in der doppelstöckigen Lounge zur ersten Etage mit den Schlafzimmern empor.

Ce n'est pas seulement la situation de cette villa avec vue sur l'océan Atlantique qui est fabuleuse. Ses lignes courbes s'inspirent de l'eau, des vagues et des coquillages. Le rez-de-chaussée est surélevé et a une façade tout en verre du côté de la mer pour mettre en valeur la vue. C'est ici que se trouvent les salles de séjour et de réception, la cuisine et la cave à vins ainsi que la piscine et le jardin – des places à l'abri du vent pour contempler le spectacle du coucher du soleil. Un escalier en colimaçon s'élève dans le salon d'une hauteur de deux étages vers le premier étage, où se trouvent les chambres à coucher.

Esta villa, excelentemente ubicada con magníficas vistas sobre el Oceáno Atlántico, está inspirada en las ondulantes líneas del agua, las olas y las conchas marinas. La planta baja está situada en un nivel más elevado y los ventanales orientados al mar regalan un magnífico paisaje. Aquí se encuentran la zona dedicada a la vivienda, la cocina, la piscina y el jardín, donde zonas de asiento protegidas del viento aseguran el disfrute de la espectacular puesta de sol. Una escalera de caracol lleva a una sala de estar de dos ambientes y a la primera planta donde se encuentran los dormitorios.

Non è solamente la posizione di questa villa con vista sull'oceano Atlantico ad essere favolosa: le sue linee curve si ispirano all'acqua, alle onde e alle conchiglie. Il parterre è rialzato e le sue vetrate sono orientate verso il mare in maniera da ottimizzare la vista del panorama. Qui si trovano salotti e sala da ricevimento, cucina e taverna, nonché piscina e giardino; in quest'ultimo, protetti dal vento, vi sono alcuni posti a sedere per poter ammirare lo spettacolo del tramonto del sole. Nella sala a due piani una scala a chiocciola sale al primo piano che ospita le camere da letto.

The interior of this dream house with a dual-level lounge at its core is spacious and very comfortable (r.).

Großzügig und äußerst komfortabel ist das Interieur dieses Traumhauses mit der doppelstöckigen Lounge (r.) als Herzstück.

Vaste et très confortable : tel est l'intérieur de cette maison de rêve avec pour pièce maîtresse un salon d'une hauteur de deux étages (à dr.).

Esta casa de ensueño ofrece como centro de la vivienda una sala de estar de dos plantas con un interior amplio y especialmente cómodo (d.).

Gli interni di questa casa da sogno, il cui cuore è una sala alta due piani (a destra), sono ampi ed estremamente confortevoli.

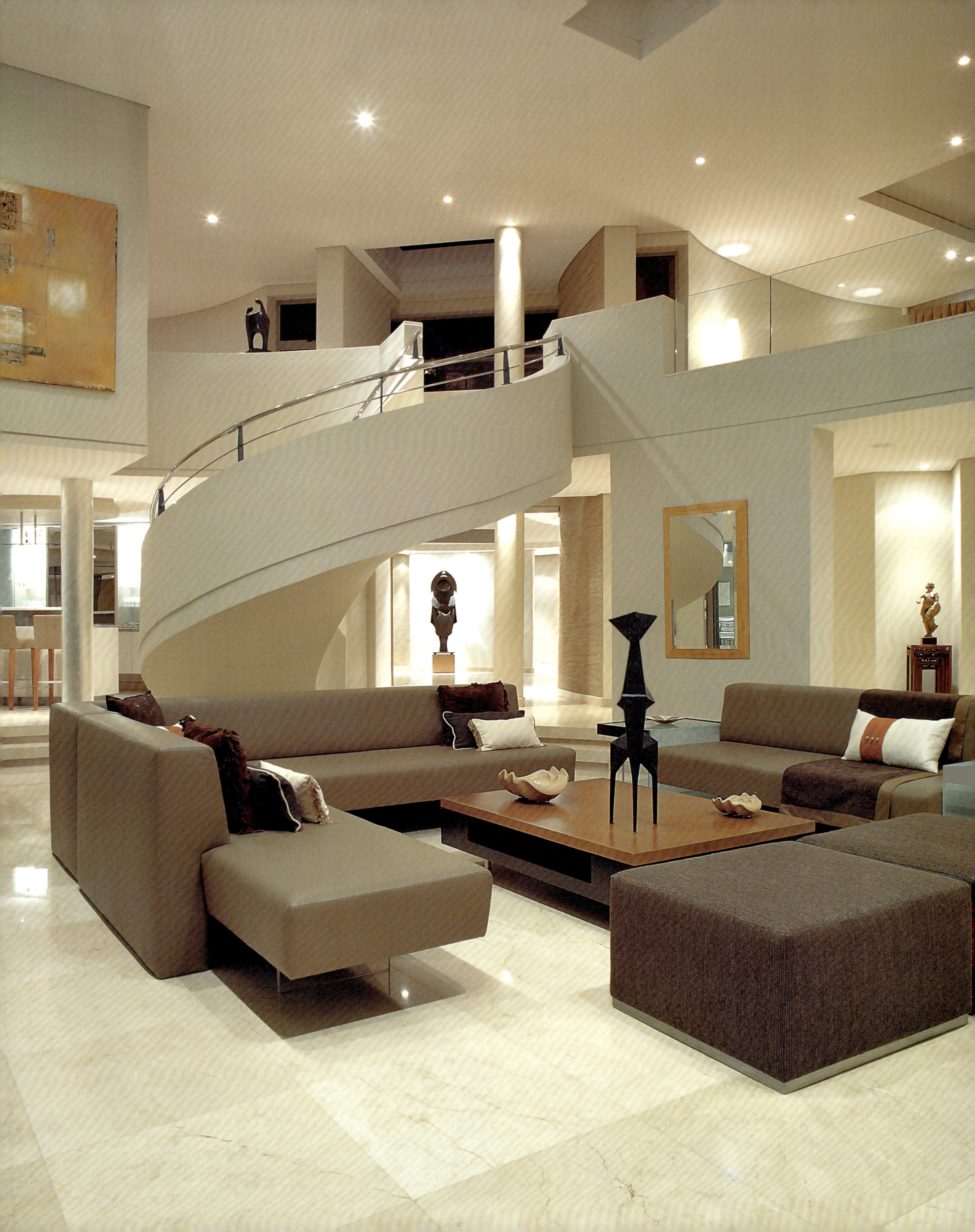

182　Alexandra TT *Cape Town, Bantry Bay, South Africa*

Social rooms *on the lower level, private ones above (l.). African objets d'art create the right geographical and cultural context.*

Unten liegen *die der Geselligkeit gewidmeten Räume, oben die privaten Zimmer (l.). Afrikanische Kunstobjekte stellen das Haus in seinen geografischen und kulturellen Kontext.*

Les pièces *conviviales se trouvent en bas, tandis que les pièces à usage privé sont en haut (à g.). Les objets d'art africain replacent cette maison dans son contexte géographique et culturel.*

En la *planta inferior se encuentran las salas de disfrute común y arriba las privadas (i.). Objetos de arte africanos sitúan la casa en su contexto cultural y geográfico.*

In basso *sono ospitate le stanze dedicate alla vita sociale, sopra le camere private (a sinistra). Oggetti d'arte africani posizionano la casa nel suo contesto geografico e culturale.*

Who would *want to stay inside? Terraces, pool, and garden make for the perfect backdrop to enjoy one of the world's most beautiful views.*

Wer wollte *sich da im Haus aufhalten? Terrassen, Pool und Garten bieten den perfekten Rahmen, um eine der schönsten Aussichten der Welt zu genießen.*

Mais qui *voudrait rester dans cette maison ? Les terrasses, la piscine et le jardin sont des cadres idéaux pour prendre plaisir à contempler l'une des vues les plus belles du monde.*

¿Quién quiere *quedarse dentro de la casa? Terraza, piscina y jardín ofrecen el marco perfecto para disfrutar de una de las más espectaculares vistas del mundo.*

Chi non *vorrebbe soggiornare in questa casa? Terrazze, piscina e giardino sono la cornice perfetta per poter godere di uno dei più bei panorami della terra.*

Alexandra TT Cape Town, Bantry Bay, South Africa

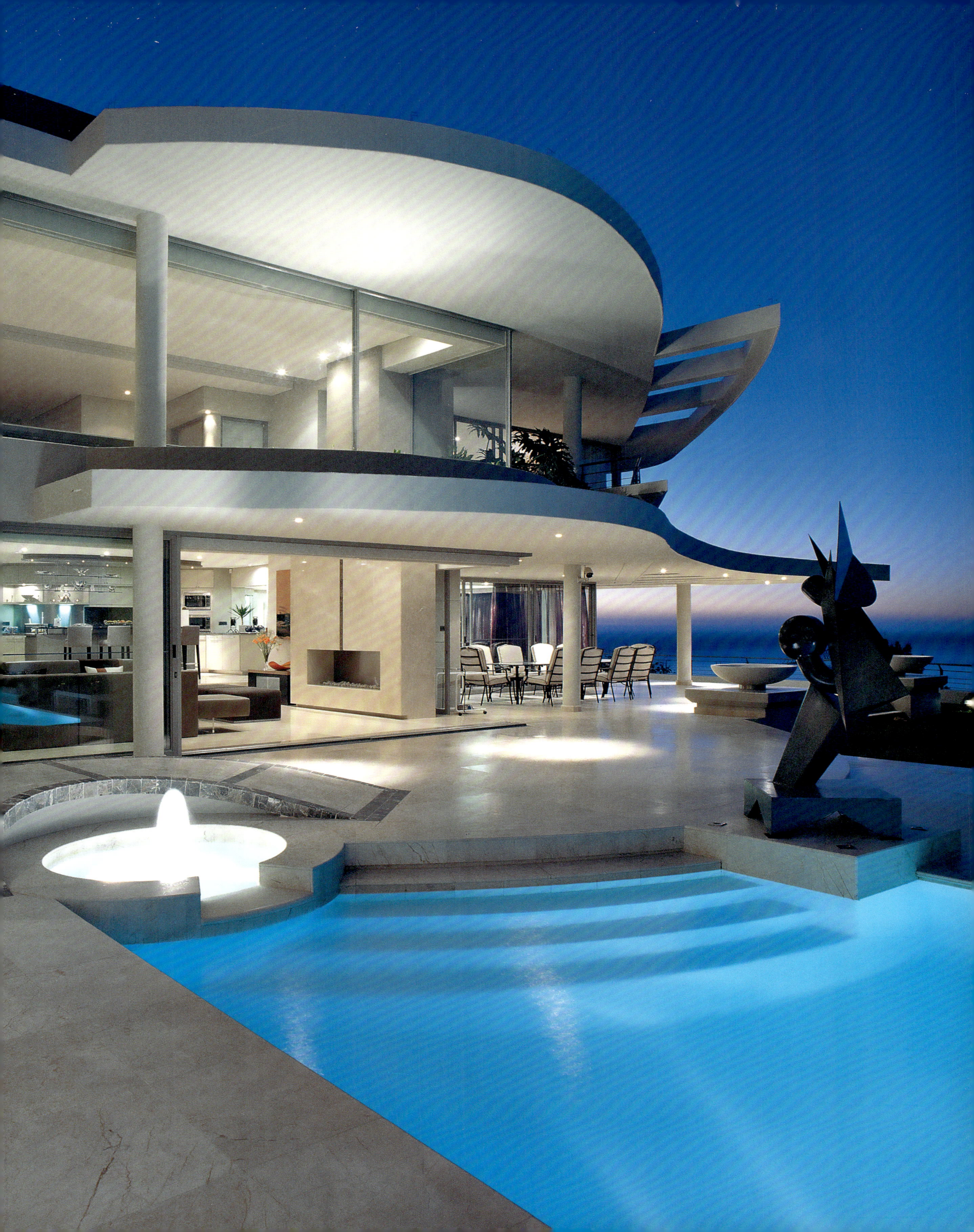

Private House

Cape Town, South Africa

Architect: Peerutin Architects

Photos: Wieland Gleich

This house is beautifully located with views of the beaches of Clifton and the mountainous ridge of the Twelve Apostles. The construction of glass, steel, and aluminum tries not to upstage its surroundings. The uppermost level hosts garages, hall, and bedroom. The living quarters and dining rooms as well as the kitchen on the second floor open up to the garden, pool, and the sea. A guest room with a terrace, studies, and the wine cellar are located on the first floor. The walnut and sandstone interior exudes a warm atmosphere.

In schönster Lage mit Blick auf die Strände von Clifton und die Bergkette der Twelve Apostles versucht dieses Haus aus Glas, Stahl und Aluminium, seiner Umgebung nicht die Show zu stehlen. In der obersten Ebene an der Straße befinden sich Garagen, Halle und Schlafzimmer; in der mittleren Ebene öffnen sich die Wohn- und Essräume sowie die Küche zu Garten, Pool und Meer. Ein Gästezimmer mit Terrasse, Arbeitsräume und der Weinkeller liegen in der untersten Etage. Das Interieur aus Walnussholz und Sandstein verströmt eine warme Atmosphäre.

Située dans un site magnifique avec vue sur les plages de Clifton et la chaîne de montagne des Douze Apôtres, cette maison en verre, métal et aluminium essaie de ne pas voler la primeur à son environnement. À l'étage supérieur, situé au niveau de la rue, se trouvent les garages, le hall et les chambres ; à l'étage intermédiaire, la salle de séjour et la salle à manger, ainsi que la cuisine, s'ouvrent sur le jardin, la piscine et la mer. À l'étage inférieur, on trouve une chambre d'amis avec terrasse, des bureaux et une cave à vins. L'intérieur, en noyer et en grès, instille une atmosphère chaleureuse.

En una bella ubicación con vistas a las playas de Clifton y la cordillera de Los Doce Apóstoles, esta casa de cristal, acero y aluminio intenta no robar el protagonismo al entorno. En el nivel superior, al lado de la carretera, se encuentran los garajes, el vestíbulo y los dormitorios; en la planta intermedia el salón, el comedor y la cocina se abren al jardín, a la piscina y al mar. El piso inferior acoge una habitación para invitados con terraza, despachos y una bodega. El interior de madera de nogal y piedra caliza crea un ambiente muy cálido.

Questa casa di vetro, acciaio e alluminio, situata in una magnifica posizione con vista sulle spiagge di Clifton e sulla catena montuosa dei Dodici Apostoli, tenta di non rubare la scena all'ambiente circostante. Il piano superiore che dà sulla strada ospita i garage, la sala e le camere da letto. Nel piano intermedio si trovano soggiorno, sala da pranzo e cucina affacciati sul giardino, la piscina e il mare. Infine, nel piano inferiore, sono collocate una stanza per gli ospiti con terrazza, gli studi e la taverna. Gli interni in noce e arenaria creano un'atmosfera calda.

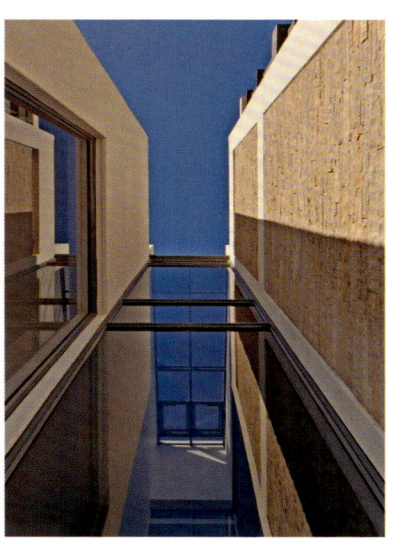

On the medial level, living and dining rooms open up to fantastic vistas (f. l.) Walnut wood and sandstone communicate both warmth and the beauty of natural materials (r.).

Auf der mittleren Ebene öffnen sich Wohn- und Esszimmer ganz der fantastischen Aussicht (ganz links). Walnussholz und Sandstein verströmen Wärme und die Schönheit natürlicher Materialien (r.).

C'est au niveau intermédiaire que s'ouvrent la salle à manger et la salle de séjour sur une vue fantastique (tout à gauche). Le noyer et le grès sont de très beaux matériaux qui rayonnent de chaleur (à dr.).

En la planta intermedia el salón y el comedor ofrecen espectaculares vistas (izquierda). Madera de nogal y piedra arenisca desprenden el calor y la belleza de los materiales naturales (d.).

Nel piano intermedio la zona giorno si schiude su un meraviglioso panorama (prima immagine a sinistra). Il noce e l'arenaria creano un'atmosfera calda e trasmettono la bellezza dei materiali naturali (a destra).

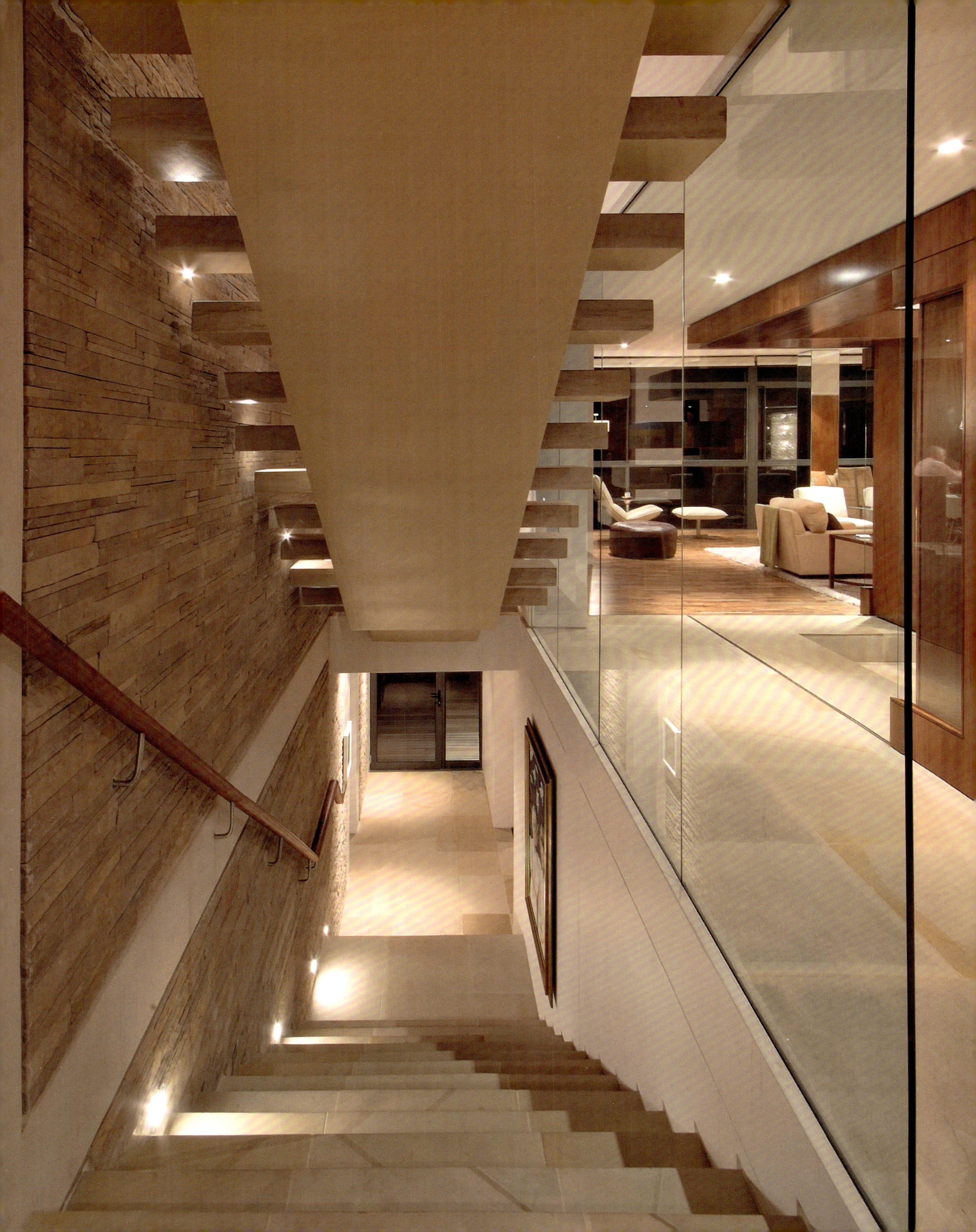

The elegant *staircase connects the villa's three levels (l.). The pool invites to a dip between the Twelve Apostles mountains and the ocean (r.).*

Das elegante *Treppenhaus verbindet die drei Ebenen der Villa (l.). Zwischen der Bergkette der Twelve Apostles und dem Ozean lädt der Pool zum Schwimmen mit Aussicht (r.).*

Cet élégant *escalier relie les trois niveaux de la villa (à g.). Entre la chaîne des Douze Apôtres et l'océan, la piscine invite à nager en jouissant de la vue (à dr.).*

La elegante *escalera comunica las tres plantas de la villa (i.). Entre las cordillera de Los doce Apóstoles y el Océano la piscina invita a un baño de innovidables vistas (d.).*

L'elegante tromba *delle scale unisce i tre piani della villa (a sinistra). La piscina invita a nuotare circondati dal panorama offerto dalla catene montuosa dei Twelve Apostles e dall'oceano (a destra).*

Private House Cape Town, South Africa

Private House *Cape Town, South Africa*   189

Aberfeldy

Morningside, Johannesburg, South Africa

Architect: Stefan Antoni Olmesdahl Truen Architects
Greg Truen, Teswill Sars and Stefan Antoni

Photos: Stefan Antoni

This dado cube villa out of glass and steel is characterized by the style of modern South Africa. Wooden surfaces and natural stone floors lend the clear, no-nonsense design a warm note. The gallery proffers views over the tree tops, which survived the building phase. The glass fronts can be opened up. The living room opens up to the roofed veranda, before leading to the garden with pool which is lit to great effect at night—indeed the whole residence sparkles in the dark like a diamond.

Der Stil des modernen Südafrika prägt diese würfelförmige Villa aus Glas und Stahl. Oberflächen aus Holz und Böden aus Naturstein verleihen dem klaren und sachlichen Design eine warme Note. Die Galerie bietet einen schönen Blick in die Kronen der Bäume, die beim Bau des Hauses erhalten wurden. Die Glasfronten lassen sich öffnen. Vom Wohnzimmer kommt man auf die überdachte Veranda, dann zum Garten mit Pool. Bei Nacht wird dieser effektvoll beleuchtet. Wie ein Diamant funkelt das Anwesen dann in der Dunkelheit.

Le style de l'Afrique du Sud moderne marque cette villa de verre et d'acier en forme de cube. Les revêtements en bois et les sols en pierre naturelle donnent à ce design clair et fonctionnel une note chaleureuse. La galerie offre une belle vue sur les cimes des arbres qui ont été conservés lors de la construction de la maison. Les façades en verre peuvent s'ouvrir. La salle de séjour s'ouvre d'abord sur une véranda couverte puis sur le jardin avec piscine, un jardin dont l'éclairage nocturne impressionnant fait briller de mille feux la propriété, comme un diamant dans l'obscurité.

El estilo de la Sudáfrica moderna caracteriza esta villa de estructura cúbica revestida de ventanales y acero. Las superficies de madera y los suelos de piedra natural dan una nota cálida a un diseño de líneas claras y funcionales. La galería regala unas fantásticas vistas sobre las copas de los árboles que se conservaron al edificar la casa. Los ventanales frontales se abren al exterior. El salón da al porche y al jardín con piscina. Por la noche la villa queda espectacularmente iluminada y brilla como un diamante en la oscuridad.

Questa villa di vetro e acciaio a forma di cubo è influenzata dallo stile del moderno Sudafrica. Superfici in legno e pavimenti in pietra naturale conferiscono una nota calda al design pulito e sobrio. La galleria offre una splendida vista sulle chiome degli alberi, che sono stati preservati durante i lavori di edificazione della casa. Le vetrate della facciata possono essere aperte. Il salotto si schiude innanzitutto sulla veranda coperta, da lì sul giardino con piscina. Di notte l'illuminazione crea uno spettacolo di grande effetto: la tenuta brilla nell'oscurità come se fosse un diamante.

This house does not rely on stylistic imports from Europe or Asia, but draws on modern South African aesthetics: clear lines, glass, and regional materials.

Statt auf stilistische Importe aus Europa oder Asien verlässt sich dieses Haus auf eine moderne südafrikanische Ästhetik – mit klaren Linien, viel Glas und Materialien aus der Region.

Au lieu d'importer des styles venus d'Europe et d'Asie, cette maison suit l'esthétique sud-africaine moderne – avec ses lignes claires, son verre abondant et les matériaux de la région.

En lugar de importar estilo europeo o asiático, esta casa se confía a la moderna estética sudafricana: líneas claras, abundante cristal y materiales de la región.

Anziché riprendere un'estetica di importazione di matrice europea o asiatica, questa casa adotta un moderno stile sudafricano, con linee pulite, molto vetro e materiali della regione.

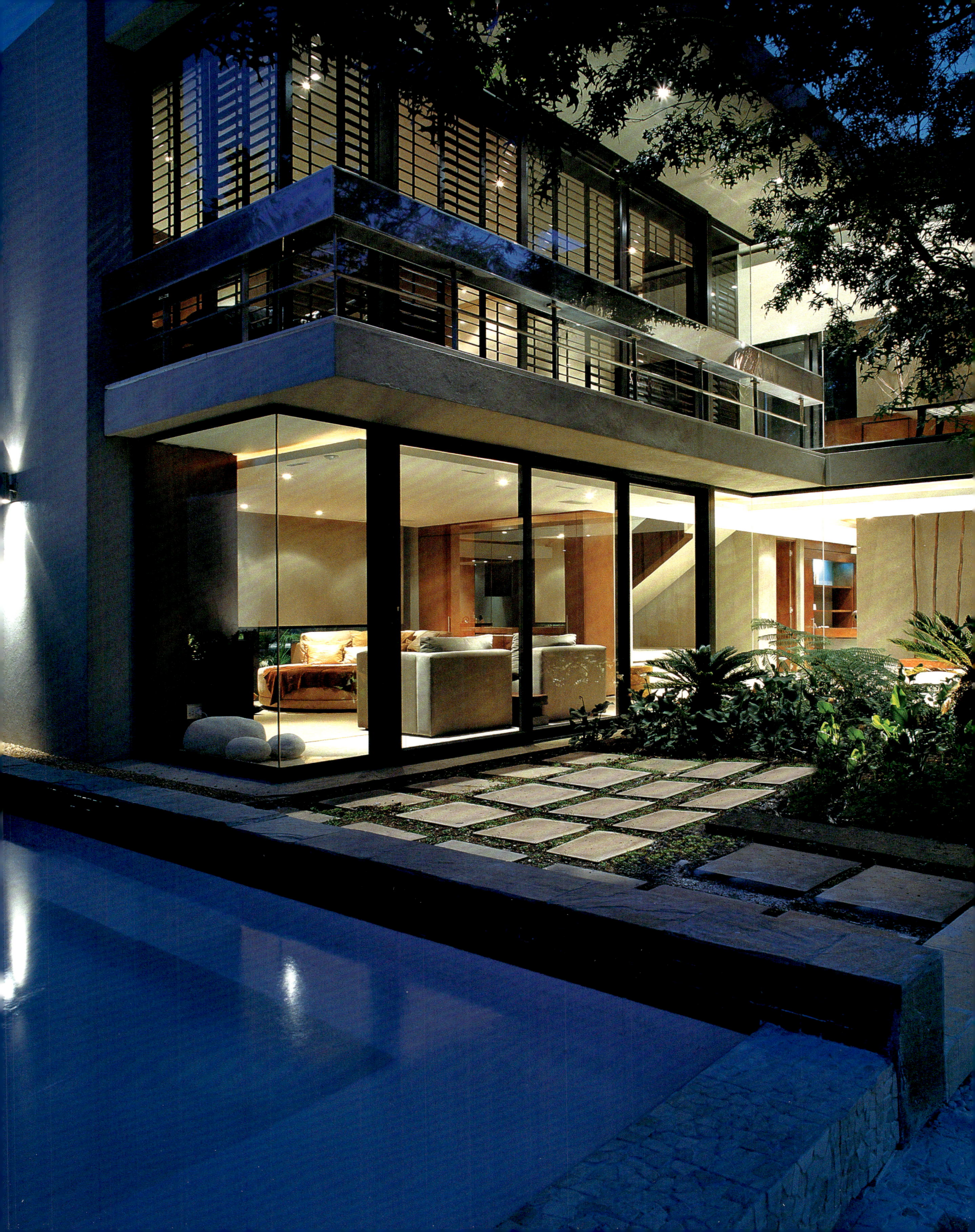

The interior *with its stone floors, maple surfaces, and white ceilings is kept as plain as possible.*

Mit Steinböden, *Oberflächen aus Ahornholz und weißen Decken ist das Interieur bewusst schlicht gehalten.*

À l'intérieur, *les sols en pierre, les surfaces en érable et les plafonds peints en blanc traduisent un désir conscient de sobriété.*

Con suelos *de piedra, superficies de madera de arce y techos blancos, el interior mantiene conscientemente un carácter sobrio.*

Gli interni *sobri, con i pavimenti in pietra, le superfici in legno d'acero e i soffitti bianchi sono il frutto di una scelta consapevole.*

The interior with its stone floors, maple surfaces, and white ceilings is kept as plain as possible.

Sliding glass *fronts extend the living room to the outside.*

Die Glasfronten *sind Schiebetüren. Durch sie kann der Wohnraum ins Freie erweitert werden.*

Les façades *en verre sont aussi des portes coulissantes. Grâce à elles, on peut agrandir les pièces d'habitation en leur ajoutant les espaces en plein air.*

Los ventanales *frontales son puertas correderas a través de las cuales el interior se abre al mundo exterior.*

Le vetrate *della facciata sono porte scorrevoli grazie alle quali è possibile ampliare il soggiorno all'esterno.*

Architect: Stefan Antoni Olmesdahl Truen Architects
Philip Olmesdahl and Stefan Antoni
Photos: Stefan Antoni

The style of this house reflects the South African way of life, ranging from the natural slate roofs and generous wooden decks to the living quarters, which, seemingly as a matter of course, extend to the outside. A solid facade protects the southern front of the three level building from both the street and the wind and weather. Single windows accentuate certain vistas, whereas a patio affords additional natural light. The north-facing glass front opens up to the ocean. Extended protrusions provide shade and keep temperatures at a comfortable level.

Der Stil dieses Hauses ist ganz von südafrikanischer Lebensart geprägt, von den Dächern aus Naturschiefer über die großzügigen Holzdecks bis hin zu den Wohnräumen, die sich wie selbstverständlich im Freien fortsetzen. Die zur Straße gelegene und dem Wind zugewandte Südseite des dreistöckigen Baus ist durch eine solide Fassade geschützt. Einzelne Fenster akzentuieren hier nur bestimmte Aussichten, während ein Patio zusätzliches natürliches Licht spendet. Die nach Norden gewandte Glasfront öffnet sich dagegen zum Meer. Vordächer spenden Schatten und sorgen für angenehme Temperaturen.

Le style de cette maison est totalement influencé par le mode de vie sud-africain, des toits en ardoises naturelles aux pièces d'habitation qui débordent sur l'extérieur avec un air d'évidence, en passant par les plafonds en bois. Le côté sud de ce bâtiment de trois étages, qui donne sur la rue et est exposé au vent, est protégé par une solide façade. Quelques rares fenêtres mettent ici l'accent sur certains points de vue tandis qu'un patio dispense une lumière naturelle complémentaire. La façade en verre, tournée vers le nord, s'ouvre en revanche sur la mer. Des auvents apportent de l'ombre et rendent la température agréable.

El estilo de esta casa está claramente influenciado por la cultura del país, desde los tejados de pizarra y los amplios techos de madera hasta las habitaciones de la casa que se prolongan hacia el exterior de manera natural. El lado sur de este edificio de tres plantas está orientado a la carretera, una zona expuesta al viento que queda protegida por una sólida fachada. Las ventanas individuales acentúan determinadas vistas mientras el patio ofrece la luz natural necesaria. El ventanal frontal orientado al norte se abre al mar. Los aleros de los tejados proporcionan sombra a la casa y una agradable temperatura.

Lo stile di questa casa si ispira allo stile di vita del Sudafrica, dai tetti in ardesia naturale, fino alle ampie terrazze in legno, passando per i salotti che ovviamente si estendono all'esterno. Il lato sud di questo edificio a tre piani, rivolto verso la strada ed esposto al vento, è protetto da una robusta facciata. Qui, singole finestre sottolineano solamente alcune visuali, mentre un patio procura ulteriore luce naturale. Le vetrate rivolte a nord, invece, mostrano il panorama offerto dal mare. Le tettoie dispensano ombra e garantiscono temperature confortevoli.

Nestling into the slope, this house fits perfectly into its surroundings without dominating the landscape (l.). The effect is increased by natural materials such as the slate and stone roofs and the wooden decks (r.).

Dieses Haus fügt sich perfekt in seine Umgebung ein, ohne die Landschaft zu dominieren (l.). Dafür sorgen seine dezente Architektur am Hang und die naturnahen Materialien von Schiefer- und Steindächern sowie Holzdecks (r.).

Elevé sur une pente, cette maison s'insère parfaitement dans son environnement mais sans dominer le paysage (à g.). C'est en tout cas ce à quoi veille une architecture décente qui a recours à des matériaux naturels tels que les ardoises et la pierre pour les toits ou le bois pour les terrasses (à dr.).

Esta casa se intergra perfectamente en el paisaje sin dominarlo (i.) mediante el inteligente emplazamiento en una ladera y materiales naturales como pizarra, piedra y techos de madera (d.).

Questa casa si inserisce perfettamente nell'ambiente circostante senza però dominare il paesaggio (a sinistra); questo grazie alla sua architettura discreta lungo il pendio e ai materiali naturali come i solai in ardesia e pietra e le terrazze in legno (a destra).

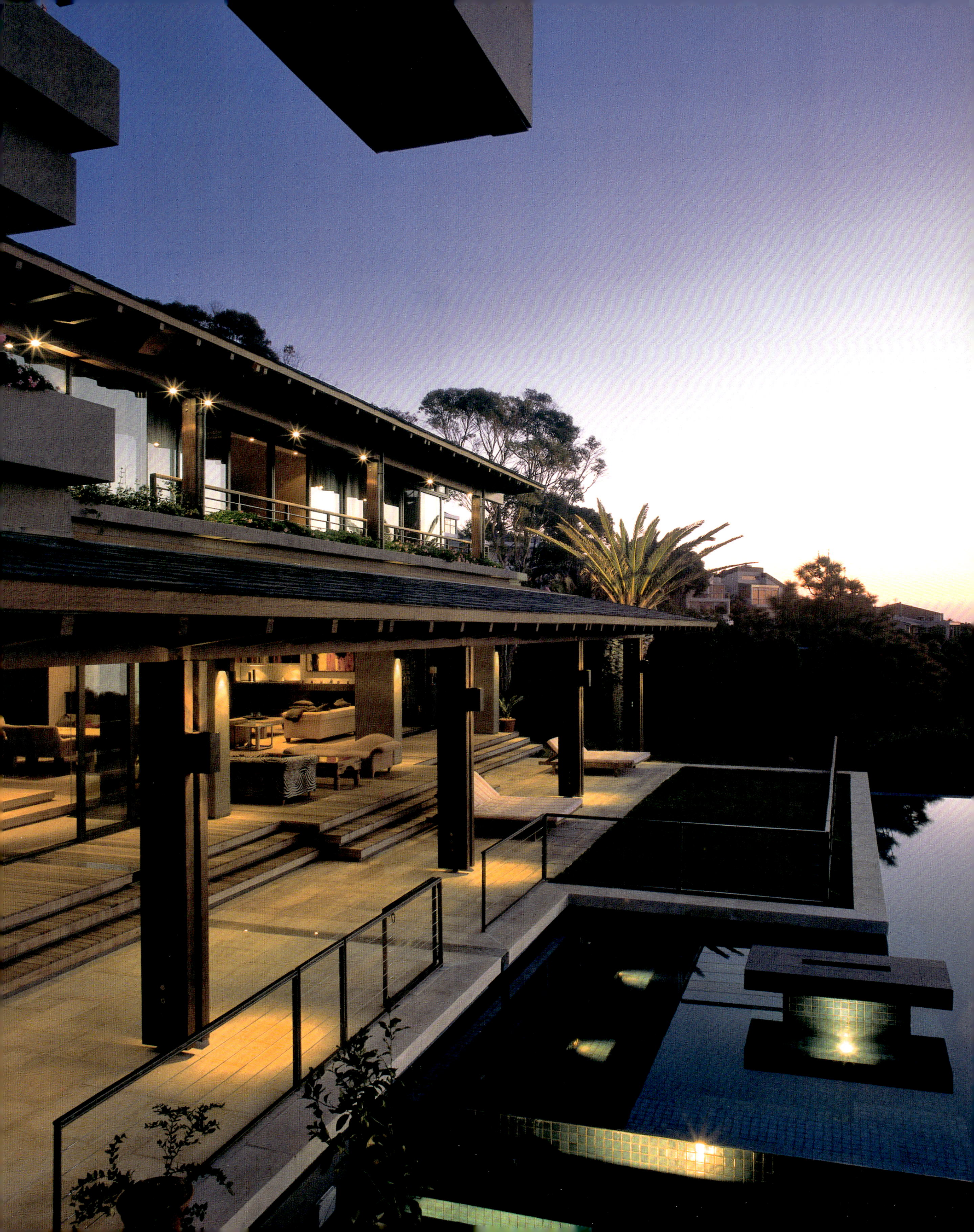

Balconies and verandas create plenty of space to enjoy the vistas (l.). The structural openness is not limited to the transitions between the exterior and the interior, but extends to the different levels (r.).

Balkone und Veranden schaffen viel Raum, um die Aussicht zu würdigen (l.). Die Offenheit der Struktur beschränkt sich nicht nur auf die Übergänge von innen nach außen, sondern auch auf die verschiedenen Ebenen (r.).

Les balcons et les vérandas créent beaucoup d'espace pour apprécier la vue (à g.). Les structures ouvertes ne se limitent pas aux passages de l'intérieur vers l'extérieur, mais se retrouvent à tous les niveaux (à dr.).

Balcones y miradores ofrecen espacio suficiente para disfrutar de las vistas. (i.). La amplitud de la estructura no se limita a fundir el espacio exterior en el interior, sino también a unir las diferentes plantas (d.).

I balconi *e le verande creano molti spazi dove poter apprezzare il panorama (a sinistra). La struttura non si apre solamente nei passaggi da interni ad esterni, ma anche tra i diversi piani (a destra).*

Fishermans 19 Llandudno, South Africa

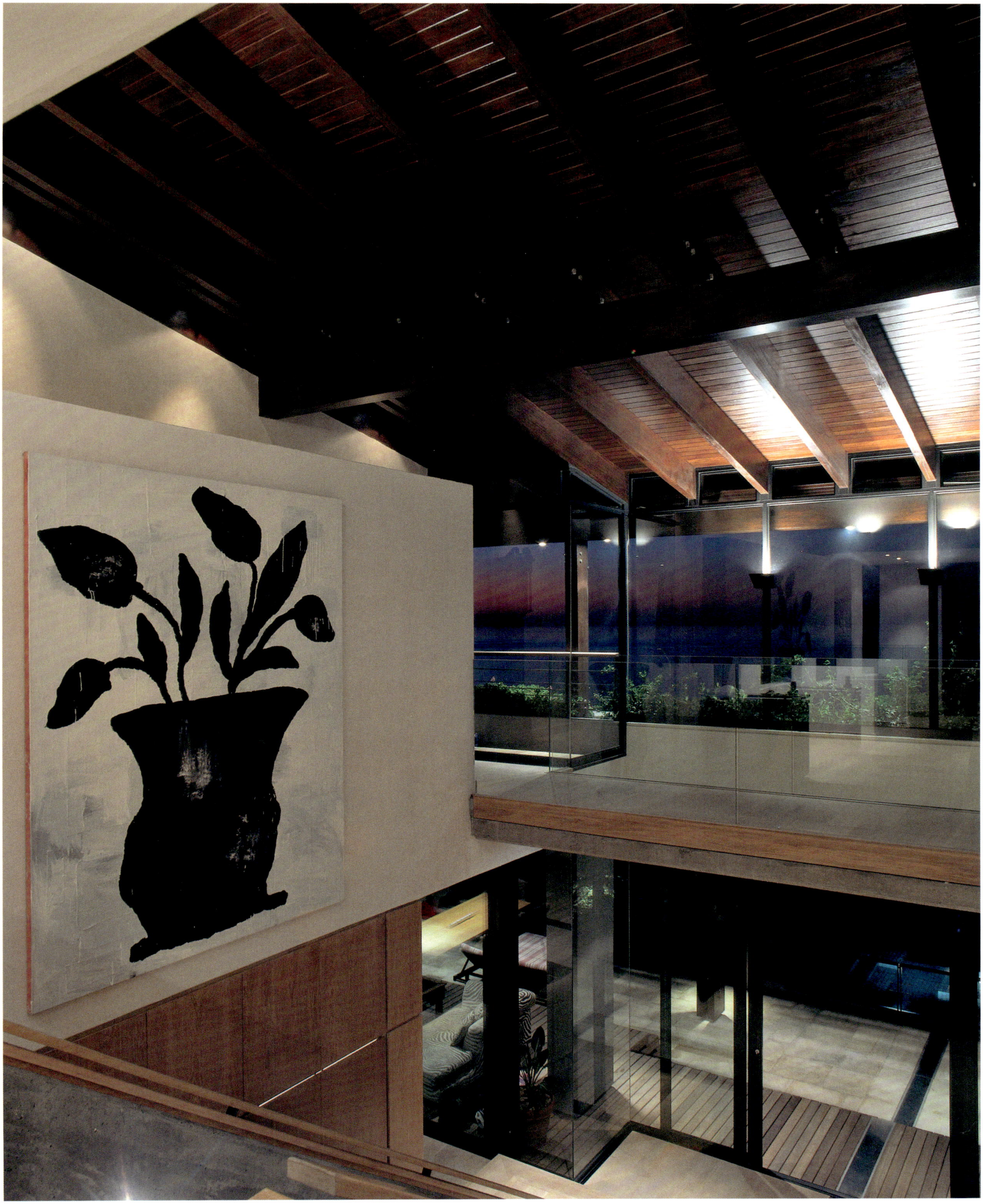

Architect: Architecture Research Office

Photos: Paul Warchol Photography (pp 198 r., 199, 200, 202 t.),
William Abranowicz (pp 202 b., 203), Mark Heithoff (p 198 l.)

This summer residence set in the unspoilt countryside of Colorado offers marvelous vistas and all the space required for a large family. Each room of the structure, which consists of a number of interlinked cubes, is designed to provide a new picture-frame for the landscape beyond. Walls clad in pre-weathered Cor-Ten steel shingles accentuate the rustic atmosphere; the unembellished pure interior offers all the creature comforts without distracting from the surrounding countryside.

Aussichten zum Träumen und jede Menge Platz für die erweiterte Familie sind die hervorstechenden Merkmale dieses Ferienhauses in der unberührten Wildnis Colorados. Dabei ist jeder der Räume in der aus mehreren, ineinander verschachtelten Würfeln bestehenden Struktur so angelegt, dass er wie ein Bilderrahmen einen neuen Eindruck der Landschaft einfasst. Wände aus verwitterten Cortenstahl-Schindeln betonen das rustikale Ambiente; das schnörkellose, klare Interieur ist darauf bedacht, bei allem Komfort nicht von der Natur draußen abzulenken.

Des vues à faire rêver et beaucoup de place pour toute la famille au sens large ! Telles sont les caractéristiques marquantes de cette maison de vacances, située dans une région restée sauvage du Colorado, et constituée de plusieurs blocs emboîtés les uns dans les autres. Chacune des pièces est aménagée de telle sorte qu'elle insère comme dans le cadre d'un tableau, une nouvelle impression sur le paysage. Les murs de bardeaux en acier Corten patinés renforcent cette ambiance rustique ; tout en offrant tout le confort moderne, l'intérieur, aux lignes claires et sans fioritures, veille à ne pas faire oublier la nature.

Las principales características de esta casa de vacaciones situada en la salvaje naturaleza virgen de Colorado, son unas vistas de ensueño y espacio suficiente para toda la familia. Las habitaciones, integradas en una estructura formada por varios cubos entrelazados entre sí, captan una nueva impresión del paisaje como en el marco de una obra de arte. Muros revestidos de laminas de acero Cor-Ten acentúan el ambiente rústico, el interior claro y sobrio se ideó para ofrecer el máximo confort sin quitarle protagonismo a la naturaleza.

Le caratteristiche peculiari di questa casa per le vacanze eretta nella natura incontaminata e selvaggia del Colorado, sono le vedute spettacolari e l'enorme quantità di spazio pensato per la famiglia ampliata. Ogni stanza di questa struttura, composta da più cubi inscatolati l'uno dentro l'altro, è disposta in maniera tale da incorniciare una nuova immagine del paesaggio come se si trattasse di un quadro. Le pareti rivestite di scandole in acciaio Cor-Ten eroso dalle intemperie accentuano l'ambiente rustico. Gli interni lineari e privi di fronzoli sono concepiti per garantire tutti i comfort senza distogliere l'attenzione dalla natura esterna.

With views like that, who needs paintings? Not only the large window front, but openings in other walls also provide stunning views of the surrounding nature.

Bilder sind bei solchen Aussichten nicht nötig. Außer der weiten Fensterfront bieten auch die übrigen Wände bewusst gestaltete Blicke in die Natur.

Étant donné la vue, les tableaux ne sont pas nécessaires. Outre les grandes baies vitrées, les autres murs ouvrent à dessein des points de vue sur la nature.

Los cuadros son totalmente innecesarios cuando se puede disfrutar de estas vistas. Además del amplio ventanal frontal, el resto de las paredes ofrecen increíbles panoramas naturales.

Con un panorama simile i quadri non servono. Oltre all'ampia facciata vetrata anche le altre pareti conducono consapevolmente lo sguardo sull'ambiente naturale.

Colorado House *Telluride, Colorado, USA*

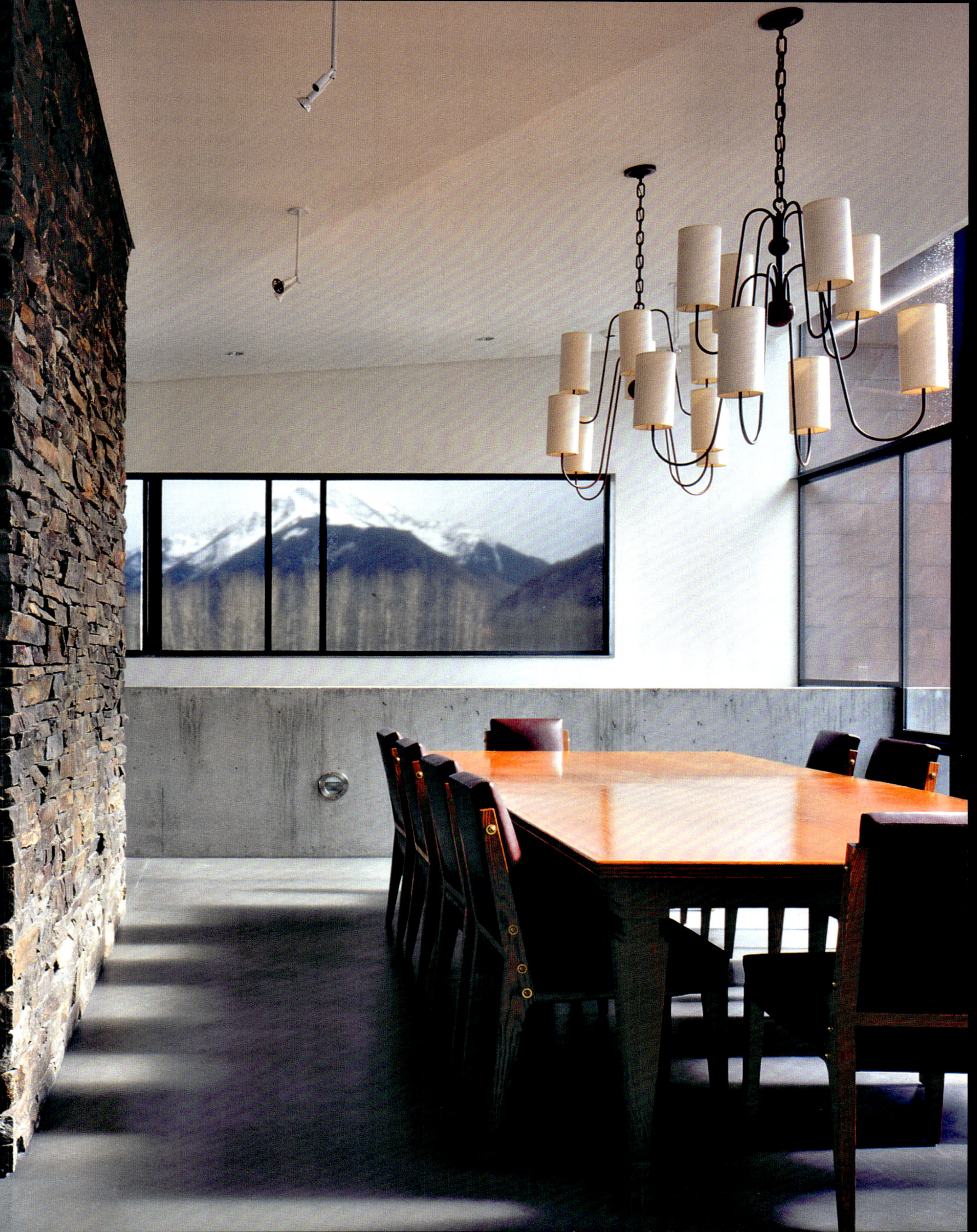

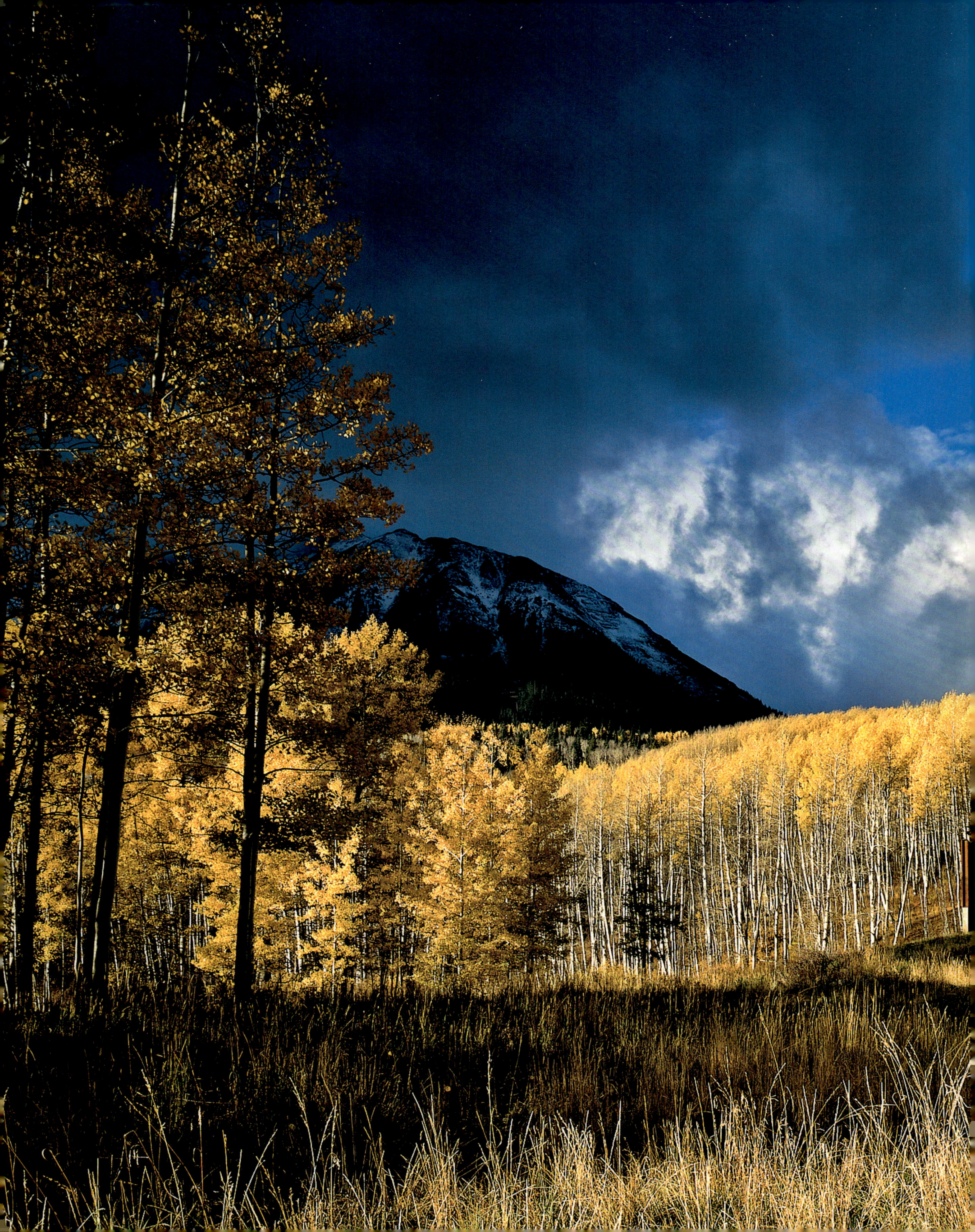

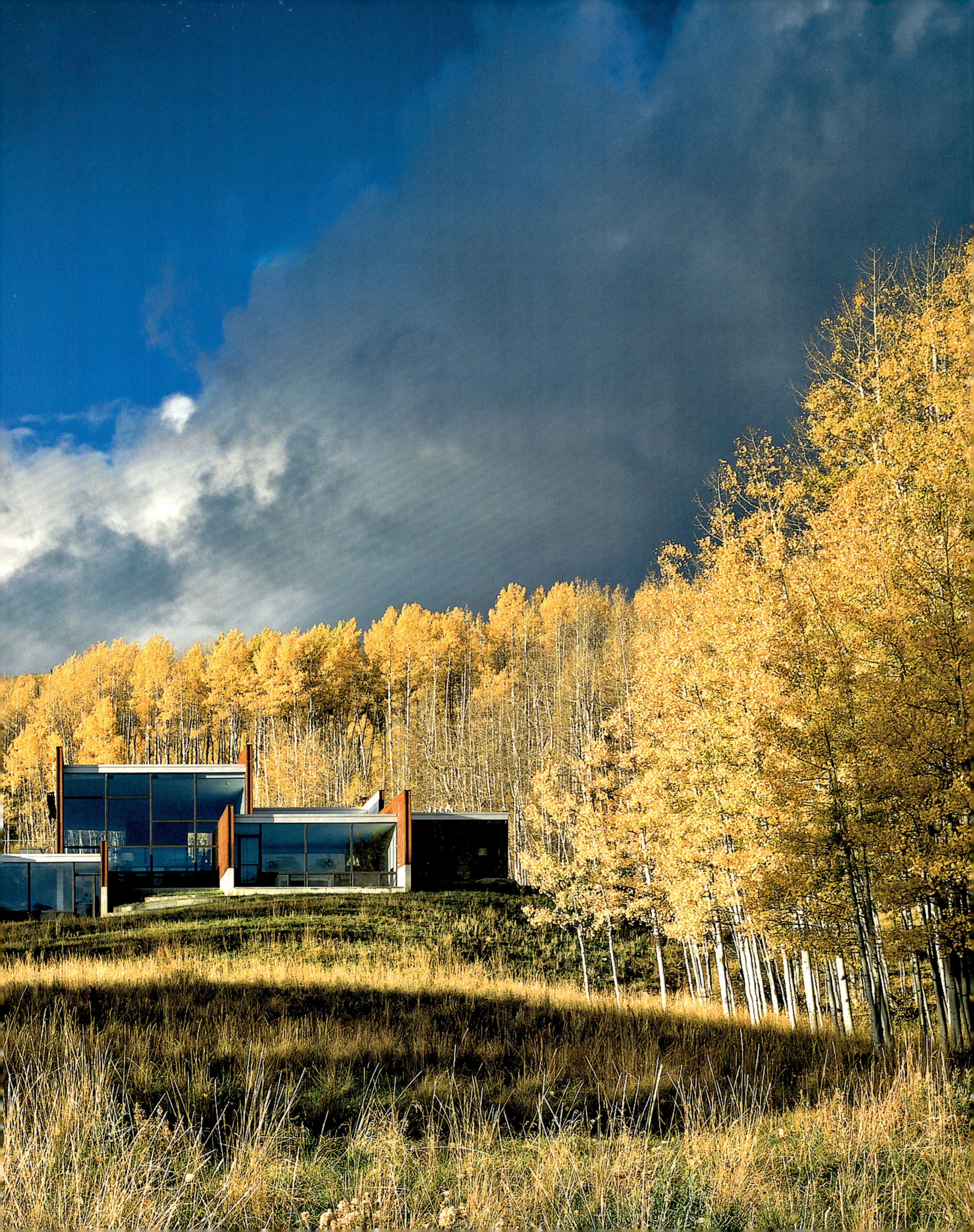

This house *emphasizes nature rather than disturbing it (a. l.). Its comfortable yet sober interior is exemplified by the bedroom (b. r.). The house boasts both spacious lounge areas and small, intimate nooks and crannies (r.).*

Das Haus *betont die Natur, statt ihr Bild zu stören (o. l.). Sein Interieur ist wie im Schlafzimmer (u. r.) komfortabel, aber schlicht gehalten. Neben großzügigen Lounge-Bereichen bietet es auch kleine, intime Räume und Nischen (r.).*

La maison *met en valeur la nature au lieu de la défigurer (en h. à g.). Son intérieur est confortable, tout comme la chambre à coucher (en b. à dr.), mais reste sobre. Outre les grands salons, on trouve aussi de petites pièces intimes et des niches (à dr.).*

En lugar *de romper el paisaje, esta casa ensalza la naturaleza circundante (ar. i.). El interior es cómodo como el dormitorio (ab. d.) y a la vez decorado sencillamente. Junto a la generosa sala de estar hay también pequeños e intimos saloncitos (d.).*

La casa *sottolinea la natura anziché disturbare la visuale (in alto a sinistra). Gli interni sobri sono il frutto di una scelta consapevole, come nella camera da letto (in basso a destra). Oltre all'ampia zona giorno ci sono anche piccole nicchie e spazi intimi (a destra).*

Colorado House *Telluride, Colorado, USA* 203

Architect: Kanner Architects
Photos: John Edward Linden

The house with its no-frills aesthetics contrasts starkly against the wilderness of the surrounding hilly countryside. This creates a striking optical effect but also serves a functional purpose: the lack of eaves and the exterior tiling help protect the house in case of bush fires. Stairs connect the two cubes, which harbor kitchen and garage on the one hand, and living quarters and offices on the other. The bedrooms are located on the second floor. Glass fronts afford spectacular views of the canyon and the ocean.

Der Wildnis der umliegenden Hügellandschaft setzt dieses Haus eine klare, schnörkellose Ästhetik entgegen. Dadurch wird eine starke optische Wirkung erzielt, die zugleich funktional ist: der Verzicht auf Überhänge sowie die Außenverkleidung mit Fliesen schützen bei Buschfeuern. Ein Treppenhaus verbindet die beiden Kuben, auf die Küche und Garagen einerseits sowie Wohn- und Arbeitsbereiche andererseits verteilt sind. Die Schlafzimmer liegen in der ersten Etage. Glasfronten bieten spektakuläre Ausblicke auf den Canyon und das Meer.

L'esthétique claire et sans fioritures de cette maison contraste avec le paysage de collines sauvage qui l'entoure. Effet optique puissant et fonctionnalité en sont les résultats. L'absence de partie en surplomb ainsi que le revêtement extérieur en carrelage protègent contre les feux de forêt. Une cage d'escalier relie les deux cubes où sont répartis d'un côté la cuisine et le garage et de l'autre la salle de séjour et le bureau. Les chambres à coucher se trouvent au premier étage. Grâce aux façades en verre, on a une vue spectaculaire sur le canyon et la mer.

La salvaje naturaleza del ondulado paisaje contrapone a la casa una clara y sobria estética. De este modo se busca un fuerte efecto óptico que es a la vez funcional: la construcción en un solo nivel y el enlosado de los muros exteriores son medidas de protección ante posibles incendios naturales. Una escalera une ambos cubos, en uno se encuentran la cocina y los garajes y en el otro la zona de trabajo y de vivienda. Los dormitorios se encuentran en la primera planta. Los ventanales frontales ofrecen espectaculares vistas sobre el Cañón y el Pacífico.

Questa casa contrappone alla natura selvaggia delle colline circostanti un'estetica lineare e senza fronzoli. In questo modo si ottiene un effetto poderoso e funzionale alo stesso tempo: l'assenza di aggetti e il rivestimento esterno di piastrelle proteggono l'edificio da fuochi di sterpaglia. I due cubi che costituiscono la struttura sono uniti dalla tromba delle scale; uno ospita la cucina e i garage, l'altro il soggiorno e lo studio. Le camere da letto si trovano al primo piano. Le vetrate offrono una vista spettacolare sul canyon e sul mare.

This palace of glass and steel does without any ornament. Desired side effect: bush fires pass it by. To the far left lies the bedroom, to the right the dual-level lounge with fantastic views.

Auf jede Art von Ornament verzichtet dieser Palast aus Glas und Stahl. Gewünschter Nebeneffekt: Er bietet Waldbränden wenig Angriffsfläche. Ganz links das Schlafzimmer, rechts die doppelstöckige Lounge mit fantastischer Aussicht.

Ce palais de verre et d'acier renonce à toute forme d'ornement inutile. Effet secondaire souhaité : ne laisser que peu de prise aux incendies de forêt. Tout à gauche, la chambre à coucher, à droite, le salon d'une hauteur de deux étages avec vue fantastique.

Este palacio de acero y cristal prescinde de todo lo innecesario. El efecto deseado es que los incendios forestales no tienen superficie para avanzar. A la izquierda, el dormitorio, a la derecha, la sala de estar de dos plantas con fantásticas vistas.

Questo palazzo di vetro e acciaio rinuncia a tutto ciò che è superfluo. Secondariamente, come desiderato, non offre nessun appiglio agli incendi boschivi. Tutto a sinistra la camera da letto, a destra la sala a due piani con lo spettacolare panorama.

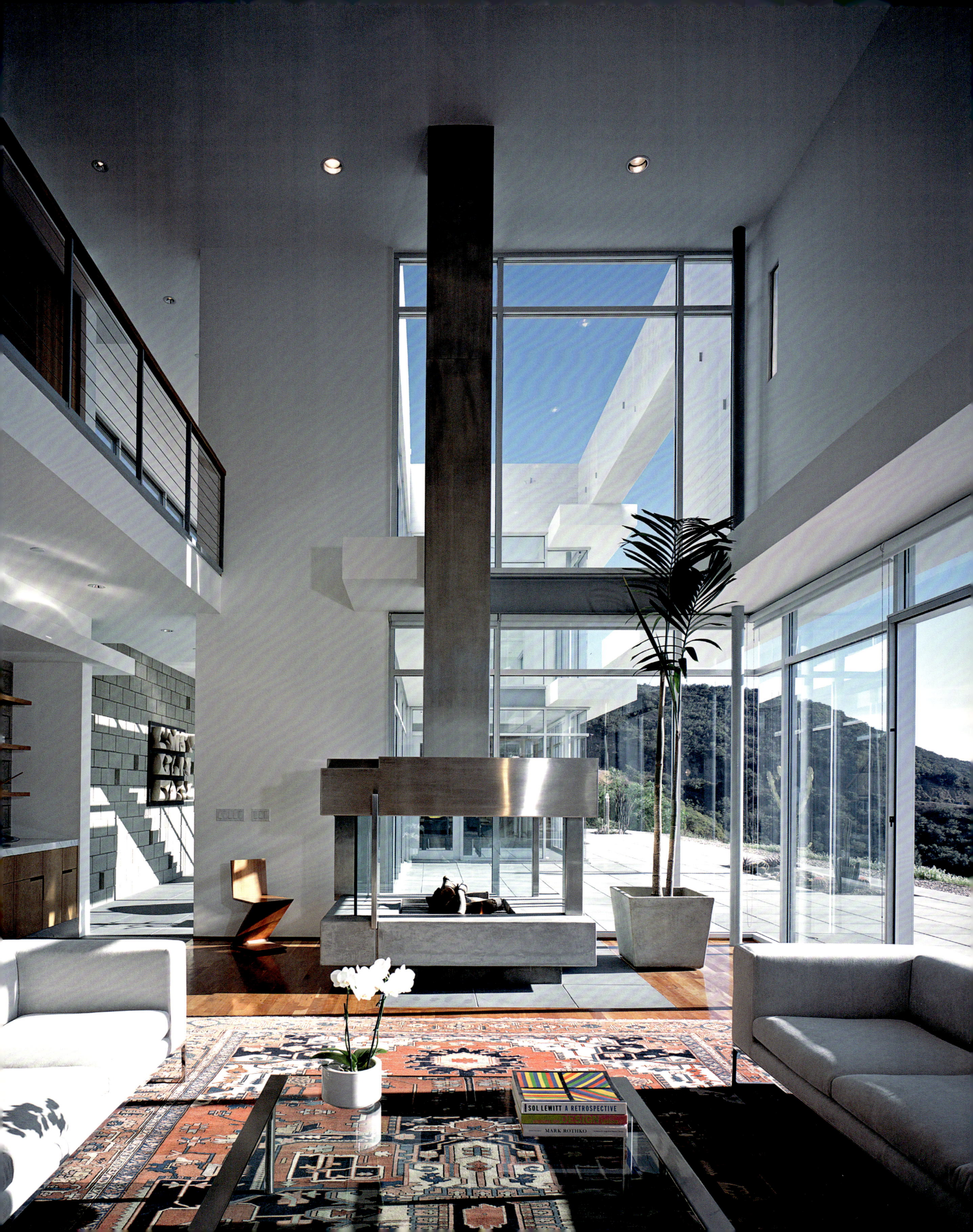
SOL LEWITT A RETROSPECTIVE
MARK ROTHKO

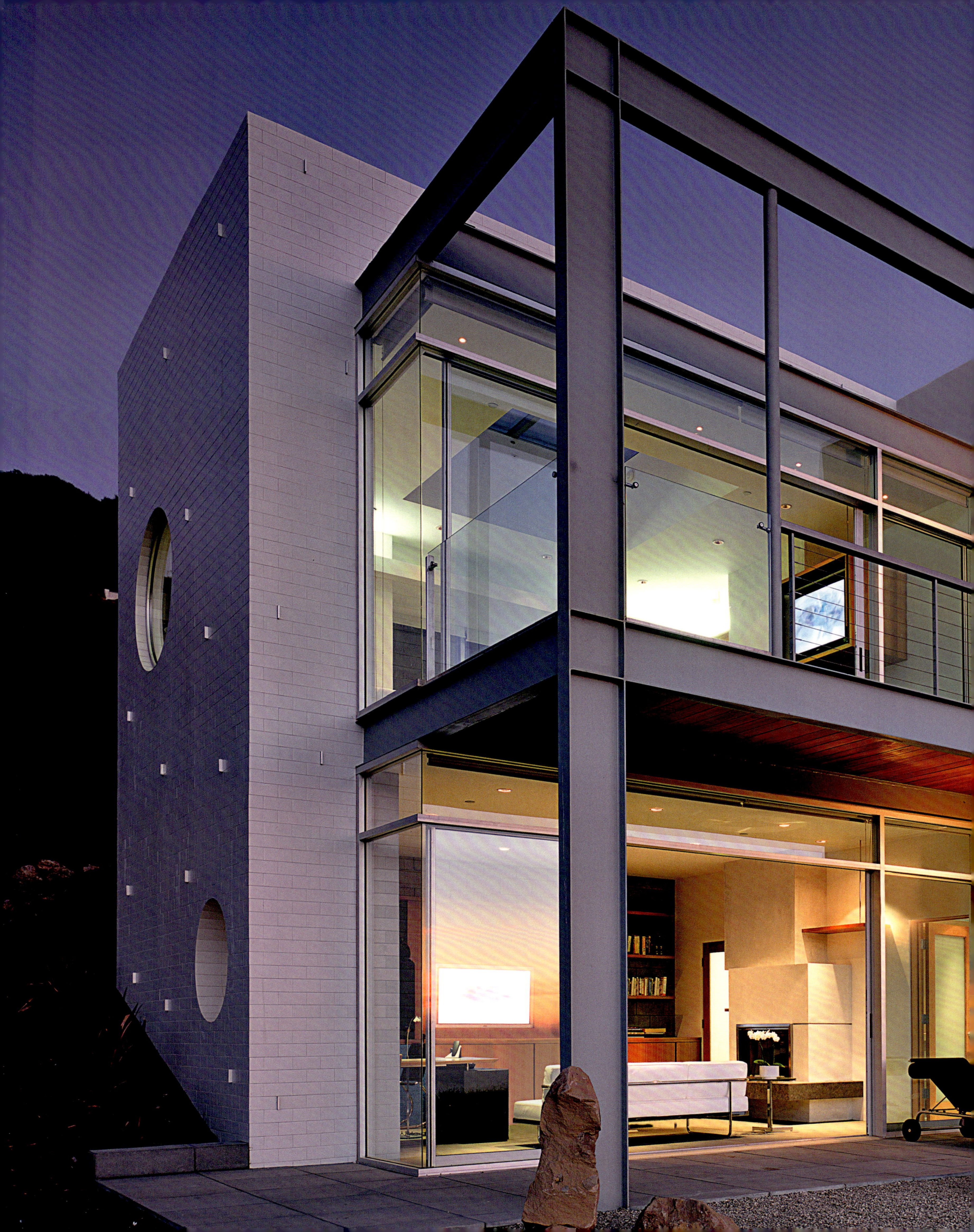

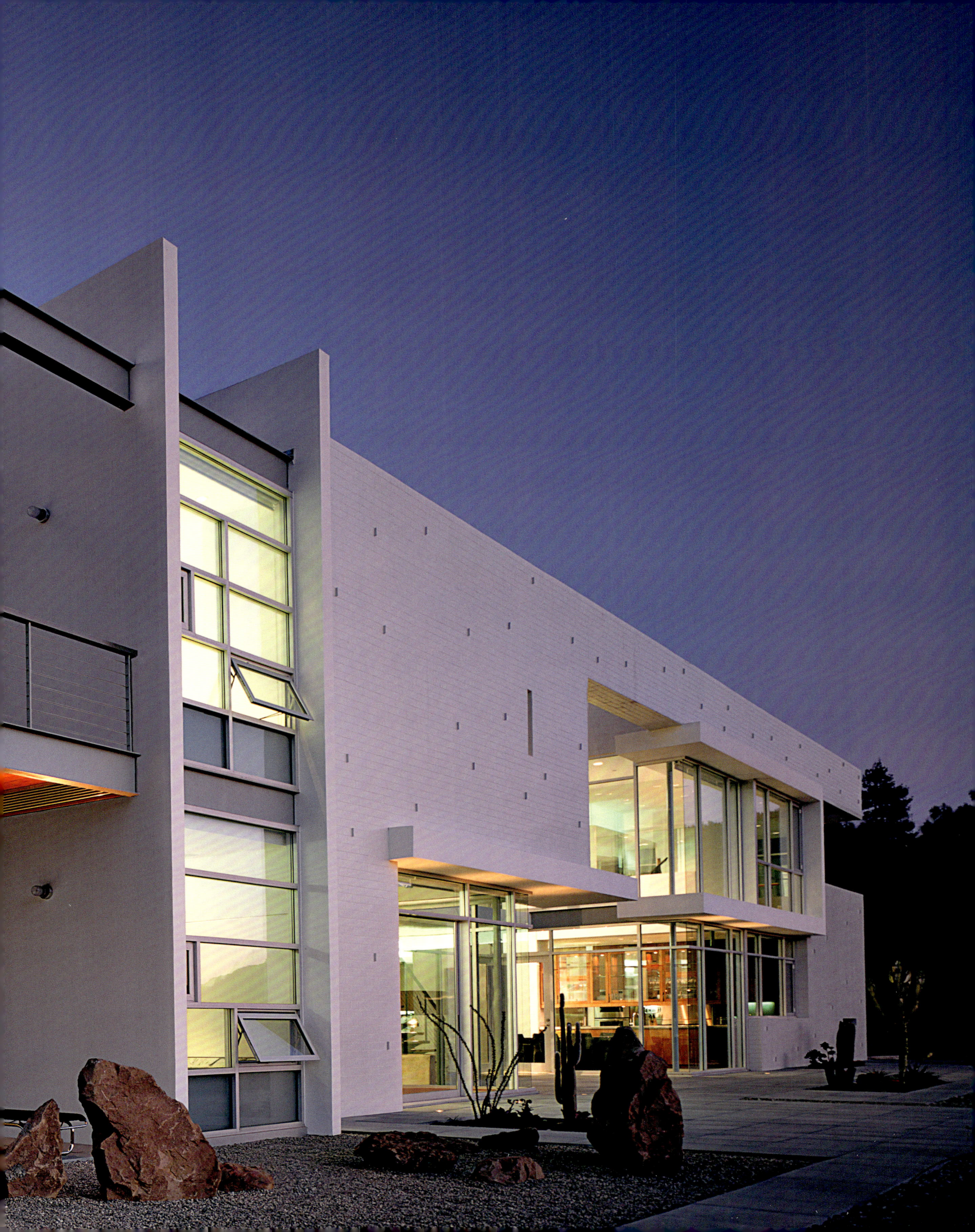

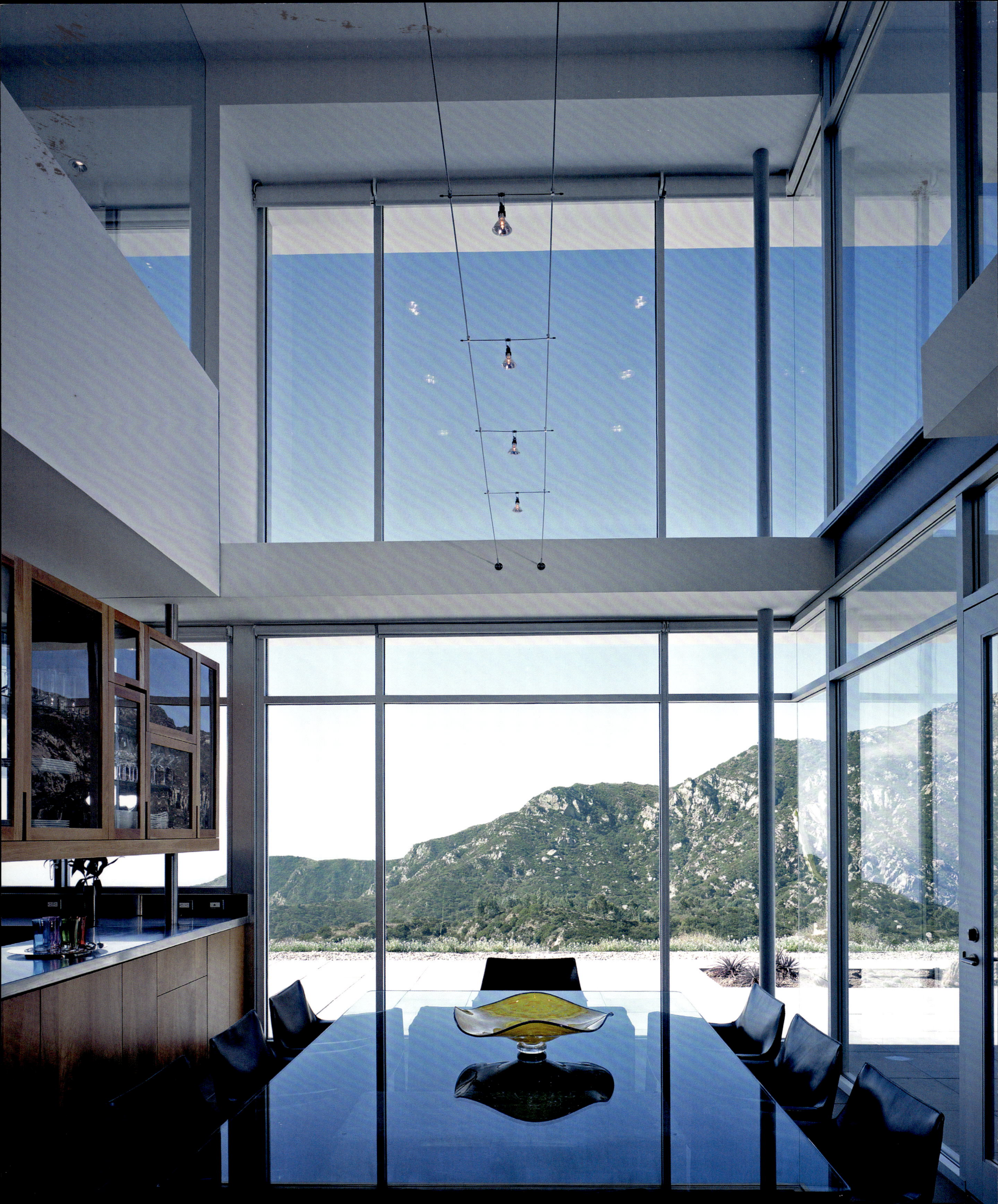

Dining room *and kitchen face the mountains. Clear lines and a lot of glass create a feeling of openness.*

Essbereich und *Küche sind zu den Bergen hin ausgerichtet. Klare Linien und viel Glas ergeben auch hier ein Gefühl von Offenheit.*

La salle *à manger et la cuisine sont orientées vers les montagnes. Ici aussi, les lignes claires et l'abondance du verre créent un tableau dégagé.*

El salón *comedor y la cocina están orientadas a las montañas. Líneas claras y abundante cristal crean un cuadro dan una sensación de amplitud.*

La zona *pranzo e la cucina sono orientati verso le montagne. Anche qui le linee pulite e l'abbondante uso di vetro comunicano una sensazione di apertura.*

Architect: Kanner Architects
Photos: John Edward Linden

This white bungalow lies on a secluded hill and proffers beautiful vistas of the dark blue Pacific Ocean and the mountains. Its minimalist style concentrates on the interplay between light and space, thus following Asian inspired aesthetics. Mahogany floors, doors, and wardrobes provide a stark contrast to the white exterior. Different room heights make the layout more dynamic; moving glass walls blur traditional borders between the interior and the exterior.

Auf einem abgeschiedenen Hügel liegend bietet dieser weiße Bungalow wunderschöne Aussichten auf den tiefblauen Pazifik und die Berge. Sein minimalistischer Stil konzentriert sich ganz auf das Zusammenspiel von Licht und Raum und folgt damit einer asiatisch inspirierten Ästhetik. Böden, Türen und Schränke aus Mahagoni bilden einen starken Kontrast zum Weiß des Exterieurs. Unterschiedliche Deckenhöhen verleihen der Raumaufteilung zusätzliche Dynamik; bewegliche Glaswände verwischen die Trennung zwischen Innen- und Außenbereich.

Située sur une colline isolée, ce bungalow blanc offre des vues magnifiques sur les eaux bleu profond du Pacifique et sur les montagnes. Son esthétique minimaliste se concentre sur un jeu de lumière et d'espace, suivant ainsi une esthétique d'inspiration asiatique. Les sols, les portes et les armoires en acajou contrastent fortement avec le blanc des murs extérieurs. Des hauteurs de plafond différentes confèrent à la distribution des pièces une dynamique complémentaire ; les parois de verre coulissantes estompent la séparation entre les espaces intérieur et extérieur.

Desde lo alto de una solitaria colina, este blanco bungalow ofrece unas espectaculares vistas sobre las montañas y el azul del Pacífico. Su estilo minimalista se concentra en combinar luz y espacio siguiendo así una estética de inspiración asiática. Los suelos, las puertas y los armarios de caoba crean un fuerte contraste con el blanco del exterior. Los techos, de diferentes alturas, suman dinámica a la distribución de los diferentes espacios. Paneles correderos de cristal difuminan la división entre el espacio interior y exterior.

Edificata su una collina isolata, questo bungalow bianco offre un panorama spettacolare sul blu intenso del Pacifico e sulle montagne. Lo stile minimalista si concentra interamente sull'interazione di luce e spazio e persegue in questo modo un'estetica di ispirazione asiatica. Pavimenti, porte e armadi in mogano creano un forte contrasto con il bianco degli esterni. Le altezze differenti dei soffitti conferiscono alla suddivisione degli spazi ulteriore dinamica, mentre le pareti mobili in vetro annullano la divisione tra interni ed esterni.

The exterior of this white bungalow drew its inspiration from the architecture of the Greek islands, while the interior and the garden borrowed from Japanese minimalist aesthetics.

Von der Architektur der griechischen Inseln ist das Exterieur des weißen Bungalows inspiriert, von der Ästhetik Japans sein minimalistisches Interieur und der Garten.

Si l'extérieur de ce bungalow blanc s'inspire de l'architecture des îles grecques, son intérieur minimaliste et le jardin s'inspirent quant à eux de l'esthétique japonaise.

El exterior del blanco bungalow se inspira en la arquitectua de las islas griegas; el interior minimalista y el jardín, en la estética japonesa.

Gli esterni di questo bungalow bianco si ispirano all'architettura delle isole greche, mentre gli interni minimalisti e il giardino si ispirano all'estetica giapponese.

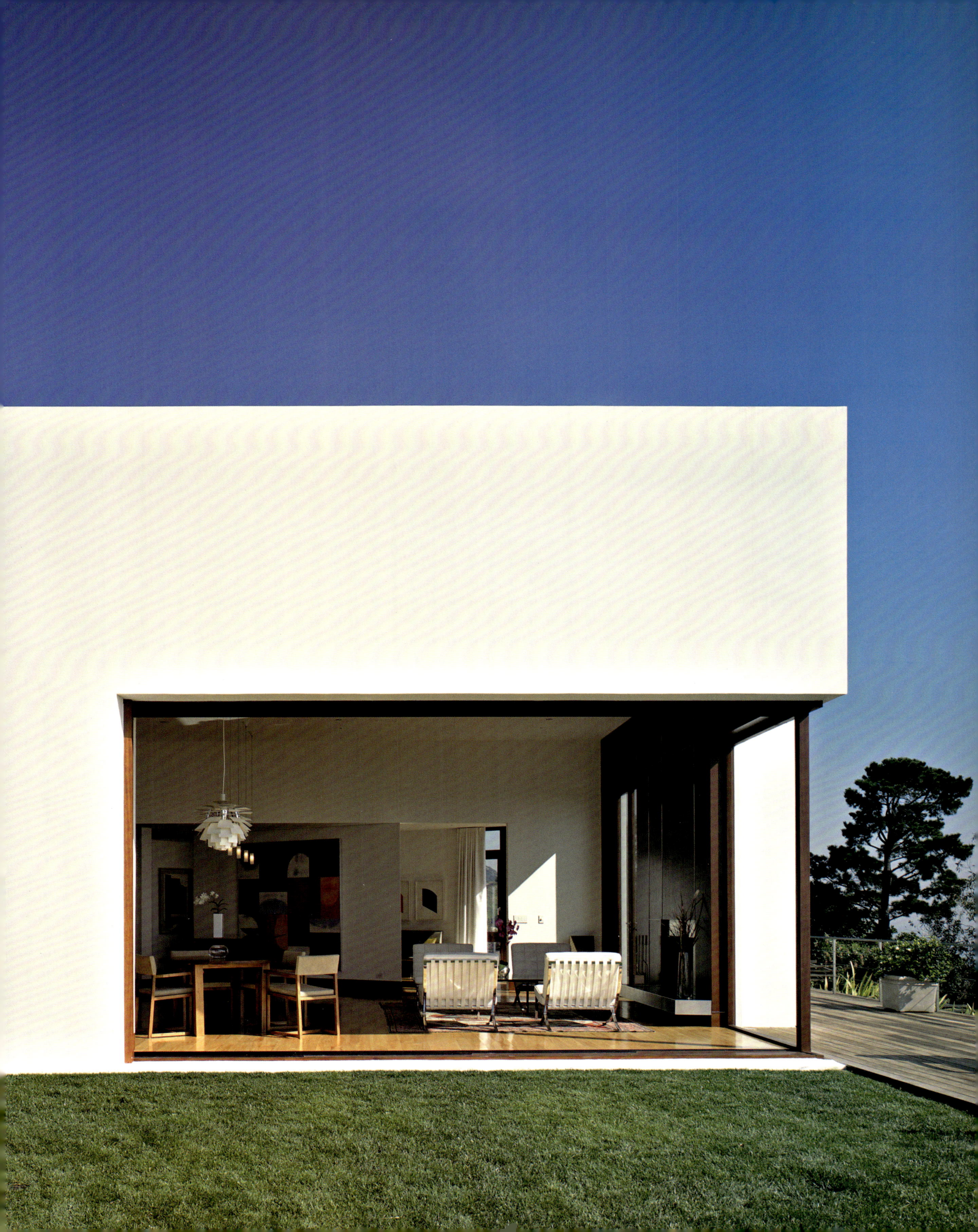

Mahogany floors and cabinets make the kitchen a welcoming place (a. l.). The entrance is reached via a patio (b. l.). The vista over the Pacific ocean is the property's greatest highlight (r.).

Die Küche wirkt durch Böden und Schränke aus Mahagoni besonders einladend (o. l.). Den Eingang erreicht man über einen Patio (u. l.). Der Blick auf den Pazifik ist der größte Trumpf des Hauses (r.).

Les sols et les placards en acajou de la cuisine lui confèrent beaucoup de charme (en h. à g.). On parvient à l'entrée en passant par le patio (en b. à g.). La vue sur le Pacifique est le meilleur atout de cette maison (à dr.).

La cocina con el suelo y los armarios de caoba resulta especialmente atractiva (ar. i.). La entrada es precedida por un patio (ab. i.). Las vistas sobre el Pacífico son el gran logro de esta casa (d.).

La cucina è particolarmente accogliente grazie ai pavimenti e agli armadi in mogano (in alto a sinistra). Dal patio si raggiunge l'ingresso (in basso a sinistra). Asso vincente della casa è la vista sul Pacifico (a destra).

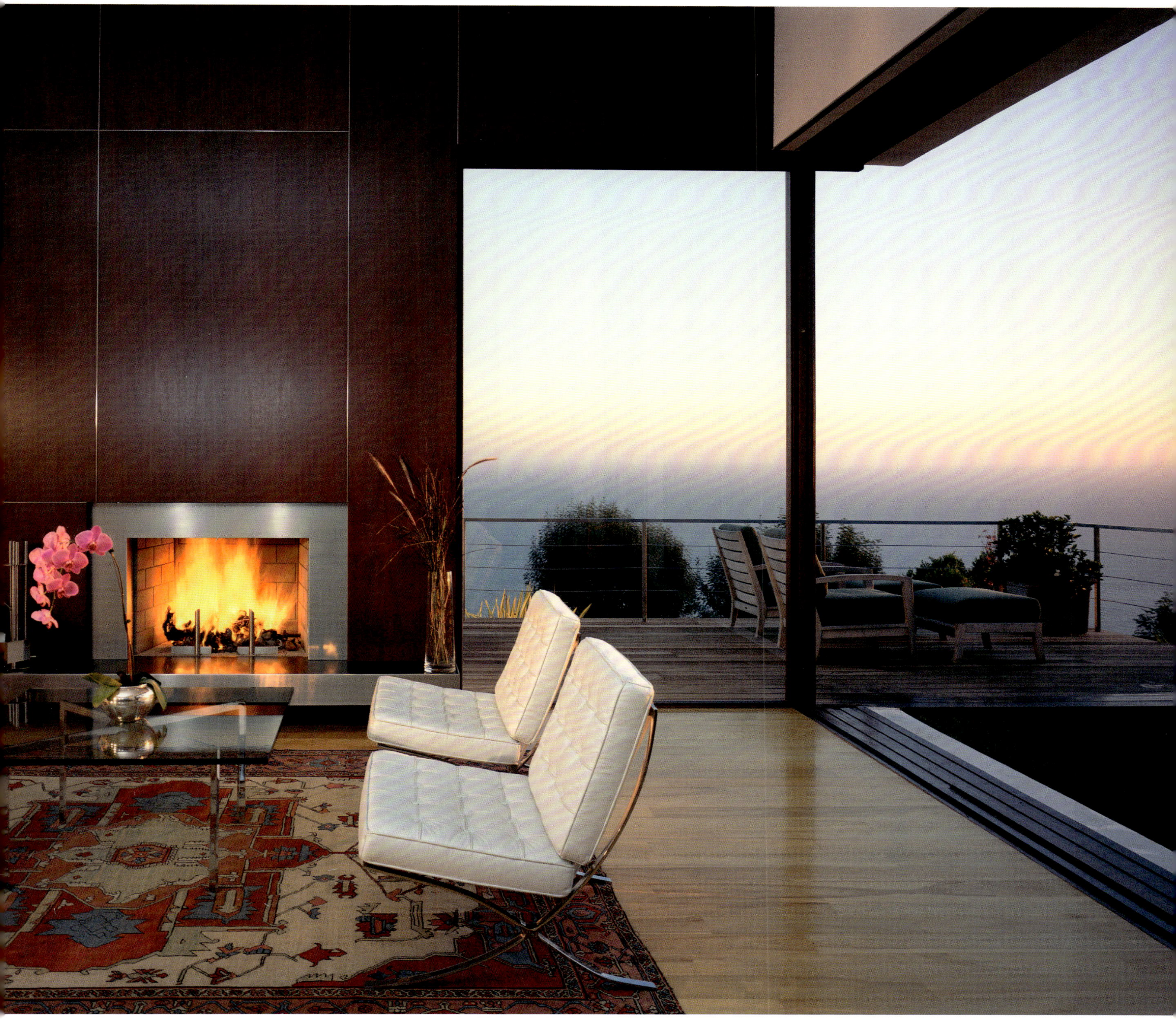

Architect: Studio Pali Fekete architects (SPF:a), Zoltan E. Pali, FAIA

Photos: Julius Shulman with Juergen Nogai (pp 215, 216),

John Edward Linden (pp 214, 217-219)

The Beuth Residence, whose four floors are artfully twined around a steep slope high above the city, offers downright unearthly views of Los Angeles. Alongside the spectacular vistas, diversion is offered in a fitness studio, professionally equipped kitchen, bar with dance floor, wine cellar, library, and a home cinema—after all, Hollywood is only around the corner. The interior perfectly reflects the grand views: instead of blocking the vistas, the modern design accentuates them. Contemporary art completes the overall atmosphere.

Geradezu überirdische Aussichten auf Los Angeles bietet die Beuth Residence, deren vier Etagen sich wie ein Kunstwerk um einen Steilhang hoch über der Stadt winden. Falls man doch einmal den Blick abwenden mag, sorgen Fitnessraum, Profiküche, Bar mit Tanzfläche, Weinkeller, Bibliothek und ein Heimkino – Hollywood ist schließlich nahe – für Abwechslung. Das Interieur ist der Grandezza der Aussicht nachgeordnet: Das moderne Design verstellt keine Blicke, sondern akzentuiert sie. Dazwischen findet sich immer wieder zeitgenössische Kunst.

C'est tout simplement une vue surnaturelle sur Los Angeles qui s'ouvre de la résidence Beuth dont les quatre étages s'enroulent comme une œuvre d'art autour d'un escarpement qui s'élève au-dessus de la ville. Mais si l'on désire détourner le regard et se changer les idées, il y a aussi un centre de fitness, une cuisine professionnelle, un bar avec piste de danse, une cave à vins, une bibliothèque et un cinéma – après tout, Hollywood est tout près. L'intérieur est à l'image de la grandeur de la vue. Le design moderne ne barre pas la vue, au contraire : il la met en évidence. Ici et là, on trouve des œuvres d'art contemporain.

La Residencia Beuth ofrece vistas sobreterrenales de la ciudad de Los Ángeles. Las cuatro plantas se enroscan en un declive por encima de la ciudad como si de una obra de arte se tratara. Si se consigue apartar la mirada de estas vistas, el gimnasio, la amplia cocina, el bar con pista de baile, la bodega, la biblioteca y un cine privado (al fin y al cabo Hollywood está muy cerca) ofrecen entretenimiento asegurado. El interior se supedita a la grandeza de las vistas. El moderno diseño no desajusta las vistas sino las acentúa. En el interior se disfruta de piezas de arte contemporáneo.

Beuth Residence offre vedute quasi ultraterrene di Los Angeles. I suoi quattro piani si stagliano sopra la città da un pendio come se fossero un'opera d'arte. Tuttavia, qualora si voglia rivolgere la propria attenzione ad altro, la palestra, la cucina professionale, il bar con una pista da ballo, la biblioteca e il cinema domestico (in fondo Hollywood è vicina) offrono ogni possibile svago. Gli interni sono subordinati alla grandiosità del paesaggio: il design moderno non distoglie l'attenzione dal panorama, anzi lo esalta. I locali sono disseminati di opere d'arte contemporanea.

Almost a piece of art: the villa towers above the steep slope. The upper teak-paneled level appears to float above the lower one (l.). The views of Los Angeles are breathtaking (r.).

Fast schon ein Kunstwerk: Die Villa ragt über den Steilhang hinaus. Die obere, mit Teak verkleidete Ebene scheint über der unteren zu schweben (l.). Großartig ist die Aussicht auf Los Angeles (r.).

C'est déjà presque une œuvre d'art : la villa surplombe un escarpement. L'étage supérieur avec ses revêtements en teck, semble flotter au-dessus de l'étage inférieur (à g.). La vue sur Los Angeles est grandiose (à dr.).

Casi una obra de arte: la villa se asoma sobre la pendiente. La planta superior revestida en madera de teca parece flotar sobre la planta inferior (i.). Las vistas sobre Los Angeles son fantásticas (d.).

Quasi un'opera d'arte: questa villa sporge dal pendio. Il piano superiore, rivestito in tek, sembra fluttuare su quello inferiore (a sinistra). Magnifica la vista su Los Angeles (a destra).

Beuth Residence *West Hollywood, California, USA*

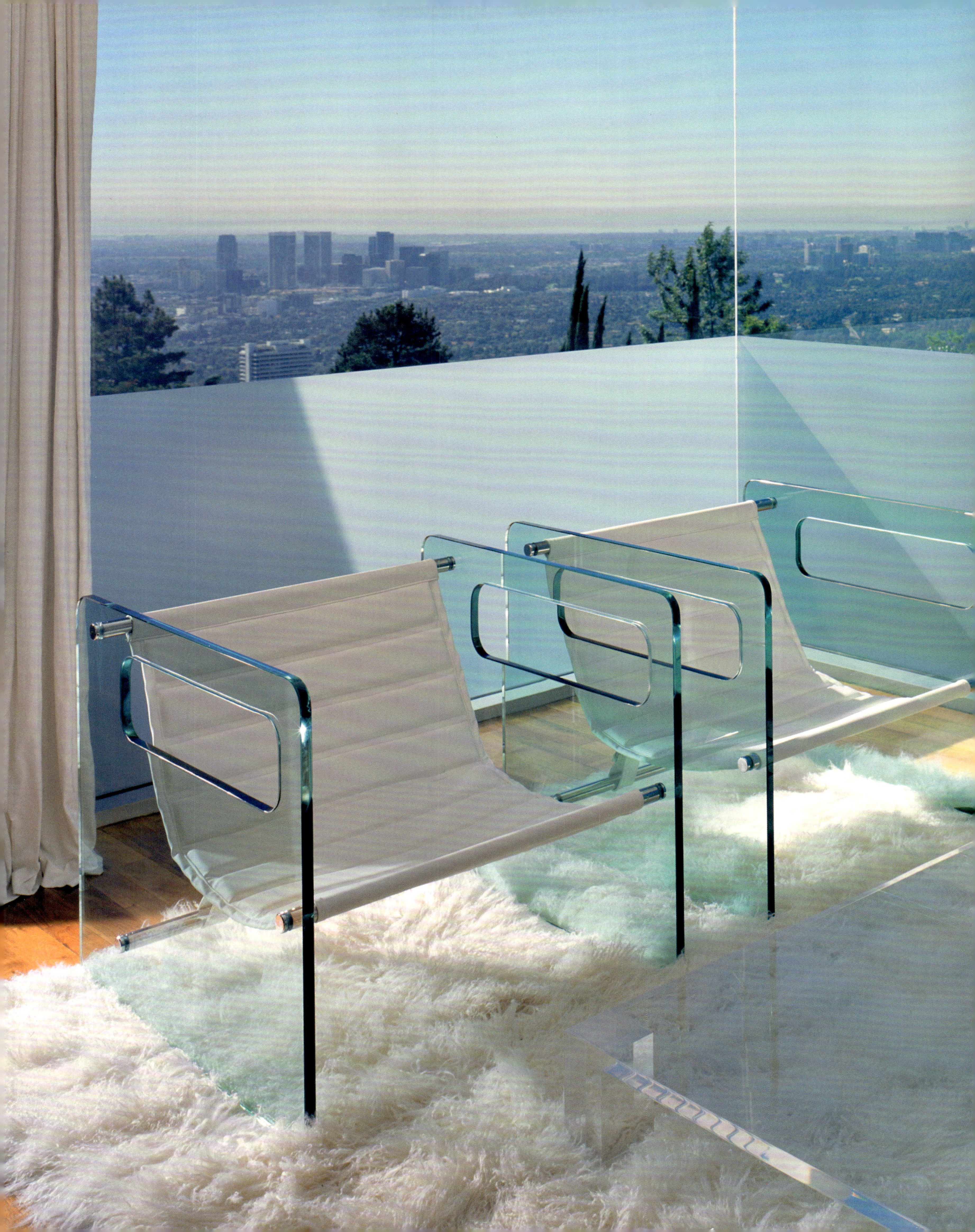

Who would want to watch television? The living room proffers an awe inspiring vista over the illuminated city (l.). The bedroom (a. r.) and the bathroom (b. r.) offer further views as well as access to the outside.

Wer wollte da den Fernseher einschalten – das Wohnzimmer öffnet einen überwältigenden Panoramablick auf die Lichter der Stadt (l.). Weitere Aussichten sowie Zugang ins Freie bieten das Schlafzimmer (o. r.) und das Bad (u. r.).

Qui voudrait là allumer la télévision alors que la salle de séjour offre un panorama époustouflant sur les lumières de la ville (à g.). De la chambre à coucher (en h. à dr.) et de la salle de bains (en b. à dr.), on a d'autres points de vue ainsi qu'un accès à l'extérieur.

¿Quién querría aquí ver la televisión? El salón se abre ante un panorama impresionante sobre las luces de la ciudad (i.). El dormitorio (ar. d.) y el cuarto de baño (ab. d.) ofrecen también maravillosas vistas y acceso al espacio exterior.

A chi verrebbe mai in mente di accendere la televisione? Il soggiorno si schiude sul panorama mozzafiato delle luci della città (a sinistra). La camera da letto (in alto a destra) e il bagno offrono ulteriori vedute e accesso all'esterno (in basso a destra).

Beuth Residence West Hollywood, California, USA

Beuth Residence *West Hollywood, California, USA*   217

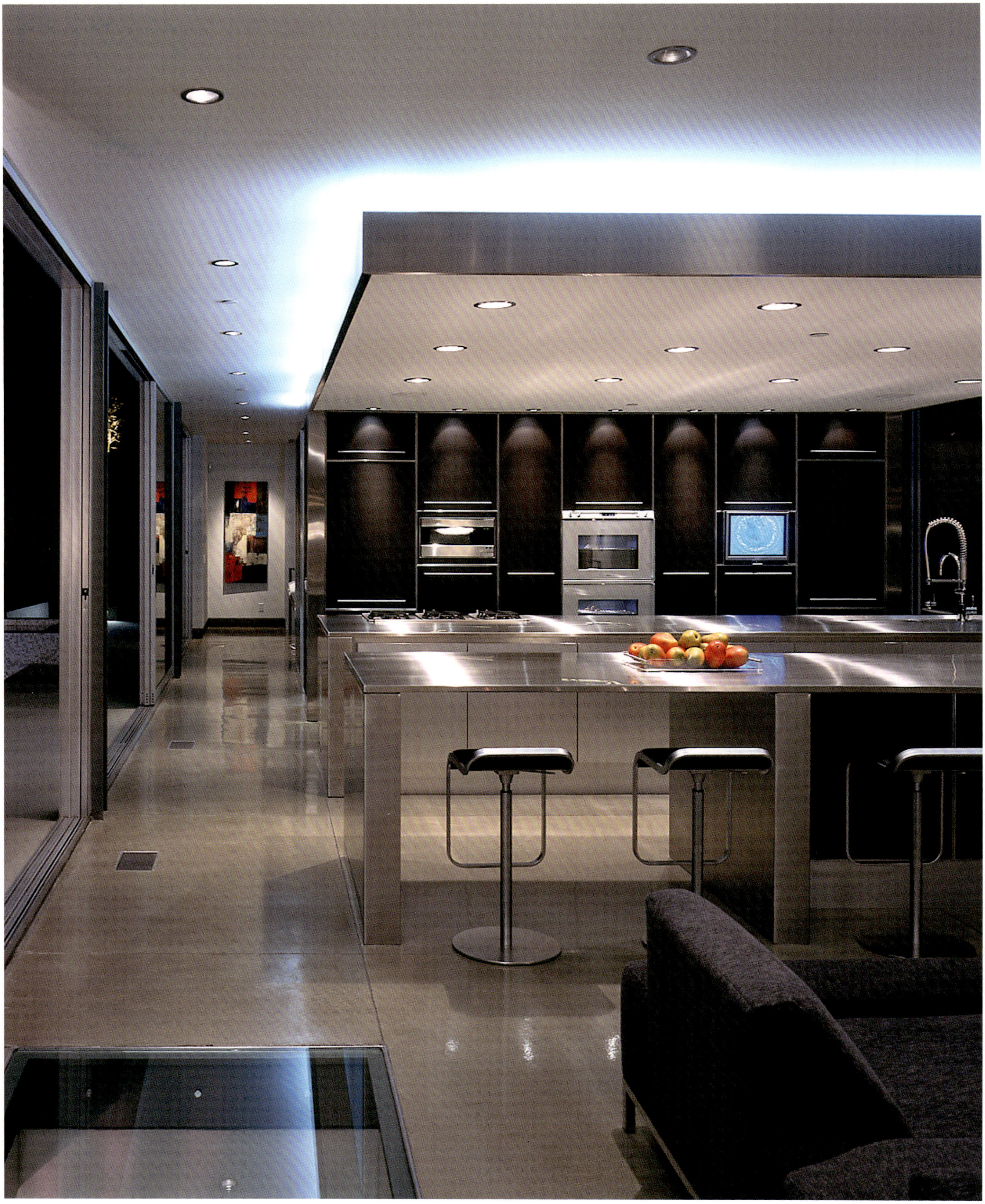

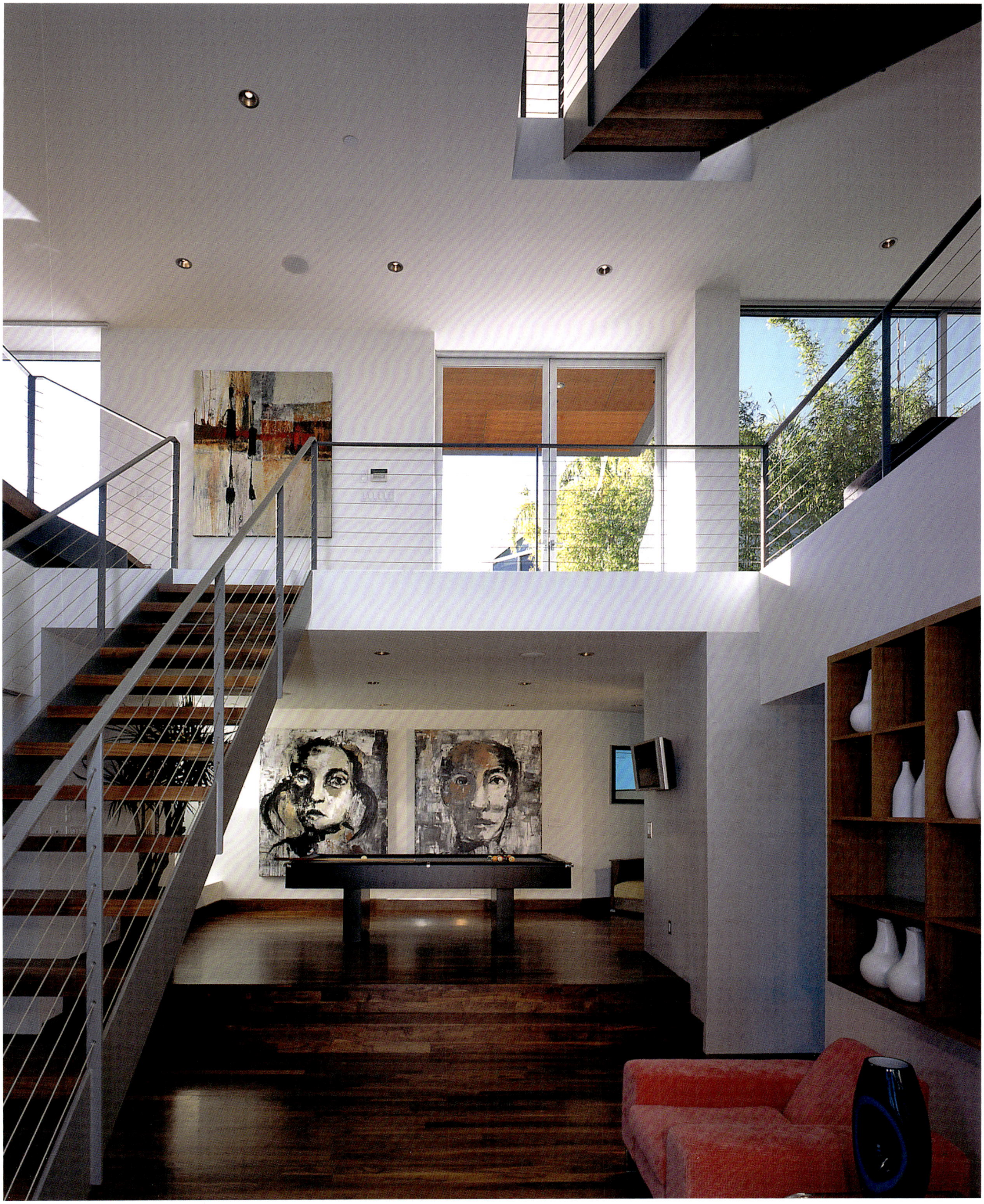

Architect: Studio Pali Fekete architects (SPF:a), Zoltan E. Pali, FAIA
Photos: John Edward Linden

The fantastic view over San Fernando Valley convinced the planners to use the outside areas as extended living spaces. The extensive terrace with its infinity pool can replace the most beautiful salon. The living quarters—for parents, children, and studies—lead to their own airy patio. Glass fronts in each room open up to afford grand views. Clear lines and materials such as glass and aluminum give this villa a peaceful, yet strong aura.

Der fantastische Blick über das San Fernando Valley legte bei diesem Haus die Nutzung der Außenflächen als Wohnraum geradezu zwingend nahe. Die weite Terrasse mit dem Infinity-Pool kann den schönsten Salon ersetzen. Jeder Wohnbereich – der für die Eltern, die Kinder und der zum Arbeiten – führt auf einen eigenen, luftigen Patio. Glasfronten öffnen die verschiedenen Wohnräume optisch nach draußen und bieten eine großartige Aussicht. Klare Linien und Materialien wie Glas und Aluminium verleihen dieser Villa eine ruhige und zugleich kraftvolle Ausstrahlung.

La vue fantastique sur la San Fernando Valley suggérait impérativement d'utiliser les espaces extérieurs comme pièces de séjour. La terrasse spacieuse avec la piscine à débordement peut remplacer le plus beau des salons. Toutes les pièces d'habitation, qu'il s'agisse de celles des parents, des enfants ou du bureau, ont leur propre patio bien aéré. Sur le plan visuel, les façades en verre ouvrent les différentes pièces sur l'extérieur et offrent une vue grandiose. Les lignes claires et les matériaux tels que le verre et l'aluminium font que cette villa donne une impression de calme et de puissance à la fois.

Las fantásticas vistas sobre el Valle de San Fernando hicieron de carácter casi obligatorio que las superficies exteriores se utilizaran como vivienda. La amplia terraza, con una piscina que parece infinita, puede reemplazar al más bello de los salones. Cada una de las zonas, la de los padres, la de los niños y la de trabajo, se abren a su propio patio. Los ventanales frontales parecen volcar el espacio interior hacia las espectaculares vistas que ofrecen. Líneas claras y materiales como el cristal y el alumnio dan a esta villa un carácter tranquilo a la vez que enérgico.

La fantastica vista sulla San Fernando Valley di cui gode questa casa, ha praticamente costretto a utilizzare le superfici esterne come spazio abitativo. L'ampia terrazza e la piscina a filo con l'orizzonte possono sostituire il più bello dei saloni. Ciascuno spazio abitativo (quello per i genitori, quello per i bambini e quello per lavorare) conduce a un arioso patio proprio. Le facciate vetrate aprono visivamente verso l'esterno i diversi spazi e offrono una visuale magnifica. Linee pulite e materiali quali il vetro e l'alluminio fanno sì che questa villa emani al tempo stesso tranquillità ed energia.

Broad glass fronts guarantee fantastic vistas (l.). The various living areas branch off from the hall, which forms the backbone of the house (r.).

Weite Glasfronten garantieren fantastische Aussichten (l.). Vom Korridor, dem Rückgrat des Hauses, zweigen die unterschiedlichen Wohnbereiche ab (r.).

De larges façades en verre permettent d'avoir des vues magnifiques (à g.). C'est du corridor, qui est comme la colonne vertébrale de l'ensemble, que s'ouvrent les différents espaces d'habitation (à dr.).

Los amplios ventanales garantizan magníficas vistas (i.). Desde el corredor, espina dorsal de la casa, se ramifican los distintos espacios (d.).

Le ampie vetrate garantiscono magnifiche vedute (a sinistra). Dal corridoio, spina dorsale della casa, si diramano i vari spazi abitativi (a destra).

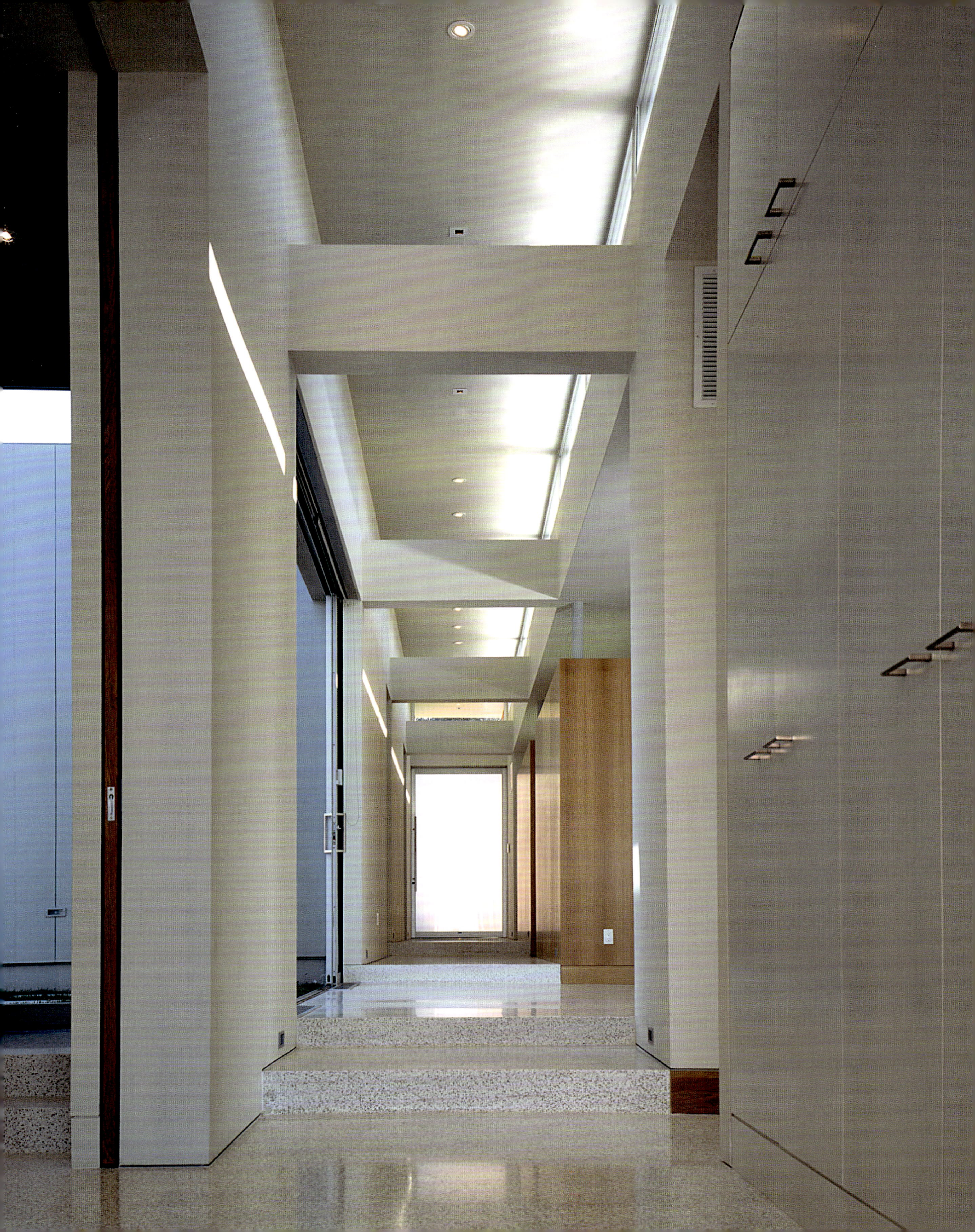

Prime seat: the pool deck (a. l.) on the main patio. The dining room, too, is dominated by the view of its very own patio (b. l.). The bathrooms are both functional and elegant (middle). Open spaces are arranged so as to make optimal use of the cooling breeze coming from the valley (r.).

Logenplatz: das Pooldeck (o. l.) im Haupt-Patio. Auch im Esszimmer dominiert der Blick in den dazugehörigen Patio (u. l.). Die Bäder sind zugleich funktional und elegant (Mitte). Die Höfe sind so angelegt, dass sie die Brisen vom Tal zur Kühlung nutzen (r.).

Une véritable place de loge : la terrasse au bord de la piscine dans le patio principal (en h. à g.). Dans la salle à manger aussi, on a vue sur le patio qui lui est attenant (en b. à g.). La salle de bains est fonctionnelle et élégante (au centre). Les cours sont aménagées de telle sorte que la brise venant de la vallée les rafraîchisse (à dr.).

Como en un palco: la piscina cubierta (ar. i.) en el patio principal. También la cocina disfruta de las vistas de su propio patio (ab. i.). Los cuartos de baño son elegantes y a la vez funcionales (centro). Los patios están distribuidos de tal modo que las brisas del valle ventilan la casa (d.).

Un posto in prima fila: il bordo della piscina (in alto a sinistra) nel patio principale. Anche la sala da pranzo si affaccia sul relativo patio (in basso a sinistra). I bagni sono eleganti e pratici al tempo stesso (al cento). Le corti sono disposte in maniera tale da sfruttare le brezze della valle per rinfrescare l'ambiente (a destra).

Brosmith Residence *Beverly Hills, California, USA*

Brosmith Residence *Beverly Hills, California, USA*   223

Architects: Steven Ehrlich Architects
Photos: Juergen Nogai

This house with its staggered levels leaning against the slope offers plenty of light, a lot of space for working, and well-lit rooms for the resident artist's large-format pieces. The composition of the house is a dance of cubic volumes, vertical stucco masses, and floating roof planes that reinforce the open floor plan; walls bathed in ambient light showcase the resident's work while the stucco masses form sculptural backdrops for the fireplaces, playing off warm wood and stone floors, dispelling any museum like qualities.

Auf mehreren versetzten Ebenen bietet dieses am Hang gelegene Haus viel Licht, viel Platz zum Arbeiten und gut ausgeleuchtete Räume für die großformatigen Werke der hier lebenden Künstlerin. Die Komposition des Hauses ist ein Reigen aus kubischen Volumen, vertikalem Verputz und schwebenden Dachflächen, der den offenen Grundriss betont. Auf den in Raumlicht getauchten Wänden sind die Werke der Besitzerin ausgestellt, während der Verputz einen skulpturalen Hintergrund für die Kamine bildet und warme Holz und Steinböden gegeneinander ausgespielt werden, sodass diesem Haus nichts Museales anhaftet.

Construite sur plusieurs niveaux décalés, cette maison, située sur un terrain en pente, offre beaucoup de lumière, beaucoup de place pour travailler et des pièces bien éclairées pour accueillir les œuvres de grand format de l'artiste qui vit ici. La composition de la maison est une véritable farandole de volumes cubiques, de crépis verticaux et de surfaces de toit flottantes, soulignant encore davantage l'ouverture du plan horizontal. Aux murs baignés de lumière ambiante sont exposées les œuvres de la propriétaire, tandis que le crépi forme un arrière-plan sculptural pour les cheminées et que les sols chaleureux en pierre et en bois sont joués les uns contre les autres, de sorte que cette maison n'a rien d'un musée.

Situada en una ladera, esta casa de varias plantas distribuídas en diferentes niveles, tiene mucha luz y ofrece un amplio espacio para trabajar y ámbitos bien iluminados que albergan obras de arte de gran formato creadas por la artista propietaria de la casa. La composición de la casa es una danza de volúmenes cúbicos, masas verticales de estuco y superficies suspendidas del techo que enfatizan la estructura abierta. Sobre las paredes iluminadas se exponen los cuadros de la propietaria, mientras que el estuco ofrece un fondo escultural a la chimenea. Los suelos de madera y de piedra se contraponen restándole a la casa carácter de museo.

Questa casa, articolata in più piani sfalsati ed edificata su un pendio, offre una grande quantità di luce, molto spazio per lavorare e sale ben illuminate per le opere di grande formato dell'artista che vi risiede. La composizione della casa è una danza di volumi cubici, di masse verticali di stucco e di superfici sospese per il tetto che enfatizzano la struttura aperta della pianta. Alle pareti, illuminate di luce dall'ambiente sono esposti i quadri della proprietaria, mentre le superfici stuccate offrono uno sfondo scultorio ai camini, giocando sul contrasto tra il calore del legno e la pietra del pavimento ed evitando di creare un'atmosfera da museo.

The lack of conventional structures such as rooms and floors and the resulting spaciousness characterize this house. The walls serve more as exhibition space rather than partitions.

Jede Menge Platz und die Abwesenheit konventioneller Strukturen von Räumen und Etagen machen den Charakter dieses Hauses aus. Die Wände sind hier weniger als Raumteiler denn als Ausstellungsfläche gedacht.

Abondance de place et absence d'agencement traditionnel des pièces et des étages : voilà ce qui caractérise cette maison. Ici, les murs n'ont pas pour fonction de séparer les pièces mais d'offrir des surfaces d'exposition.

Amplitud de espacio y ausencia de estructuras convencionales en la distribución de habitaciones y plantas marcan el carácter de esta casa. Las paredes han sido concebidas más como espacio de exposición que como elemento de separación.

Gli enormi spazi e la totale assenza delle strutture, dei piani e degli spazi tradizionali formano il carattere di questa casa. Qui le pareti non sono tanto pensate come elementi divisori, ma come superfici espositive.

Boxenbaum Residence *Beverly Hills, California, USA*

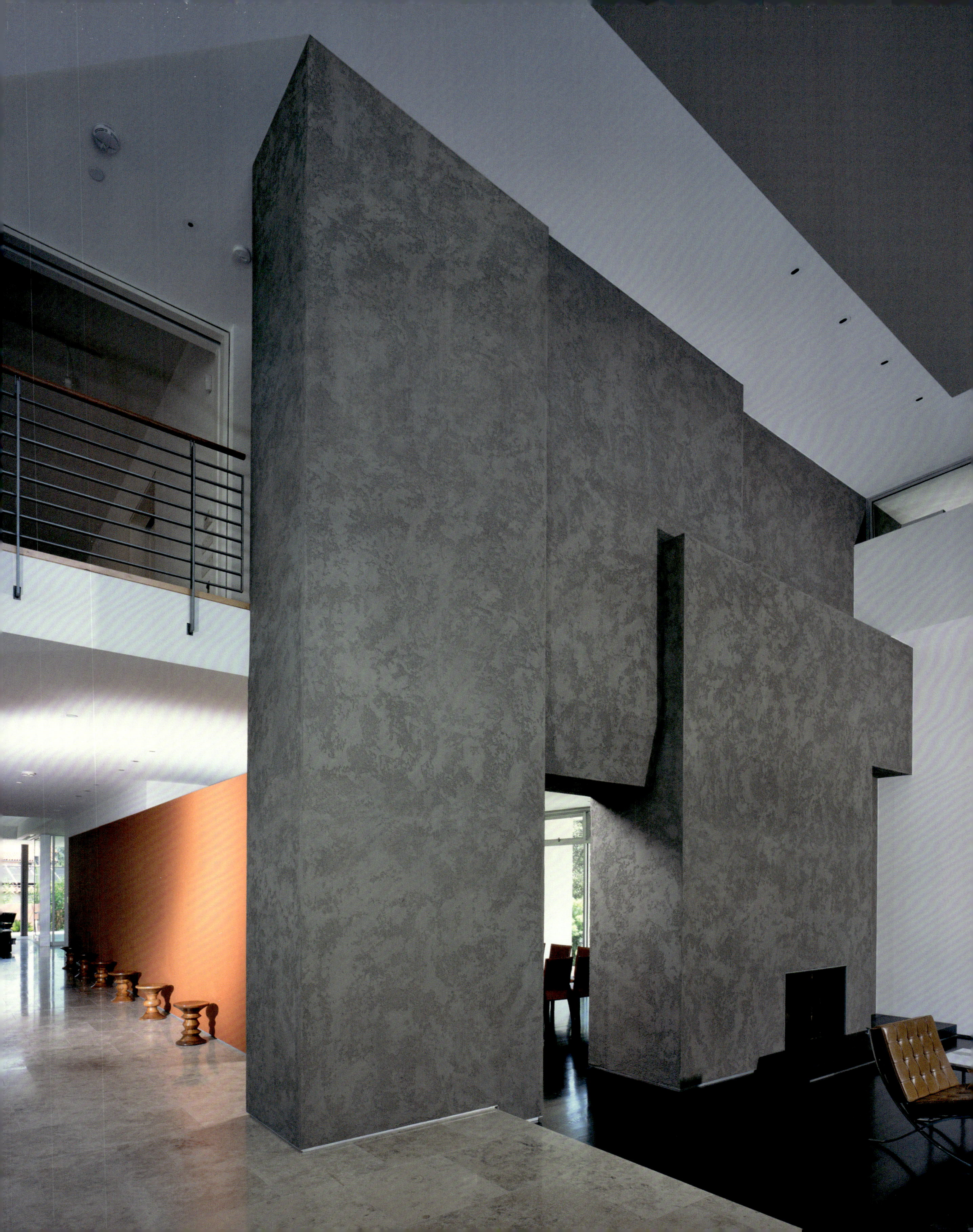

Light floods the rooms—even the staircase (l.). While the lower level is partly dug into the slope, the living area opens up to the surrounding gardens (r.).

Licht durchflutet alle Räume – auch das Treppenhaus (l.). Während die untere Ebene teilweise in den Hang eingebettet ist, öffnet sich die des Wohnbereichs ganz der Landschaft (r.).

Toutes les pièces sont baignées de lumière – y compris la cage d'escalier (à g.). Tandis que l'étage inférieur s'enfonce en partie dans la pente, celui où se trouve la salle de séjour s'ouvre largement sur le paysage (à dr.).

Todos los espacios, incluída la escalera (i.), están generosamente iluminados. Mientras la planta inferior está, en parte, anclada en la ladera, la planta dedicada a la vivienda se abre totalmente al panorama (d.).

La luce inonda tutti gli ambienti compresa la tromba delle scale (a sinistra). Mentre il piano inferiore è in parte interrato nel pendio, il piano occupato dagli spazi abitativi si schiude completamente sul paesaggio (a destra).

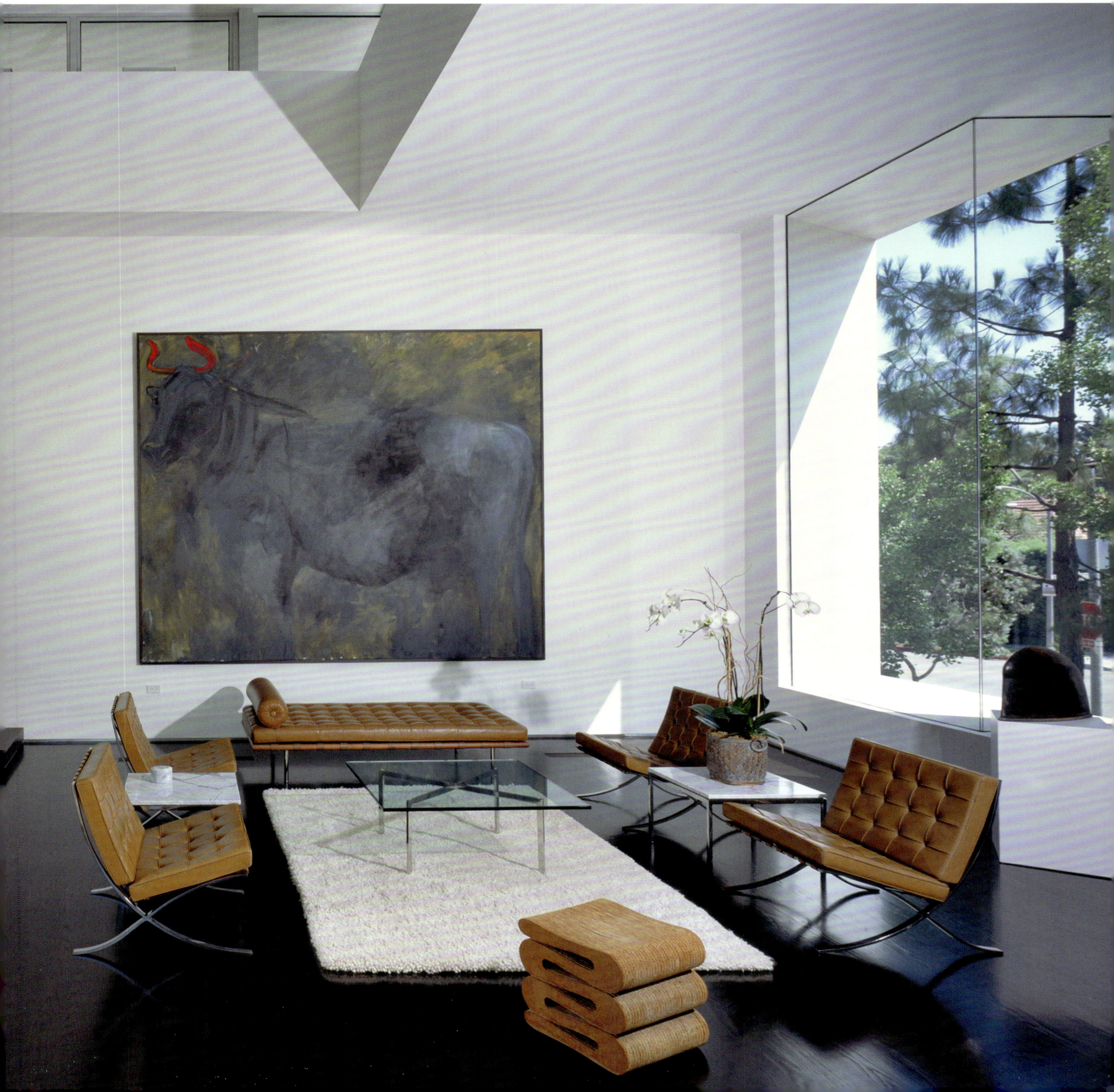

Architect: Steven Ehrlich Architects

Photos: Erhard Pfeiffer (pp 228, 229, 231, 232),
Julius Shulman & Juergen Nogai (p 230), Grey Crawford (p 233)

Akin to California itself, this futuristic house in Venice, which is located half a mile from the Pacific Ocean, breaks the boundaries between the interior and the exterior with its sunny interior diffused with light. Naturally weathering materials such as Corten steel and wood as well as the mild climate enable half-open rooms; the 26-feet-high living and dining room can be opened up on three sides. Expansive glass, open stairs, and an exposed masonry wall further contribute to the feeling of being outside. However, the building, together with its enclosed garden, conveys a high degree of security.

Wie Kalifornien selbst ist dieses futuristische, 800 Meter vom Pazifik in Venice gelegene Haus, das die Grenzen zwischen innen und außen auflöst, von Sonne und Licht durchflutet. Natürlich verwitternde Materialien wie Cortenstahl und Holz und das milde Klima ermöglichen halboffene Räume; der acht Meter hohe Wohn- und Essraum lässt sich sogar an drei Seiten öffnen. Viel Glas, offene Treppen und Sichtmauerwerk befördern darüber hinaus das Gefühl, sich im Freien zu befinden. Trotzdem vermittelt der Bau, ebenso wie der abgeschlossene Garten, ein hohes Maß an Geborgenheit.

Tout comme la Californie, cette maison futuriste, située à Venice, à 800 mètres du Pacifique et dans laquelle les frontières entre l'intérieur et l'extérieur disparaissent, est baignée de soleil et de lumière. Des matériaux qui s'effritent naturellement tels que l'acier Corten et le bois ainsi que la douceur du climat permettent de laisser les pièces entrouvertes. La salle de séjour-salle à manger d'une hauteur sous plafond de huit mètres peut même s'ouvrir sur trois côtés. L'abondance du verre, les cages d'escaliers ouvertes ainsi que les murs de briques apparentes donnent l'impression de se trouver en plein air. Toutefois, le bâtiment, tout comme le jardin clôturé, confèrent un fort sentiment de sécurité.

Al igual que la misma California, esta casa de estilo futurista situada a 800 metros del Pacífico elimina los límites entre interior y exterior y está llena de sol y de luz. Materiales para la interperie como el acero COR-TEN la madera y el cálido clima hacen posible la existencia de espacios semiabiertos: el salón comedor, de ocho metros de altura, queda abierto en tres zonas diferentes. Numerosos ventanales, escaleras abiertas y paredes de piedra transmiten la sensación de espacio abierto. Aùn así, tanto la casa como el jardín privado resultan realmente acogedores.

Come la stessa California, anche questa casa, che è situata a Venice a 800 metri dal Pacifico e annulla i confini tra interni ed esterni, è inondata di luce e sole. Materiali che cambiano naturalmente il loro aspetto sotto l'influsso delle intemperie, quali l'acciaio COR-TEN e il legno, e il clima mite consentono spazi semiaperti. Il soggiorno e sala da pranzo alto otto metri è aperto addirittura su tre lati. Ampie superfici in vetro, le scale aperte e le pareti in pietra a vista amplificano la sensazione di trovarsi all'aperto, ma nonostante ciò, l'edificio e il giardino chiuso comunicano un profondo senso di sicurezza.

The whole design exudes air and space. The rooms open up to let in the outside.

Luft und Raum suggeriert die gesamte Architektur des Hauses, dessen Räume sich flexibel nach außen öffnen lassen.

Air et espace, voilà ce que suggère toute l'architecture de cette maison dont les pièces peuvent s'ouvrir à volonté sur l'extérieur

El conjunto arquitectónico de esta casa sugiere ventilación y espacio. Las habitaciones pueden abrirse hacia el exterior.

L'intera concezione architettonica della casa, con le sue stanze che si aprono in maniera flessibile sull'esterno, comunica un senso di ariosità e di spazio.

700 Palms Residence *Venice, California, USA*

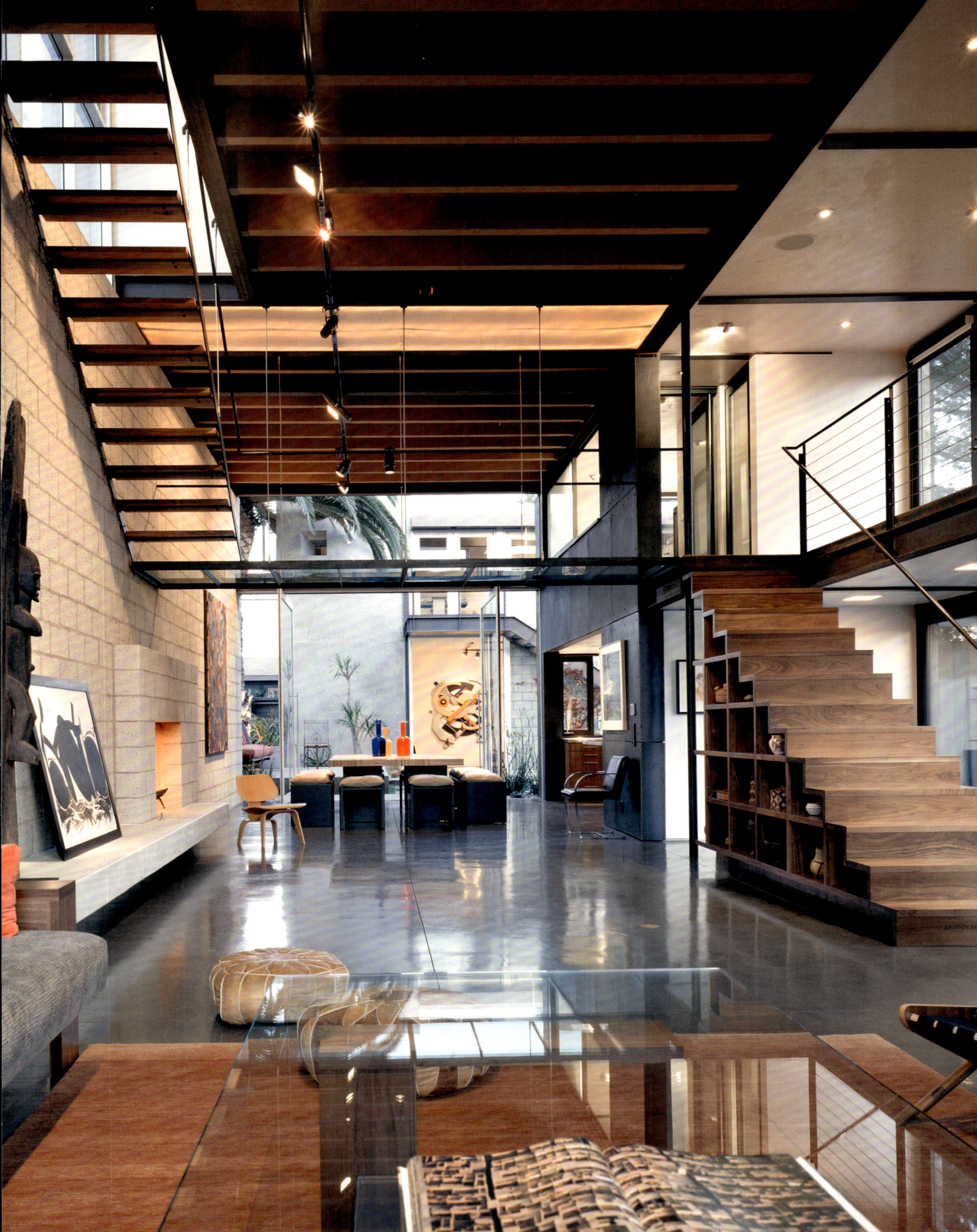

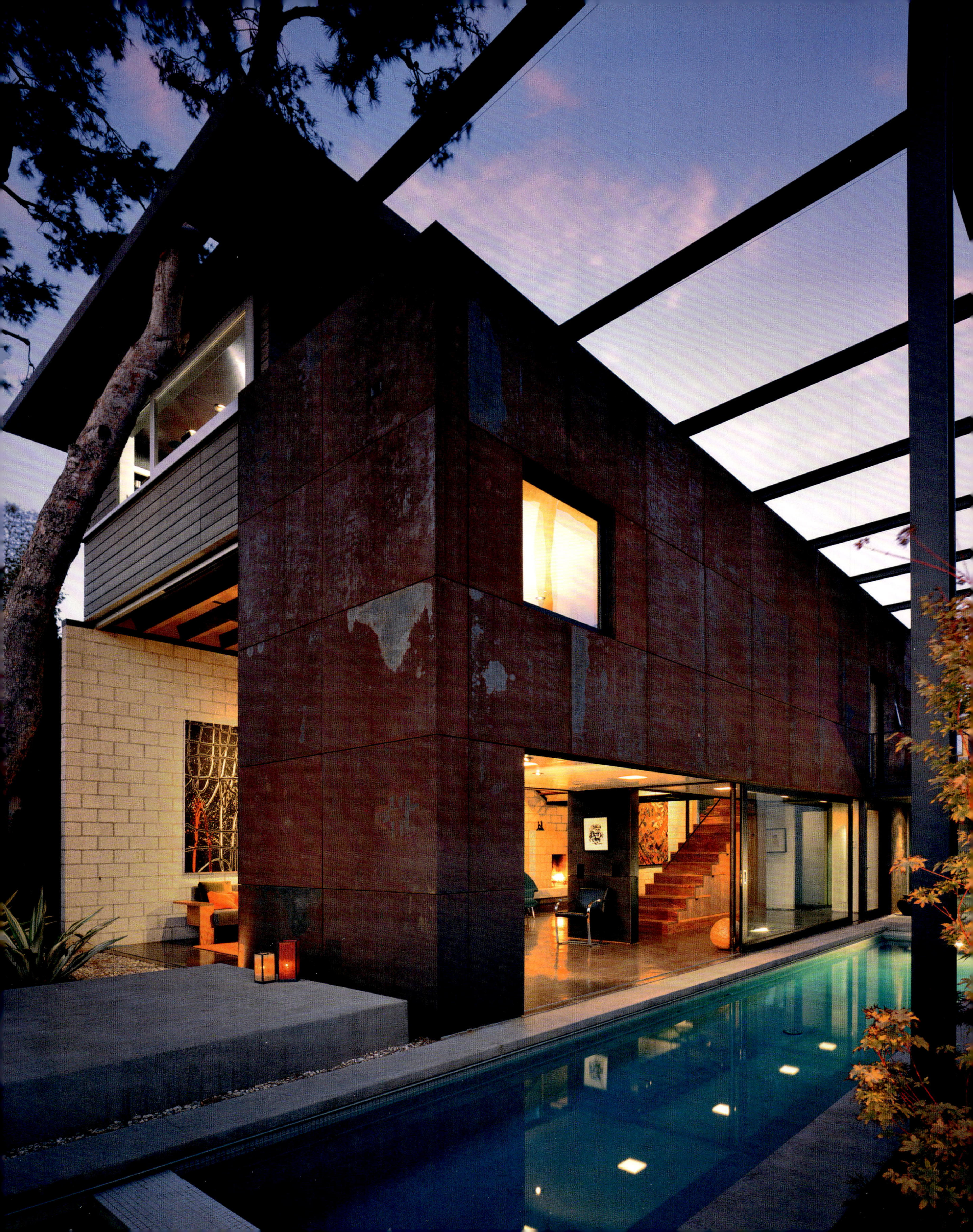

The 26-feet-tall living and dining area can be opened up on three sides. This creates a pavilion which is cooled by the breeze coming in from the Pacific—making air-conditioning quite superfluous.

Der acht Meter hohe Wohn- und Essbereich lässt sich an drei Seiten öffnen. So entsteht ein Pavillon, der von der Brise des Pazifiks gekühlt wird – eine Klimaanlage ist nicht nötig.

La salle de séjour – salle à manger, d'une hauteur sous plafond de huit mètres, peut s'ouvrir sur trois côtés. C'est ainsi que surgit un pavillon rafraîchi par la brise du Pacifique – une climatisation n'est pas nécessaire.

El salón y el comedor, de ocho metros de altura, pueden abrirse por tres lados. De este modo se crea un pabellón que recibe el frescor de la brisa del Pacífico; el aire acondicionado es innecesario.

Il soggiorno e sala da pranzo, alto otto metri, è aperto su tre lati. È sorto così un padiglione che viene rinfrescato dalla brezza del pacifico, rendendo superfluo un impianto di condizionamento.

The airy staircase fits in perfectly with the transparent construction of steel and glass (l.). The living room with its subtropical ambiance (r.) is kept warm by underfloor heating.

Zur transparenten Konstruktion aus Stahl und Glas passt das luftige Treppenhaus (l.). Das subtropisch anmutende Wohnzimmer (r.) wärmt im Winter eine Fußbodenheizung.

Un escalier à la structure extrêmement légère est en parfaite harmonie avec cette construction d'acier et de verre (à g.). La salle de séjour, qui évoque une atmosphère subtropicale (à dr.), est chauffée en hiver par un chauffage au sol.

La transparente construcción de acero y cristal combina perfectamente con la escalera (i.). El salón (d.), de estilo subtropical, tiene calefacción bajo pavimento para los fríos días de invierno.

L'ariosa scala in acciaio e vetro si adatta perfettamente alla costruzione trasparente (a sinistra). Il soggiorno dall'aria subtropicale (a destra) è scaldato da un impianto di riscaldamento a pavimento.

700 Palms Residence *Venice, California, USA*

700 Palms Residence *Venice, California, USA*

Architect: Peter Marino
Photos: Vincent Knapp

This 27,000 square-feet villa on the Atlantic coast is inspired by South-East Asian architecture. Accordingly, it is not held in pastel colors typical of Florida, but in a range of dark-colored timbers. The pavilion roof, whose protruding eaves protect from the blazing sun, stems originally from Indonesia and fits perfectly into the tropical garden whose eyecatcher is the pagoda at the foot of the pool set in black. The interior, too, is reminiscent of Asia, ranging from the Indonesian timber of both the floors and ceilings right through to the exotic accessories.

Diese 2500-Quadratmeter-Villa an der Atlantikküste ist von der Architektur Südostasiens inspiriert. Entsprechend regieren hier nicht die Pastellfarben Floridas, sondern eine Palette dunkler Hölzer. Die Dächer der Pavillons, deren Überhänge vor der Sonne schützen, stammen aus Indonesien und fügen sich perfekt in den tropischen Garten ein. Glanzstück ist die Pagode am Fuß des schwarz gefliesten Pools. Auch das Interieur erinnert an Asien, vom indonesischen Holz der Böden und Decken bis zu den exotischen Materialien der Accessoires.

Cette villa de 2 500 mètres carrés, située sur la côte Atlantique, est inspirée par l'architecture de l'Asie du sud-est. Par conséquent, ce ne sont pas les couleurs pastel de la Floride qui dominent, mais toute une gamme de bois sombres. Les toits du pavillon, dont les surplombs protègent du soleil, viennent d'Indonésie et s'intègrent parfaitement dans les jardins tropicaux. Le chef-d'œuvre de cet ensemble, c'est la pagode qui se trouve au pied de la piscine au bassin serti de noir. L'intérieur évoque lui aussi l'Asie, depuis les bois indonésiens utilisés pour les sols jusqu'aux plafonds, en passant par les matériaux exotiques des accessoires.

Esta villa de 2500 metros cuadrados situada en la costa del Atlántico está inspirada en la arquitectura del sudeste asiático. Por consiguiente no imperan los tonos pastel típicos de Florida, sino una gama de maderas en tonos oscuros. Los techos del pabellón, cuyos voladizos protegen del sol, son originarios de Indonesia y se integran perfectamente en el jardín tropical. La pagoda, situada junto a la piscina embaldosada en negro, es especialmente deslumbrante. El interior recuerda también a Asia, desde la madera indonesia que reviste suelos y techos hasta los exóticos materiales de la decoración.

Questa villa da 2500 metri quadrati, eretta sulla costa atlantica, si ispira all'architettura del sud-est asiatico. Così non sono i colori pastello della Florida a fare da padroni, ma una gamma di legni scuri. I tetti del padiglione, i cui aggetti fungono da protezione contro i raggi del sole, sono originari dell'Indonesia e si inseriscono perfettamente nel giardino tropicale. Fiore all'occhiello è la pagoda ai piedi della piscina piastrallata in nero. Anche gli interni ricordano l'Asia, partendo dal legno indonesiano del pavimento e del soffitto per arrivare ai materiali esotici e agli accessori.

Asian ambiance instead of a rush of pastel colors: protruding roofs provide shade in the Asian tradition. The pool boasts black tiles (l.) and is complemented by a splendid pavilion with day beds (r.).

Asiatisches Ambiente statt Farbrausch in Pastell: Das Haus beschatten überhängende Dächer nach südostasiatischem Vorbild, der Pool ist schwarz gefliest (l.). Ihn krönt ein Pavillon mit Ruhebetten (r.).

Une atmosphère asiatique plutôt qu'une fête des couleurs dans les tons pastel : la maison est ombragée par des toits en saillie, suivant le modèle de l'Asie du sud-est, la piscine est carrelée de noir (à g.). À son extrémité s'élève, tel un trône, un pavillon avec lits de repos (à dr.).

Ambiente asiático en lugar de tonos pastel: la casa recibe la sombra de los voladizos en estilo sudasiático. La piscina embaldosada en negro (i.) queda coronada por un pabellón con hamacas para descansar (d.).

Ambienti asiatici anziché un ondata di tonalità pastello: la casa è ombreggiata da tetti aggettanti sul modello del sud-est asiatico e la piscina è piastrallata in nero (a sinistra). A coronamento di quest'ultima un padiglione con divanetti (a destra).

Palm Beach Residence *Palm Beach, Florida, USA*

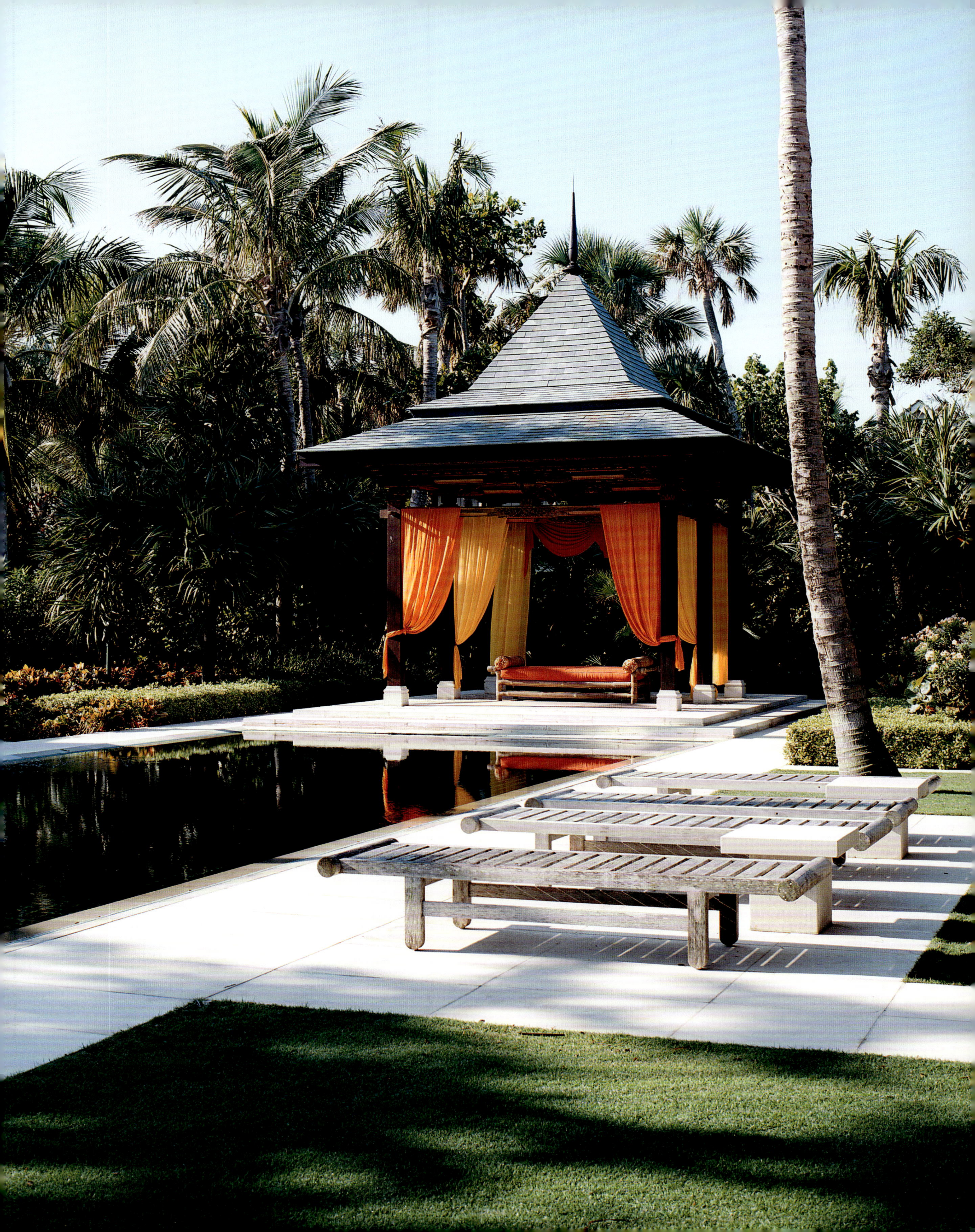

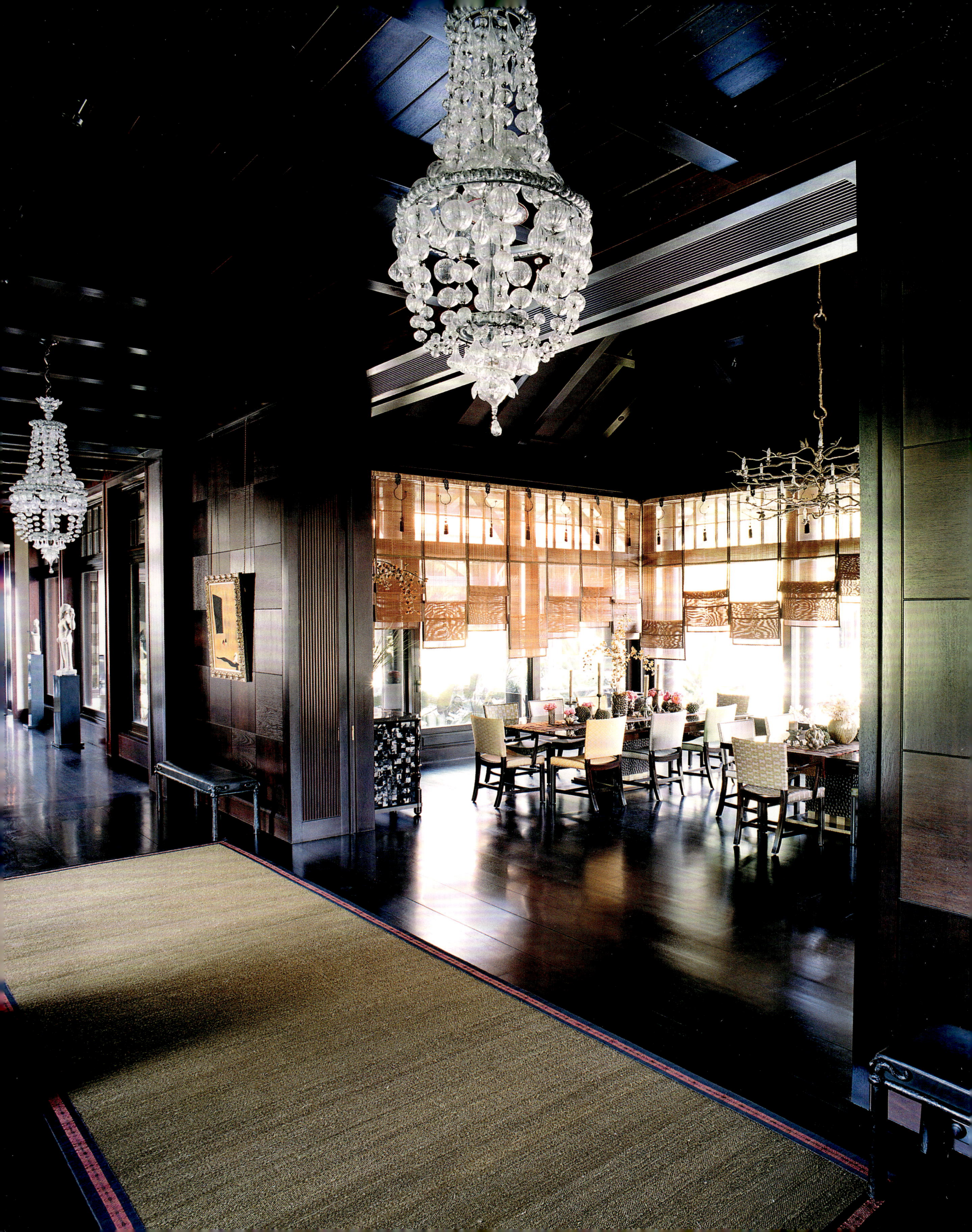

Floors and ceilings *are made of Indonesian timber. The tables in the dining room (l.) were specially designed for this house and can be folded out. Objects such as the Buddha (r.) reflect the Asian leitmotif.*

Das Holz *von Böden und Decken stammt aus Indonesien. Die Tische im Essraum (l.) wurden eigens für das Haus entworfen und lassen sich ausklappen. Objekte wie der Buddha (r.) greifen das asiatische Leitmotiv auf.*

Le bois *utilisé pour les sols et les plafonds vient d'Indonésie. Les tables de la salle à manger (à g.) ont été conçues spécialement pour cette maison et peuvent être repliées. Les objets, tel le Bouddha (à dr.), reprennent le leitmotiv asiatique.*

La madera *del suelo y los techos es originaria de Indonesia. Las mesas del salón comedor (i.) fueron expresamente concebidas para esta casa y son desplegables. Objetos como el Buda (d.) hacen referencia al estilo asiático.*

Il legno *del pavimento e del soffitto proviene dall'Indonesia. I tavoli nella sala da pranzo (a sinistra) sono stati appositamente disegnati per questa villa e sono ribaltabili. Oggetti quali il Buddha (a destra) riprendono direttamente il Leitmotiv asiatico.*

The commode *from the 18th century is made with mother of Pearl inlay (b.), the wall panels of the powder room are made of stamped and silvered leather (r.).*

Die Kommode *aus dem 18. Jahrhundert ist mit Einlegearbeiten aus Perlmutt verziert (u.), die Wand-Paneele der Damen-Toilette sind aus geprägtem und versilbertem Leder hergestellt (r.).*

La commode *du XVIIIe siècle est ornée d'incrustations en nacre (ci-dessous), tandis que les lambris des toilettes des dames sont en cuir frappé et argenté (à dr.).*

La cómoda *del siglo XVIII está decorada con inscrustaciones de madre perla (abajo), los paneles del baño de señoras están hechos de cuero estampado y plateado (d.).*

La cassettiera *del XVIII secolo è decorata con intarsi in madreperla (sotto), i pannelli della toilette per signore sono in pelle stampata e argentata (a destra).*

Palm Beach Residence *Palm Beach, Florida, USA*

Palm Beach Residence *Palm Beach, Florida, USA*   239

Architect: Preston T. Phillips; Interior Design: Tony Ingrao
Photos: Reto Guntli/zapaimages.com

Designer pieces from the 20th century as well as contemporary art impart this boomerang-shaped bungalow a modern atmosphere. The white-and-blue color scheme reveals a freshness which keeps a potential museum-like aspect at bay. The pool in the inner courtyard is kept in dark blue; the tiles of the same color match the blue-and-white curtains of the patio. The kitchen is kept in stainless steel and granite and the white surfaces are as pure as the master bedroom with walls and floors of blue granite and an angular-shaped bathtub.

Designerstücke aus dem 20. Jahrhundert und zeitgenössische Kunstwerke verleihen diesem bumerangförmigen Bungalow eine moderne Atmosphäre, ohne museal zu wirken. Dafür sorgen die Farben Weiß und Blau, die als erfrischendes Leitmotiv fungieren. So ist der Pool im Innenhof in dunkelblaue Fliesen gefasst, die zur Decke und den blau-weißen Vorhängen des Patios passen. Die Küche aus Edelstahl, Granit und weißen Flächen wirkt ebenso puristisch wie der Master Bedroom mit Wänden und Böden aus blauem Granit und einer eckigen Badewanne.

Les objets design du XXe siècle et les œuvres d'art contemporain créent, dans ce bungalow en forme de boomerang, une atmosphère moderne sans pour autant en faire un musée. Le blanc et le bleu, qui reviennent comme des leitmotivs rafraîchissants, y veillent. C'est ainsi que la piscine, située dans la cour intérieure, est recouverte d'un carrelage bleu foncé en harmonie avec le plafond et les rideaux bleus et blancs du patio. La cuisine, en inox et granit, mais avec des surfaces blanches, donne la même impression de purisme que la chambre à coucher principale avec ses murs et ses sols en granit bleu et sa baignoire en angle.

En este bungalow construído con forma de bumerán abundan piezas de diseño del siglo XII y obras de arte contemporáneas que crean un ambiente moderno sin llegar a parecer un museo. El azul y el blanco son los colores que actúan como refrescante leitmotiv. En el patio interior se encuentra la piscina con baldosas de color azul marino que combinan perfectamente con el techo y las cortinas azules y blancas del patio. La cocina en acero fino, granito y superficies blancas crea a su vez un ambiente purista, al igual que el dormitorio principal con paredes y suelo de granito azul y una bañera cuadrada.

Pezzi di design del XX secolo e opere d'arte contemporanea conferiscono un'aria moderna a questo bungalow a forma di boomerang, senza tuttavia che risulti monumentale, grazie al fresco Leitmotiv proposto dai colori bianco e blu. Così la piscina nella corte interna è bordata di piastrelle blu scuro che si adattano al soffitto e alle tende bianco-blu del patio. La cucina in acciaio inox, granito e superfici bianche ha un aspetto purista come la camera da letto principale con pareti e pavimenti in granito blu e una vasca da bagno rettangolare.

A mixture of styles: the master bedroom combines a wallpaper of wooden strips with black and white (f. l.). In the hall white and creme tones provide the backdrop for art objects (l.). Chinese cabinets, Danish chairs, and antique French mirrors adorn the living room (r.).

Stilmix: Der Master Bedroom kombiniert eine Tapete aus Holzstreifen mit Schwarz und Weiß (ganz links). In der Halle bilden Weiß und Cremetöne den Hintergrund für Kunstobjekte (l.). Chinesische Schränke, dänische Stühle und antike Spiegel aus Frankreich zieren das Wohnzimmer (r.).

Mélange de styles : la grande chambre principale combine une tapisserie en lamelles de bois avec du blanc et du noir (tout à gauche) Dans le hall, les tons blanc et crème constituent un fond pour les objets d'art (à g.). Des armoires chinoises, des chaises danoises et des miroirs anciens venant de France ornent la salle de séjour (à dr.).

Mezcla de estilos: El dormitorio principal combina paredes empapeladas en tiras de madera con negro y blanco (izquierda). En la sala el blanco y los tonos crema son el transfondo para objetos de arte (i.). Armarios de China, sillas de Dinamarca y antiguos espejos de Francia adornan el salón comedor (d.).

Mix di stili: la camera da letto principale combina una tappezzeria di striscioline di legno con il nero e il bianco (prima immagine a sinistra). Nella sala il bianco e il beige fanno da sfondo agli oggetti d'arte (a sinistra). Armadi cinesi, sedie danesi e antichi specchi francesi decorano il soggiorno (a destra).

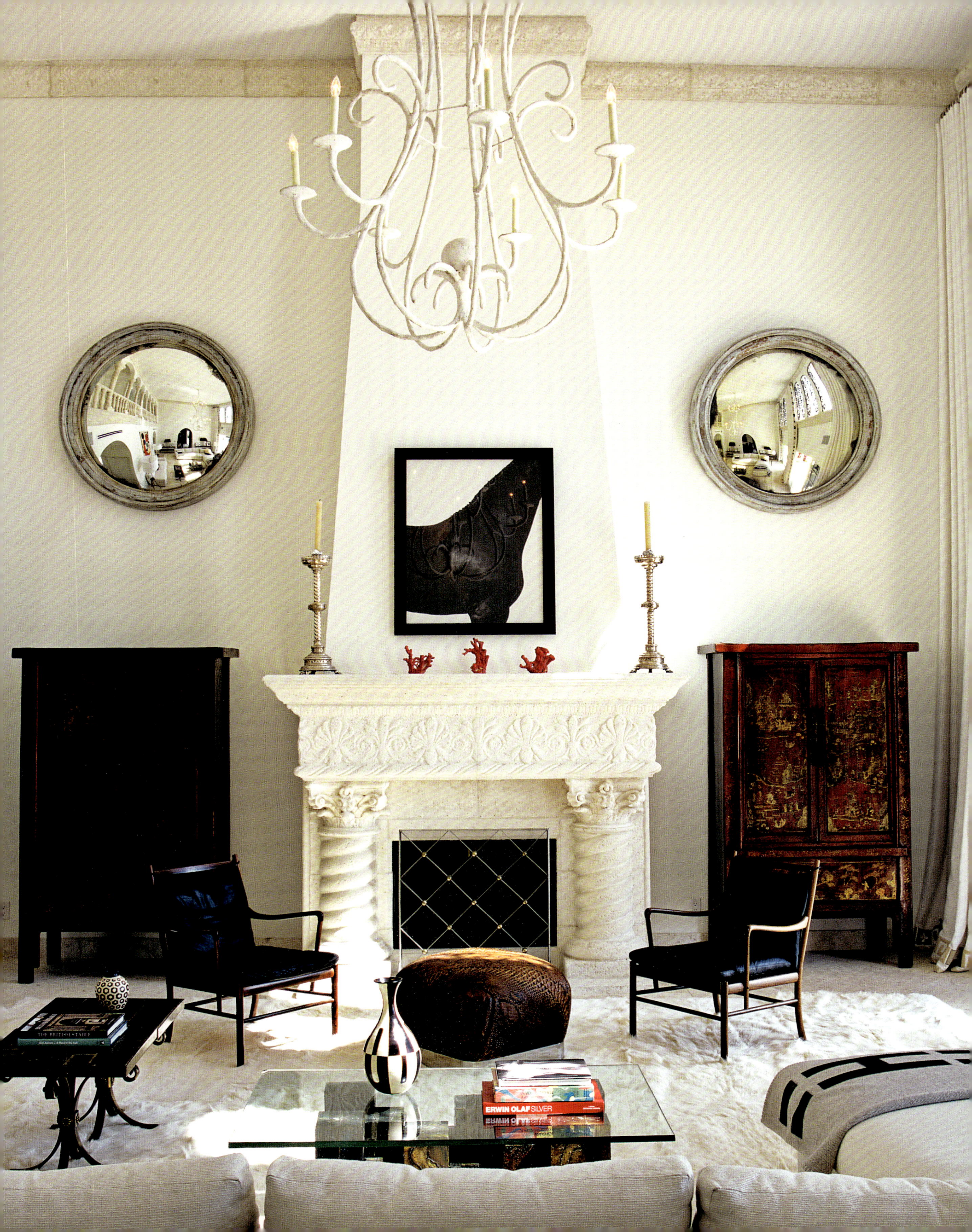
THE BRITISH STABLE
ERWIN OLAF SILVER

The artwork above the lounge area catches the eye in the living room.

Die Kunstwerke über der Sofaecke bilden den Blickfang im Wohnzimmer.

Dans la salle de séjour, les œuvres d'art exposées au-dessus du canapé d'angle attirent les regards.

En el rincón del sofá los objetos de arte son e: centro de atención del salón.

Nel soggiorno lo sguardo viene catturato dalle opere d'arte sopra l'angolo del divano.

Electric Eclectic Palm Beach, Florida, USA

Stark contrasts between colors, materials, and eras dominate the living quarters.

Starke Kontraste von Farben, Materialien und Epochen prägen den gesamten Wohnbereich.

L'ensemble de la salle de séjour se caractérise par d'importants contrastes de couleurs, de matériaux et d'époques.

Intensos contrastes de color, materiales y épocas caracterizan todo el interior.

Forti contrasti cromatici, di materiali ed epoche caratterizzano l'intera zona giorno.

Architect: BROISSINarchitects
Photos: Paul Czitrom

The Casa Taanah Sak boasts truly princely proportions—a sparkling palace made out of concrete, steel, and glass. The interior is kept pure in style. The extensive, interconnected rooms and different materials of the walls are reminiscent of a loft. The lower level, itself a large single space supported by columns, is occupied by a swimming pool and a bar. The front can be opened and provides access to the pool deck. The upper level consists of two cubes of different height, which house the private rooms.

Wahrhaft fürstliche Ausmaße hat die Casa Taanah Sak, ein funkelnder Palast aus Beton, Stahl und Glas. Das Interieur prägt ein puristischer Stil. Die weiten, aufgebrochenen Räume und die unterschiedlichen Materialien der Wände erinnern an ein Loft. Die untere Ebene nehmen der Swimmingpool und eine Bar ein. Sie liegen in einer von Säulen gestützten Halle, deren Front sich öffnen lässt und an die sich das Pooldeck anschließt. Die obere Etage besteht aus zwei unterschiedlich hohen Würfeln, in denen die privaten Räume untergebracht sind.

La Casa Taanah Sak, étincelant palais de béton, d'acier et de verre, a véritablement des dimensions princières. L'intérieur est de style puriste. Par ses pièces spacieuses et ouvertes ainsi que les différents matériaux utilisés pour les murs, elle ressemble à un loft. L'étage inférieur est occupé par une piscine et un bar. Tous deux se trouvent dans un hall soutenu par des colonnes et dont la façade, contiguë au rebord de la piscine, peut s'ouvrir. L'étage supérieur se compose de deux cubes de hauteur différente, lesquels abritent les pièces à usage privé.

La casa Taanah Sak es de regias dimensiones, un resplandeciente palacio de cemento, acero y cristal. El interior se caracteriza por un estilo purista. Los amplios y abiertos espacios así como la diversidad de materiales de las paredes recuerdan un loft. En la planta inferior se encuentran la piscina y el bar. Están en una sala rodeada de columnas cuyo frontal puede abrirse y a la que se une el techo de la piscina. En el piso superior, con forma de dos cubos de diferente altura, se encuentra la zona privada dedicada a la vivienda.

Casa Taanah Sak, uno scintillante palazzo di vetro, acciaio e calcestruzzo, ha dimensioni veramente principesche. Gli interni sono caratterizzati da uno stile purista; gli ampi spazi aperti e i diversi materiali delle pareti ricordano un loft. Nel piano inferiore, in una sala sorretta da colonne, vi sono la piscina e un bar. La parte frontale di questa sala è aperta e a essa si collega il bordo della piscina. Il piano superiore è composto da due cubi di altezze differenti, in cui trovano posto le camere private.

The perfect backdrop for parties: the pool bar (f. l.) and the hall, which can be opened up towards the garden (r.).

Perfekte Kulisse für große Partys: Die Pool-Bar (ganz links) und die Halle, die sich komplett zum Garten öffnen lässt (r.).

Un décor parfait pour les grandes soirées : le bar de la piscine (tout à gauche) et le hall peuvent s'ouvrir complètement sur le jardin (à dr.).

El escenario perfecto para grandes fiestas: el bar de la piscina (izquierda) y el pabellón se abren completamente al jardín (d.).

Lo scenario perfetto per un gigantesco party: il bar-piscina (prima immagine a sinistra) e la sala si aprono completamente sul giardino (a destra).

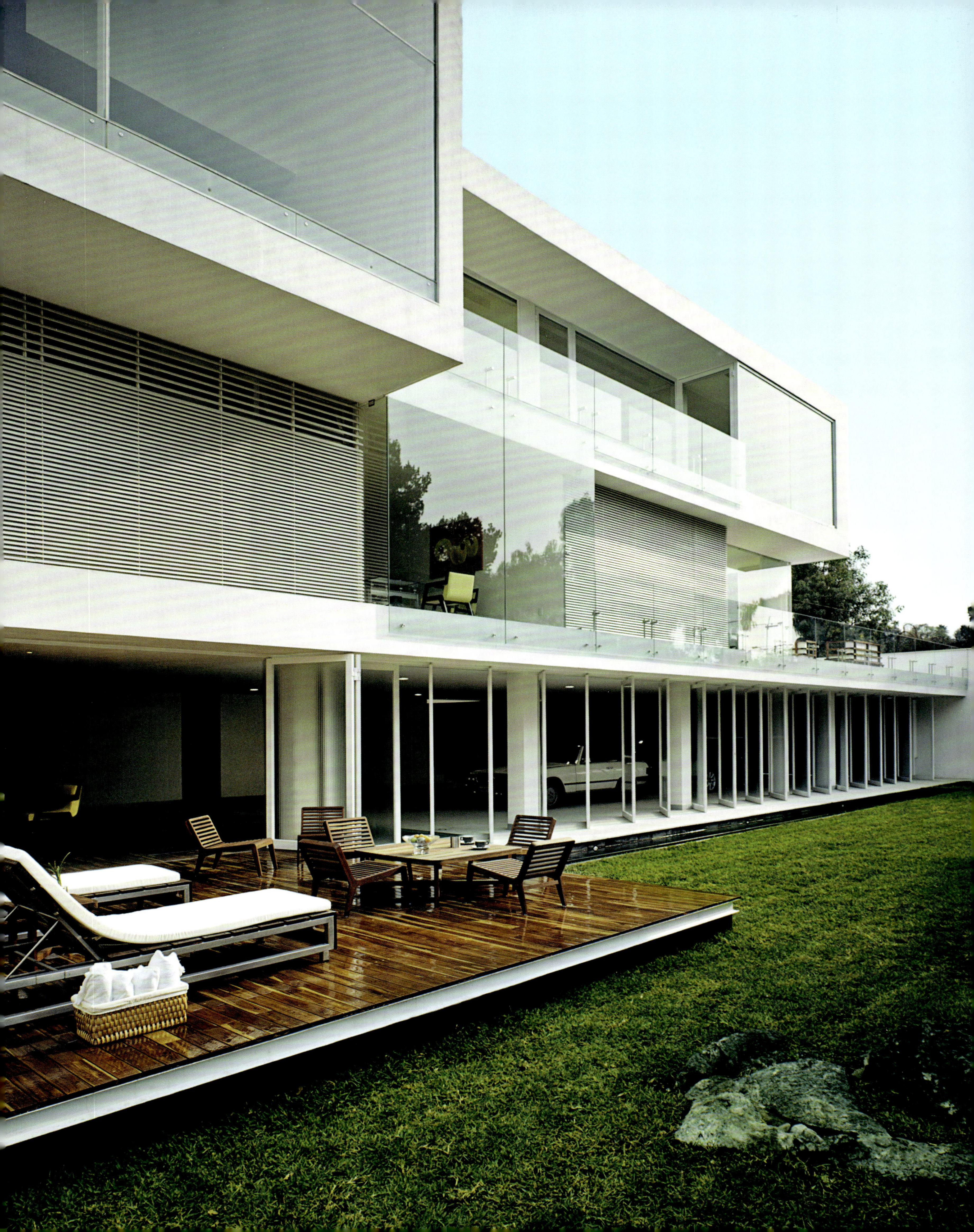

Cleverly designed staircase (a. l.). Glass fronts provide light and views (b.). The building consists of a number of cuboids. Its open-plan rooms impart a loft atmosphere (r.).

Raffiniert ist das offene Treppenhaus (o. l.). Glasfronten sorgen für Licht und Aussicht (u.). Das aus mehreren Würfeln bestehende Gebäude erinnert mit seinen offenen Räumen an ein Loft (r.).

La cage d'escalier ouverte est d'un grand raffinement (en h. à g.). Les façades en verre laissent pénétrer la lumière et offrent une vue (en bas). Avec toutes ses pièces ouvertes, le bâtiment, composé de plusieurs cubes, fait penser à un loft (à dr.).

La escalera abierta (ar. i.) es especialmente refinada. Los ventanales iluminan y ofrecen fantásticas vistas (ab.). El edificio, que consta de varios cubos, asemeja, por sus espacios abiertos, un loft (d.).

Raffinata la tromba delle scale aperta (in alto a sinistra). Le vetrate della facciata garantiscono luce e una vista panoramica (in basso). L'edificio composto da più cubi ricorda, con i suoi spazi aperti, un loft (in basso).

Casa Taanah Sak *Mexico City, Mexico* 247

Architect: Iñaki Echeverria
Photos: Luis Gordoa

Space, light, and air amidst the urban conglomeration of Mexico City—this is by no means impossible, as this house proves. There is no classic division of rooms—neither in a horizontal nor a vertical sense. Stairs stand in the middle of open spaces, a gallery looks down upon the lower level, the professional kitchen is integrated into the living area. Clear lines, geometrical forms, and similarly extravagant and well-positioned furniture create an exceptional and thoroughly contemporary ambiance.

Raum, Licht und Luft mitten in der Riesenstadt Mexiko City – das ist keinesfalls unmöglich, wie dieses Haus beweist. Klassische Raumaufteilungen gibt es hier nicht – weder in der Horizontalen noch in der Vertikalen. Die Treppen verlaufen offen durch die Räume, eine Galerie blickt auf die darunter liegende Etage, die Profiküche ist in den Wohnraum integriert. Klare Linien, geometrische Formen und ebenso extravagante wie wirkungsvoll platzierte Möbel schaffen ein außergewöhnliches, ganz und gar zeitgenössisches Ambiente.

Avoir de l'espace, de la lumière et de l'air en plein cœur de la mégalopole de Mexico, ce n'est en aucun cas impossible, comme le prouve cette maison. Ici, pas de distribution classique des pièces, ni horizontalement, ni verticalement. Des escaliers ouverts se dressent au milieu des pièces, une galerie permet d'observer ce qui se passe à l'étage en dessous, la cuisine professionnelle est intégrée à la salle de séjour. Les lignes claires, les formes géométriques ainsi que des meubles extravagants placés là où ils sont le mieux mis en valeur créent une ambiance exceptionnelle, tout à fait contemporaine.

Espacio, luz y aire en la gigantesca ciudad de México: esta casa demuestra que tal cosa no es imposible. En ella la distribución de espacios no es clásica, ni horizontal ni verticalmente. A menudo las estancias se ven cruzadas por escaleras abiertas, una galería se asoma sobre el piso que queda debajo, la cocina profesional está integrada en el salón. Claras líneas, formas geométricas y muebles colocados de forma tan extravagante como efectista crean un ambiente fuera de lo común, totalmente contemporáneo.

Spazio, luce e aria al centro della megalopoli di Città del Messico: questa casa dimostra che tutto ciò non è affatto impossibile. Qui la divisione tradizionale degli spazi, sia in orizzontale che in verticale, si perde. Le scale corrono aperte attraverso gli spazi, una galleria si affaccia sul piano sottostante, la cucina professionale è integrata nella zona giorno. Linee pulite, forme geometriche e mobili posizionati in maniera stravagante, ma indovinata, creano un ambiente fuori dal comune e di notevole modernità.

The individual structures are intertwined like geometric figures (l.). The open staircase is reminiscent of a clearing in the jungle of Mexico City (r.).

Wie geometrische Figuren sind die Gebäudeteile ineinander verschachtelt (l.). An eine Waldlichtung mitten im Dschungel von Mexico City erinnert das offene Treppenhaus (r.).

Les différentes parties de ce bâtiment sont imbriquées les unes dans les autres comme des figures géométriques (à g.). La cage d'escalier ouverte fait songer à une clairière en plein cœur de la jungle de Mexico (à dr.).

Los espacios de este edificio están entrelazados como figuras geométricas (i.). La escalera abierta parece un claro en medio de la selva que es la Ciudad de México (d.).

Le varie parti dell'edificio sono incastrate l'una dentro l'altra come figure geometriche (a sinistra). La tromba delle scale aperta fa pensare a una radura nel mezzo della giungla di Città del Messico (a destra).

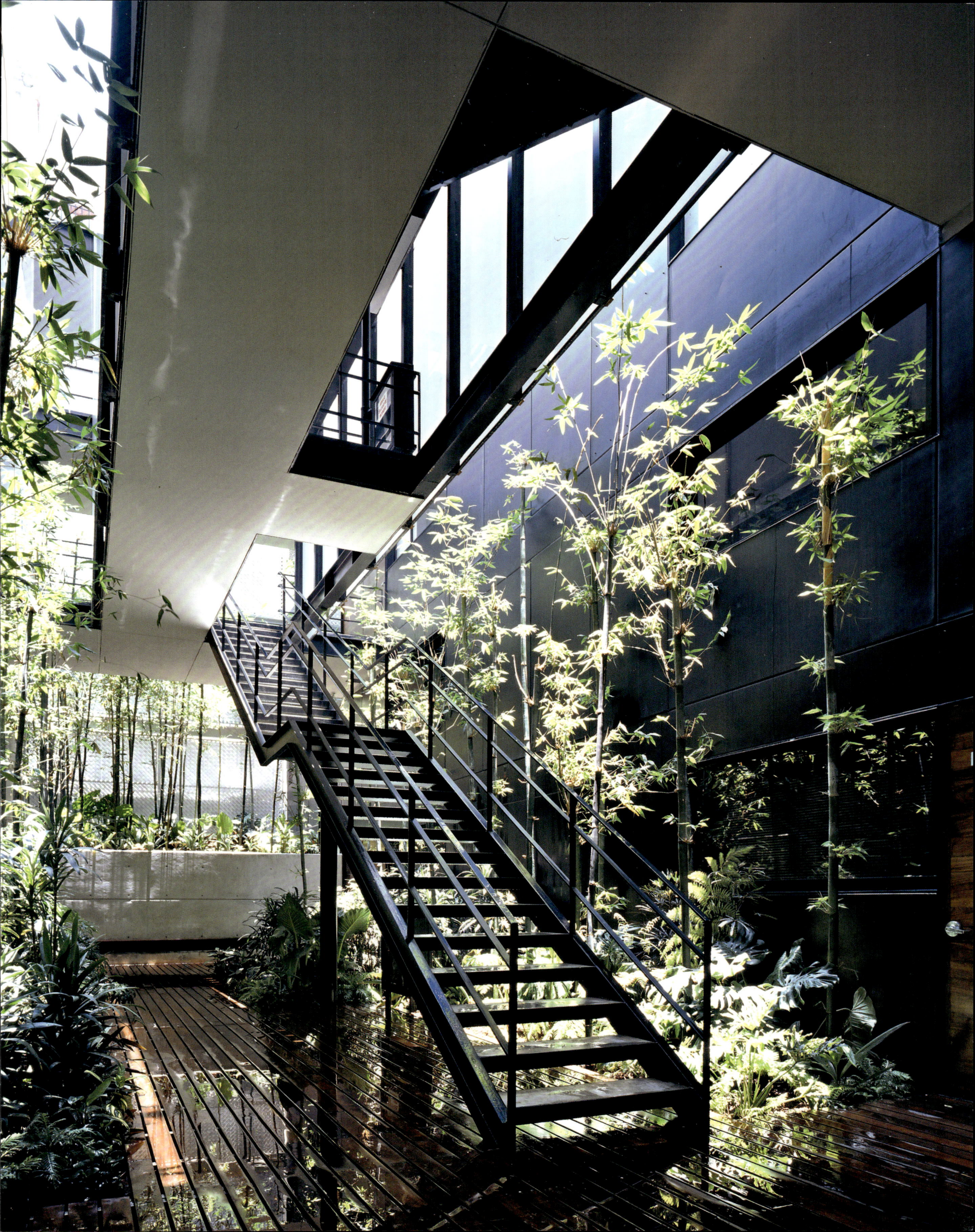

Conventional room layout is abandoned—both horizontally and vertically (l.). Dining area and bathrooms are furnished in contemporary style, accentuating their effect rather than the furniture (a. r., b. r.).

Konventionelle Raumstrukturen sind aufgehoben – sowohl in der Horizontalen als auch in der Vertikalen (l.). Essbereich und Bäder sind zeitgenössisch gestaltet und lassen die Räume stärker wirken als die Möbel (o. r., u. r.).

Les séparations traditionnelles – non seulement horizontales mais aussi verticales – entre les pièces ont été supprimées (à g.). La salle à manger et les salles de bains ont été aménagées en style contemporain et mettent l'accent sur les espaces plus que sur les meubles (en h. à dr., en b. à dr.).

Se prescinde de una distribución convencional de los espacios: tanto horizontal como verticalmente (i.). El salón comedor y los cuartos de baño decorados con estilo contemporáneo dan más protagonismo a los espacios que al mobiliario (ar. d., ab. d.).

Le strutture tradizionali (sia in orizzontale che in verticale) vengono abbandonate (a sinistra). La zona pranzo e i bagni sono arredati in maniera moderna e mettono in maggiore risalto gli spazi rispetto al mobilio (in alto a destra, in basso a destra).

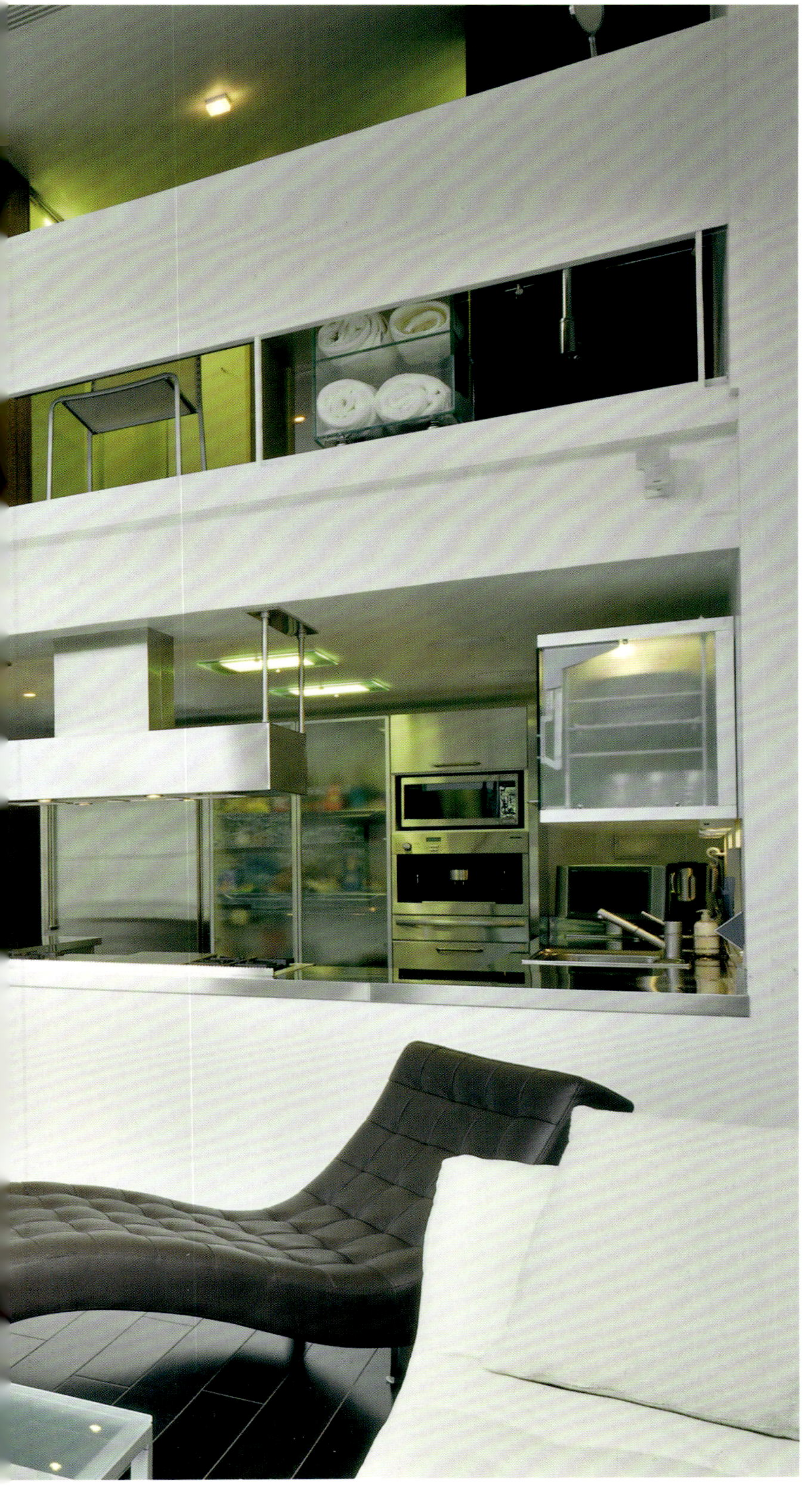
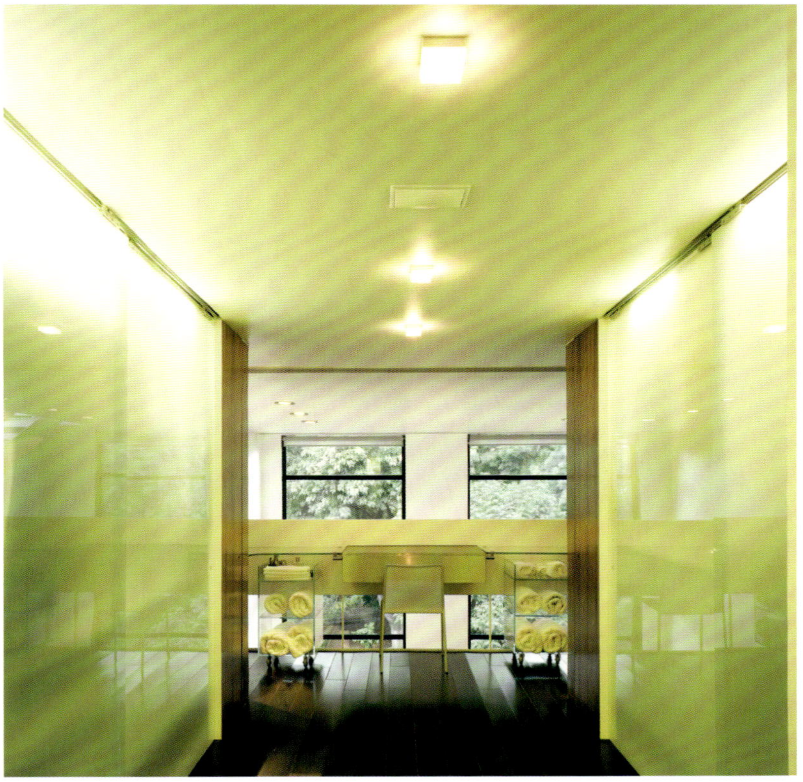
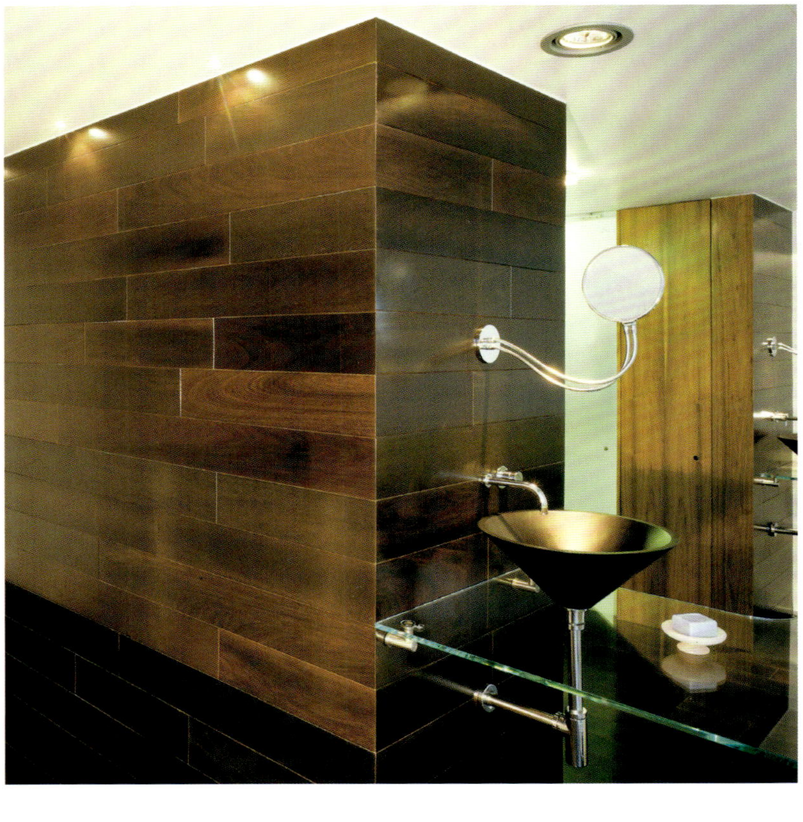

Architect: Augusto Quijano Arquitectos, S.C.P.
Photos: Roberto Cárdenas Cabello

This white cuboid with its 240-square-yards base area makes perfect use of the space available. The first floor is taken up by a large lounge while the second floor opens up to the garden and accommodates a number of rooms as well as a dual-level area which connects the two floors. The result is an expression of expansiveness and generosity. The master bedroom leads onto a protected patio, thus integrating exterior facilities while keeping the outside world at bay at the same time.

Dieser weiße Quader bündelt auf einer Grundfläche von 200 Quadratmetern den verfügbaren Raum auf optimale Weise. Das Parterre nimmt eine einzige große Lounge ein, die erste Etage, die sich zum Garten hin öffnet, besteht aus mehreren Zimmern und einem doppelstöckigen Bereich, der die beiden Ebenen miteinander verbindet. Das Ergebnis ist ein Eindruck von Weite und luftiger Großzügigkeit. Das Hauptschlafzimmer führt auf eine geschützte Terrasse. So werden die Außenanlagen integriert, während die Welt draußen gleichzeitig ausgeschlossen bleibt.

Ce parallélépipède blanc présente, sur une surface de 200 mètres carrés, une remarquable organisation de l'espace disponible. Au rez-de-chaussée, il n'y a qu'un seul grand salon et, au premier étage, qui s'ouvre sur le jardin, on trouve plusieurs pièces, dont une sur deux étages qui relie les deux niveaux. Ce qui a pour résultat de donner une impression de volume aéré et de grandeur. La chambre à coucher principale s'ouvre sur une terrasse abritée. C'est ainsi que le jardin est intégré à la maison tandis que le monde extérieur reste à l'écart.

Esta casa de 200 metros cuadrados construída en sillería blanca aprovecha de forma óptima el espacio disponible. La planta baja se dedica exclusivamente a la sala de estar. En la primera planta, abierta al jardín, se encuentran varias habitaciones y un espacio de dos niveles que une ambas plantas. El resultado es una sensación de amplitud y luminosidad. En el dormitorio principal hay una terraza cubierta. De este modo las instalaciones al aire libre se integran a la vivienda protegiéndola, al mismo tiempo, del mundo exterior.

Questo parallelepipedo bianco utilizza in maniera ottimale tutto lo spazio disponibile su una superficie di 200 metri quadrati. Il parterre è occupato da un'unica grande sala; il primo piano, che porta al giardino, consta di più camere e di una zona a due piani che mette in comunicazione entrambi i livelli. Ne deriva una sensazione di ampio spazio e di ariosità. La camera da letto principale conduce a una terrazza riparata. In questo modo le strutture esterne vengono integrate, escludendo nel contempo il resto del mondo.

The white cuboid affords protection against Mexico's hot climate and makes for a very bright and airy interior.

Der weiße Würfel bietet Schutz vor der Hitze Mexikos und lässt trotzdem jede Menge Licht ins Haus.

Le cube blanc protège contre la canicule mexicaine tout en laissant pénétrer beaucoup de lumière dans la maison.

El blanco cubo protege de las altas temperaturas de México sin restar iluminación natural en toda la casa.

Il parallelepipedo bianco offre riparo dalla calura messicana e permette comunque alla luce di penetrare in abbondanza.

Casa Corta *Mérida, Yucatán, Mexico*

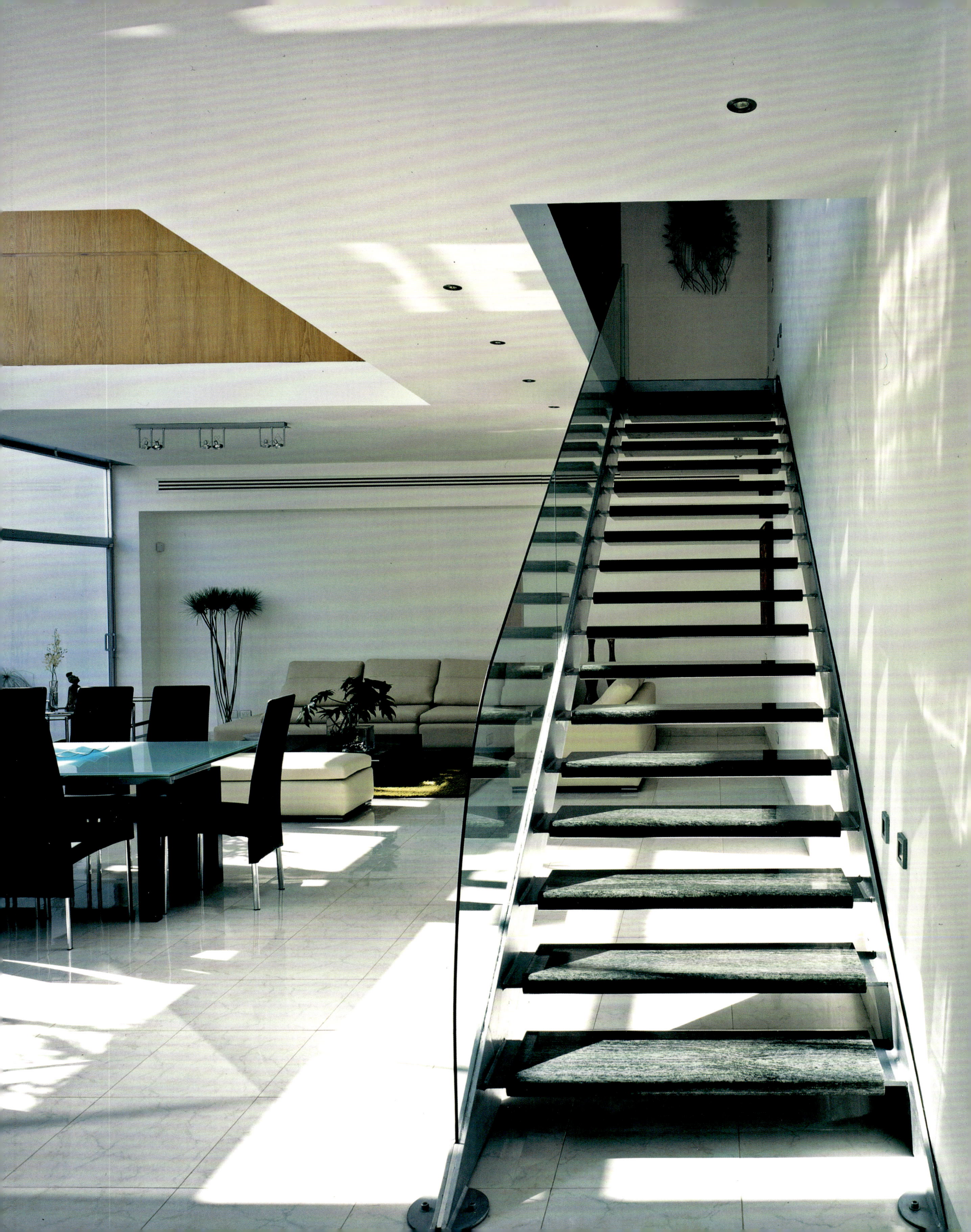

The façade, *closed off towards the street, protects from unwanted attention (l.). The patio (a. r.) and the partly shaded terrace are true oases—as well as fantastic places to witness the sunset (b. r.).*

Die zur *Straße geschlossene Fassade gibt unerwünschten Einblicken keine Chance (l.). Wahre Oasen sind der Patio (o. r.) und die teilweise von einem Dach beschattete Terrasse – ein wunderbarer Platz zur Stunde des Sonnenuntergangs (u. r.).*

La façade *fermée sur la rue ne laisse pénétrer aucun regard indiscret (à g.). Le patio (en h. à dr.) et la terrasse en partie ombragée par un toit – un lieu merveilleux au moment du coucher du soleil – sont de véritables havres de paix (en b. à dr.).*

La fachada *orientada a la carretera protege de miradas indiscretas (i.). Verdaderos oasis son el patio (ar. d.) y la terraza, sombreada en parte por un tejado, un lugar maravilloso para disfrutar de la puesta de sol (ab. d.).*

La facciata, *chiusa sul lato rivolto alla strada, impedisce sguardi indesiderati (a sinistra). Il patio (in alto a destra) e la terrazza ombreggiata in parte da un tetto, un posto magnifico all'ora del tramonto (in basso a destra), sono vere e proprie oasi.*

Casa Corta Mérida, Yucatán, Mexico

Casa Corta *Mérida, Yucatán, Mexico* 255

Casa en las Brisas

Acapulco, Mexico

Architect: Ricardo Rojas Arquitectos

Photos: Luis Gordoa

This elegant holiday home is located like a peaceful refuge almost 500 yards above the lively bathing resort and Acapulco Bay. Light creme colors and soft rolling lines reflect the style of Mexican ranchos. The living quarters extend effortlessly to the exterior. Apart from the pool within the luscious tropical garden there are also a shaded lounge and dining areas. Glass fronts, the second floor terrace, as well as seating areas and paths which invite for a stroll accentuate the vistas both by day and night.

Auf einer Höhe von 450 Metern über der Bucht von Acapulco und dem lebhaften Badeort liegt dieses elegante Urlaubsdomizil wie eine Oase der Ruhe. Helle Cremetöne und weiche, geschwungene Linien nehmen den Stil mexikanischer Landhäuser auf. Die Wohnräume setzen sich ganz natürlich im Freien fort. Neben dem Pool in einem üppigen tropischen Garten befinden sich schattige Lounge- und Essbereiche. Die Glasfronten des Hauses, die Terrassen der ersten Etage sowie die Sitzecken und Flanierwege des Gartens setzen die Aussicht bei Tag und Nacht perfekt in Szene.

Située à une hauteur de 450 mètres au-dessus de la baie d'Acapulco et de sa station balnéaire animée, cette maison de vacances chic est un havre de paix. Des couleurs claires dans les tons crème et des lignes courbes douces au regard s'inspirent du style mexicain des maisons de campagne. Les pièces d'habitation se prolongent tout naturellement en plein air. À côté de la piscine, située dans un jardin tropical luxuriant, se trouvent un salon et une salle à manger ombragés. Les façades en verre de la maison, les terrasses du premier étage ainsi que le jardin, avec ses bancs d'angle et ses chemins pour flâner, mettent parfaitement en valeur la vue, de jour comme de nuit.

Esta elegante residencia de vacaciones se alza a 450 metros sobre la bahía de Acapulco y su concurrida zona de baño como un oasis de paz. Los claros tonos crema y las suaves líneas sinuosas rememoran el estilo de las casas de campo mexicanas. Las habitaciones se prolongan con naturalidad hacia el exterior. El exuberante jardín tropical acoge espacios de salón y el comedor en un umbría zona junto a la piscina. Las fachadas de cristal de la casa, las terrazas del primer piso, así como los rincones acondicionados para sentarse y las veredas del jardín forman una escenografía perfecta tanto de día como de noche.

A un'altezza di 450 metri sulla baia di Acapulco e sull'animata località balneare, questa elegante residenza per le vacanze rappresenta un'oasi di tranquillità. I toni crema e le linee morbide e arrotondate riprendono lo stile delle ville di campagna messicane. Gli spazi abitativi proseguono in maniera del tutto naturale all'aperto. Di fianco alla piscina, in un rigoglioso giardino tropicale, si trovano un salotto e la sala da pranzo. Le vetrate della facciata, le terrazze del primo piano, le panche ad angolo e i vialetti del giardino mettono perfettamente in rilievo il panorama sia di giorno che di notte.

This entrance leads into a dreamy world so unlike the busy Acapulco (l.). A protruding roof provides shade (r.).

Dieser Eingang führt in eine verträumte Gegenwelt zum Trubel Acapulcos (l.). Ein überhängendes Dach beschattet das Urlaubsdomizil (r.).

Cette entrée mène à un monde idyllique qui s'oppose au tumulte d'Acapulco (à g.). Un toit en saillie ombrage cette maison de vacances (à dr.).

La entrada nos invita a vivir en un mundo de ensueño totalmente opuesto al ruidoso Acapulco (i.). Un tejado con voladizo sombrea esta casa de vacaciones (d.).

L'ingresso porta in un mondo idillico che si contrappone alla confusione di Acapulco (a sinistra). Un tetto aggettante ombreggia la casa per le ferie (a destra).

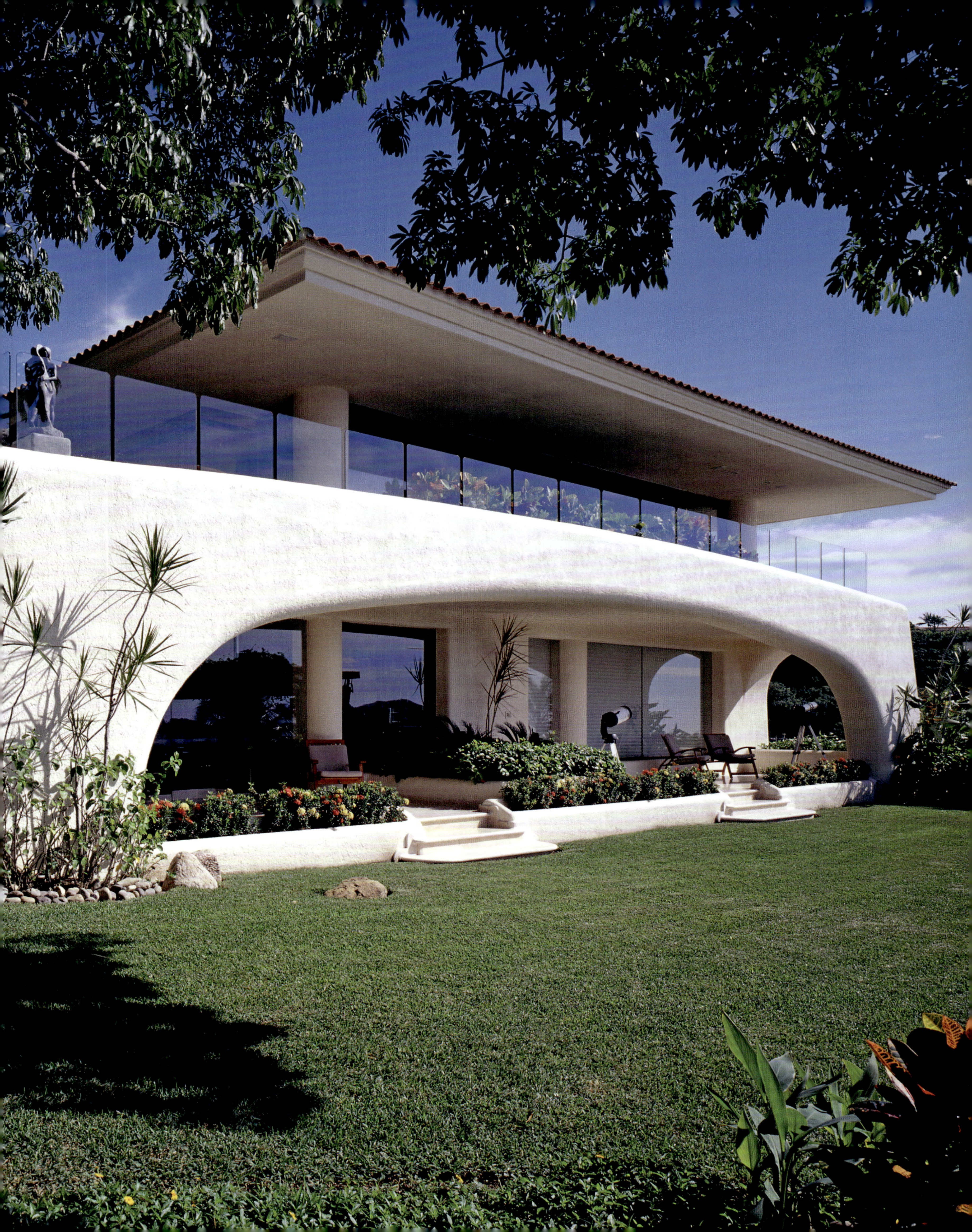

Casa en las Brisas *Acapulco, Mexico*

Tropical trees *produce shade for the garden landscape with its ponds (b. l.), the swimming pool with view of Acapulco (l.), and the roofed arcades, which filter out the sun (b. r.).*

Ebenso schön *wie kühlend wirkt die von tropischen Bäumen beschattete Gartenlandschaft aus Teichen (u. l.), dem Swimmingpool mit Blick auf Acapulco (l.) und überdachten Gängen, die die Sonne filtern (u. r.).*

Ce paysage *de jardin, à l'ombre des arbres tropicaux, comprenant un étang (en b. à g.), une piscine avec vue sur Acapulco (à g.) ainsi que des allées couvertes qui filtrent le soleil (en b. à dr.), donne une impression de fraîcheur et de splendeur à la fois.*

El paisaje *del jardín con estanques sombreados por árboles tropicales (ab. i.), la piscina con vistas sobre Acapulco (i.) y las galerías cubiertas que filtran la luz del sol (ab. d.) resultan tan preciosos como refrescantes.*

Il giardino *ombreggiato da alberi tropicali con i suoi stagni (in basso a sinistra), la piscina con vista su Acapulco (a sinistra) e i viali coperti da tettoie che filtrano il sole (in basso a destra), risulta tanto bello quanto rinfrescante.*

Casa en las Brisas *Acapulco, Mexico*

Architect: Mario Biselli, Artur Katchborian – Arquitetos
Photos: Nelson Kon

Surrounded by the mountains of the Serra do Mar and the Mata Atlântica rain forest, this residence lies above the beach of Guaecá in the federal state of São Paulo. The luscious vegetation on the plot of land was to be preserved during the building phase and indeed some 60% of trees were saved. Four bedrooms on the second floor, a further bedroom on the first floor, which also houses the kitchen and dining room, living room, and TV room, provide for plenty of space. Wooden verandas surround the building, which also boasts a BBQ area and a pool.

Umgeben von den Bergen der Serra do Mar und dem Mata Atlântica-Regenwald blickt dieses Anwesen auf den Strand von Guaecá im Bundesstaat São Paulo. Die üppige Natur ringsum erforderte besondere Rücksicht beim Bau. Immerhin 60 Prozent der Bäume auf dem Grundstück konnten erhalten werden. Vier Schlafzimmer in der ersten Etage und ein weiteres im Parterre, wo sich auch Wohn-, Fernseh-, Essraum und Küche befinden, sorgen für großzügige Platzverhältnisse. Um das Haus erstrecken sich Holzveranden mit einem Grillplatz und der Pool.

Entourée des montagnes de la Sierra do Mar et de la forêt équatoriale Mata Atlântica, cette propriété a vue sur la plage de Guaecá, située dans l'État de São Paulo. La nature luxuriante des alentours exigeait de prendre beaucoup de précautions lors de la construction. 60% des arbres qui se trouvaient sur le terrain ont tout de même pu être conservés. Quatre chambres à coucher au premier étage, plus une autre au rez-de-chaussée, où se trouvent également la salle de séjour, la salle de télévision, la salle à manger et la cuisine, montrent combien cette maison est spacieuse. Autour de la maison s'étend une véranda en bois avec un barbecue et la piscine.

Esta casa, entre la Sierra do Mar y la selva Mata Atlântica, se asoma a la playa de Guaecá en el Estado de San Pablo. La exuberante naturaleza del entorno constituyó un verdadero reto durante la construcción. Aún así se logró conservar el 60 por ciento del arbolado de la finca. Los cuatro dormitorios del primer piso y uno más en la planta baja, en la que también hay un salón, una sala con televisor, un comedor y una cocina, ofrecen generosidad de espacios. La casa está flanqueada por un porche de madera con barbacoa y por la piscina.

Circondata dai monti di Sierra do Mar e dalla foresta pluviale Mata Atlântica questa tenuta si affaccia sulla spiaggia di Guaecá nello stato federale di São Paolo. La rigogliosa vegetazione circostante ha richiesto particolare attenzione durante l'edificazione: almeno il 60 per cento degli alberi sulla proprietà sono stati mantenuti. Quattro camere da letto al primo piano e una aggiuntiva nel parterre, dove si trovano anche un soggiorno-sala da pranzo con televisore e la cucina, garantiscono spazi generosi. Tutto intorno alla casa si estendono delle verande in legno con il barbecue e la piscina.

Glass fronts proffer vistas of the ocean (l.). The dual-level lounge with dining area (r.) and surrounding wooden patio appears spacious and airy.

Glasfronten öffnen den Blick auf den Ozean (l.). Großzügig und luftig wirkt die doppelstöckige Lounge mit Essplatz (r.) und umlaufender Holz-Terrasse.

Les façades en verre offrent une vue sur l'océan (à g.). Le salon-salle à manger à deux étages (à dr.) entouré d'une terrasse en bois est vaste et aéré.

Las fachadas de cristal abren la vista al océano (i.). El salón de dos alturas con un comedor (d.) y una terraza corrida de madera resulta generoso y diáfano.

Le vetrate della facciata guardano l'oceano (a sinistra). Il soggiorno a due piani con la sala da pranzo (a destra) e la terrazza in legno che corre tutto intorno, risulta ampio e arioso.

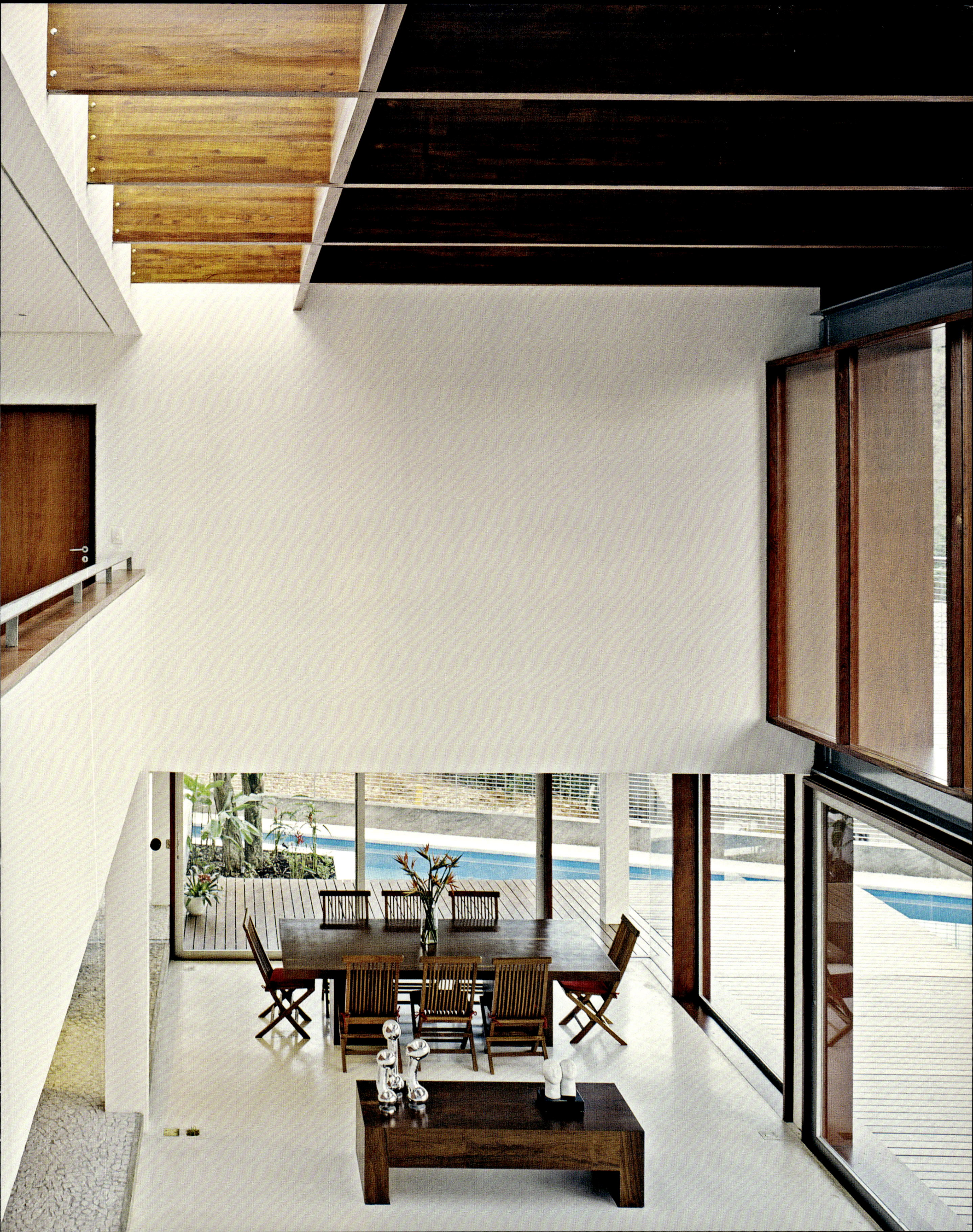

The transitions between the interior and the exterior are flowing, taking into account the tropical climate.

Die Übergänge zwischen Innen- und Außenbereich sind fließend gestaltet und tragen so dem tropischen Klima Rechnung.

Les passages entre les espaces intérieurs et extérieurs sont fluides et tiennent ainsi compte du climat tropical.

La transición entre los espacios exteriores e interiores es fluida y responde al clima tropical.

I passaggi tra interni ed esterni sono fluidi e tengono conto del clima tropicale.

LPVM House *São Sebastião, Brazil*   263

Slice House

Porto Alegre, Brazil

Architect: Procter-Rihl

Photos: Suer Barr (pp 264 r., 266-267),
Marcelo Nunes (pp 264 l., 265)

Slice House is proof that a veritable mansion can be created on a narrow, architecturally difficult plot measuring only 4 by 42 yards. It boasts natural light as well as an open-plan living and dining area, which appear to give way to a luscious, intimate garden. A well thought-out air circulation system replaces noisy air conditioning. The large exterior spaces are typically Brazilian, as are the restrained English yet tropical flora, the large pool, and the playful use of concrete.

Dass auf einer schmalen, architektonisch schwierigen Grundfläche von 3,70 x 38,50 Metern ein Traumhaus entstehen kann, beweist das Slice House. Es verfügt über natürliches Licht, einen offenen Wohn- und Essbereich und einen üppigen, intimen Garten, in den die Wohnräume überzugehen scheinen. Optimale Luftzirkulation ersetzt eine rauschende Klimaanlage. Typisch brasilianisch sind die großzügigen Außenbereiche, die zwar englisch gezügelte, aber tropische Flora, der große Pool und das Spiel mit Beton.

Qu'il soit possible de construire une maison de rêve sur une superficie de 3,70 sur 38,50 mètres – chose difficile sur le plan architectural –, c'est ce que prouve la Slice House. Celle-ci est baignée de lumière naturelle, possède une salle de séjour et une salle à manger ouvertes ainsi qu'un jardin luxuriant mais intime dans lequel les pièces d'habitation semblent se fondre. La perfection du système du circulation d'air permet de renoncer à une climatisation bruyante. Ce qui est typiquement brésilien, c'est l'espace extérieur de vaste dimension, la flore tropicale, même si elle est taillée à l'anglaise, la grande piscine et le jeu avec le béton.

La llamada Slice House demuestra que también es posible levantar una casa de ensueño sobre un solar difícil de 3,70 x 38,50 metros. La construcción disfruta de abundante luz natural, un salón comedor abierto y un jardín exuberante e íntimo con el que las estancias interiores parecen confundirse. El aprovechamiento óptimo de la refrigeración natural permite prescindir del ruidoso aire acondicionado. Típicamente brasileños resultan los generosos espacios exteriores, la flora, de inglesa contención pero tropical, la gran piscina y el singular uso del hormigón.

Che su una stretta superficie di 3,70 x 38,50 metri, architettonicamente "difficile" possa sorgere una casa da sogno, lo dimostra Slice House. Questo edificio gode di luce naturale e dispone di una zona giorno aperta e di un giardino rigoglioso e intimo con il quale sembrano fondersi le camere. La circolazione ottimale dell'aria sostituisce un rumoroso impianto di condizionamento. Tipicamente brasiliani sono gli ampi spazi esterni, la flora tropicale, sebbene curata all'inglese, la grande piscina e il gioco del calcestruzzo.

The clever architecture of this narrow dual-level building is shown by the pool on the upper level (f. l.), which can be seen from the living room (r.). Furthermore, the water serves to filter incoming light.

Raffiniert ist die Architektur des schmalen zweistöckigen Gebäudes, in dem der Pool in der oberen Ebene platziert ist (ganz links) und sich vom Wohnzimmer aus einsehen lässt (r.). Zugleich dient das Becken dort als Lichtfilter.

L'architecture de cet étroit bâtiment de deux étages, dans lequel la piscine a été installée à l'étage supérieur (tout à gauche) afin de pouvoir être regardée depuis la salle de séjour (à dr.), est astucieuse. Par ailleurs, le bassin sert à filtrer la lumière.

La arquitectura de esta estrecha casa de dos pisos es refinada, ya que la piscina se encuentra en la planta superior (izquierda) y se puede contemplar desde el salón (d.). La piscina sirve asimismo para tamizar la luz.

La concezione architettonica dello stretto edificio a due piani è molto raffinata; al piano superiore è stata disposta la piscina (prima immagine a sinistra) che è possibile vedere anche dal soggiorno (a destra) e funge allo stesso tempo da filtro per la luce.

massavolumetamanhotevoforma
duraçãodensidadeenerviaprecisão
àdecontornoentrenaturalunião
stinodesentidoobasedisasnão
naldoantunes1997

It is not difficult to guess the origins of the house's name. Various room heights create perspectives and the optical illusion of space.

Woher der Name des Hauses rührt, leuchtet hier unmittelbar ein. Die unterschiedlichen Deckenhöhen steuern Perspektiven und entfernen die Räume optisch voneinander.

On voit ici tout de suite d'où vient le nom de la maison. Les différentes hauteurs de toit créent des effets de perspective qui semblent éloigner les pièces les unes des autres.

Está claro de dónde le viene el nombre a la casa. Los techos de diferentes alturas crean varias perspectivas y alejan ópticamente los diversos espacios entre sí.

Da questa immagine appare subito chiaro da cosa derivi il nome della casa. Le altezze differenti dei soffitti plasmano le prospettive e sembrano allontanare le stanze tra loro.

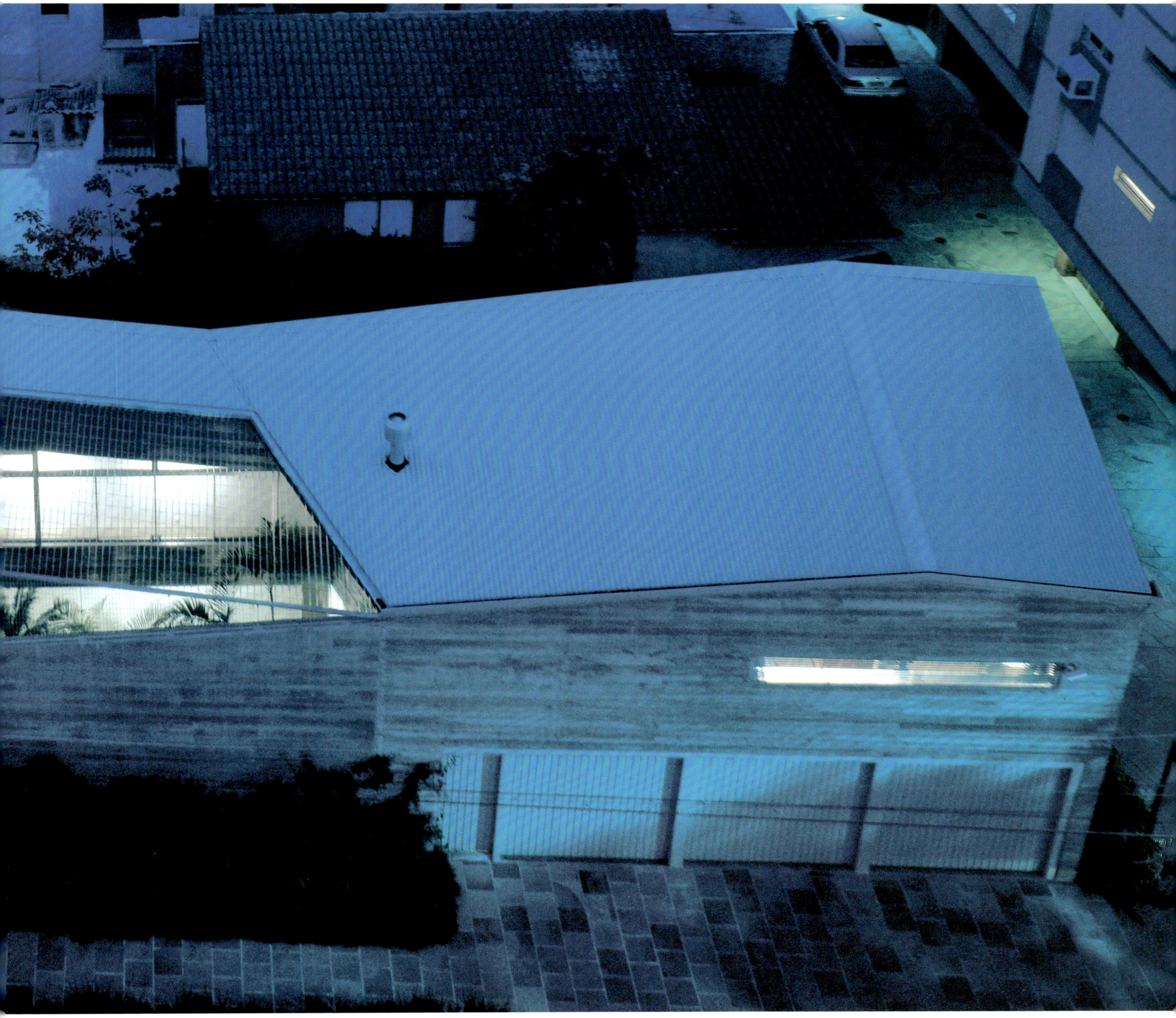

Architect: Claudio Bernardes and Paulo Jacobsen
Photos: Agi Simoes/zapaimages.com

This gleaming white house on a hill looks down on Rio de Janeiro and the Atlantic Ocean beyond. Walls, ceilings, columns, beams, built-in-furniture and even the roof are kept in shining white. Only the floors of the first floor and the terrace, which extends to the pool deck, are made from creme colored Brazilian marble. With its almost 1500 square yards the house has all the air and space one could possibly want to relax and daydream. The interior concentrates on a few modern classics. The house is kept cool by the sea breeze which can be controlled by moving glass panels.

Von einem Hügel über Rio de Janeiro blickt dieses strahlend weiße Haus auf den Atlantik. Auch Wände, Decken, Säulen, Balken, Einbaumöbel und das Dach leuchten in Weiß. Nur die Böden des Parterre und die Terrasse, die sich bis zum Pooldeck erstreckt, bestehen aus cremefarbenem brasilianischem Marmor. Mit 1200 Quadratmetern Wohnfläche bietet das Haus Luft zum Atmen und viel Platz zum Träumen. Das Interieur konzentriert sich auf wenige moderne Klassiker. Gekühlt wird das Haus mit Meeresluft, die durch bewegliche Glaspaneele gelenkt wird.

Située sur une colline dominant Rio de Janeiro, cette maison d'un blanc lumineux a les yeux tournés vers l'Atlantique. Les murs, les plafonds, les colonnes, les poutres, les placards et le toit sont eux aussi d'un blanc resplendissant. Seuls les sols du rez-de-chaussée et la terrasse, qui s'étend jusqu'au rebord de la piscine, sont en marbre crème brésilien. Avec une surface habitable de 1 200 mètres carrés, il y a dans cette maison assez d'air pour respirer et beaucoup de place pour rêver. L'intérieur se concentre sur quelques classiques modernes. La maison est rafraîchie par l'air de la mer, dévié par des panneaux de verre mobiles.

Esta casa, de un blanco resplandeciente, se abre sobre el Atlántico desde una colina con vistas a Río de Janeiro. El tejado, las paredes, los techos, las columnas, las vigas y el mobiliario también relucen en blanco. Sólo los suelos de la planta baja y de la terraza, que se extiende hasta la piscina, son de mármol brasileño en tonos crema. La casa, de 1200 metros cuadrados, ofrece amplitud para sentirse libre y para soñar. El interior se concentra en algunos clásicos modernos. La brisa del mar, que se puede orientar mediante paneles de cristal, proporciona una agradable y fresca temperatura.

In cima a una collina sopra Rio de Janeiro sorge questa villa di un bianco splendente con vista sull'oceano. Pareti, soffitti, colonne, travi, mobili incassati e tetto, tutti brillano di bianco. Solamente i pavimenti del parterre e la terrazza che si estende fino al bordo della piscina sono in marmo brasiliano color crema. Con i suoi 1200 metri quadrati di superficie abitabile, la casa risulta di ampio respiro e lascia ampi spazi per sognare. Gli interni si concentrano su pochi classici moderni. La casa viene rinfrescata dall'aria di mare, convogliata al suo interno da pannelli mobili in vetro.

This residence, a white palace, looks over the pool and beyond onto the sea. The open-plan design is reminiscent of a loft—albeit a feudal one.

Wie ein weißer Palast blickt das Haus auf den Pool und das Meer. Die offene Struktur der Räume erinnert an ein Loft – allerdings ein sehr feudales.

Cette maison, d'où l'on peut contempler la piscine et la mer, ressemble à un palais blanc. La structure ouverte des pièces évoque un loft – mais un loft de grand luxe.

Como un palacio blanco, esta casa se asoma a la piscina y al mar. La estructura abierta de los espacios recuerda un loft, si bien uno feudal.

La casa si affaccia sulla piscina e sul mare come un palazzo bianco. La struttura aperta delle stanze ricorda un loft, ma con un che di aristocratico.

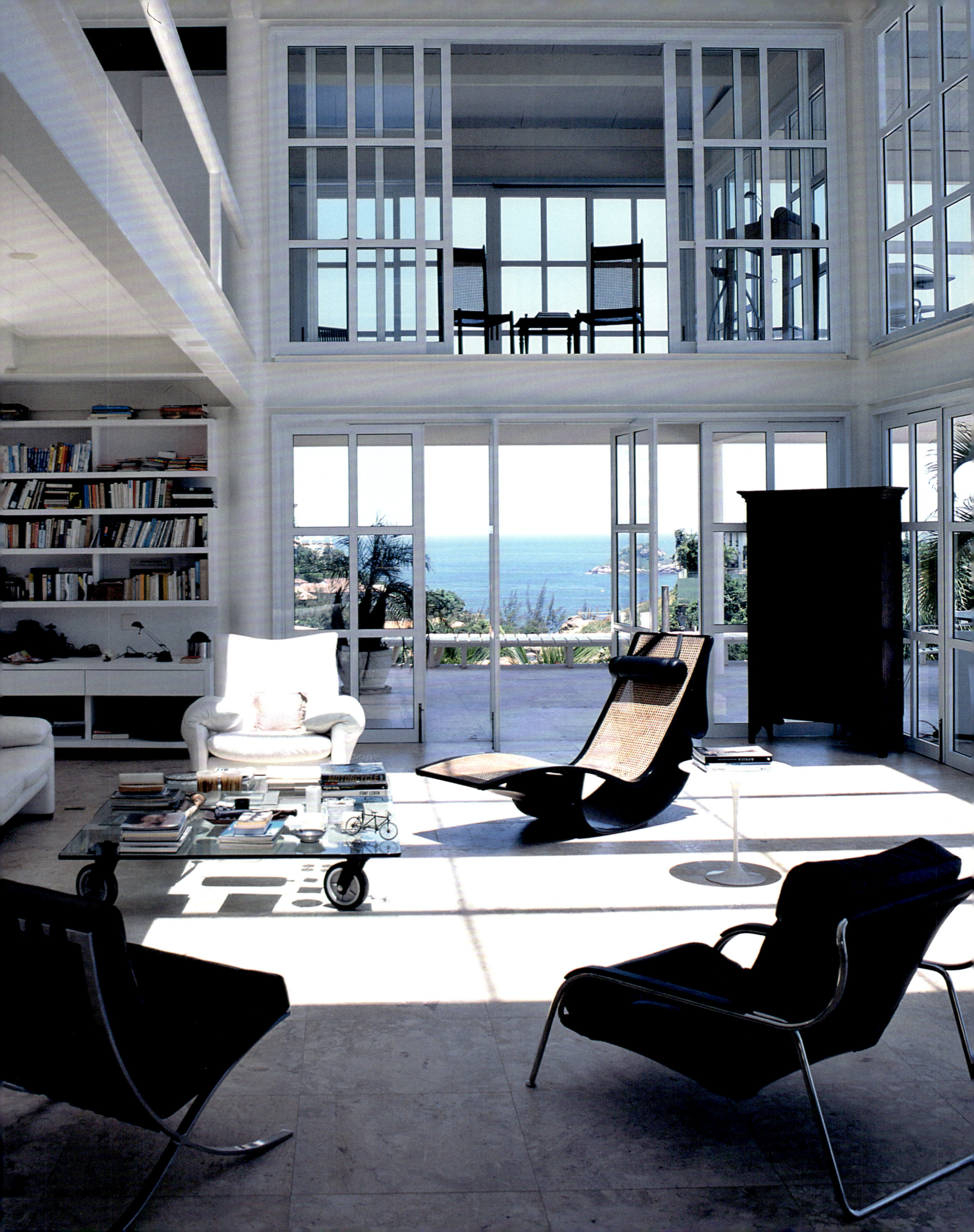

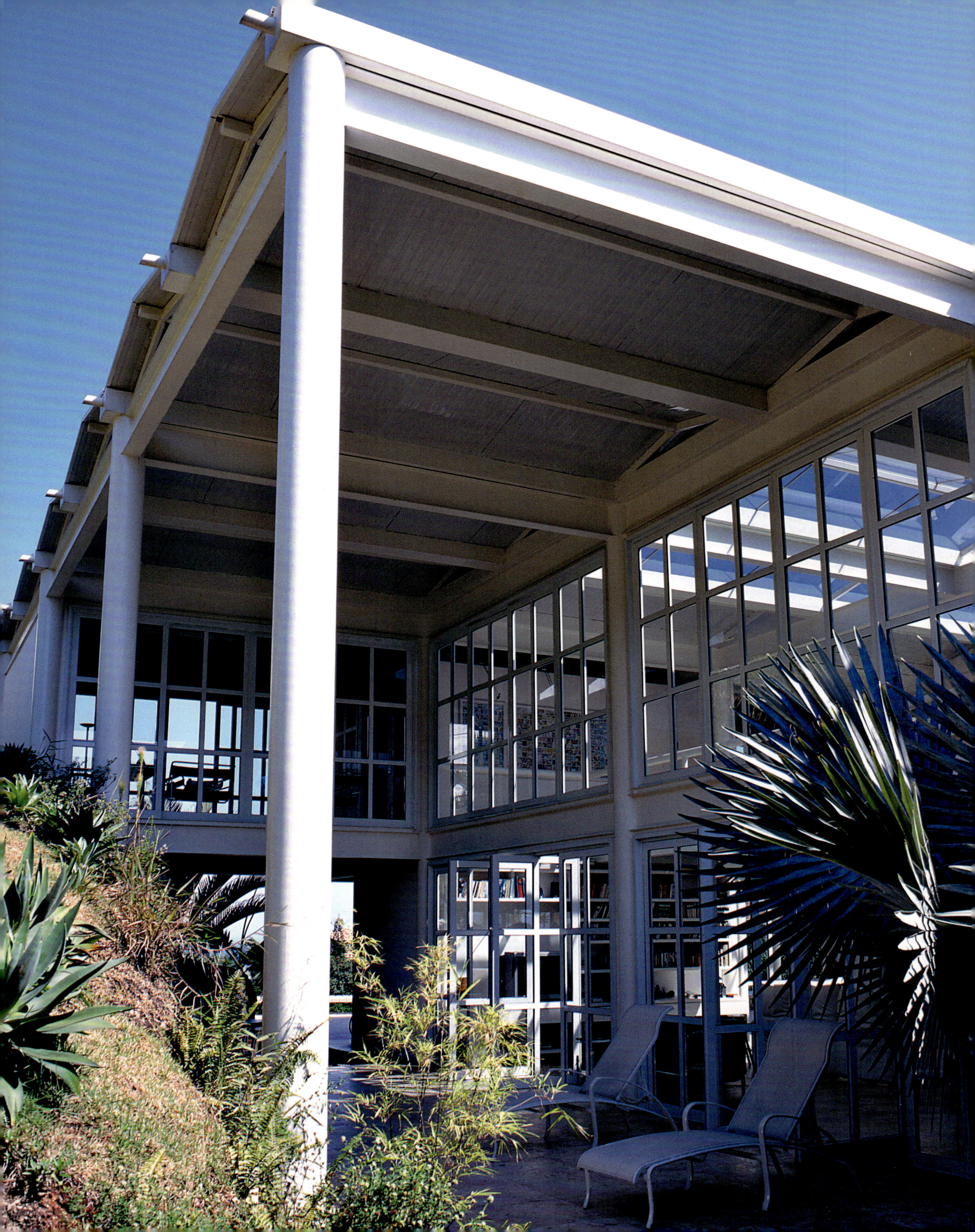

The nearly 850-square-yard large, partly roofed, terrace (l.) is used as an open-air living room. The bathroom (r.) also leads onto the veranda of beige marble.

Die 700 Quadratmeter große, teilweise überdachte (l.) Terrasse wird als Freiluft-Wohnraum genutzt. Auch das Bad (r.) führt auf die Veranda aus beigefarbenem Marmor.

La terrasse en partie couverte (à g.), d'une superficie de 700 mètres carrés, sert de salon en plein air. Même la salle de bains (à dr.) s'ouvre sur la véranda de marbre beige.

La terraza de 700 metros cuadrados, parcialmente techada, (i.) se usa como salón al aire libre. También el baño (d.) tiene acceso al porche de mármol crema.

La terrazza di 700 metri quadrati, in parte coperta (a sinistra), viene utilizzata come spazio abitativo all'aperto. Anche dal bagno (a destra) è possibile raggiungere la veranda in marmo beige.

Architect: Barclay & Crousse
Photos: Jean Pierre Crousse

The way it is built into the ten-yard-high cliff, this construction is reminiscent of a fortress. Clear lines and generous window fronts convey a feeling of space incorporating the surroundings of beach and sea as well as the expanse of the Peruvian landscape. 335 square yards of living space are spread over three levels which are interconnected by external staircases—the car remains at the top whereas the bottom level affords easy access to the beach. The living quarters provide enough space for two generations. Large terraces open up new vistas over land and sea.

Wie eine Festung ist diese Konstruktion an eine neun Meter hohe Klippe gefügt. Klare Linien und breite Fensterfronten vermitteln einen Eindruck von Raum, der die Umgebung aus Strand und Meer sowie die Weite der peruanischen Landschaft miteinbezieht. 280 Quadratmeter verteilen sich auf drei Ebenen, die durch externe Treppen miteinander verbunden sind – oben bleibt das Auto zurück, ganz unten befindet sich der Zugang zum Strand. Die Wohnebenen bieten Platz für zwei Generationen. Große Terrassen eröffnen immer neue Perspektiven auf Land und See.

Cette maison, construite sur une falaise de neuf mètres de haut, ressemble à une forteresse. Des lignes claires et de grandes baies vitrées donnent une impression d'espace ouvrant sur les alentours, c'est à dire la plage et la mer mais aussi l'immense arrière-pays péruvien. 280 mètres carrés répartis sur trois étages reliés entre eux par un escalier extérieur – la voiture reste en haut tandis que le rez-de-chaussée tout en bas donne accès à la plage. Les différents étages permettent à deux générations de cohabiter. Les grandes terrasses donnent une vue sans cesse renouvelée sur la mer et l'arrière-pays.

Esta construcción queda encajada como una fortaleza en un risco de nueve metros de altura. Líneas claras y amplios ventanales transmiten una sensación de espacio que abarca el mar, la playa así como la amplitud del paisaje peruano. 280 metros cuadrados repartidos en tres plantas unidas entre sí por escaleras exteriores. Arriba el aparcamiento y en la planta baja el acceso a la playa. La zona dedicada a la vivienda ofrece espacio para dos generaciones. Las espaciosas terrazas ofrecen siempre nuevas perspectivas del paisaje.

Come una fortezza, questo edificio sorge su una scogliera alta nove metri. Linee pulite e larghe facciate comunicano un senso di ampiezza, accentuato dalla spiaggia circostante, dal mare e dagli spazi del paesaggio peruviano. La superficie totale di 280 metri quadrati è divisa su tre piani collegati assieme da scale esterne. La macchina rimane in alto, mentre in basso si trova l'accesso alla spiaggia. I piani residenziali offrono lo spazio necessario per due generazioni. Le grandi terrazze rivelano prospettive sempre nuove sul mare e sul territorio circostante.

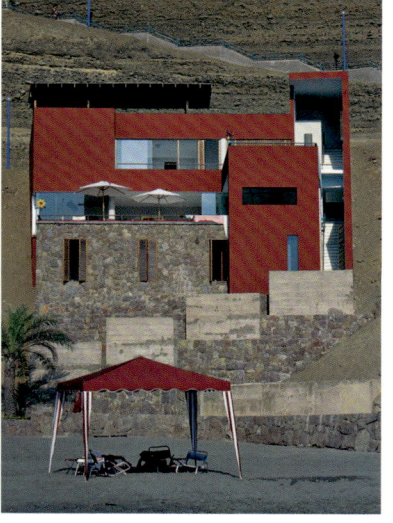

This part of the shady terrace frames the vista like a painting (f. l.). The house on the steep slope extends over three levels (l., r.).

Wie ein Bilderrahmen fasst dieser Teil der schattigen Terrasse die Aussicht ein (ganz links). Über drei Ebenen erstreckt sich das Haus an der Steilküste (l., r.).

Cette partie de la terrasse ombragée encadre, tel un tableau, la vue sur la mer (tout à gauche). Cette maison, construite sur la falaise, s'étend sur trois étages (à g., à dr.).

Esta parte de la umbría terraza enmarca la vista como si de un cuadro se tratara (izquierda). La casa se extiende en los acantalidados sobre tres plantas (i., d.).

Questa parte ombreggiata della terrazza incornicia il panorama come se fosse un quadro (prima immagine a sinistra). La casa si estende per tre piani sul picco della costa (a sinistra, a destra).

B House Cañete, Peru

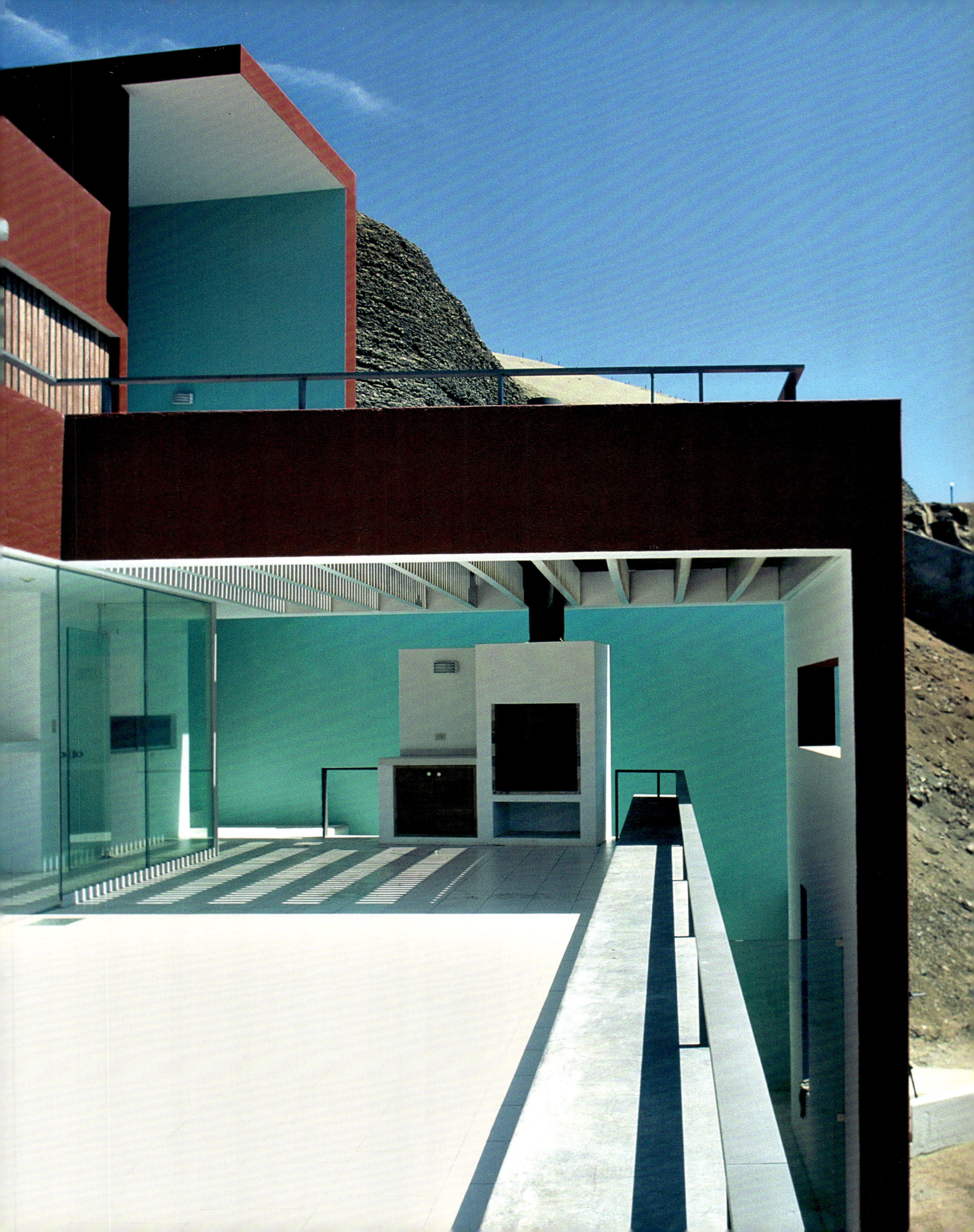

Without exposing *itself to the rough ocean, this fortress-like building offers plenty of open-air living space and exceptional views of the sea (r.). Stairs lead down to the beach.*

Ohne sich *dem Ozean zu exponieren, bietet das festungsartige Haus Wohnraum im Freien und großartige Blicke aufs Meer (r.). Treppen führen zur Küste hinab.*

Sans s'exposer *à l'océan, cette maison, qui ressemble à une forteresse, a des salles de séjour en plein air et une vue grandiose sur la mer (à dr.). Des escaliers descendent vers la côte.*

Sin exponerse *al océano, esta casa con aire de fortaleza ofrece espacios de vivienda al aire libre y excelentes vistas al mar (d.). Las escaleras bajan hasta la costa.*

La casa, *che pare quasi una fortezza, offre un soggiorno all'aperto e una meravigliosa vista sul mare senza esporsi all'oceano (a destra). La spiaggia si raggiunge grazie a una scalinata.*

B House *Cañete, Peru*

B House *Cañete, Peru* 275

Architect: Barclay & Crousse
Photos: Jean Pierre Crousse

This house on the seaside blends into the barren desert landscape between the Andes and the ocean without sacrificing creature comforts or technical finesse. Its colors reflect the ocher and sandy tones of the surroundings; extensive glass fronts create a flowing transition between the interior and the exterior. The large terrace resembles a beach and borders onto the pool, while the roof of the living quarters functions as a parasol. The sparse interior accentuates space and colors. The seeming endlessness of the surroundings is contrasted by the intimacy provided by the house.

Dieses am Meer gelegene Haus fügt sich in die karge Wüstenlandschaft zwischen Anden und Ozean ein, ohne dabei an Komfort und technischer Finesse einzubüßen. Seine Farben nehmen die Ocker- und Sandtöne der Umgebung auf und ausgedehnte Glasfronten schaffen fließende Übergänge zwischen Innen- und Außenbereich. Die große, von einem Pool begrenzte Terrasse gleicht einem Strand, das Dach des Wohnbereichs einem Sonnenschirm. Das sparsame Interieur lässt Raum und Farben sprechen. Der scheinbaren Unendlichkeit des Landes ringsum setzt das Haus Intimität entgegen.

Cette maison située au bord de la mer s'intègre dans le paysage austère de désert qui s'étend entre les Andes et l'océan sans pour autant renoncer au confort ou aux techniques les plus sophistiquées. Ses couleurs reprennent les tons ocre et sable des alentours et des baies vitrées créent des transitions fluides entre les espaces extérieur et intérieur. La grande terrasse qui s'ouvre sur une piscine ressemble à une plage, le toit recouvrant les pièces d'habitation à un parasol. Par sa sobriété, l'intérieur fait ressortir l'espace et les couleurs. Par son intimité, la maison contraste avec l'apparente infinité des alentours.

Esta casa situada junto al mar se mimetiza con el duro paisaje desértico entre los Andes y el Océano sin prescindir de comodidad y detalles técnicos. Sus colores absorven los tonos arena y ocre de los alrededores y los amplios ventanales unen el espacio exterior e interior. La extensa terraza, separada por una piscina, asemeja una playa y el tejado de la zona dedicada a la vivienda, imita la forma de una sombrilla. El austero interior se expresa mediante espacio y color. El paisaje exterior, que da una sensación de infinita amplitud, crea un ambiente de intimidad en el interior de la casa.

Questa casa sul mare si inserisce nella sottile striscia di paesaggio desertico tra le Ande e l'oceano, senza però rinunciare al comfort e ai dettagli tecnici. I suoi colori sono i toni ocra e sabbia del paesaggio circostante e le ampie vetrate permettono un passaggio fluido tra interni ed esterni. La grande terrazza delimitata da una piscina sembra una spiaggia, mentre il tetto della zona giorno ricorda un ombrellone. Gli interni essenziali lasciano parlare lo spazio e i colori. All'apparente infinità del paesaggio circostante si contrappone l'intimità della casa.

Casa Equis mirrors the colors of the surrounding countryside perfectly, while offering all modern creature comforts at the edge of the desert. A case in point is the state-of-the-art kitchen (l.).

Perfekt spiegelt die Casa Equis Farben und Formen der Landschaft ringsum – und bietet zugleich alles, was das Leben am Wüstenrand angenehm macht. Zum Beispiel eine State-of-the-Art-Küche (l.).

La Casa Equis reflète à la perfection les couleurs et les formes du paysage alentour et offre par ailleurs tout ce qui rend la vie agréable à la lisière du désert. Comme, par exemple, une cuisine state-of-the-art (à g.).

La Casa Equis refleja perfectamente los colores y formas del entorno y al mismo tiempo ofrece todo lo que ayuda a hacer agradable la vida en las cercanías del desierto. Por ejemplo una cocina hipermoderna (i.).

Casa Equis rispecchia perfettamente i colori e le forme del paesaggio circostante; allo stesso tempo offre tutto ciò che serve per rendere gradevole la vita pur essendo ai bordi del deserto, come ad esempio la cucina high tech (a sinistra).

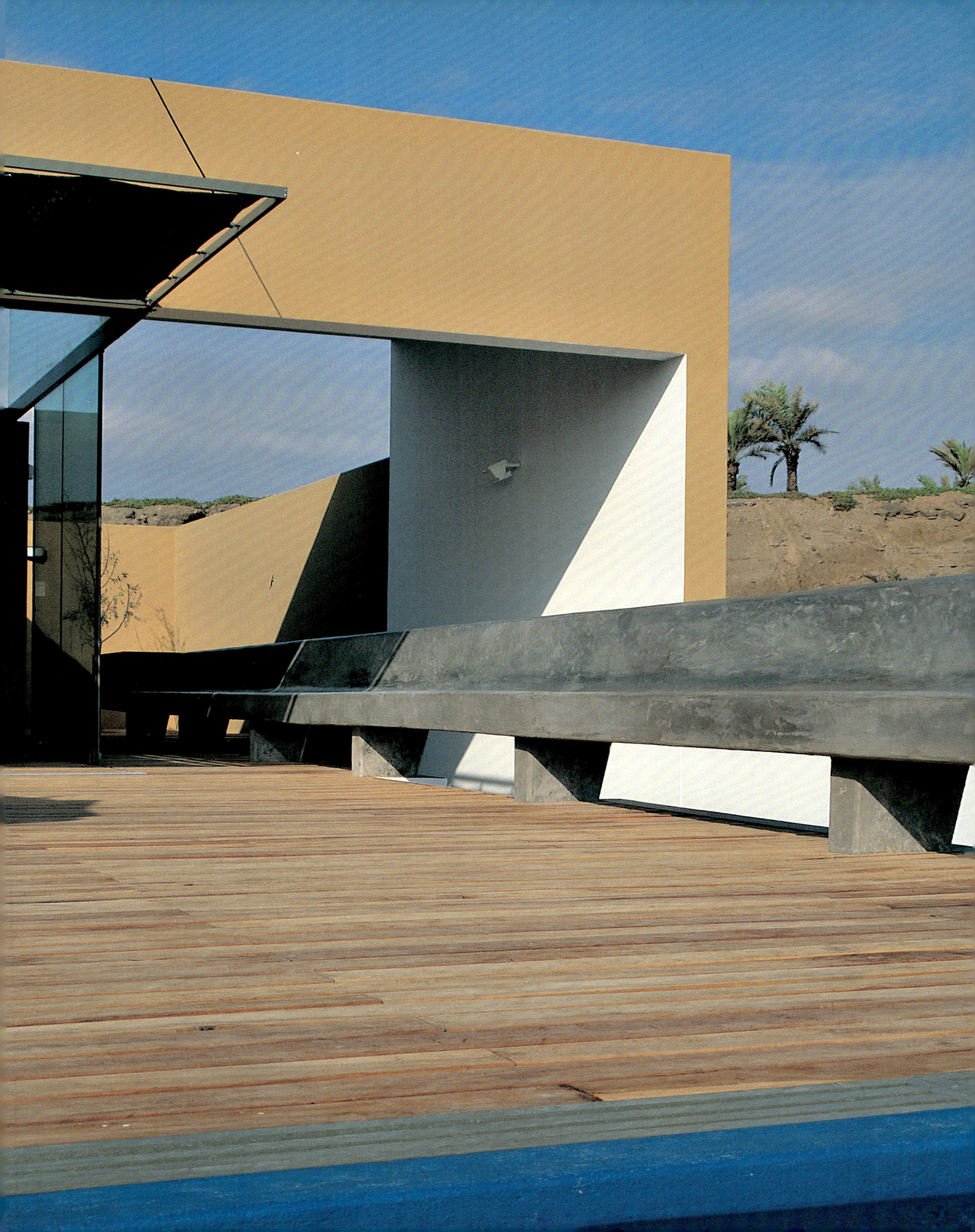

In contrast to the desert, the walls exude a feeling of security and seclusiveness—without sacrificing space. Here, part of the living room.

Im Kontrast zur Weite der Wüste sollen die Räume Geborgenheit und Abgeschlossenheit vermitteln – ohne dabei an Großzügigkeit einzubüßen. Hier ein Teil des Wohnraums.

Par contraste avec les horizons à perte de vue du désert, les pièces doivent susciter le sentiment d'être des espaces clos et sûrs – sans pour autant être moins spacieuses. On peut voir ici une partie de la salle de séjour.

En contraste con la amplitud del desierto, los interiores deben ofrecer seguridad y recogimiento pero sin renunciar a la generosidad de espacios. Aquí una parte del salón.

In antitesi con il vasto deserto, le stanze comunicano un senso di sicurezza e isolamento, senza però sacrificare lo spazio. Qui si vede una parte del soggiorno.

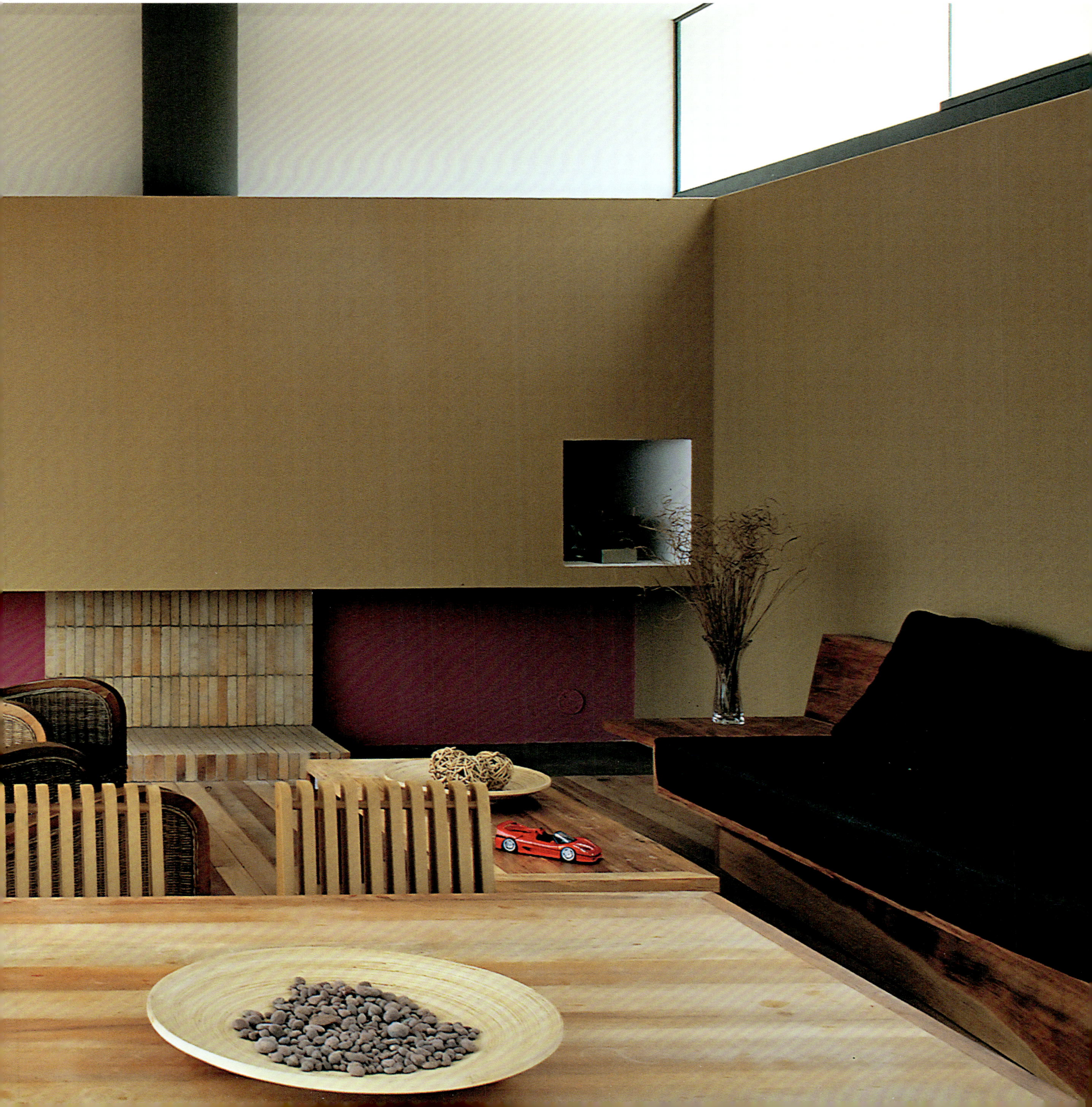

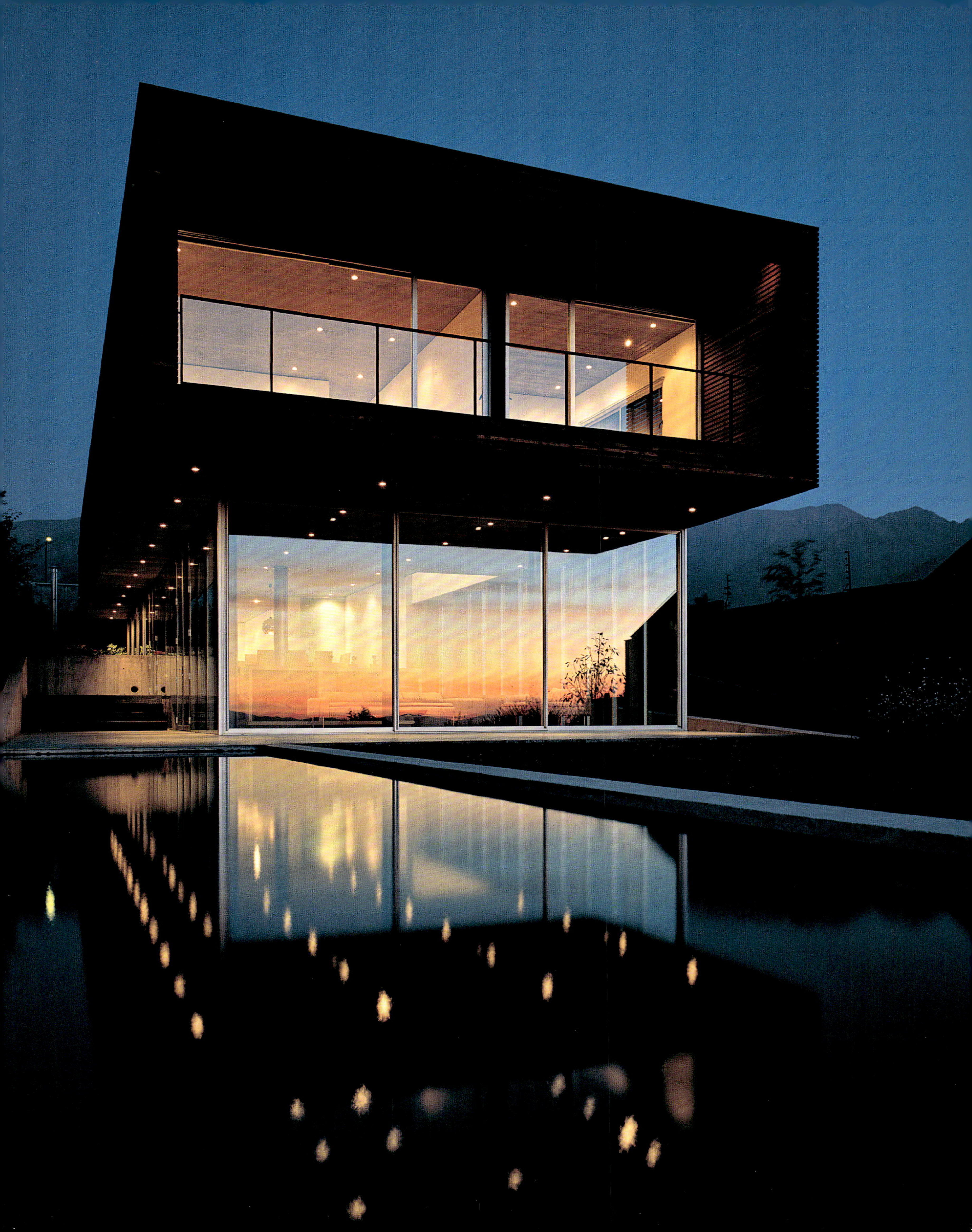

Patios and terraces connect and extend the three levels of this house (l.). The pool proffers views of the city below (r.).

Patios und Terrassen verbinden und erweitern die drei Ebenen des Hauses (l.). Im Pool schwimmt man mit Blick auf die Stadt (r.).

Les patios et les terrasses relient et prolongent les trois niveaux de la maison (à g.). Dans la piscine, on nage tout en ayant une vue sur la ville (à dr.).

Los patios y las terrazas unen y amplían las tres plantas de la casa (i.). Desde la piscina se disfruta de vistas sobre la ciudad (d.).

I patii e le terrazze uniscono e ampliano i tre piani della villa (a sinistra). Dalla piscina lo sguardo spazia sulla città (in basso).

Casa Serrano *Santiago, Chile* 283

Casa Serrano

Los Domínicos, Santiago, Chile

Architect: Felipe Assadi
Photos: Guy Wenborne

Below this estate spraws city of Santiago de Chile. The lower floor was partly dug into the hillside which protects it from unwanted attention. Steel columns and glass facades proffer brilliant vistas of the valley. The upper level is made of timber-clad concrete. The windows are designed to let in light and fresh air but make it impossible to look inside. Those rooms without a view lead to the garden; a further roof terrace can be reached via an added studio.

Wie ein Teppich breitet sich Santiago de Chile unterhalb dieses Anwesens aus. Da die untere Ebene zum Teil in einem Erdhügel versenkt wurde, ist sie vor Blicken von Außen geschützt. Stahlsäulen und Glasfronten eröffnen weite Aussichten ins Tal. Die obere Ebene besteht aus mit Holz verkleidetem Beton. Die Fenster sind so angeordnet, dass sie zwar Licht und Luft einlassen, jedoch keine äußeren Einblicke gewähren. Die Räume ohne Panoramasicht führen zu einem Garten. Eine weitere Dachterrasse ist über ein aufgestocktes Studio zu erreichen.

Santiago du Chili se déroule comme un tapis au-dessous de cette propriété. Comme le niveau inférieur s'enfonce en partie dans un monticule de terre, il est à l'abri des regards extérieurs. Des colonnes en acier et des façades en verre permettent d'avoir une vue immense sur la vallée. L'étage supérieur est en béton recouvert de bois. Les fenêtres sont aménagées de telle sorte qu'elles laissent certes passer la lumière et l'air mais sans donner prise aux regards extérieurs. Les pièces sans vue s'ouvrent sur un jardin. Par un studio surélevé, on a accès à un toit aménagé en terrasse.

Santiago de Chile se extiende como una alfombra bajo esta propiedad. La parte inferior fue construída hundiendo parte de ella en un montículo y queda protegida de miradas indiscretas. Columnas de acero y ventanales se abren a las amplias vistas sobre el valle. La parte superior se construyó en cemento revestido de madera. Las ventanas se han distribuído de tal modo que si bien dan paso a la luz y el aire, protegen de las miradas desde el exterior. Las salas que carecen de vista panorámica son las que están orientadas al jardín. Se llega a la azotea desde el estudio del piso superior.

Santiago del Cile si estende come un tappeto ai piedi di questa tenuta. Poiché il piano inferiore è in parte interrato in una collinetta, esso è protetto da sguardi esterni. Le colonne in acciaio e la facciata vetrata permettono la vista di tutta la valle. Il piano superiore è realizzato in calcestruzzo rivestito in legno. Le finestre sono disposte in maniera tale da fare sì che possano entrare luce e aria, ma da impedire sguardi indesiderati. Le stanze che non godono della vista panoramica conducono a un giardino. Inoltre è possibile raggiungere un'ulteriore terrazza a tetto su uno studio sopraelevato.

A bird's-eye view of Santiago de Chile: the location of this house high above the city literally cries out for a roof terrace and ceiling-high glass fronts—aesthetically as well as architecturally.

Santiago de Chile aus der Vogelperspektive: Die Lage dieses Hauses hoch über der Stadt macht eine Dachterrasse und raumhohe Fensterfronten geradezu zur ästhetischen und architektonischen Notwendigkeit.

Santiago du Chili vue du ciel : le site de cette maison, construite sur les hauteurs de la ville, exigeait, tant sur le plan esthétique que sur le plan architectural, un toit en terrasse et des façades en verre sur toute la hauteur des pièces.

Santiago de Chile a vista de pájaro: la situación de esta casa, a gran altura sobre la ciudad, hace que la azotea y las fachadas totalmente acristaladas sean un imperativo estético y arquitectónico.

Santiago del Cile vista dall'alto: la posizione di questa casa, che si erge alta sulla città, ha reso praticamente necessari, sia dal punto di vista estetico sia da quello architettonico, la facciata vetrata a tutta altezza e la terrazza sul tetto.

Albert's House

Jakarta, Indonesia

Architect: Patrick Rendradjaja Architect

Photos: Albert Widjaja

Luminous colors and clear, modern lines provide the background and form an ideal contrast to the dark antiques. The house itself consists of a public wing and a dual-level private tract, the upper level of which houses the children's rooms and the master bedroom—with direct access to the pool. The first floor accommodates a music room and studies. The public wing's living and dining quarters lead to the patio and pool as well as to a guest pavilion. The antique carved doors from Java are an outstanding highlight.

Leuchtende Farben und moderne, klare Linien bilden hier den Hintergrund für dunkle Antiquitäten, die durch diesen Kontrast besonders zur Geltung kommen. Das Haus selbst besteht aus einem öffentlichen und einem zweistöckigen privaten Trakt. Dort liegen auf der erhöhten Etage Kinder- und Hauptschlafzimmer – mit direktem Zugang zum Pool –, in der unteren Musik- und Arbeitsräume. Wohn- und Essbereich des öffentlichen Traktes öffnen sich zum Pool im Patio und einem Gästepavillon. Glanzstücke sind die antiken geschnitzten Türen aus Java.

Des couleurs vives et modernes et des lignes claires composent la toile de fond destinée à recevoir des antiquités de couleur sombre, que le contraste ainsi produit met particulièrement en valeur. La maison elle-même comprend deux ailes, l'une destinée à un usage public, l'autre, s'élevant sur deux étages, réservée à un usage privé. C'est là que se trouvent, à l'étage supérieur, les chambres d'enfants et la chambre principale – avec un accès direct à la piscine – et, à l'étage inférieur, le salon de musique et le bureau. La salle de séjour et la salle à manger de l'aile publique s'ouvrent sur une piscine dans le patio et sur un pavillon pour les invités. Les portes antiques sculptées de Java sont autant de chefs-d'œuvre.

Colores brillantes y líneas claras y modernas crean el telón de fondo ideal para que las antigüedades en tonos oscuros contrasten y destaquen especialmente. La casa en sí consta de un espacio común y un espacio privado de dos plantas. En la planta superior se encuentran los dormitorios principales y los dormitorios de los niños con acceso directo a la piscina, y en la planta inferior, los ámbitos dedicados a la música y al trabajo. La sala de estar y el salón comedor se encuentran en el ala común y se orientan a la piscina del patio y a un pabellón para invitados. Las antiguas puertas talladas originarias de Java son verdaderas obras de arte.

Colori accesi e linee moderne e pulite fanno da sfondo a pezzi d'antiquariato scuri che vengono così messi in particolare rilievo. La casa stessa è costituita da un'ala pubblica e una privata a due piani. In quest'ultima trovano posto, al piano rialzato, le camere da letto dei bambini e quella principale (con accesso diretto alla piscina) e nel piano inferiore la stanza per la musica e gli studi. Il soggiorno e sala da pranzo, nell'ala pubblica, si apre si apre sulla piscina nel patio e su un padiglione per gli ospiti. Fiore all'occhiello sono le antiche porte intagliate di Java.

The entrance area with antique pavilion (l.). The master bedroom offers direct access to the swimming pool (r.).

Der Eingangsbereich mit antikem Pavillon (l.). Der Master Bedroom bietet direkten Zugang zum Swimming Pool (r.).

L'entrée avec le pavillon antique (à g.). La grande chambre à coucher principale offre un accès direct à la piscine (à dr.).

Zona de entrada con pabellón antiguo (i.). La alcoba principal está directamente comunicada con la piscina (d.).

L'entrata con il padiglione antico (a sinistra). La camera da letto principale offre un accesso diretto alla piscina (a destra).

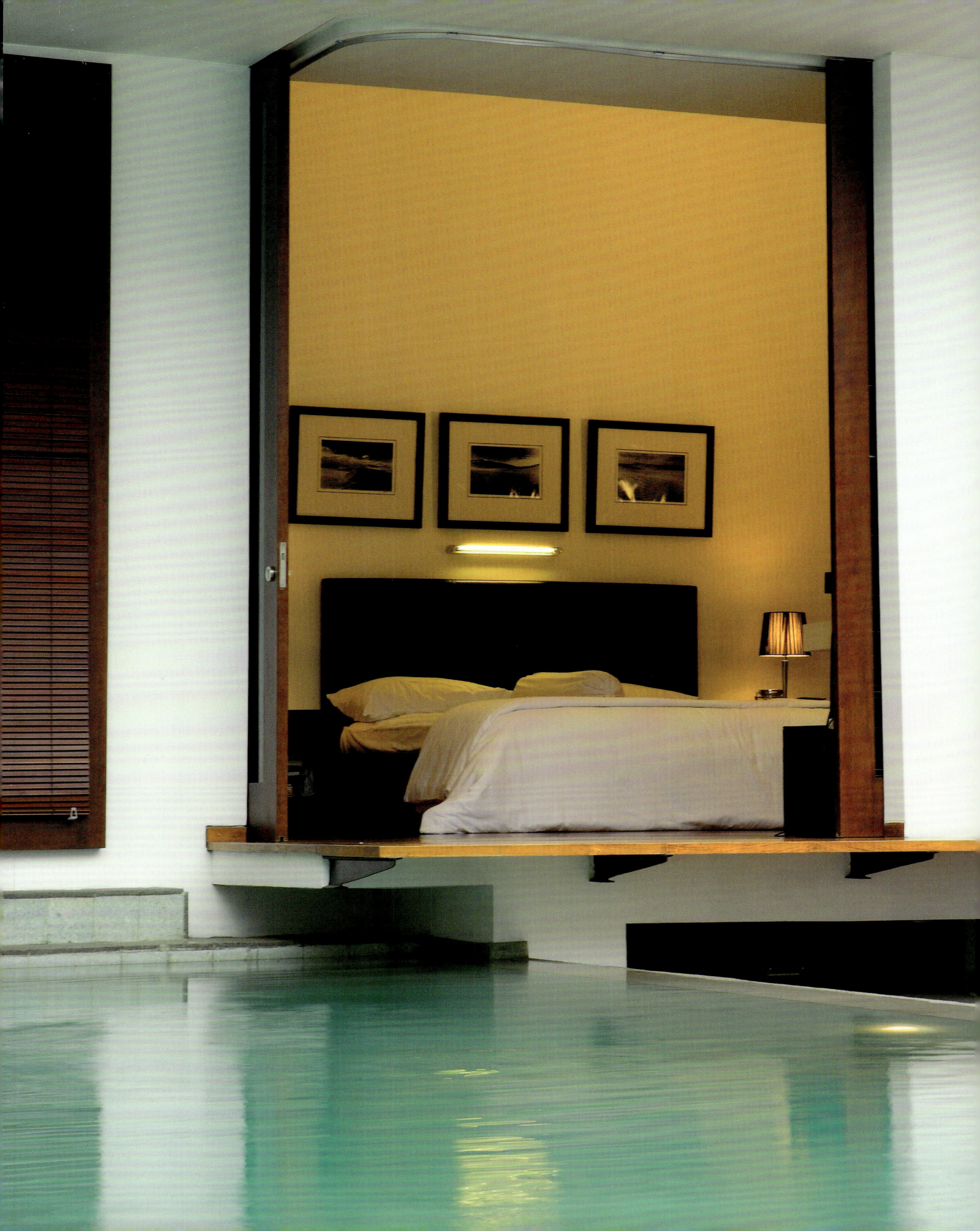

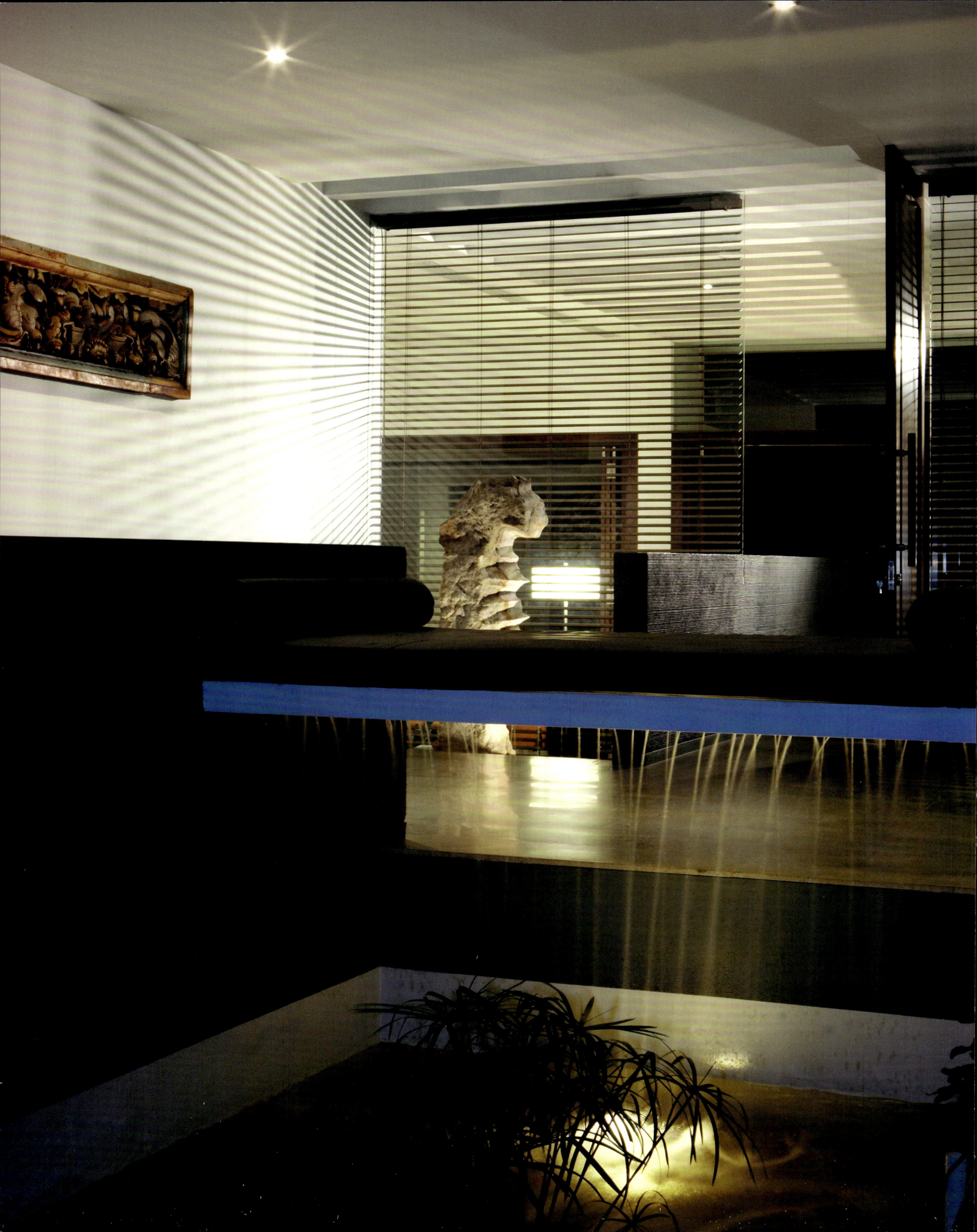

The living and dining room is at the core of this house. It opens up to the garden and swimming pool and boasts two beautifully carved doors from Java (b. r.).

Der Wohn- und Essraum ist das Herzstück des Hauses. Er lässt sich ganz zum Garten und Schwimmbad hin öffnen und besitzt zwei prachtvolle geschnitzte Türen aus Java (u. r.).

La salle de séjour-salle à manger est la pièce maîtresse de la maison. Elle peut s'ouvrir complètement sur le jardin et la piscine, et possède deux magnifiques portes sculptées en provenance de l'île de Java (en b. à dr.).

El salón comedor es el corazón de la casa. Se abre totalmente al jardín y a la piscina y tiene dos magníficas puertas talladas originarias de Java (ab. d.).

Il soggiorno e sala da pranzo è il cuore della tenuta. Può essere completamente aperto sul giardino e sulla piscina e vanta due splendide porte intagliate di Java (in basso a destra).

Architect: Hidayat Endramukti & Budi Harmunanto
Photos: Kayumanis Ubud

This dream house with swimming pool and open-air bath is located in tropical gardens near Ubud above the river Ayung. An open lounge, balconies, and wooden terraces dissolve the boundaries between the interior and exterior. Columns of coconut wood and the traditional roof structures pay tribute to the architecture of the Bali of old. The contemporary design of the interior combines modern technology such as a professional kitchen and plasma display with clear, simple lines. Together they are nearly as soothing on the eye as the vistas of the emerald green valley.

In einem tropischen Garten in der Nähe von Ubud liegt dieses Traumhaus mit Swimmingpool und Open-Air-Bad oberhalb des Flusses Ayung. Eine offene Lounge, Balkons und Holzterrassen heben den Gegensatz zwischen innen und außen auf. Säulen aus Kokosholz und die traditionellen Dächer zitieren die Architektur des alten Bali. Das zeitgenössische Design des Interieurs verbindet moderne Technologie – wie Profiküche und Plasma-Fernseher – mit klaren, schlichten Linien. Sie beruhigen das Auge fast so sehr wie ein Blick ins smaragdgrüne Tal.

Cette maison de rêve, avec piscine et salle de bains en plein air, en amont du fleuve Ayung, est située dans un jardin tropical près d'Ubud. Un salon ouvert, des balcons et des terrasses en bois abolissent la distinction entre l'extérieur et l'intérieur. Les colonnes en bois de cocotier et les toits traditionnels évoquent l'architecture de l'ancienne Bali. Le design contemporain de l'intérieur fait cohabiter la technologie moderne – cuisine professionnelle et téléviseur à écran plat – et les lignes claires et sobres, presque aussi reposantes pour l'œil que la vue sur la vallée vert émeraude.

Cerca de Ubud, sobre el río Ayung, se encuentra esta casa de ensueño rodeada de un jardín tropical con piscina y cuarto de baño al aire libre. Una sala de estar abierta, las terrazas en madera y los balcones eliminan el contraste entre interior y exterior. Las columnas de madera de coco y los tradicionales tejados hacen honor a la arquitectura de la antigua Bali. El contemporáneo diseño del interior combina tecnología moderna, como la amplia cocina y la televisión de plasma, con líneas claras y sencillas. Inspiran casi tanta calma y tranquilidad como las bonitas vistas al valle color verde esmeralda.

Questa casa da sogno con piscina e vasca all'aperto sopra il fiume Ayung, si trova al centro di un giardino tropicale nei pressi di Ubud. Un salotto all'aperto, balconi e terrazze in legno annullano l'opposizione tra interni ed esterni. Le colonne in legno di cocco e i tetti tradizionali citano l'architettura tipica dell'antica Bali. Il design contemporaneo degli interni unisce tecnologia moderna (come la cucina professionale e il televisore al plasma) con linee pulite e sobrie che riposano gli occhi quasi quanto la vista della valle color verde smeraldo.

Bali's traditional style is combined with natural materials and every imaginable luxury. The outdoor lounge is simply splendid: a perfect place to relax (pp).

Der traditionelle Stil Balis verbindet sich hier mit natürlichen Materialien und allem erdenklichen Luxus. Traumhaft ist die Outdoor-Lounge: ein perfekter Ort zum Entspannen (folgende Seiten).

Le style traditionnel de Bali se marie ici avec des matériaux naturels et tout le luxe qu'on puisse imaginer. Le salon extérieur est fantastique : un lieu parfait pour se détendre (pages suivantes).

El estilo tradicional de Bali se aúna aquí con materiales naturales y todo el lujo imaginable. El salón al aire libre es de ensueño: un lugar perfecto para relajarse (página siguiente).

Lo stile tradizionale balinese si fonde qui con i materiali naturali e ogni lusso immaginabile. La lounge all'aperto è fantastica: il luogo perfetto per rilassarsi (pagina seguente).

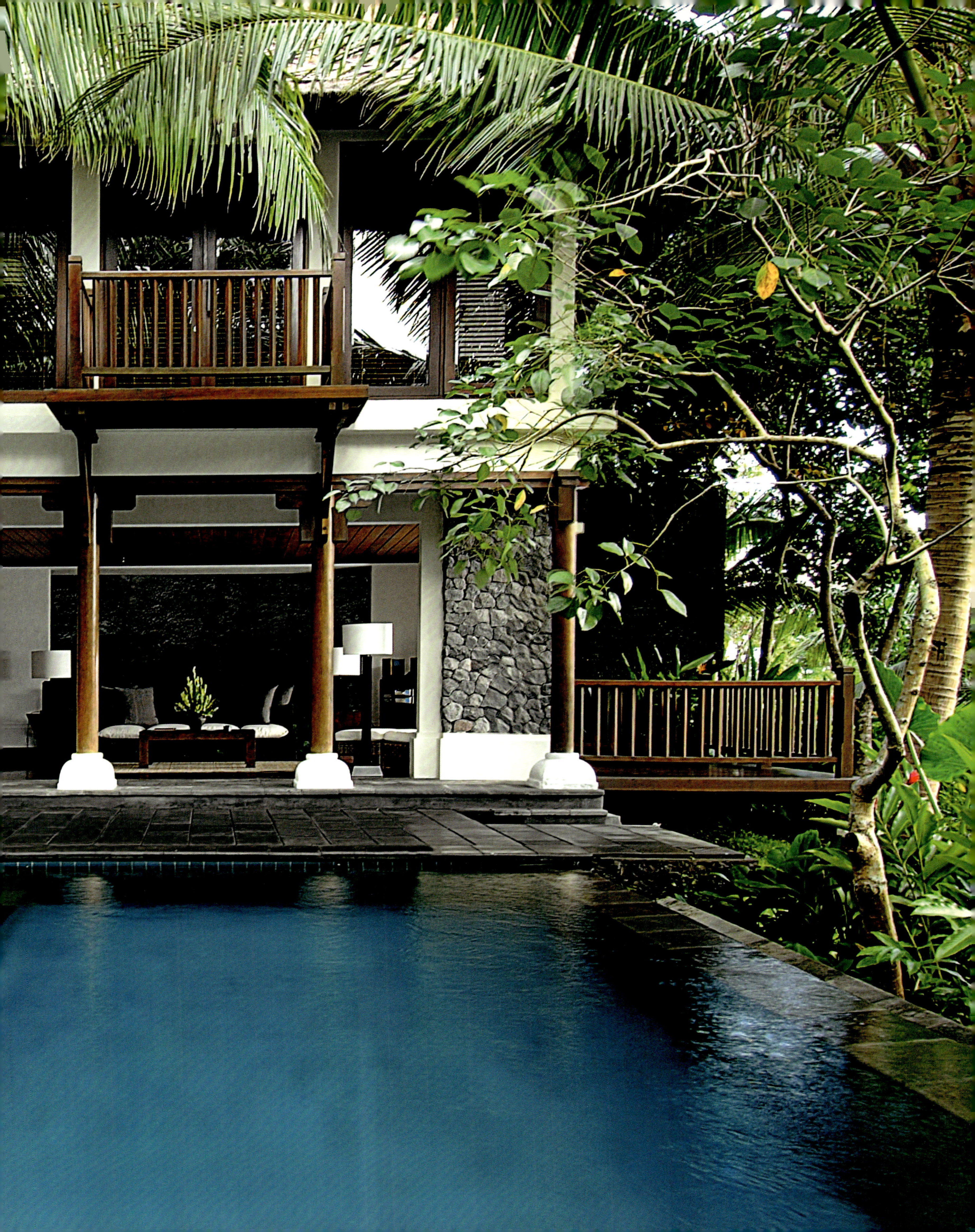

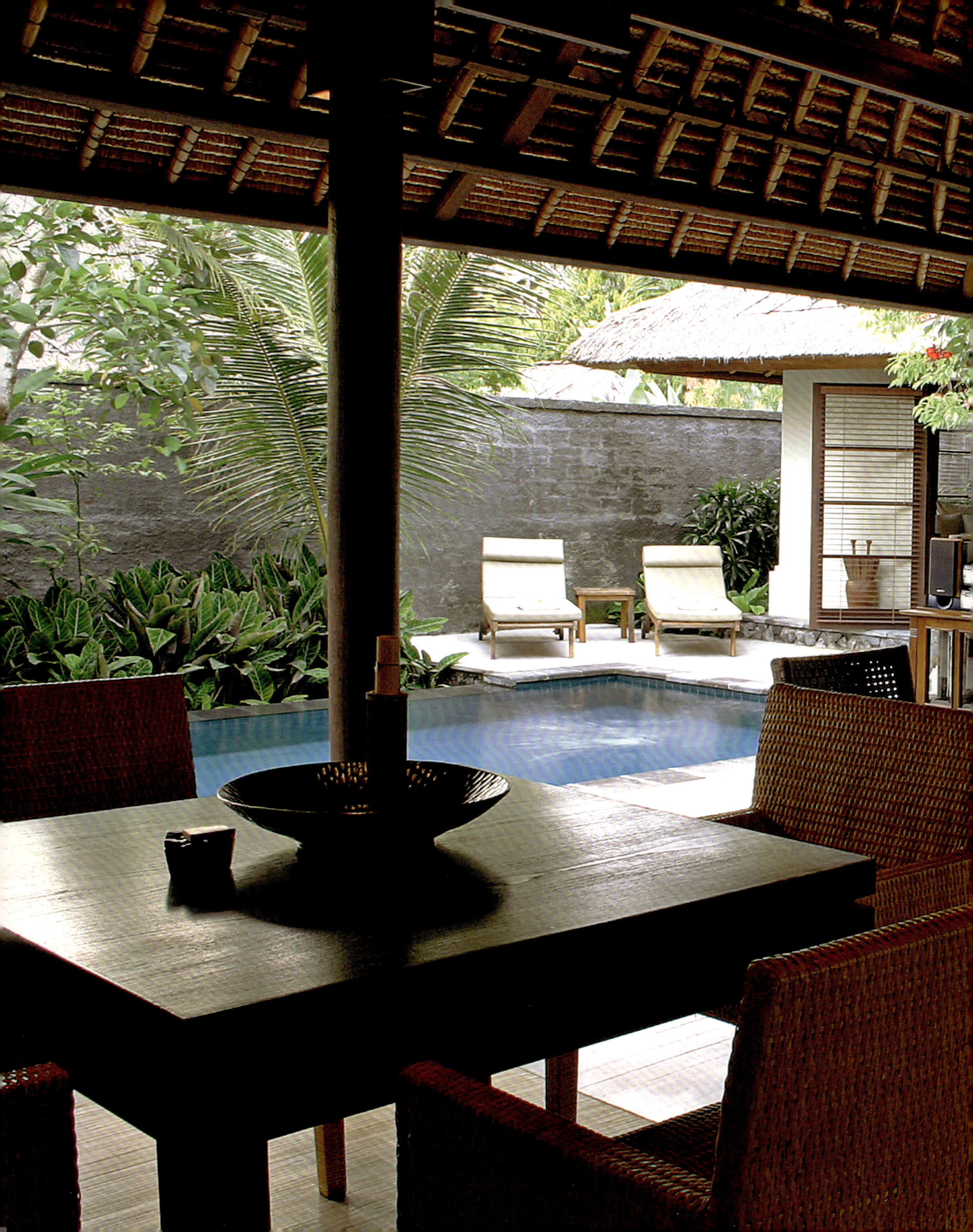

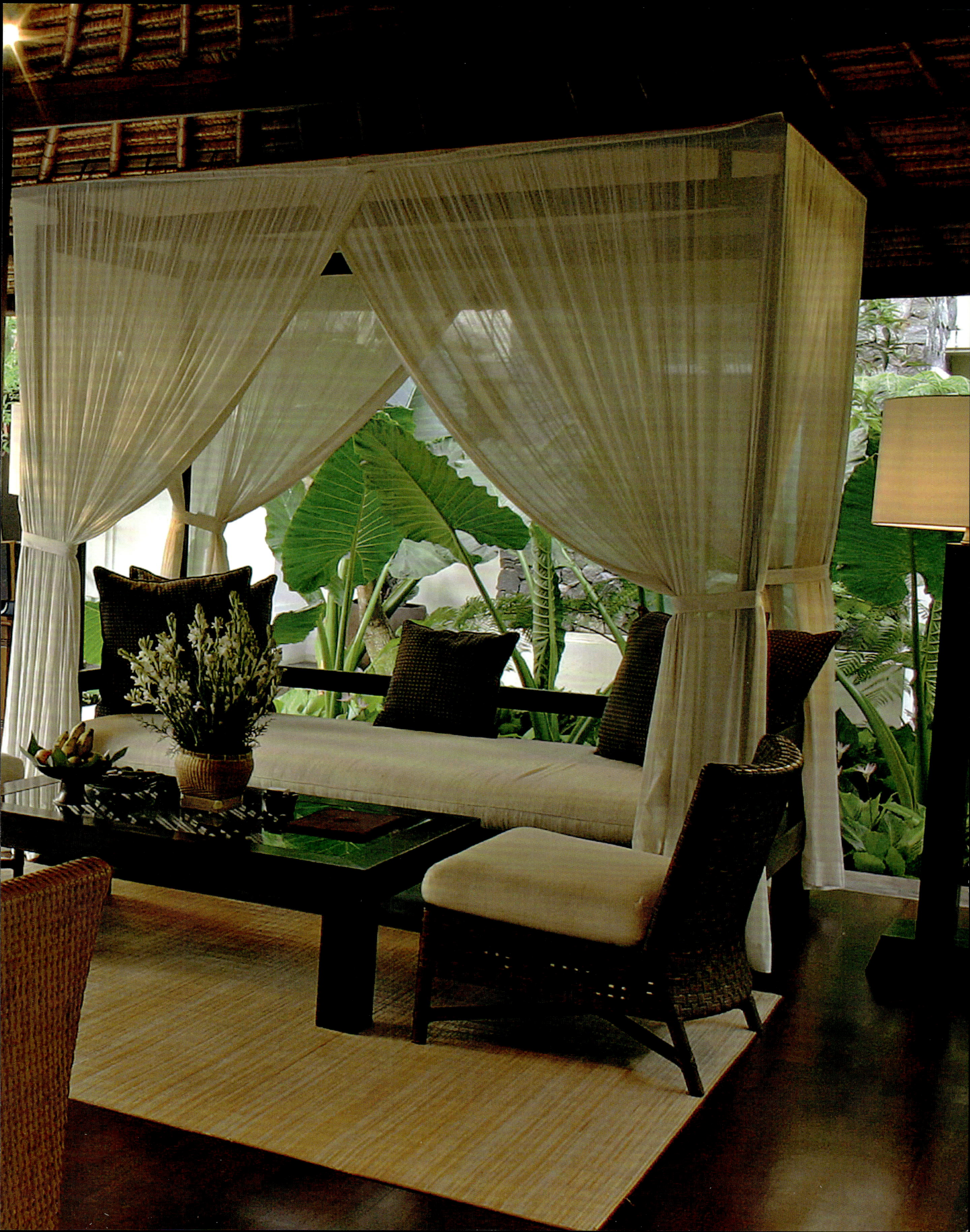

Architect: Edward Suzuki Associates
Photos: Yasuhiro Nukamura

A round glass wall shields this house towards the northeast and shuts out the outside world—specifically neighboring buildings. It both filters the light and wards off unwanted attention akin to traditional Japanese paper walls. The same goes for the bamboo blinds in the living quarters, which offer but the merest glimpse of a building next door. Living room, study, and guest room group around the sunken inner courtyard. A live-in kitchen with its ten-foot-high ceilings reigns over the second floor. The roof terrace offers views of the hills of Kyoto.

Eine runde Glaswand schirmt dieses Haus nach Nordosten hin ab und sperrt die Außenwelt – vor allem die Nachbarhäuser – aus. Wie Papierwände in der traditionellen japanischen Architektur filtert sie das Licht und schützt zugleich vor Einblicken – ebenso wie die Bambusjalousien im Wohnbereich, die das Nachbarhaus nur erahnen lassen. Um den versunkenen Innenhof gruppieren sich Wohn-, Arbeits- und Gästezimmer. Eine Wohnküche mit drei Meter hoher Decke krönt die zweite Etage. Von der Dachterrasse schaut man auf die Hügel von Kyoto.

Un mur rond en verre isole cette maison du côté nord-est et la coupe du monde extérieur, et notamment des maisons voisines. Comme les murs en papier de l'architecture japonaise traditionnelle, il filtre la lumière et protège contre les regards extérieurs – tout comme les jalousies en bambou dans les pièces d'habitation, qui ne laissent guère que deviner la présence de la maison voisine. Autour de la cour intérieure qui s'enfonce dans le sol se regroupent la salle de séjour, le bureau et la chambre d'amis. Une grande cuisine-salle à manger de trois mètres de hauteur sous plafond est le clou du deuxième étage. Depuis le toit en terrasse, on a une vue sur les collines de Kyoto.

Una pared de cristal curva sirve de pantalla a esta casa hacia el noreste y la aísla del mundo exterior, sobre todo de las casas vecinas: al igual que los paneles de papel de la arquitectura tradicional japonesa filtra la luz e impide las miradas exteriores, lo mismo que las persianas de bambú del salón, que sólo dejan adivinar el edificio contiguo. Alrededor del hundido patio interior se agrupan la sala, el despacho y la habitación de invitados. Una cocina comedor con un techo de tres metros de altura corona el segundo piso. Desde la azotea se contemplan las colinas de Kioto.

Una parete arrotondata in vetro scherma questa casa a nordest e la isola dal mondo esterno, in particolare dalle case dei vicini. Questa parete filtra la luce come le pareti di carta dell'architettura tradizionale giapponese e allo stesso tempo impedisce sguardi indesiderati; le gelosie in bambù della zona giorno svolgono una funzione simile, lasciando appena intravedere la casa vicina. Intorno alla corte interna ribassata, si raggruppano le camere, gli studi e le stanze per gli ospiti. Il secondo piano è coronato da una cucina abitabile con un soffitto di tre metri. Dal tetto a terrazza è possibile vedere le colline di Kyoto.

The transparent sliding doors opening up the rooms to the inner courtyard are also inspired by Asian architecture (l.).

Der asiatischen Baukunst entlehnt sind auch die transparenten Schiebetüren, die die Räume zum Innenhof hin öffnen (l.).

Les portes coulissantes transparentes qui ouvrent les pièces sur la cour intérieure sont elles aussi empruntées à l'architecture asiatique (à g.).

Las puertas corredizas transparentes que abren las estancias al patio interior son asimismo un préstamo de la arquitectura asiática (i.).

Anche le porte scorrevoli trasparenti, che mettono in comunicazione le stanze con la corte interna (a sinistra), sono prese in prestito dall'architettura asiatica.

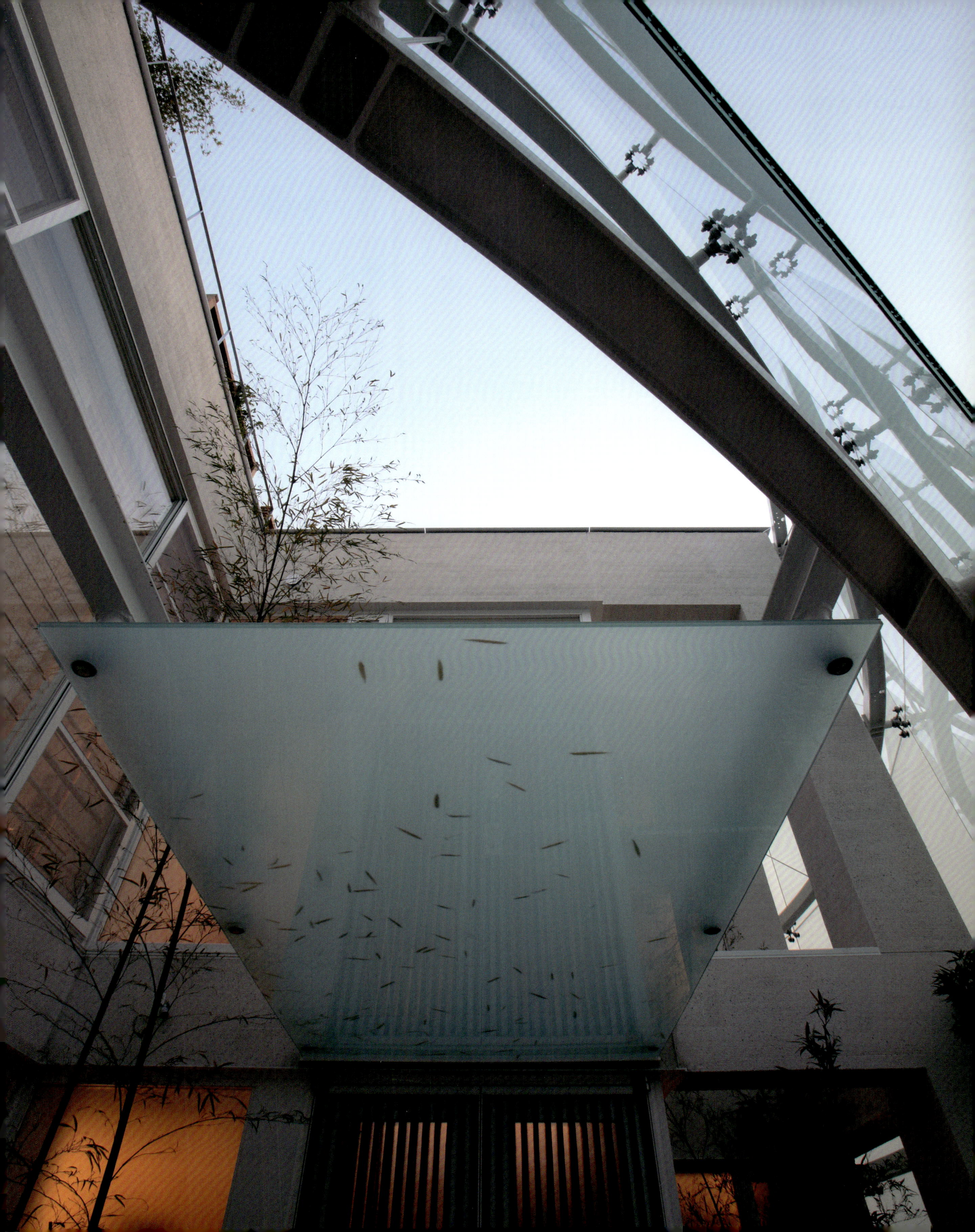

This house plays with traditional Japanese architecture. The living room is screened off by bamboo blinds (a. r.), while the design of both the dining and living areas is kept minimalistic (b. r.).

Mit den Elementen traditionellen japanischen Baustils spielt dieses Haus. Das Wohnzimmer wird von Bambusjalousien abgeschirmt (o. r.), das Design des Ess- und Wohnbereichs ist schnörkellos (u. r.).

Cette maison joue avec les éléments de l'architecture japonaise traditionnelle. La salle de séjour est isolée du monde extérieur par des jalousies en bambou (en h. à dr.), le design du salon-salle à manger est sans fioritures (en b. à dr.).

Esta casa juega con los elementos tradicionales del estilo arquitectónico japonés. El salón está protegido por persianas de bambú (ar. d.), el diseño de las estancias y el comedor carece de retórica (ab. d.)

Questa casa gioca con gli elementi dello stile giapponese tradizionale. Il soggiorno è riparato dalle gelosie in bambù (in alto a destra), mentre una parete in vetro scherma la parte trasparente della casa (in basso a destra).

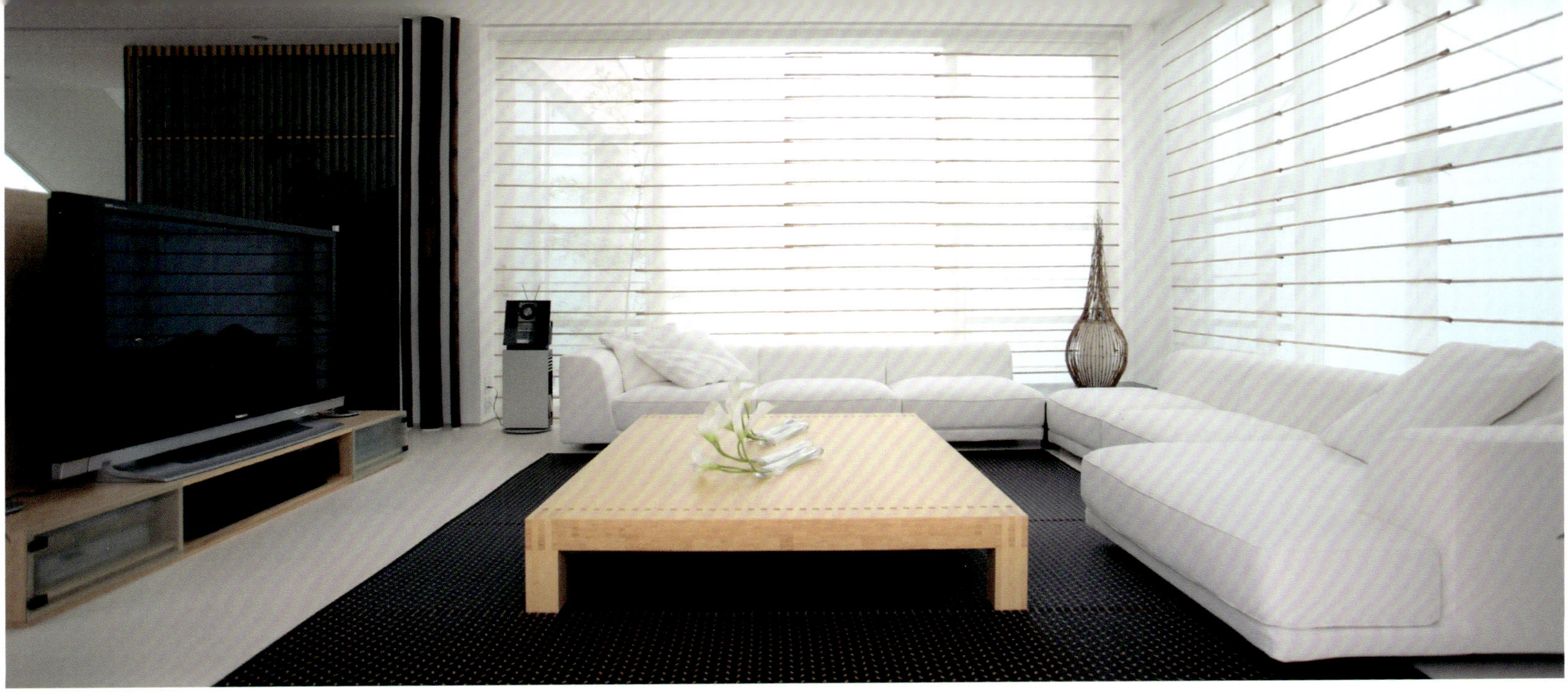

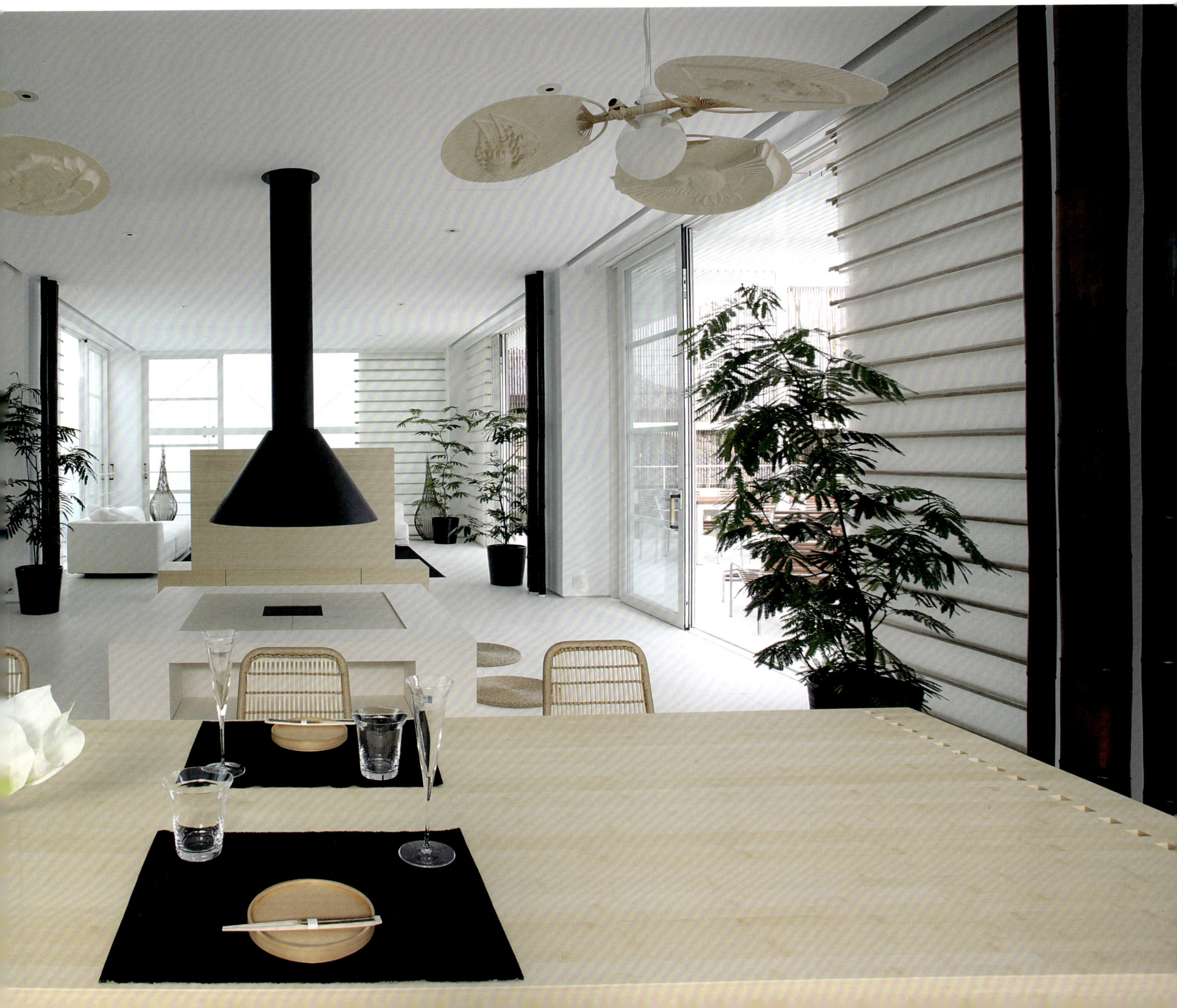

A modern interpretation of Far Eastern aesthetics: the sunken patio (r.) and screens, which allow the light to come in, but keep out unwanted onlookers (l.).

Eine moderne Interpretation fernöstlicher Ästhetik: der versunkene Patio (r.), und die Sichtblenden, die nur Licht, aber keine Blicke ins Haus lassen (l.).

Une interprétation moderne de l'esthétique extrême-orientale : le patio en contrebas (à dr.), et les jalousies qui laissent passer dans la maison la lumière, mais pas les regards indiscrets (à g.).

Una moderna interpretación de la estética del Lejano Oriente: el patio soterrado (d.) y las pantallas que dejan pasar la luz a la casa pero la protegen de las miradas del exterior (i.).

Un'interpretazione moderna dell'estetica dell'estremo Oriente: il patio ribassato (a destra), gli schermi che fanno entrare la luce ma non gli sguardi indiscreti (a sinistra).

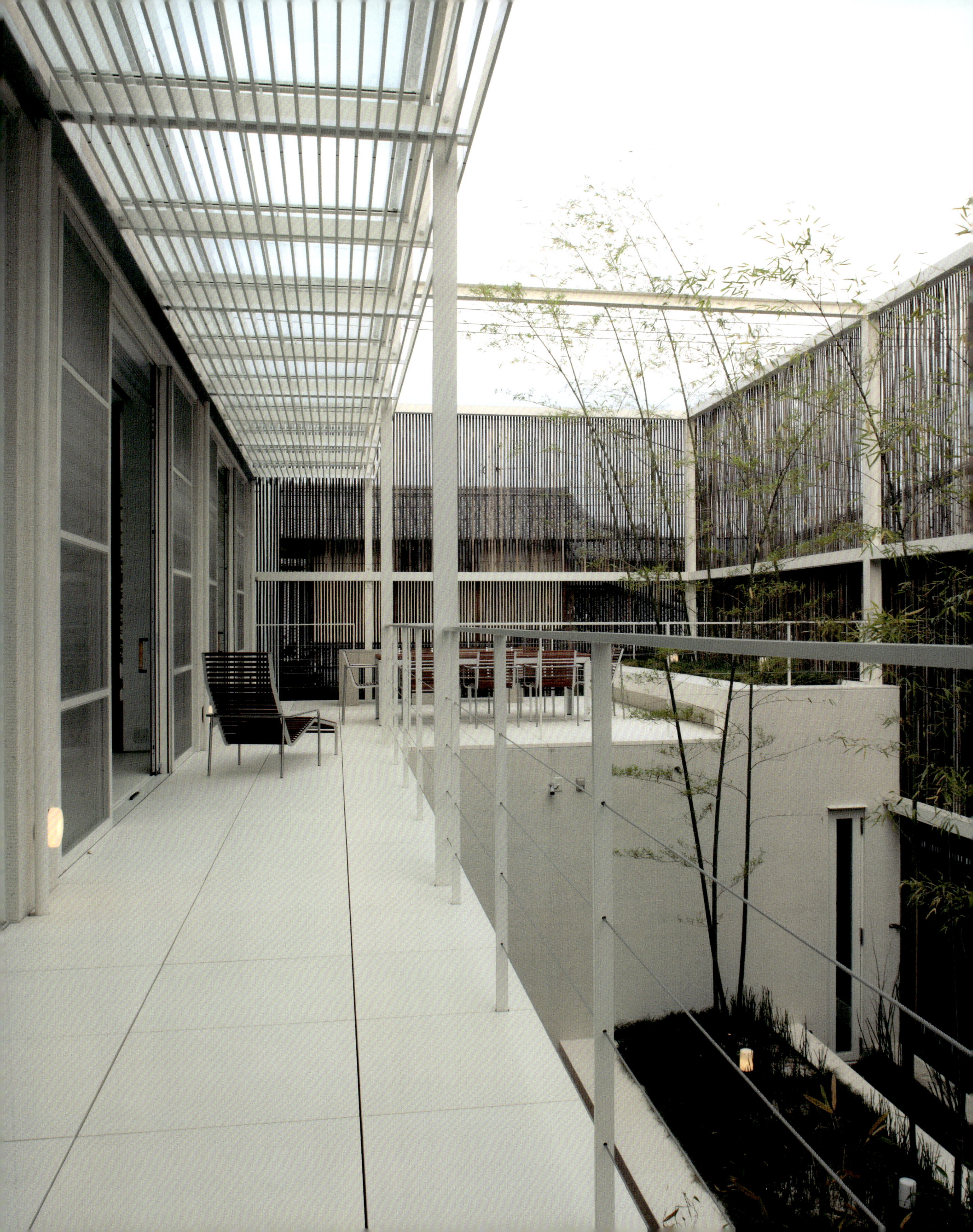

N Residence

Todoroki, Japan

Architect: Edward Suzuki Associates

Photos: Katsuaki Furudate

This wooden tenement with an added concrete office wing boasts ceiling-high glass fronts proffering views of Todoroki canyon—on the outskirts of Tokyo—that have the unsuspecting observer think he is looking at a painting. They also provide enough natural light for the whole building, which is lit by a warm, gleaming ceiling light when darkness sets in. A minimalist interior made up of carefully positioned furniture ensures that nothing distracts one from the natural spectacle outside. Thus this villa imparts a feeling of Far Eastern peace and is soothing to both eye and soul.

Wie Leinwände inszenieren die raumhohen Glasfronten dieses Wohnhauses aus Holz mit einem angeschlossenen Büroflügel aus Beton die Aussichten auf die Todoroki-Schlucht am Rande Tokios. Zugleich fluten sie das Haus mit natürlichem Licht. Bei Nacht wird es durch warmes, strahlendes Licht von oben beleuchtet. Ein minimalistisches Interieur aus sorgfältig platzierten Möbeln sorgt dafür, dass nichts vom Naturschauspiel draußen ablenkt. So entfaltet diese Villa eine Aura von fernöstlichem Frieden und bietet Erholung für Augen und Seele.

Les façades en verre qui montent jusqu'au plafond de cette maison en bois, à laquelle est juxtaposée une aile en béton qui sert de bureau, mettent en scène, tels des tableaux, les vues sur les gorges de Todoroki, à la périphérie de Tokyo. De plus, elles inondent la maison de lumière naturelle. La nuit, elle est éclairée, depuis le plafond, par une lumière chaude et éclatante. Un décor intérieur minimaliste, constitué de meubles disposés avec soin, veille à ce que rien ne vienne distraire du spectacle de la nature à l'extérieur. C'est ainsi que cette villa dégage une aura de paix extrême-orientale et offre un réconfort pour les yeux comme pour l'âme.

Como si fueran pantallas, las fachadas completamente acristaladas de esta residencia de madera con una ala de hormigón anexa ponen en escena las vistas sobre el cañón de Todoroki, a las afueras de Tokio, y permiten que la luz natural inunde el interior. Por la noche, la casa se ilumina desde arriba con una luz cálida y brillante. Un interior minimalista de muebles cuidadosamente dispuestos hace que nada distraiga la atención del espectáculo natural del exterior. La villa emana un aura de paz oriental y ofrece descanso para los ojos y para el alma.

Le vetrate a tutta altezza di questa residenza in legno, con annessa un'ala in cemento con funzione di ufficio, mostrano il panorama sulla gola di Todoroki, ai bordi di Tokyo, come se fosse su uno schermo; allo stesso tempo inondano la casa di luce naturale. Di notte questa villa viene illuminata dall'alto con una luce calda e splendente. Interni minimalisti con mobili accuratamente disposti, fanno sì che nulla distolga l'attenzione dallo spettacolo naturale esterno. Questa villa emana un'aura di serenità caratteristica del lontano Oriente e offre riposo per gli occhi e per l'anima.

The interior is dominated by light and space. Its sober style concentrates on the nature beyond. Staircase (l.) and hallways (r.) appear both light and spacious.

Licht und Raum prägen dieses Interieur, dessen puristischer Stil der Natur die optische Hauptrolle überlässt. Auch Treppenhaus (l.) und Korridore (r.) wirken hier hell und großzügig.

La lumière et l'espace sont les deux principes qui caractérisent cet intérieur, dont le style puriste laisse à la nature le soin de jouer le rôle principal. Même la cage d'escalier (à g.) et les corridors (à dr.) sont clairs et spacieux.

La luz y el espacio caracterizan este interior cuyo purismo cede el protagonismo óptico a la naturaleza. También la escalera (i.) y los corredores (d.) resultan amplios y diáfanos.

Gli interni sono caratterizzati da luce e spazio; lo stile purista non offusca l'immagine della natura. Anche la tromba delle scale (a sinistra) e il corridoio (a destra) risultano ampi e ariosi.

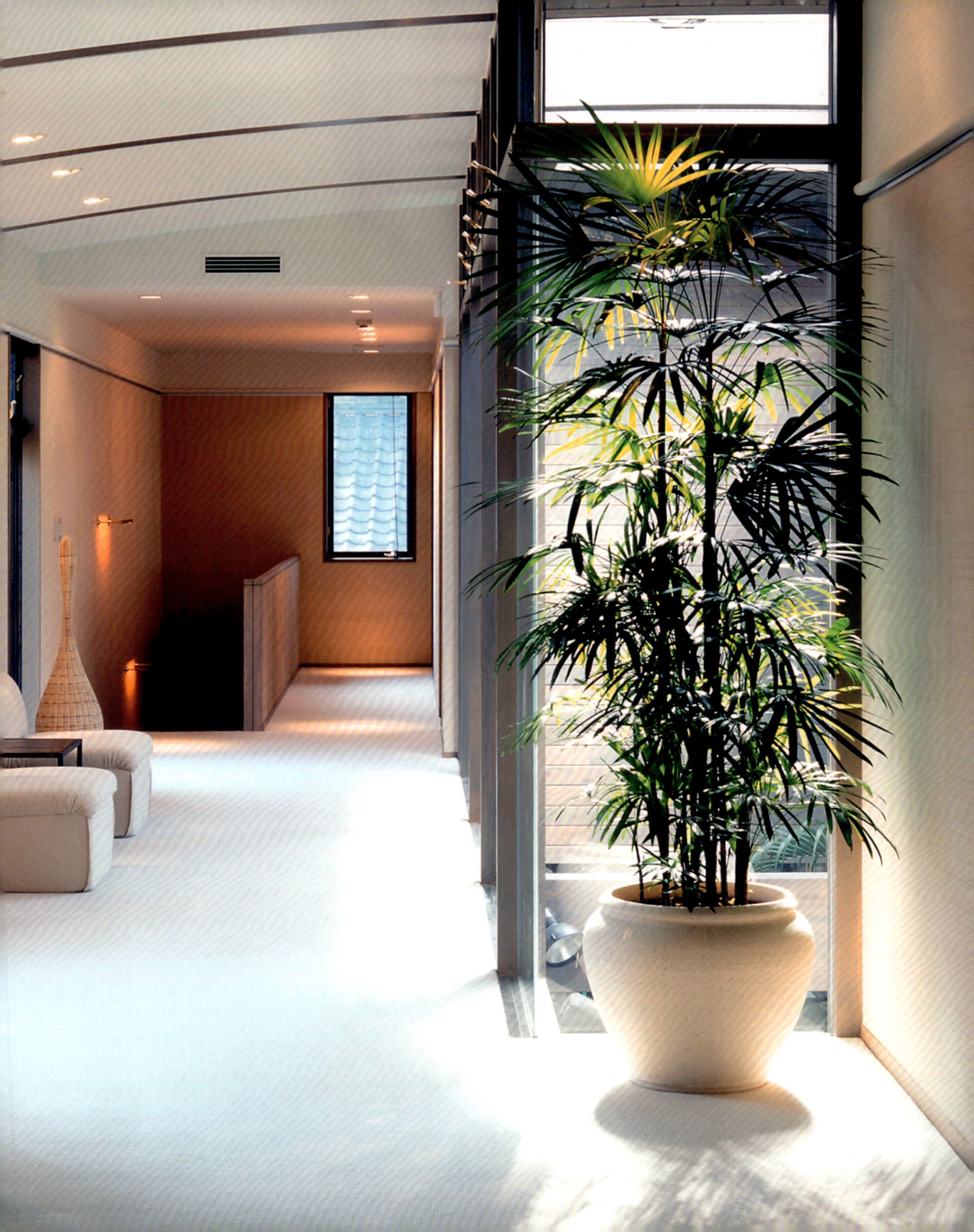

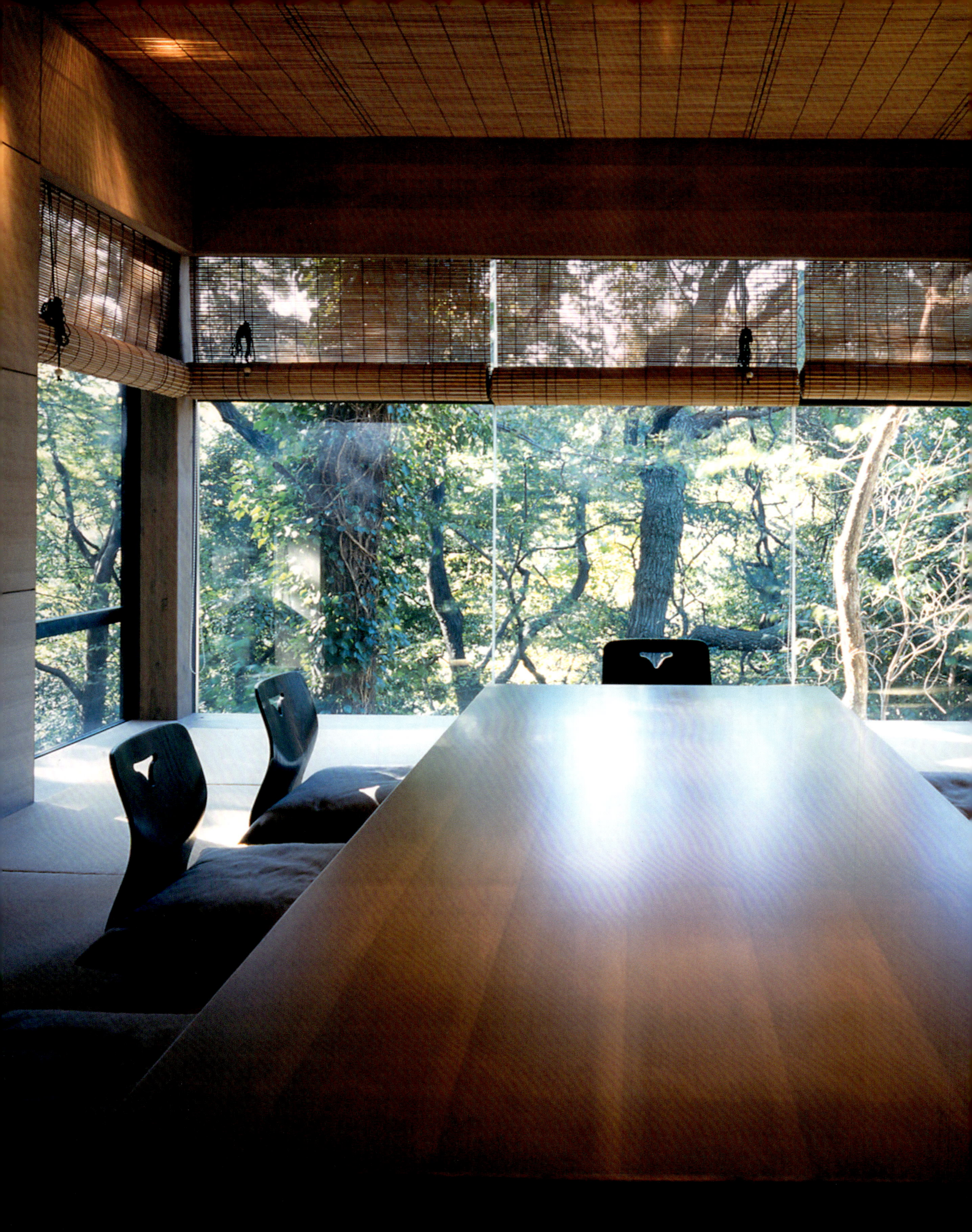

Blinds prevent *possible distraction from the stunning vistas (l.). The square bathtub (r.), however, proffers unspoilt views of the breathtaking nature beyond.*

Vor zu *viel Ablenkung durch die Flora schützen Jalousien (l.). In der quadratischen Badewanne (r.) darf man den Panoramablick hingegen ungefiltert genießen.*

Les jalousies *empêchent de se laisser trop distraire par la flore (à g.). Dans la baignoire de forme carrée (à dr.), en revanche, on peut jouir d'un panorama non filtré.*

Las persianas *(i.) impiden que la vegetación distraiga en demasía. Sin embargo en la bañera cuadrada (d.) se puede disfrutar de la vista panorámica sin restricciones.*

Le veneziane *impediscono eccessive distrazioni dovute alla flora (a sinistra). Nella vasca da bagno quadrata (a destra) è invece possibile ammirare il panorama senza l'impedimento di schermi.*

N Residence *Todoroki, Japan* 301

Architect: Kengo Kuma & Associates

Photos: Daici Ano

This extraordinary house is located right in the mountains, on the bank of a river. Water and flowers form the architecture's guiding theme. Lotus blossoms swim on reflecting water surfaces, giving the villa its name. Glass fronts face the forest and let in the light, while the broken up walls, whose stone elements are interconnected in the form of a chain system, allow a constant breeze. The walls appear to float through the air, yet possess sufficient elasticity to fulfill their load-bearing functions.

Mitten in den Bergen liegt dieses außergewöhnliche Haus am Ufer eines Flusses. Wasser und Blüten sind das Leitmotiv seiner Architektur. Auf spiegelnden Wasserflächen schwimmen Lotusblüten, die der Villa ihren Namen gegeben haben. Glasfronten sind auf den Wald ausgerichtet und lassen Licht hinein, die durchbrochenen Wände, deren steinerne Elemente durch ein Kettensystem miteinander verbunden sind, den Wind. Sie scheinen in der Luft zu schweben, sind aber zugleich elastisch genug, die Elemente abzufedern.

Cette maison exceptionnelle se trouve au bord d'un fleuve, au beau milieu des montagnes. L'eau et les fleurs constituent le leitmotiv de son architecture. Les fleurs de lotus, qui ont donné leur nom à la villa, flottent sur des plans d'eaux miroitants. Les façades en verre sont orientées vers la forêt et laissent passer la lumière, les murs ajourés dont les éléments en pierre sont reliés les uns aux autres par un système de chaînes laissant passer le vent. Ils donnent l'impression de flotter dans l'air mais présentent suffisamment d'élasticité pour supporter les éléments tout en les amortissant.

Esta extraordinaria casa está situada en medio de las montañas y a orillas de un río. El tema principal de su arquitectura son el agua y la flora. Las flores de loto, que han dado nombre a la casa, nadan sobre aguas cristalinas. Los ventanales frontales, orientados al bosque, captan la luz y las paredes, cuyos elementos de piedra están unidos por un sistema en cadena, dejan paso al viento. Parecen flotar en el espacio y a la vez poseen la elasticidad suficiente para amortiguar los elementos naturales.

Questa casa straordinaria sorge sulle rive di un fiume in mezzo ai monti. L'acqua e i fiori sono il Leitmotiv di questa architettura. Fiori di loto, da cui prende il nome questa villa, galleggiano su specchi d'acqua. Le vetrate sono orientate verso il bosco e lasciano penetrare nell'edificio la luce, le pareti a scacchiera (i cui elementi in pietra sono uniti da un sistema di catene) il vento. Le pareti sembrano fluttuare nell'aria, ma al contempo sono sufficientemente elastiche da mitigare gli effetti degli elementi atmosferici.

This facade does not only look spectacular—it feels it as well. The black-and-white effect is created by a system of loose stones, interconnected only by chains. Ponds with water lilies stress the unworldly atmosphere.

Spektakulär ist nicht nur die Optik, sondern auch die Textur dieser Fassade. Der Schwarz-Weiß-Effekt ergibt sich durch ein System von losen, nur durch Ketten miteinander verbundenen Steinen. Teiche voller Seerosen betonen die weltentrückte Atmosphäre.

Ce ne sont pas seulement les effets visuels qui sont spectaculaires, mais aussi la texture de cette façade. Cet effet de noir et blanc est le résultat d'un système de pierres isolées qui ne sont reliées entre elles que par des chaînes. Les étangs pleins de nénuphars renforcent cette atmosphère de retraite loin du monde.

Esta fachada no solo resulta espectacular por su aspecto sino por su textura. El efecto en blanco y negro se logra gracias a un sistema de piedras sueltas solamente unidas por cadenas. Los estanques cuajados de nenúfares acentúan la atmósfera de recogimiento.

Non è solamente l'aspetto ad essere favoloso, ma anche la struttura stessa della facciata. L'effetto a scacchiera è il risultato di un sistema di singoli elementi in pietra uniti solamente tramite catene. Stagni pieni di ninfee accentuano l'atmosfera trasognante.

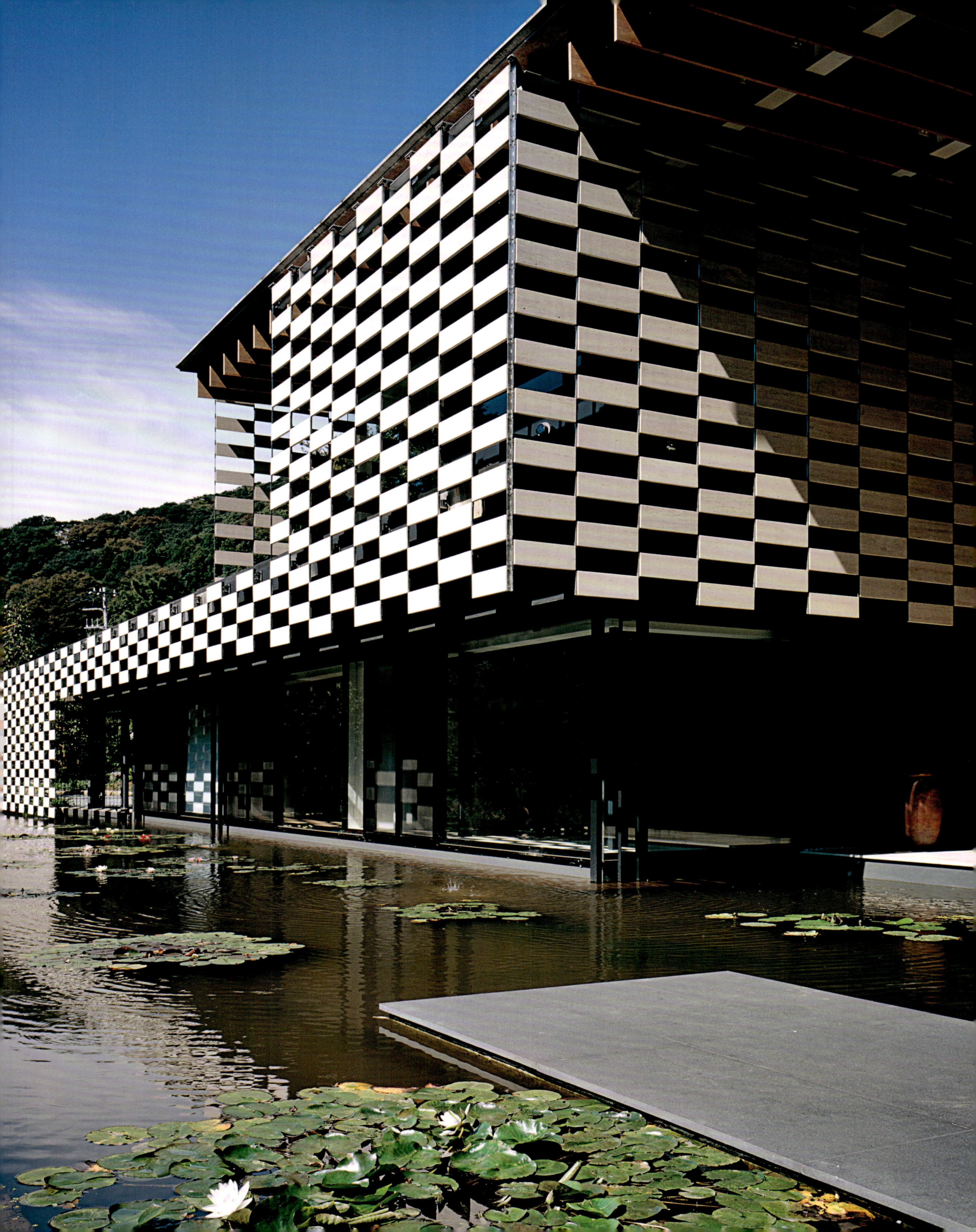

The reflecting surface of the water blurs the transition between the building and the surrounding ponds.

Durch die sich im Wasser spiegelnde Architektur verschwimmen die Übergänge zwischen Bau und Wasserfläche.

Les transitions entre la maison et les plans d'eau sont estompées par les reflets de cette architecture dans l'eau.

El reflejo de la arquitectura sobre el agua hace que desaparezcan las fronteras entre el edificio y la superficie del agua.

Il gioco dei riflessi sfuma il passaggio dalle architetture agli specchi d'acqua.

Lotus House *Eastern Japan*   305

Lotus House *Eastern Japan*

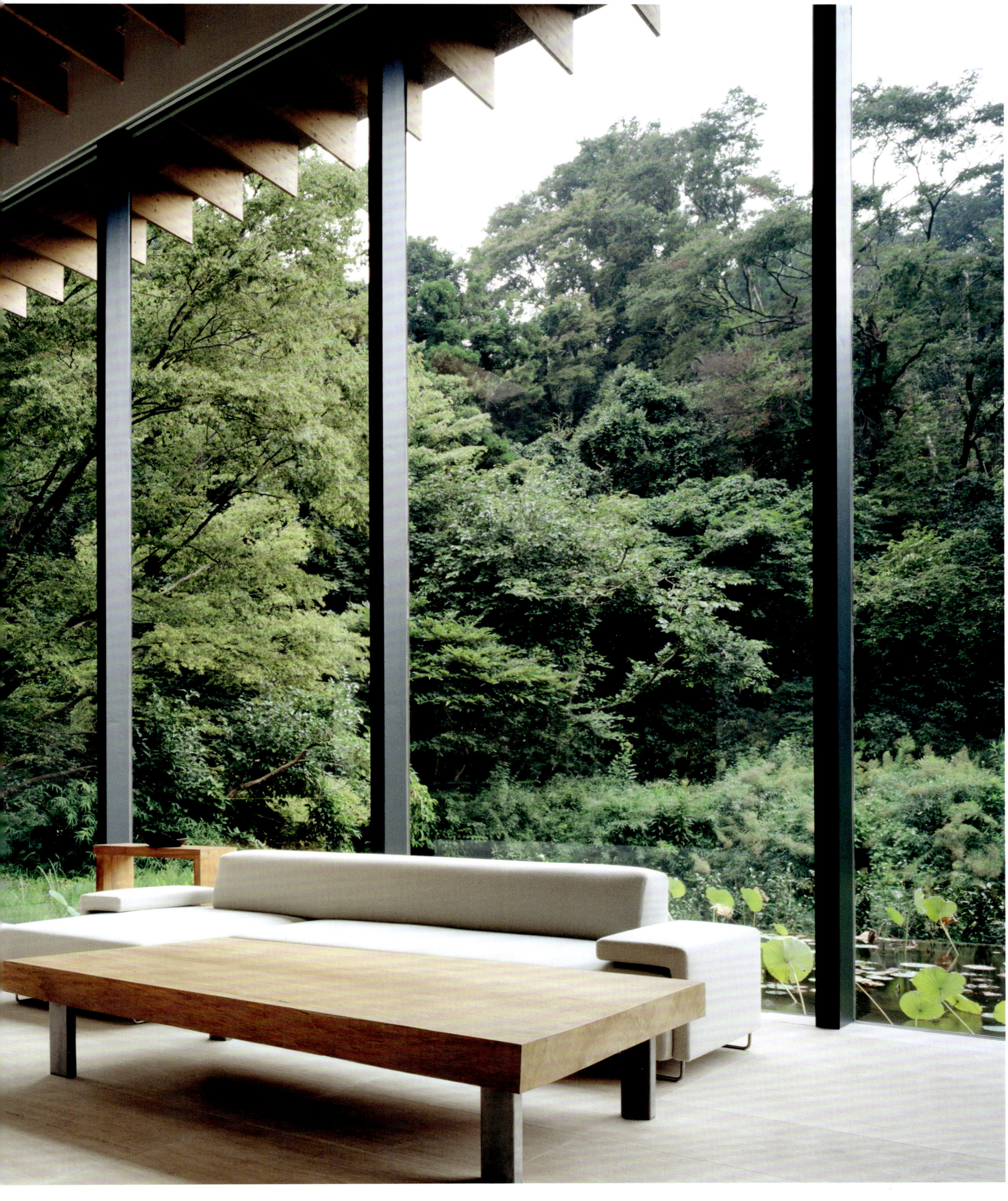

Architect: Waro Kishi + K. Associates/Architects
Photos: Hiroyuki Hirai

To mask the monotony of its suburban surroundings, this structure on the outskirts of Tokyo partitions itself off completely from its environment and concentrates wholly on the bright inner courtyard with pool. The patio serves as link between two wings. The five-yard-high living and dining quarters have an airy and generous ambience. The two-floor southern wing houses bedrooms and garage. The singularity of the house is enhanced by visible structural elements and unfinished materials.

Um die Monotonie der vorstädtischen Umgebung auszublenden, schottet sich dieser außerhalb Tokios gelegene Bau konsequent nach außen ab und ist ganz auf einen Licht durchfluteten Innenhof mit Pool ausgerichtet. Dieser Patio dient als Bindeglied zwischen zwei Flügeln. Der Wohn- und Essbereich wirkt mit einer Höhe von viereinhalb Metern luftig und großzügig. Im südlichen Flügel sind Schlafzimmer und Garagen auf zwei Ebenen verteilt. Sichtbare strukturelle Elemente und unbearbeitete Materialien verleihen dem Haus Charakter.

Pour rompre avec la monotonie de la banlieue environnante, cette demeure, située en dehors de Tokyo, s'isole du monde extérieur et est entièrement tournée vers une cour intérieure baignée de lumière avec piscine. Ce patio sert de lien entre deux ailes. Avec une hauteur sous plafond de quatre mètres cinquante, la salle de séjour et la salle à mange sont spacieuses et aérées. Dans l'aile sud, les chambres à coucher et les garages se répartissent sur deux niveaux. Des éléments structurels visibles et des matériaux bruts donnent à cette maison encore plus de cachet.

Como para paliar la monotonía del ambiente de los suburbios, este edificio situado a las afuera de Tokio, se aisla de forma consecuente del exterior y se orienta hacia un patio iluminado con piscina. El patio une dos alas del edificio. La zona dedicada al salón comedor, con una altura de cuatro metros y medio, impresiona por su amplitud. En el ala sur se distribuyen los dormitorios y el aparcamiento en dos plantas. Las estructuras y los materiales sin trabajar le confieren un gran carácter.

Per spezzare la monotonia della circostante periferia di Tokyo, questo edificio si isola completamente dall'esterno e si proietta completamente verso un giardino interno con piscina inondato di luce. Questo patio funge da trait d'union tra due ali. Il soggiorno-sala da pranzo con i suoi quattro metri e mezzo di lato risulta ampio e arioso. L'ala meridionale ospita, divisi su due piani, le camere da letto e i garage. Elementi strutturali a vista e materiali non lavorati conferiscono carattere alla casa.

Lounge and inner courtyard are at the core of this house. They were designed to form one unit. This effect is made possible by a glass front supported only by thin poles.

Herzstück des Hauses sind die Lounge und der Innenhof. Beide sind als optische Einheit konzipiert. Ermöglicht wird dieser Effekt durch eine Glasfront, die nur von schlanken Stangen gehalten wird.

Le salon et la cour intérieure constituent la pièce maîtresse de cette maison. Ils sont conçus comme une unité visuelle. Cet effet est rendu possible par une façade en verre qui n'est retenue que par des armatures très fines.

El salón y el patio interior constituyen el corazón de la casa. Ambos están concebidos visualmente como una unidad. Este efecto es posible gracias a la fachada de cristal que se sujeta solo por medio de finas varillas.

La sala e la corte interna sono il cuore della casa. Entrambe sono concepite come un'unica unità visiva. Questo effetto è reso possibile dalle vetrate sorrette solamente da sottili telai.

House in Fukaya *Fukaya, Japan*

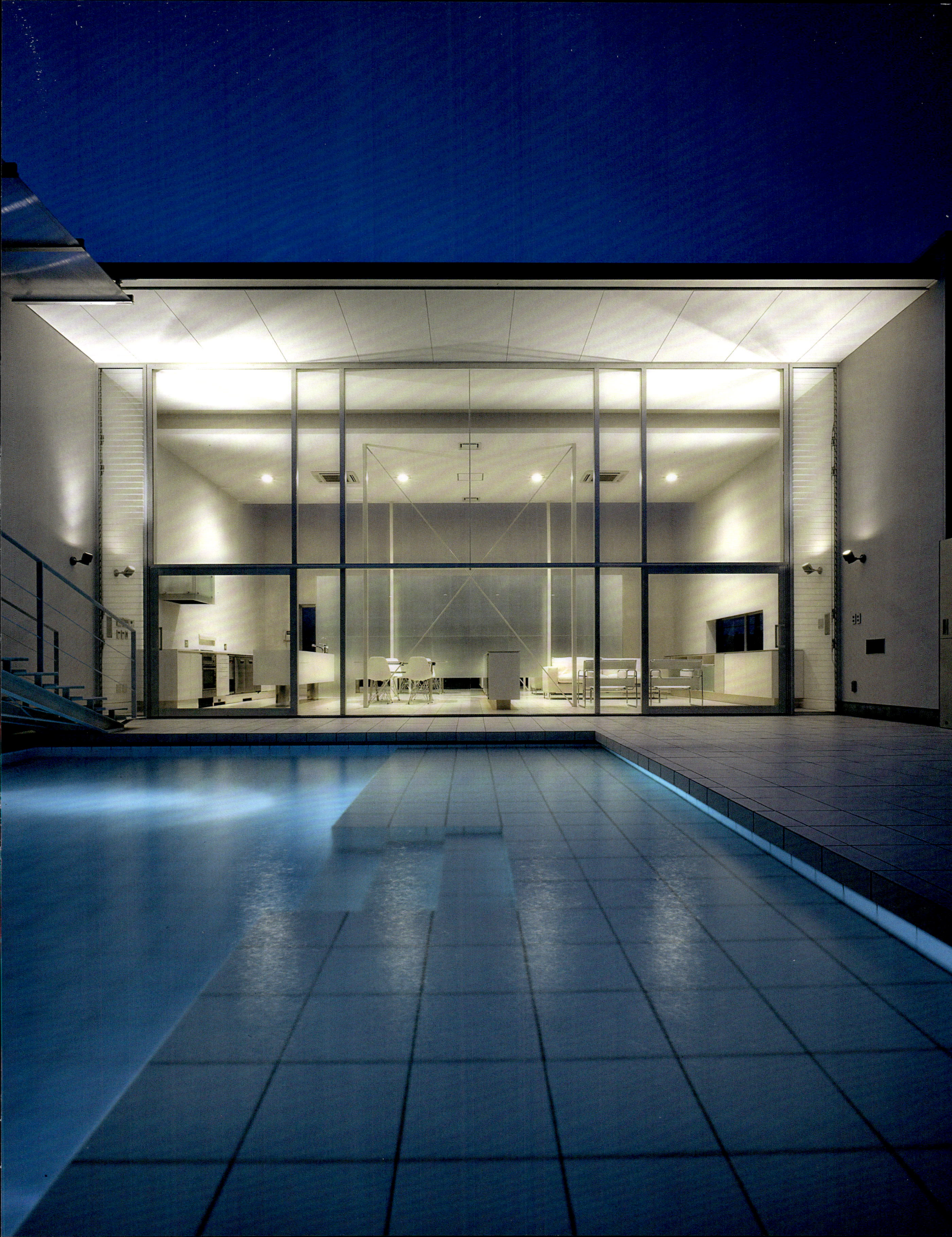

The patio *also serves as connection between the two tracts (l.). The house partitions itself off against the street and its urban surroundings (r.).*

Der Patio *dient auch als Bindeglied der beiden Gebäudeteile (l.). Zur Straße und zum städtischen Umfeld schottet sich das Haus gänzlich ab (r.).*

Le patio *sert également de lien entre les parties du bâtiment (à g.). La maison s'isole complètement de la rue et de la ville alentour (à dr.).*

El patio *sirve también de nexo de unión entre las dos partes del edificio (i.). La casa se muestra totalmente cerrada hacia el lado de la calle y su entorno urbano (d.).*

Il patio *funge da trait d'union tra le due parti dell'edificio (a sinistra). La casa si isola completamente dalla strada e dalla conurbazione circostante (a destra).*

House in Fukaya *Fukaya, Japan*

House in Fukaya *Fukaya, Japan* 311

Architect: Jackson Clement Burrows in Association with Hassell Limited Thailand
Photos: John Gollings, Gollings Photography

This house with its two wings skirting the inner courtyard and garden blocks out the outside world completely and creates a peaceful haven in the middle of hectic Bangkok. Master bedroom, children's room, and guest suite are located on the second floor and provide lovely views of the garden; on the first floor, private and shared living rooms as well as the bar are grouped around the patio and open-air lounge. Both wings can be aired in a way that makes air conditioning almost superfluous. The veranda doors open to make a flowing transition between inside and outside.

Dieses Haus, das mit zwei um einen Innenhof mit Pool und Garten gebauten Flügeln die Außenwelt komplett ausblendet, ist eine Oase der Ruhe in der Hektik Bangkoks. Master Bedroom, Kinderzimmer und Gästesuite in der ersten Etage blicken auf den Garten; im Parterre gruppieren sich private und gemeinschaftliche Wohnräume und eine Bar um den Patio und die Außen-Lounge. Beide Flügel lassen sich so belüften, dass die Klimaanlage kaum gebraucht wird. Wenn die Verandatüren offen bleiben, verschwimmen die Übergänge zwischen innen und außen.

Cette maison, qui avec ses deux ailes construites autour d'une cour intérieure avec piscine et jardin s'isole complètement du monde extérieur, est un havre de paix en plein cœur de l'agitation de Bangkok. Au premier étage, la chambre principale, la chambre d'enfants et la suite pour les amis ont vue sur le jardin ; au rez-de-chaussée sont rassemblées autour du patio les pièces d'habitation privées et communes ainsi qu'un bar et un salon extérieur. Les deux ailes sont si bien aérées qu'on n'a guère besoin d'utiliser le climatiseur. Quand les portes de la véranda restent ouvertes, les transitions entre l'intérieur et l'extérieur s'estompent.

Esta casa de dos alas construidas alrededor de un patio interior con piscina y jardín permite desconectar totalmente del mundo exterior y es un oasis de tranquilidad en medio de la agitación de la ciudad de Bangkok. En la primera planta el dormitorio principal, los dormitorios de los niños y una suite para los invitados ofrecen vistas al jardín; en la planta baja se agrupan los ámbitos privados y comunes además de un bar alrededor del patio interior y de un salón exterior. Las dos alas que conforman el edificio se airean con la brisa y apenas es necesario poner el aire acondicionado. Cuando las puertas del porche están abiertas, la división entre el exterior y el interior se difumina totalmente.

Questa casa, con le sue due ali che avvolgono una corte interna con piscina e giardino e la isolano completamente dal mondo esterno, è un'oasi di pace nella frenetica Bangkok. La camera da letto principale, le stanze dei bambini e la suite per gli ospiti, tutte al primo piano, si affacciano sul giardino. Nel parterre i salotti privati e comuni, nonché un bar, sono raggruppati intorno al patio e alla lounge esterna. Entrambe le ali sono ventilate in maniera tale che l'impianto di condizionamento non viene quasi utilizzato. Quando le porte della veranda sono aperte, interni ed esterni si fondono in un tutt'uno.

The roof, suspended above the seating area, protects from tropical rainstorms (l.). On this patio, the noise, heat, and stress of Bangkok are but a distant memory (r.).

Das über der Sitzgruppe hängende Dach spendet Schatten und schützt vor tropischen Regenfällen (l.). Lärm, Hitze und der Stress Bangkoks sind in diesem Patio nur noch ferne Erinnerung (r.).

Le toit suspendu au-dessus du canapé et des fauteuils apporte de l'ombre et protège contre les pluies tropicales (à g.). Dans ce patio, le bruit, la chaleur et le stress de Bangkok ne sont plus que de lointains souvenirs (à dr.).

El techado sobre los asientos ofrece sombra y protege de las precipitaciones tropicales (i.). En este patio, el ruido, el calor y el estrés de Bangkok no son más que un recuerdo lejano (d.).

Il tetto che copre il salottino ombreggia e protegge dai rovesci tropicali (a sinistra). Il rumore, la calura e lo stress di Bangkok sono solo un lontano ricordo all'interno di questo patio (a destra).

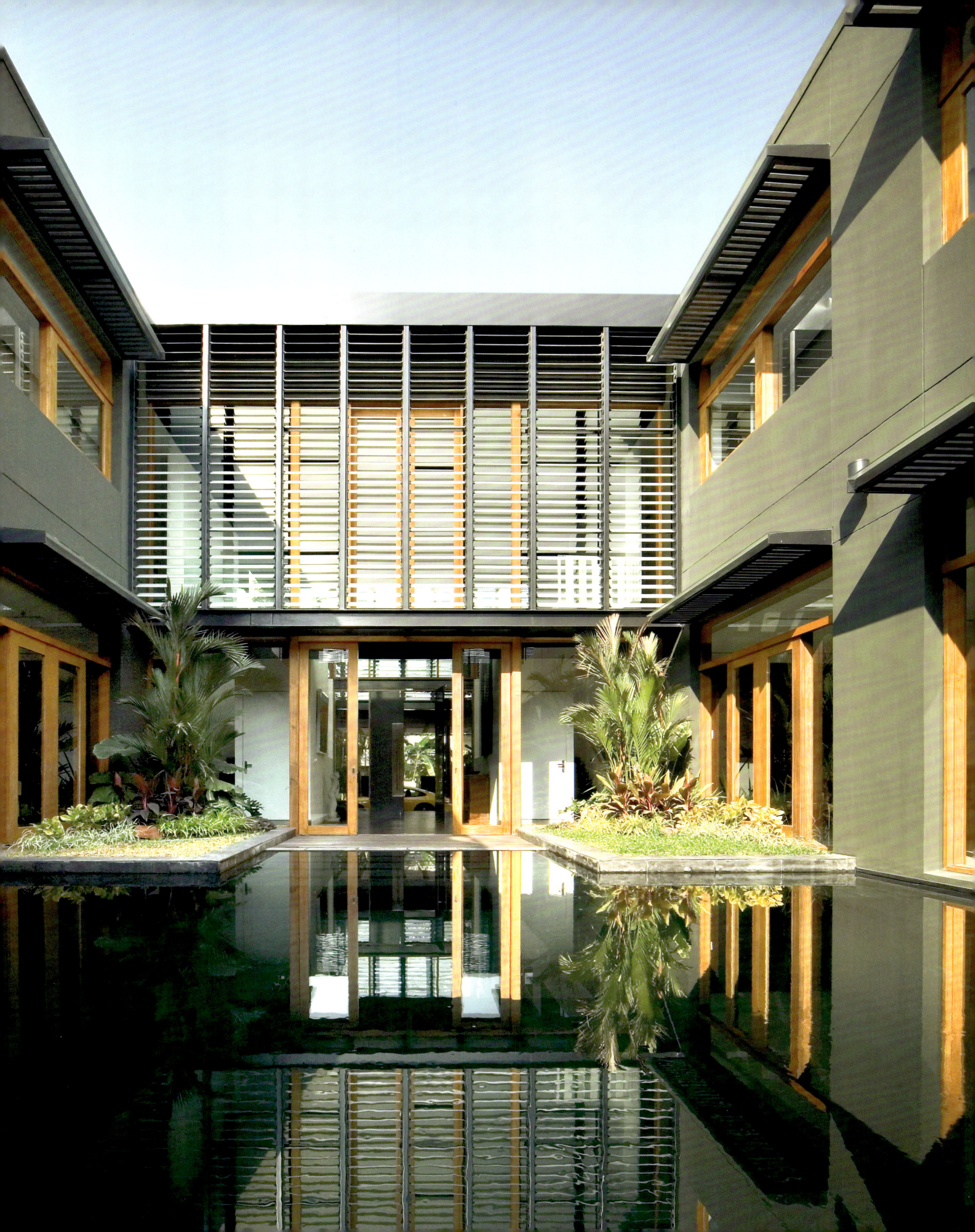

Open-air seating *areas and resting zones are perfect for Bangkok's climate and create a relaxing addition to the formal salon inside. They furthermore serve as central meeting place.*

Sitzecken und Ruhezonen *im Freien entsprechen dem Klima Bangkoks und bilden eine entspannte Ergänzung zum formellen Salon innen. Zugleich dienen sie als zentrale Treffpunkte für die Bewohner.*

Les salons *et les zones de repos en plein air, bien adaptés aux conditions climatiques de Bangkok, constituent des prolongements plus détendus du salon intérieur, plus formel. Ils servent de lieux de rencontre centraux pour les habitants.*

Los rincones *para sentarse y las zonas de descanso se adecúan al clima de Bangkok y constituyen un complemento informal al salón interior de carácter más serio. Asimismo sirven de punto de encuentro principal para los habitantes de la casa.*

Salottini e *luoghi dove riposarsi all'aperto sono adatti al clima di Bangkok e fungono da complemento al salone rimanendo più informali. Allo stesso tempo sono il punto di incontro centrale per gli abitanti della casa.*

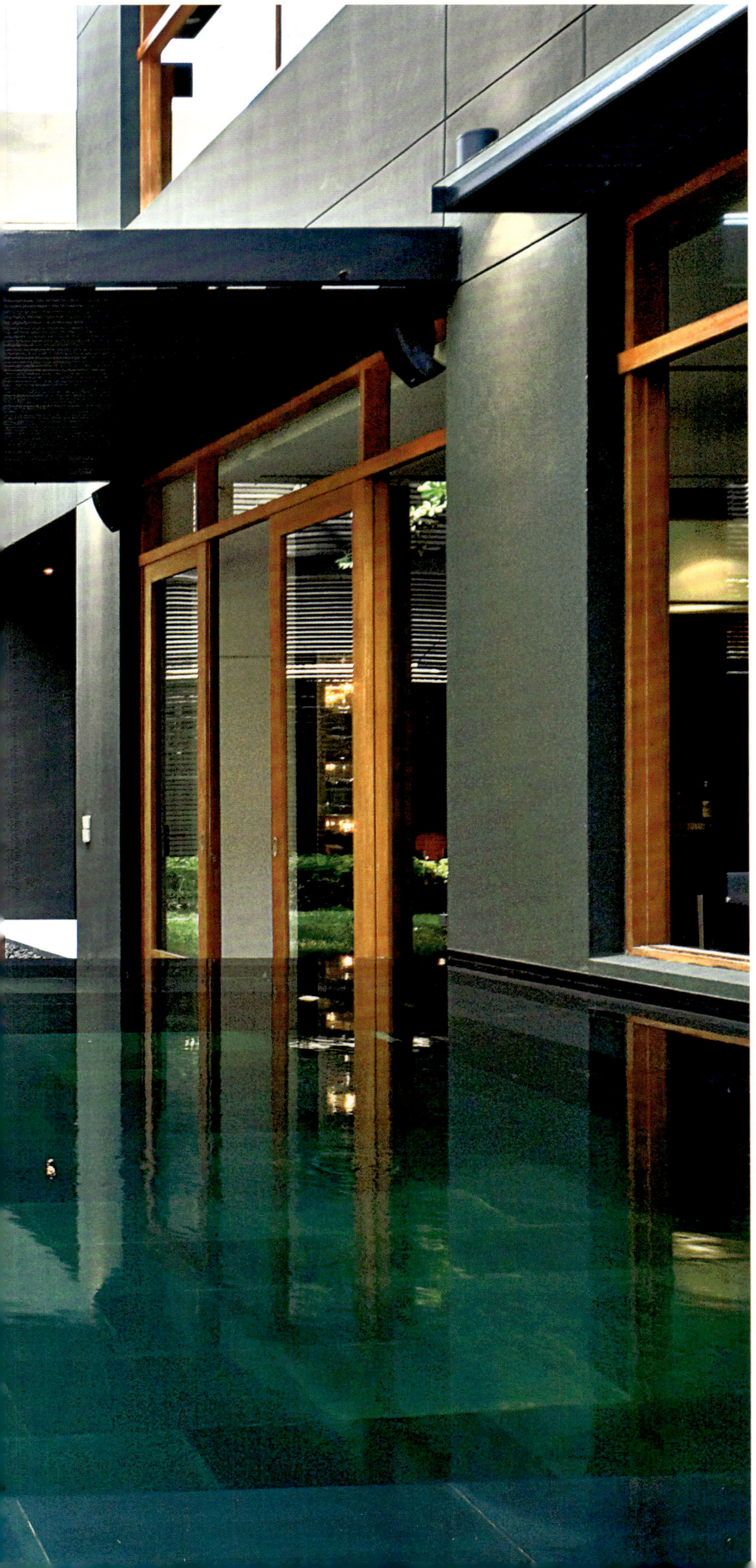

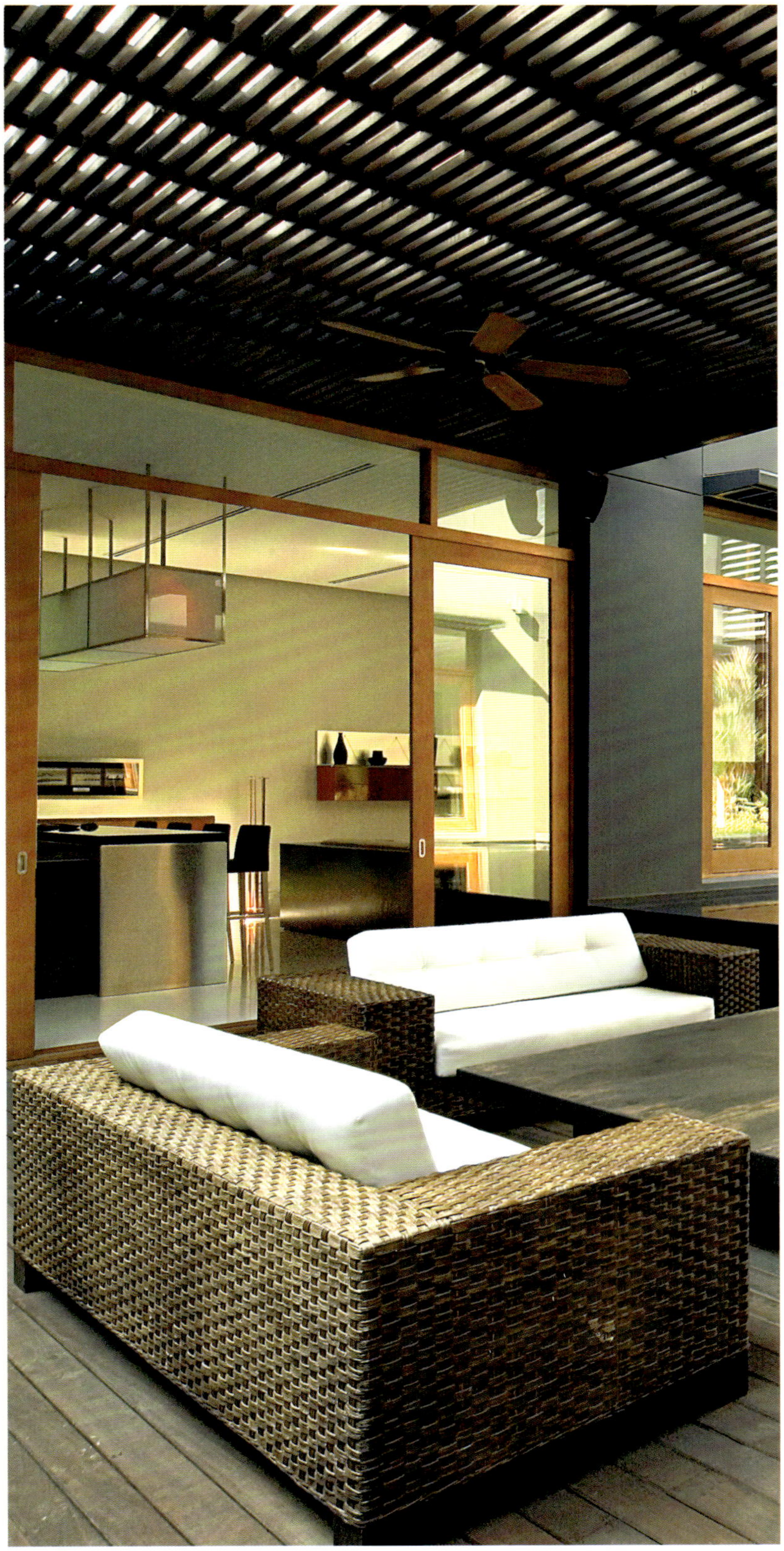

Architect: Original Vision
Photos: Andrzej Wronkowski

Fantastic vistas of Phuket's west coast and the architecture of the Samsara villa, featuring glass and steel, exude the tropical lightness of being. The living quarters are grouped around the infinity pool and create a calm and secluded atmosphere. Natural materials and harmonious shapes follow tradition; water-saving and recycling facilities answer ecological demands. Four bedrooms with views of the sea are located on the first floor while the master bedroom with its pyramid-shape roof is the optical highlight.

Fantastische Aussichten über die Westküste Phukets und die Architektur der Villa Samsara aus Glas und Stahl strahlen tropische Leichtigkeit aus. Die Wohnräume gruppieren sich um den Infinity-Pool und schaffen eine Atmosphäre von Ruhe und Abgeschiedenheit. Natürliche Materialien und harmonische Formen sind traditioneller Baukunst entliehen; die ökologischen Aspekte basieren auf Vorrichtungen zur Wasserersparnis und zum Recycling. Vier Schlafzimmer mit Meerblick liegen in der unteren Ebene. Optischer Höhepunkt ist der Master Bedroom mit pyramidenförmigem Dach.

Les fantastiques vues sur la côte ouest de Phuket et l'architecture de la Villa Samsara, faite de verre et d'acier combinés, respirent la légèreté tropicale. Les pièces d'habitation sont distribuées autour de la piscine à débordement et créent une atmosphère de calme et d'isolement. Les matériaux naturels et les formes harmonieuses sont des emprunts à l'architecture traditionnelle ; des dispositifs écologiques sont mis en place pour économiser l'eau et en assurer le recyclage. À l'étage inférieur, on trouve quatre chambres à coucher avec vue sur la mer. Sur le plan visuel, le plus surprenant reste la chambre à coucher principale, avec son toit en forme de pyramide.

Las fantásticas vistas sobre la costa oeste de Phuket y la arquitectura de esta villa de acero y cristal irradian ligereza tropical. La salas se agrupan alrededor de la piscina creando una ambiente de calma y tranquilidad. Los materiales naturales y la armonía de las formas son fieles a la arquitectura tradicional. El aspecto ecológico se basa en instalaciones para el ahorro de agua y para el reciclaje. En la planta inferior se encuentran cuatro dormitorios con vistas al mar. El deleite visual lo ofrece el dormitorio principal con el techo en forma de pirámide.

Le fantastiche vedute sulla costa occidentale di Phuket e l'architettura in vetro e acciaio di villa Samsara rendono palpabile la piacevolezza della vita ai Tropici. Gli spazi abitativi si raggruppano intorno alla piscina, che si fonde con l'orizzonte, creando un'atmosfera di serenità e isolamento. I materiali naturali e le forme armoniche sono ripresi dall'architettura tradizionale; le misure ecologiche si basano su meccanismi per il risparmio e per il riciclaggio dell'acqua. Quattro camere da letto con vista sul mare si trovano al piano inferiore. L'apice visuale viene toccato dalla camera da letto principale con il suo tetto piramidale.

Individual structures surround the pool (l.). Even the kitchen offers dream-like vistas (r.).

Die Gebäude sind um den Pool angeordnet (l.). Traumhafte Aussichten bietet sogar die Küche (r.).

Les bâtiments entourent la piscine (à g.). Même de la cuisine, la vue est fantastique (à dr.).

Los edificios se agrupan en torno a la piscina (i.). Incluso desde la cocina se disfrutan espectaculares vistas (d.).

Gli edifici sono disposti intorno alla piscina (a sinistra). Perfino la cucina offre una magnifica vista (a destra).

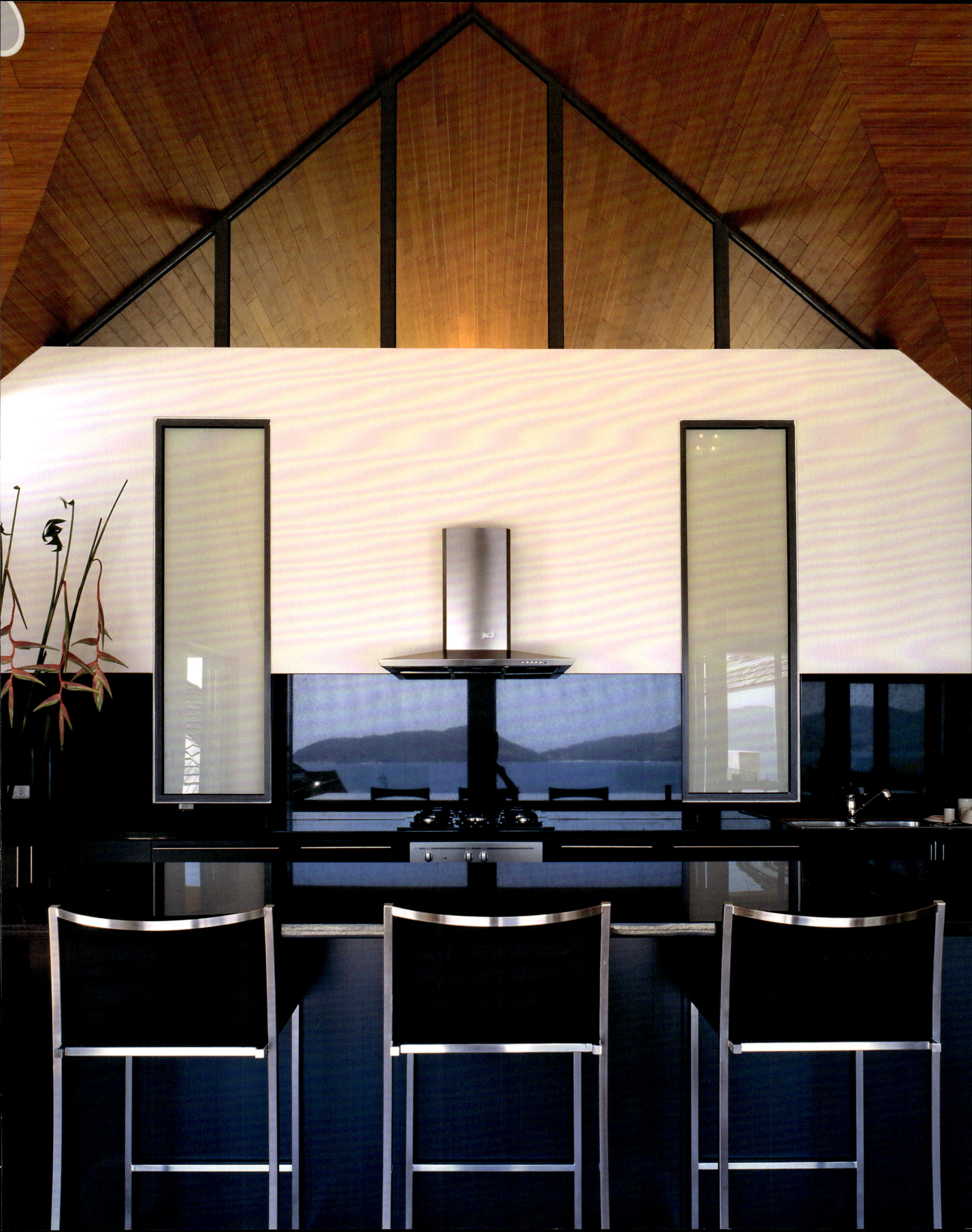

Glass fronts on three sides open up to proffer stunning views of the sea. Protruding roofs keep the temperatures down. Air conditioning therefore only has to be used sparingly.

Glasfronten an drei Seiten öffnen einen Panoramablick aufs Meer. Überhängende Dächer sorgen dafür, dass es trotzdem nicht zu heiß wird und die Klimaanlage nur maßvoll eingesetzt werden muss.

Les façades en verre sur trois côté ouvrent une vue panoramique sur la mer. Les toits en saillie évitent qu'il fasse trop chaud et permettent de modérer le recours à la climatisation.

Las fachadas de cristal en tres de los lados abren las vistas al mar, pero gracias a los tejados sobrepuestos la casa no se calienta demasiado y el aire acondicionado solo se usa moderadamente.

Le vetrate della facciata guardano il mare su tre lati. Tetti aggettanti fanno sì che, nonostante ciò, l'ambiente non si scaldi troppo e l'impianto di condizionamento debba essere usato solo moderatamente.

Samsara *Phuket, Thailand*

Cedar roofs pay tribute to traditional Thai architecture (l.). The master bedroom with dome makes for a dramatic impact (middle). The infinity pool borders directly onto the house (r.).

Die Dächer aus Zedernholz sind der traditionellen thailändischen Baukunst entlehnt (l.). Geradezu dramatisch wirkt das Hauptschlafzimmer mit Kuppel (Mitte). Der Infinity-Pool befindet sich unmittelbar am Haus (r.).

Les toits en bois de cèdre sont des emprunts à l'architecture thaïlandaise traditionnelle (à g.). La chambre à coucher principale, avec sa coupole, est impressionnante (au centre). La piscine à débordement se trouve juste au bord de la maison (à dr.).

Los tejados de madera de cedro retoman la arquitectura tradicional tailandesa (i.). El dormitorio con cúpula tiene un efecto totalmente dramático (centro). La piscina de bordes difusos está adosada a la casa (d.).

I tetti in legno di cedro sono presi in prestito dall'architettura tradizionale thailandese (a sinistra). La camera da letto principale con la sua cupola ha un forte impatto visivo (al centro). La piscina, che si fonde con l'orizzonte, si trova nelle immediate vicinanze della casa (a destra).

Samsara *Phuket, Thailand*

Architect: NagaConcepts
Photos: Luca Tettoni

A private beach and spa count among the assets of this dream villa on Koh Samui. Its clear lines and the gleaming white provide an attractive contrast to the surrounding luscious tropical flora. The interior with its Indonesian white marble floors and dark brown ebony combines Italian and French designs; the cream furniture lends the villa its name. Ceiling-high glass fronts and two large terraces with comfortable day beds proffer views of the pool, the sea, and the islands in the Gulf of Thailand.

Ein Privatstrand und ein eigenes Spa zählen zu den Vorzügen dieser Traumvilla auf Koh Samui. Ihre klaren Linien und das strahlende Weiß stehen in einem reizvollen Kontrast zur üppigen tropischen Natur ringsumher. Das Interieur kombiniert italienisches und französisches Design mit weißen Marmorböden aus Indonesien und dunkelbraunem Ebenholz; die cremefarbenen Möbel geben der Villa den Namen. Raumhohe Glasfronten und zwei große Terrassen mit bequemen Day Beds geben den Blick auf den Pool, das Meer und die Inseln im Golf von Siam frei.

Cette villa de rêve située sur l'île de Koh Samui a entre autres pour avantages d'avoir une plage et un spa privés. Ses lignes claires et le blanc lumineux contrastent agréablement avec la végétation tropicale luxuriante des alentours. L'intérieur combine un design italien et français avec des sols en marbre blanc d'Indonésie et du bois d'ébène marron foncé ; la villa doit son nom au mobilier de couleur crème. De grandes baies vitrées montant jusqu'au plafond et deux grandes terrasses dotées de confortables lits d'extérieur offrent une vue sur la piscine, la mer et les îles du Golfe de Siam.

Una playa y un spa privados son parte de los privilegios de esta villa de ensueño en la isla de Koh Samui. Claras líneas y un blanco reluciente contrastan espectacularmente con la exuberante vegetación tropical que la rodea. El interior combina diseño francés e italiano con suelos de mármol blanco de Indonesia y madera de ébano en tonos oscuros. El mobiliario, en tonos crema, le da nombre a la villa. Los ventanales frontales y dos amplias terrazas dotadas de bancos con baldaquino ofrecen magníficas vistas sobre la piscina, el mar y el Golfo de Siam.

Tra i pregi di questa villa da sogno a Koh Samui vi sono una spiaggia privata e terme private. Le linee pulite e il bianco splendente creano un affascinante contrasto rispetto alla rigogliosa natura tropicale circostante. Gli interni abbinano design italiano e francese ai pavimenti di marmo bianco indonesiano e al legno d'ebano di colore scuro; il mobilio beige dà il nome alla villa. Le vetrate che giungono fino al soffitto e due grandi terrazze con comode dormeuse si affacciano sulla piscina, sul mare e sulle isole nel golfo di Siam.

A gorgeous estate on the paradise island of Koh Samui (l.). The dual-level glass fronted lounge opens up to the terrace, pool, and the sea (r.).

Ein traumhaftes Anwesen auf der Trauminsel Koh Samui (l.). Die doppelstöckig verglaste Lounge öffnet sich zu Terrasse, Pool und dem Meer (r.).

Une propriété de rêve sur une île de rêve : Koh Samui (à g.). Le salon, d'une hauteur de deux étages, avec une façade en verre, s'ouvre sur la terrasse, la piscine et la mer (à dr.).

Un edificio de ensueño sobre la paradisíaca isla Koh Samui (i.). El salón acristalado de dos pisos de altura se abre a la terraza, a la piscina y al mar (d.).

Una tenuta da sogno sulla fantastica isola di Koh Samui (a sinistra). La sala vetrata a due piani si apre sulla terrazza, sulla piscina e sul mare (a destra).

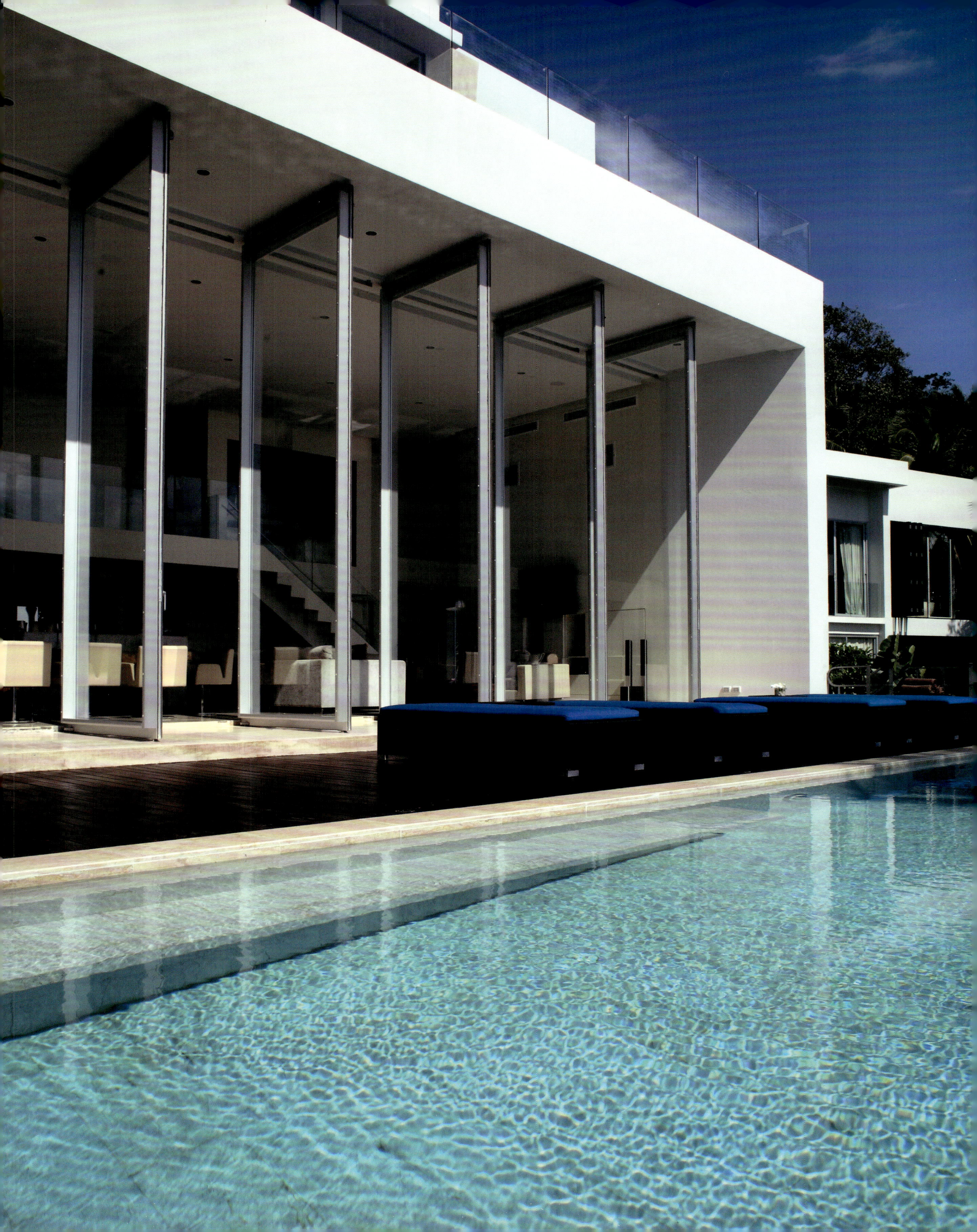

The glass fronts open all the way.

Die Glasfronten lassen sich vollständig öffnen.

Les grandes baies vitrées peuvent s'ouvrir complètement.

Las fachadas de cristal se pueden abrir totalmente.

Le vetrate della facciata possono essere completamente aperte.

Villa Beige *Koh Samui, Thailand*

Splashing about in the glass-fronted bathroom. The white Indonesian marble floor appears to float above the sea.

Plantschen mit Aussicht im ebenfalls verglasten Badezimmer. Der weiße Marmorboden aus Indonesien scheint über dem Meer zu schweben.

Barboter en admirant la vue, dans une salle de bains ayant elle aussi une façade en verre. Le sol en marbre blanc d'Indonésie semble planer au-dessus de la mer.

Chapotear con vistas en el baño, asimismo acristalado. El suelo de mármol blanco de Indonesia parece flotar sobre el mar.

Il bagno con le sua vetrate permette di "sguazzare" godendo del panorama. Il pavimento in marmo bianco indonesiano sembra sospeso sul mare.

Architect: Bedmar & Shi Design Consultants
Photos: Albert Lim

The wings of this L-shaped house, located on a hill above the botanical gardens, enclose a patio with pool. Wooden awnings provide for shade. The longer of the two wings houses the two-storied living room with a ceiling made from heavy wooden beams. Generous skylights give an impression of floating roofs and create an illusion of lightness. While the house appears transparent from the inside, tall concrete walls protect from both the heat and unwanted attention from neighbors. The result is a perfect peaceful hideaway.

Auf einem Hügel über dem Botanischen Garten rahmen die Flügel dieses L-förmigen Hauses einen Patio mit Pool. Hölzerne Läden spenden Schatten. Im längeren der beiden Flügel liegt der doppelstöckige Wohnraum mit einer Decke aus schweren Holzbalken. Breite Oberlichter vermitteln den Eindruck, als schwebten die Dächer auf dem Gebäude und erzeugen so eine Optik großer Leichtigkeit. Während das Haus zur Aussicht hin transparent ist, sperren hohe Betonmauern zur bebauten Seite Hitze und Blicke aus. Das Ergebnis ist ein perfekter Ort, um zur Ruhe zu kommen.

Situées sur une colline dominant le jardin botanique, les ailes de cette maison en forme de L, entourent un patio avec piscine. Des volets en bois apportent de l'ombre. C'est dans la plus longue des deux ailes que se trouve la salle de séjour, d'une hauteur de deux étages avec, au plafond, des poutres en bois massives. De larges vasistas donnent l'impression que les toits flottent sur le bâtiment et produisent un effet visuel de grande légèreté. Tandis que, du côté de la vue, la maison est transparente, du côté de la ville, de hauts murs en béton empêchent la chaleur et les regards extérieurs de pénétrer. Résultat : la maison est un lieu parfait pour trouver le repos.

En lo alto de una colina con vistas al Jardín Botánico, las alas de esta casa en forma de «L» enmarcan un patio con piscina. Las contraventanas de madera proporcionan sombra. El ala más larga acoge el salón de dos pisos con un techo de pesadas vigas de madera. Amplias claraboyas producen la impresión de que los tejados flotan sobre el edificio y emanan una sensación de ligereza. Mientras que la casa presenta vistas diáfanas, el solar está flanqueado por altos muros de hormigón que lo aíslan del calor y las miradas. El resultado es un lugar perfecto para disfrutar de la calma.

In cima ad una collina sopra il giardino botanico, le ali di questa casa a forma di "L" incorniciano un patio con piscina. Frangisole in legno provvedono all'ombreggiatura. Il soggiorno a due piani con il soffitto di travi massicce in legno scuro si trova nell'ala più lunga dell'edificio. Ampi lucernari danno l'impressione che i tetti fluttuino sull'edificio e lo fanno apparire più leggero. Mentre sul lato panoramico la casa è trasparente, un alto muro di cemento protegge dal calore e dagli sguardi la parte rivolta verso la zona urbanizzata. Il risultato è un luogo perfetto per ritrovare serenità.

In accordance with the weather, the swimming pool and patio form the heart of this house (l.). The two-storied lounge counts among its highlights (r.).

Dem Klima entsprechend bilden Swimmingpool und Patio den Mittelpunkt des Hauses (l.). Die doppelstöckige Lounge zählt zu seinen Highlights (r.).

Compte tenu du climat, la piscine et le patio constituent le point central de la maison (à g.). Le salon, d'une hauteur de deux étages, est une de ses plus grandes réussites (à dr.).

Teniendo en cuenta el clima, la piscina y el patio constituyen el núcleo central de esta casa (i.). El salón de doble altura es uno de sus elementos más destacados (d.).

Conformemente al clima, la piscina e il patio formano il cuore della casa (a sinistra). La sala a due piani è uno dei fiori all'occhiello della tenuta (a destra).

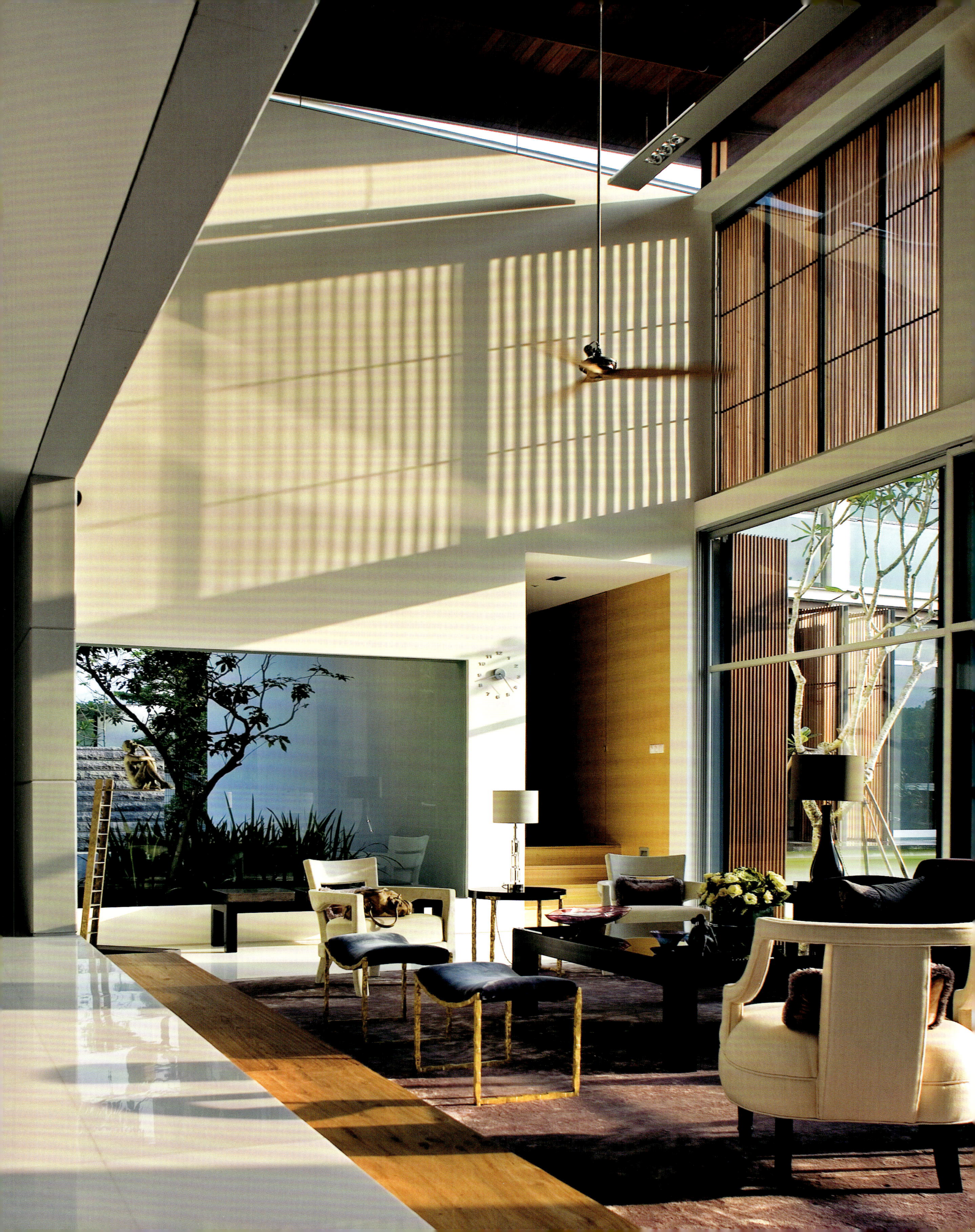

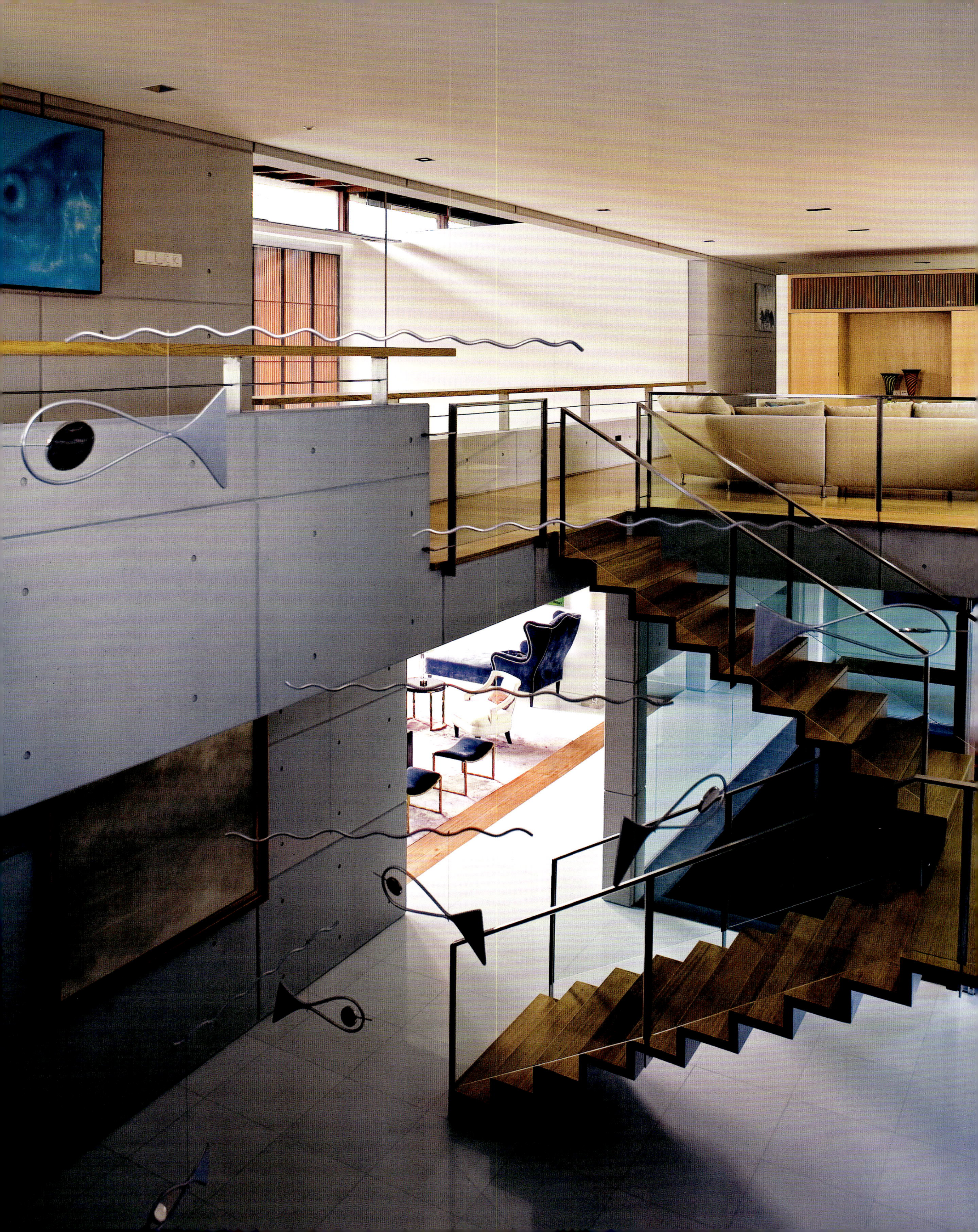

The open structure of the different levels as well as generous skylights make for a light and airy environment (l.). The staircase in the dual-level hall leads to the bedrooms on the first floor (r.).

Die offene Struktur der Etagen und die breiten Oberlichter verleihen dem Haus Licht und Leichtigkeit (l.). Die Treppe in der doppelstöckigen Halle führt zu den Schlafzimmern in der ersten Etage (r.).

La structure ouverte des étages et les grands vasistas apportent à la maison lumière et légèreté (à g.). L'escalier, qui se trouve dans le hall d'une hauteur de deux étages, mène aux chambres du premier étage (à dr.).

La estructura abierta de los pisos y las amplias claraboyas dotan a la casa de luminosidad y ligereza (i.). La escalera del vestíbulo de dos pisos conduce a la alcoba del primer piso (d.).

La struttura aperta dei piani e gli ampi lucernari donano alla casa luce e leggerezza (a sinistra). La scala nella sala a due piani conduce al primo piano che ospita le camere da letto (a destra).

The house opens up towards the patio and the pool.

Zum Pool und dem Patio hin präsentiert sich das Haus offen und transparent.

Du côté de la piscine et du patio, la maison est ouverte et transparente.

Hacia el lado del patio y la piscina, la casa presenta un carácter abierto y transparente.

Dal lato della piscina e del patio, la casa è aperta e trasparente.

330   House at Cluny Hill *Singapore, Singapore*

A whiff of Zen: expanses of water and spaciousness impart the house with a meditative atmosphere.

Ein Hauch von Zen: Wasserflächen und Großzügigkeit des Raums verleihen dem Haus eine nahezu meditative Atmosphäre.

Un soupçon de zen : les plans d'eau et les grands espaces baignent la maison dans une atmosphère presque méditative.

Un aire zen: el agua y la generosidad de espacio dotan a la casa de una atmósfera meditativa.

Un soffio di zen: gli specchi d'acqua e l'ampiezza degli spazi donano alla casa un'atmosfera meditativa.

Architect: Bedmar & Shi Design Consultants
Photos: Albert Lim

This extraordinary house combines contemporary aesthetics and elements of classical tropical architecture. The first floor of the dual-level building consists of dark gray volcanic rock, the second floor boasts a shining teak facade. A pavilion on the far side of the pool, whose surface reflects the architecture of the main structure, houses guest rooms and an open-air kitchen. Glass fronts structure the view over the tropical green of the garden while projecting roofs and wooden awnings provide both shade and privacy.

Zeitgenössische Ästhetik und Elemente klassischer Tropenarchitektur verbinden sich in diesem außergewöhnlichen Haus. Das Erdgeschoss des zweistöckigen Baus besteht aus dunkelgrauem Vulkanstein, die erste Etage besitzt eine Fassade aus schimmerndem Teakholz. In einem Pavillon auf der anderen Seite des Pools, der die Architektur des Haupthauses spiegelt, sind Gästezimmer und eine Außenküche untergebracht. Glasfronten strukturieren die Aussicht ins tropische Grün des Gartens, Vordächer und Blendläden aus Holz bieten Schatten und Privatsphäre.

Cette maison exceptionnelle fait cohabiter l'esthétique contemporaine et des éléments de l'architecture tropicale classique. Le rez-de-chaussée de cette maison de deux étages est en pierre volcanique gris foncé, le premier étage présente une façade en bois de teck reluisant. Les chambres d'amis et une cuisine extérieure se trouvent dans un pavillon situé de l'autre côté de la piscine, qui reprend l'architecture du bâtiment principal. Les façades en verre offrent une vue sur les espaces verts tropicaux du jardin, tandis que les auvents et les volets en bois apportent ombre et intimité.

En esta extraordinaria casa se dan la mano la estética contemporánea y los elementos clásicos de la arquitectura tropical. La planta baja de la construcción de dos pisos es de piedra volcánica de color gris oscuro; el primer piso posee una fachada de madera de teca brillante. El pabellón, al otro lado de la piscina en la que se refleja la arquitectura del edificio principal, acoge la estancia de los invitados y una cocina exterior. Las fachadas de cristal estructuran las vistas al verde del jardín tropical. Amplios aleros y parasoles de madera ofrecen sombra y preservan la intimidad.

Questa casa straordinaria unisce estetica contemporanea a elementi tipici dell'architettura tropicale. Il piano terra della costruzione a due piani è realizzato in pietra vulcanica grigio scura, mentre la facciata del primo piano è in brillante legno tek. In un padiglione dall'altra parte della piscina, che riprende l'architettura dell'edificio principale, si trovano le stanze per gli ospiti e una cucina all'aperto. Le vetrate della facciata strutturano la vista del giardino tropicale, mentre le tettoie e i frangisole in legno garantiscono ombra e privacy.

Luscious green, splashing water, and cooling shade all serve to turn this house into a true oasis.

Üppiges Grün, plätscherndes Wasser und kühlender Schatten machen dieses Haus zu einer echten Oase.

Une nature luxuriante, de l'eau qui clapote, des espaces ombragés qui apportent de la fraîcheur, font de cette maison un véritable havre de paix.

El verde exuberante, el chapoteo del agua y la frescura de la sombra hacen de esta casa un verdadero oasis.

Vegetazione rigogliosa, acqua gorgogliante e ombre rinfrescanti fanno di questa casa una vera oasi.

House at Nassim Road *Singapore, Singapore*

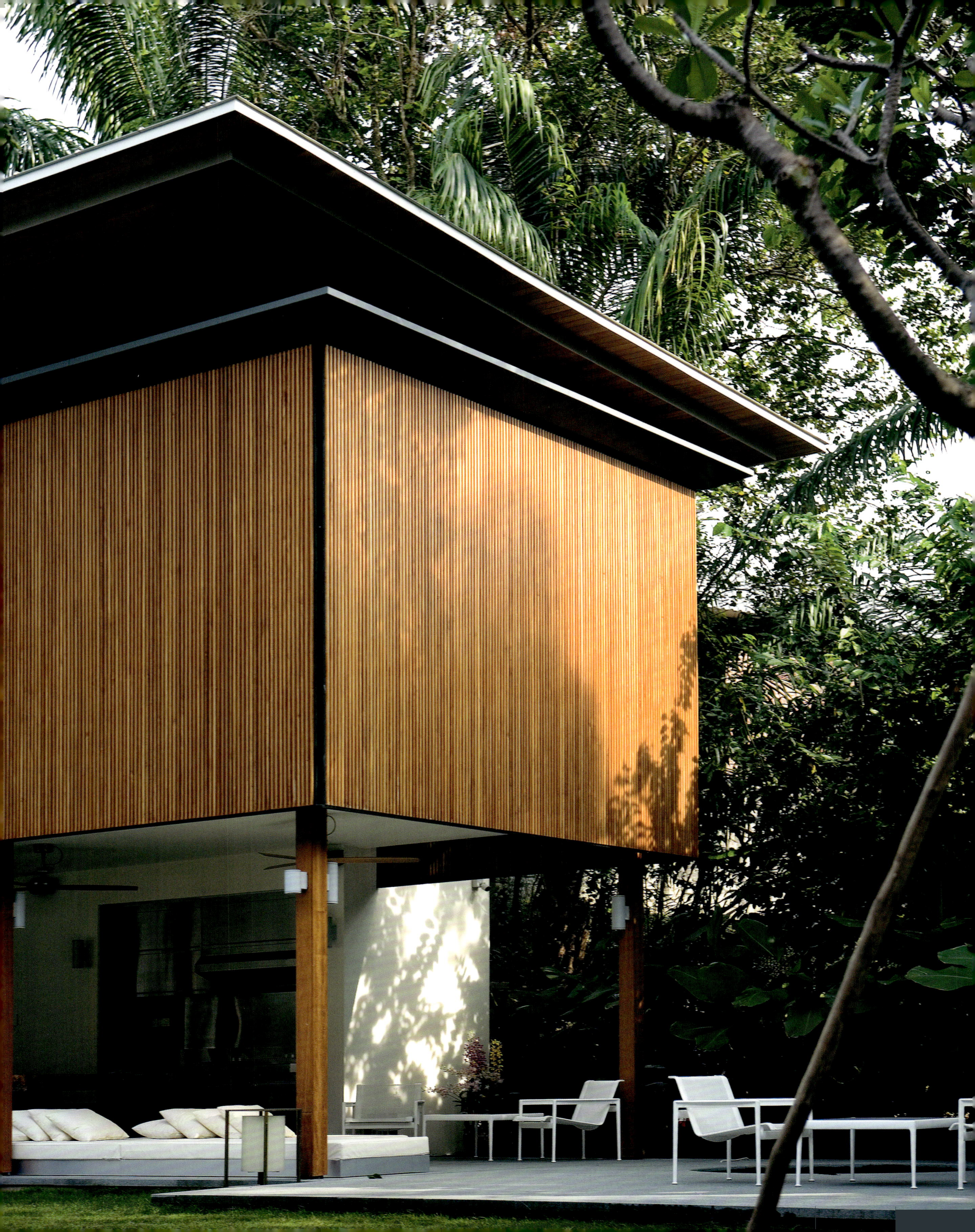

Shining teak and accessories such as the ceiling fan in the lounge (b. r.) evoke a true colonial atmosphere. Clear lines and the interior's sober style, on the other hand, exude a contemporary flair.

Schimmerndes Teakholz und Accessoires wie die Ventilatoren in der Lounge (u. r.) evozieren schönste Kolonial-Atmosphäre. Die klaren Linien und der puristische Stil des Interieurs sind hingegen ganz zeitgenössisch.

Le bois de teck reluisant et les accessoires tels que les ventilateurs dans le salon (en b. à dr.) nous replongent au plus fort de l'époque coloniale. Les lignes claires et le style puriste de l'intérieur sont en revanche contemporains.

La brillante madera de teca y los accesorios como los ventiladores del salón (ab. d.) evocan la más hermosa época colonial. Las líneas claras y el estilo purista de los interiores son, por el contrario, muy contemporáneos.

Splendente legno tek e accessori come i ventilatori nella sala (in basso a destra) evocano magnifiche atmosfere coloniali. Le linee pulite e lo stile purista degli interni sono invece estremamente moderni.

House at Nassim Road *Singapore, Singapore*

House at Nassim Road *Singapore, Singapore*   335

Andrew Road House

Singapore, Singapore

Architect: SCDA Architects Pte Ltd

Photos: Albert Lim

This residence consisting of three bungalows develops a dramaturgy of its own. The largest structure displays wood paneling, the second has metal walls, whereas the third is an open pavilion serving as reception. The wooden structure houses living quarters and the dining room as well as bedrooms and can be reached via a bridge. The third bungalow consists of two floors, but because of its lower position, its roof is on the same level as those of the other two. It affords views of the pool and a waterfall and houses a guest suite as well as the entertainment area.

Eine ganz eigene Dramaturgie prägt dieses aus drei Bungalows bestehende Anwesen. Der größte Bungalow ist mit Holz verkleidet, den zweiten umhüllt eine Metallwand, der dritte ist ein offener Pavillon, der als Empfang dient. Im Holzgebäude liegen Wohn- und Essbereiche sowie die Schlafzimmer. Man erreicht ihn über eine Brücke. Der dritte Bau hat zwei Etagen, liegt aber so tief, dass sein Dach mit denen der anderen abschließt. Er überblickt den Pool und einen Wasserfall. Außer einer Gästesuite befindet sich hier der Entertainmentbereich.

Une conception de l'espace toute particulière caractérise cette propriété composée de trois bungalows. Le plus grand bungalow possède des revêtements en bois, le second est enveloppé d'un mur de métal, le troisième est un pavillon ouvert qui sert pour les réceptions. Dans le bâtiment en bois, accessible par un pont, se trouvent la salle de séjour et la salle à manger, ainsi que les chambres. Le troisième bâtiment possède deux étages, mais s'enfonce si profondément dans le sol que son toit est à la même hauteur que les autres. Il donne sur la piscine et sur une cascade. C'est là que se trouvent la suite pour les amis et un espace de distraction.

Esta construcción formada por tres bungalows presenta una dramaturgia muy particular. La edificación más grande está revestida de madera; la segunda, recubierta por una pared metálica; y la tercera es un pabellón abierto que sirve de recibidor. La construcción de madera acoge el salón y el comedor, así como los dormitorios. A ella se llega a través de una pasarela. El tercer edificio tiene dos pisos, pero está algo soterrado, de forma que su tejado queda a la misma altura que los de los otros dos edificios. La construcción se asoma a la piscina y una cascada; además de una suite para invitados acoge los espacios destinados al ocio.

Questa tenuta composta da tre bungalow è caratterizzata da una drammaturgia propria. Il bungalow principale è rivestito in legno, il secondo è avvolto da una parete metallica e il terzo è un padiglione aperto concepito per accogliere chi arriva. Nell'edificio in legno, che può essere raggiunto tramite un ponte anch'esso in legno, trovano posto la zona giorno e le camere da letto. Il terzo edificio ha due piani; tuttavia è costruito in una posizione talmente ribassata rispetto agli altri due, che il suo tetto termina con gli altri. Da esso si domina con lo sguardo la piscina e la cascata. Fuori dalla suite per gli ospiti si trova l'area ricreazione.

Modern times: three clear-cut bungalows are grouped around the pool. Living and dining areas (l.) are contained in the largest structure.

Moderne Zeiten: Drei sachliche Bungalows sind hier um den Pool gruppiert. Wohn- und Essbereich (l.) befinden sich im größten Gebäude.

Les temps modernes : trois bungalows se regroupent autour de la piscine. La salle de séjour et la salle à manger (à g.) se trouvent dans le plus grand bâtiment.

Tiempos modernos: los tres bungalows de líneas austeras se agrupan en torno a la piscina. El salón y el comedor (i.) se encuentran en el edificio más grande.

Tempi moderni: tre sobri bungalow sono raggruppati intorno alla piscina. La zona giorno (a sinistra) si trova nell'edificio più grande.

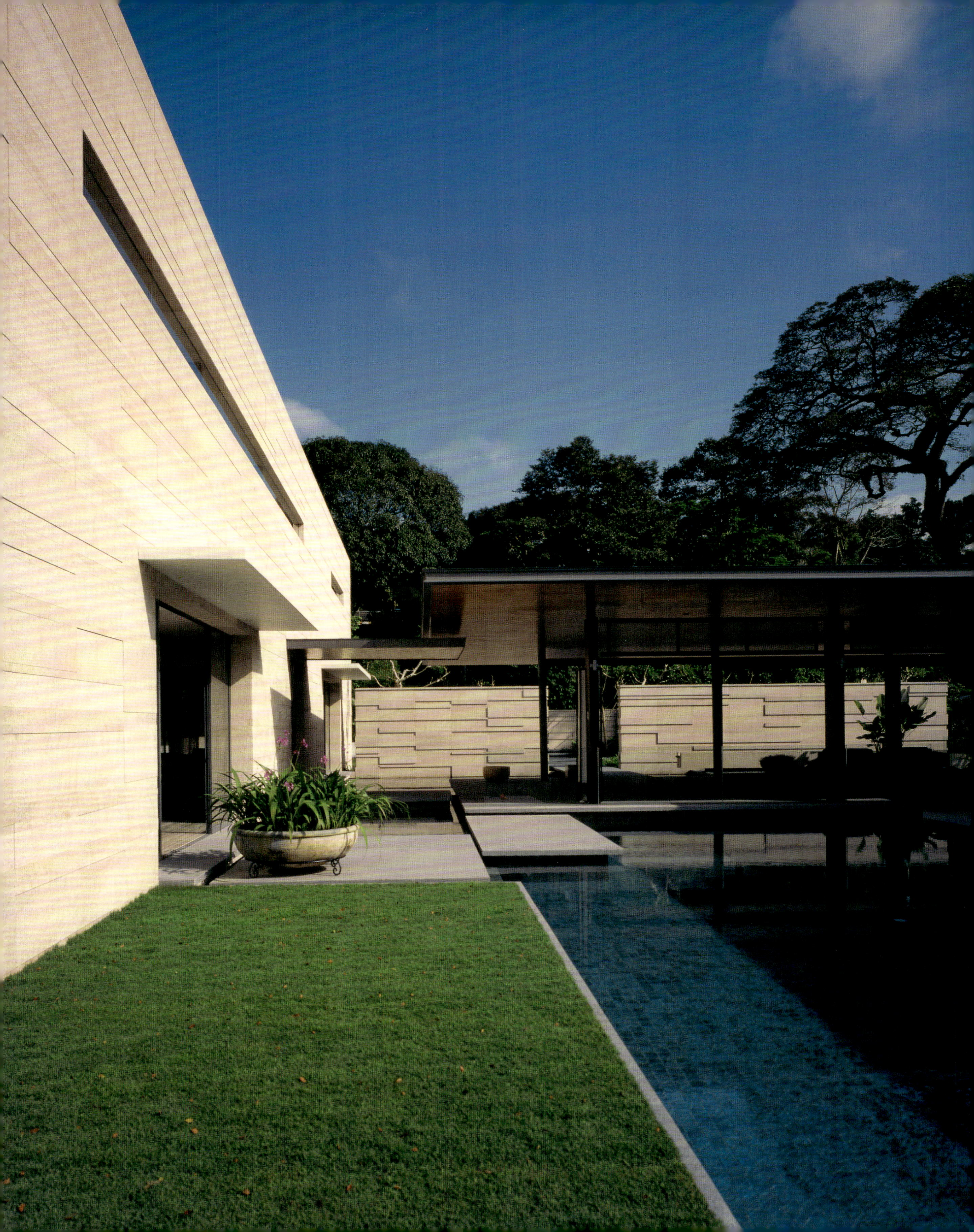

The lounge, *diffused with light, reduces regional accents to the accessories only. At night, the residence exudes tropical flair (a. r.).*

Die Licht *durchflutete Lounge beschränkt regionale Akzente auf die Accessoires. Tropischen Zauber entfaltet das Anwesen bei Nacht (o. r.).*

Dans le *salon inondé de lumière, la touche locale se limite aux accessoires. Mais c'est de nuit que la propriété déploie ses charmes tropicaux (en h. à dr.).*

El salón *inundado de luz limita los acentos regionales a los accesorios. La construcción emana su magia tropical de noche (ar. d.).*

La sala, *inondata di luce, limita le note regionali agli accessori. La tenuta manifesta tutto il suo fascino tropicale nelle ore notturne (in alto a destra).*

Andrew Road House *Singapore, Singapore*

Andrew Road House *Singapore, Singapore* 339

Architect: SCDA Architects Pte Ltd
Photos: Albert Lim KS

This villa represents a contemporary interpretation of tropical lifestyle. The lower floor is made of solid concrete while the upper floor with its dark timber imparts a lighter note. It also acts like a protecting cocoon and houses the private rooms. The few walls of the otherwise open-plan first floor serve to block the house off to the street. Living quarters and dining room flow into one another. Two other highlights are the patio, which forms the center piece, and the pavilion proffering views of the sea.

Eine zeitgenössische Interpretation tropischer Lebensart stellt diese Villa dar. Die untere Etage besteht aus solidem Beton, die obere erhält durch dunkles Holz eine leichtere Note und wirkt zugleich wie ein schützender Kokon. Hier sind die Privaträume untergebracht. Im offen gehaltenen Parterre haben eingestreute Wände nur die Aufgabe, das Haus zur Straße hin abzuschirmen. Wohn- und Essbereich gehen ineinander über. Wunderschön sind der Patio, der das Zentrum bildet, und der Pavillon, von dem aus sich ein Panoramablick auf das Meer bietet.

Cette villa est une interprétation contemporaine de l'art de vivre tropical. L'étage inférieur est en béton solide, tandis que le bois sombre utilisé à l'étage supérieur donne à ce dernier une note de légèreté qui, en même temps, le fait ressembler à un cocon protecteur. C'est ici que se trouvent les pièces à usage privé. Au rez-de-chaussée, qui reste ouvert, les murs présents çà et là n'ont pour fonction que d'isoler la maison de la rue. La salle de séjour et la salle à manger se fondent l'une dans l'autre. Le patio, qui constitue le centre de la maison, et le pavillon, d'où l'on a une vue panoramique sur la mer, sont magnifiques.

Esta villa es una interpretación contemporánea del estilo de vida tropical. La planta baja es de sólido hormigón, mientras que el piso superior presenta una nota más ligera con su madera oscura y se asemeja a un capullo de seda protector. En él se encuentran las estancias privadas. En la planta baja, de carácter abierto, las paredes diseminadas cumplen únicamente la función de servir de pantalla frente a la calle. El salón y el comedor confluyen entre sí. Resultan muy bellos el patio o núcleo de la casa y el cenador con sus vistas panorámicas al mar.

Questa villa rappresenta un'interpretazione contemporanea dello stile di vita tropicale. Il piano inferiore è realizzato in robusto calcestruzzo, mentre il legno scuro conferisce al piano superiore una nota più leggera e funge contemporaneamente da involucro protettivo. Quest'ultimo ospita le stanze private. Nel parterre aperto le pareti inserite hanno come unica funzione quella di schermare la casa dalla strada; con esso si fonde la zona giorno. Superbi il patio, centro dell'edificio, e il padiglione con vista panoramica sul mare.

The entrance area softens the transition between the prosaic parking space and the elegant living quarters (l.). An abundance of glass, wood, and water bodies create a modern tropical atmosphere (r.).

Die Eingangssituation federt den Übergang vom prosaischen Parkplatz zum eleganten Wohnbereich ab (l.). Viel Glas, Holz und Wasserflächen schaffen eine moderne Tropenatmosphäre (r.).

L'entrée adoucit le contraste entre le parking prosaïque et les pièces d'habitation élégantes (à g.). Le verre en abondance, le bois et les plans d'eau créent une atmosphère tropicale moderne (à dr.).

El recibidor sirve de transición entre un prosaico aparcamiento y el elegante salón (i.). El generoso uso del cristal, la madera y el agua crea una atmósfera tropical muy moderna (d.).

L'ingresso media tra il passaggio dal prosaico parcheggio agli eleganti spazi abitativi (a sinistra). L'uso abbondante di vetro, legno e specchi d'acqua crea una moderna atmosfera tropicale (a destra).

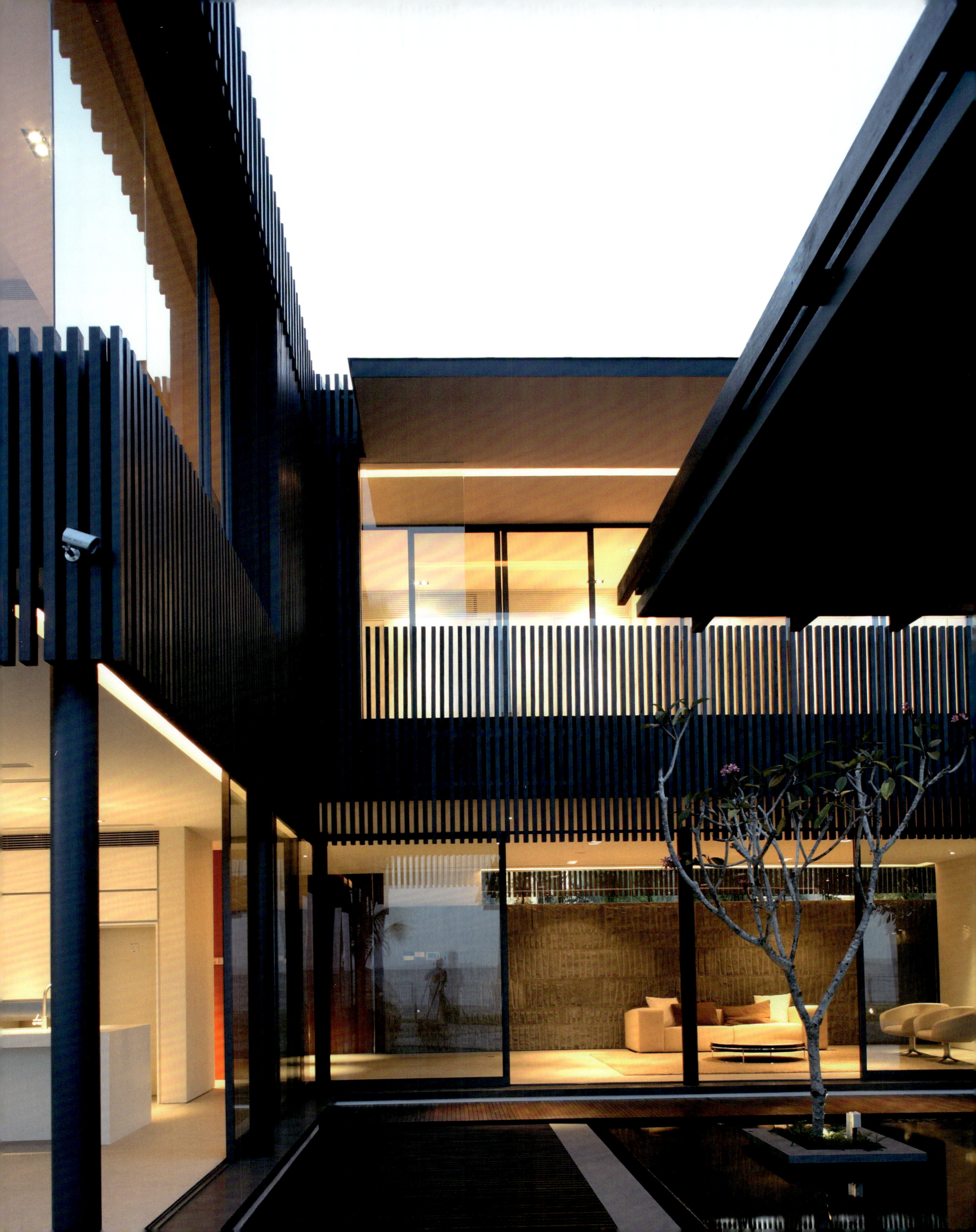

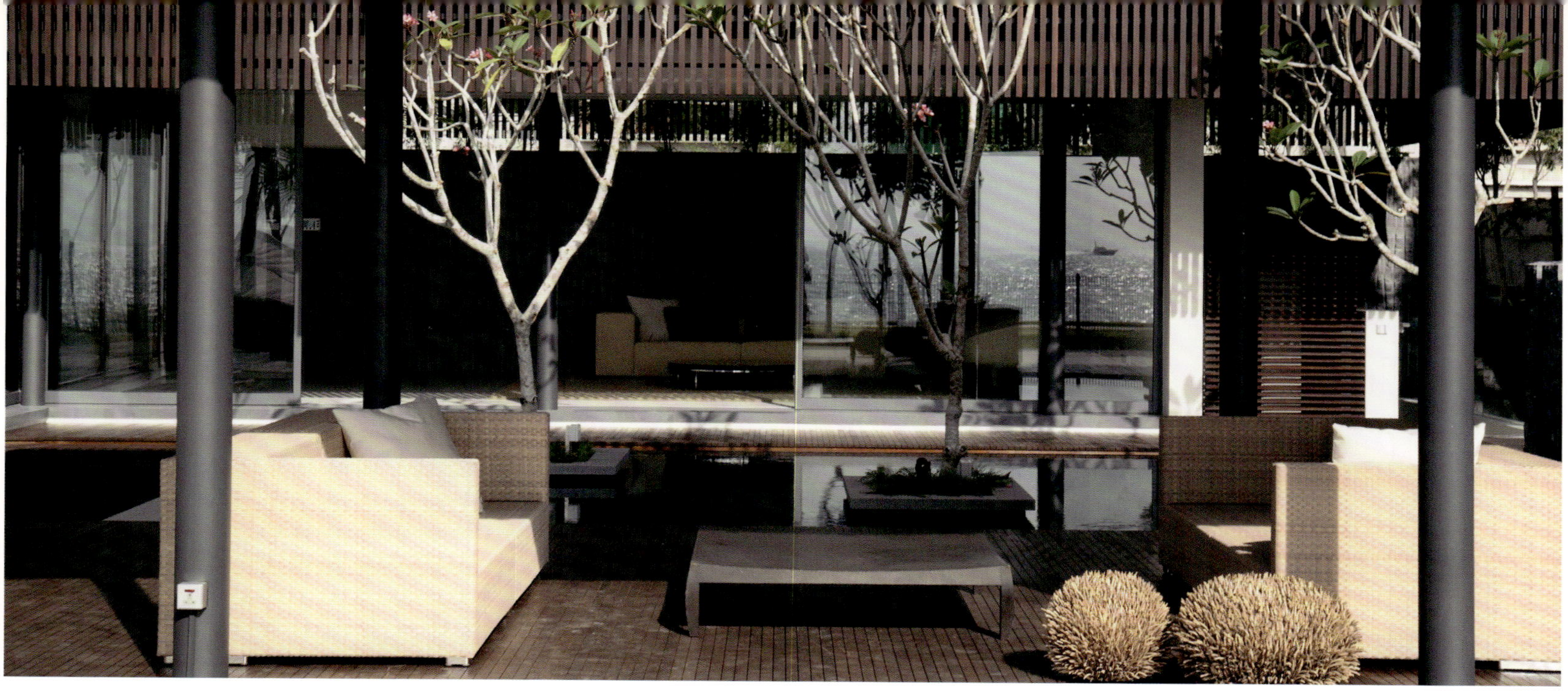

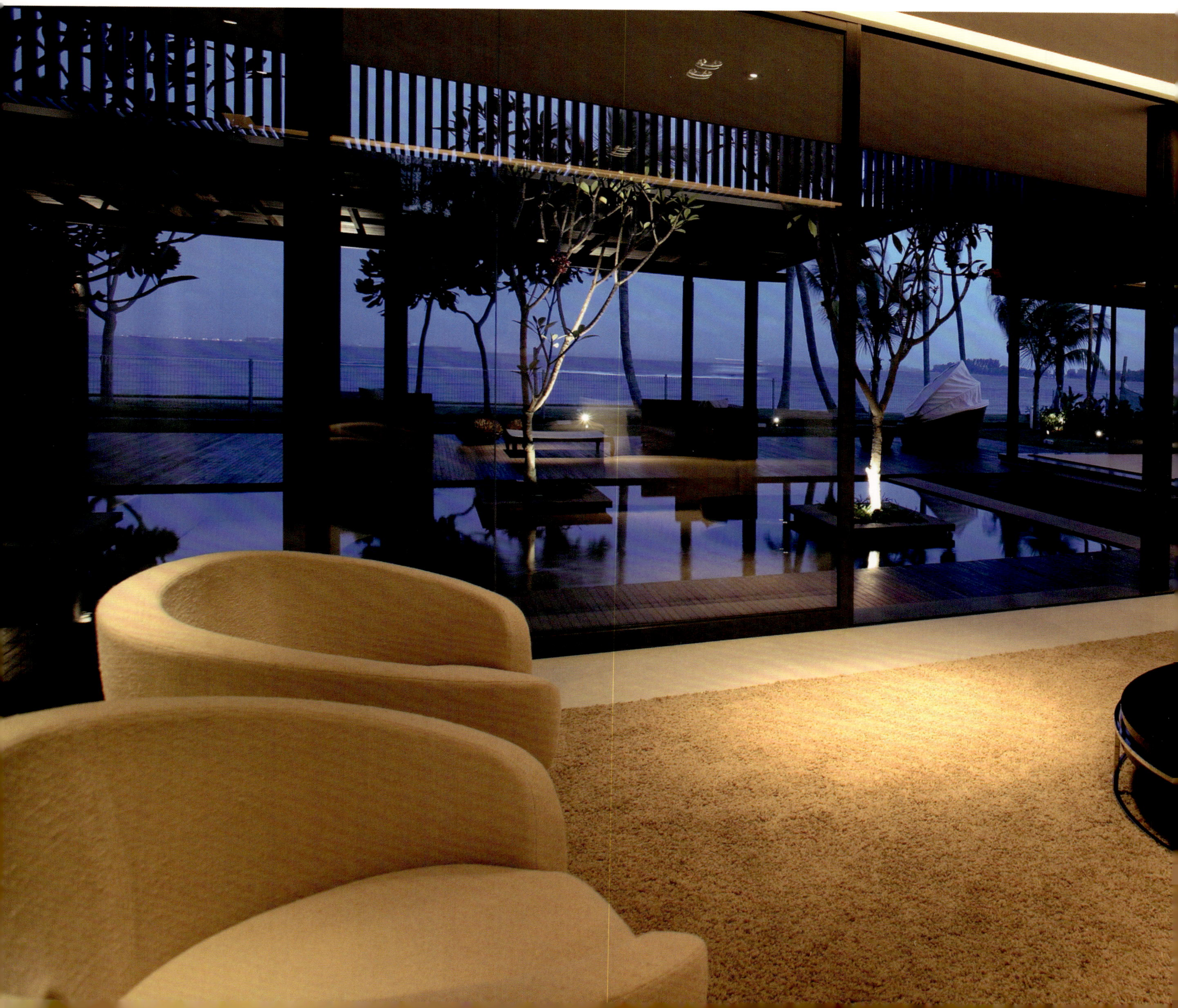

The lounge proffers views of both the patio and the sea (b. l.). The staircase with its luminous red wall marks the transition from social rooms to the private area on the second floor (b. r.).

Die Lounge überblickt Patio und Meer (u. l.). Das Treppenhaus markiert mit der leuchtend roten Wand den Übergang von den Gemeinschaftsräumen des Parterres zu den privaten Zimmern in der ersten Etage (u. r.).

Le salon donne sur le patio et la mer (en b. à g.). La cage d'escalier, avec son mur d'un rouge lumineux, marque le passage des pièces communes du rez-de-chaussée aux pièces à usage privé du premier étage (en b. à dr.).

El salón se asoma al patio y al mar (ab. i.). La escalera marca con su pared de color rojo brillante la transición de las estancias comunes a las alcobas particulares de la primera planta (ab. d.).

La sala domina il patio e il mare (in basso a sinistra). La tromba delle scale contraddistingue, grazie alla parete rosso acceso, il passaggio dagli spazi comuni del parterre alle camere private al primo piano (in basso a destra).

Architect: Arkhefield
Photos: Shaun Lockyer

This villa was to equally fulfill the desire for vistas and fresh air, privacy and security. It is comprised of solid exterior walls to the east and west, while the house opens up to the south to provide fantastic views of the river and the city beyond. The rooms on the different levels with their warm wooden walls are interwoven in such a way as to provide a lot of space on the one hand, while on the other hand affording intimate hideaways. The second floor is home to the living quarters, which give way to an open-air lounge with pool.

Diese Villa sollte die Bedürfnisse nach Aussicht und Luft, Privatsphäre und Sicherheit gleichermaßen erfüllen. So entstanden solide Außenmauern nach Ost und West, während sich das Haus nach Süden hin öffnet, um grandiose Blicke auf den Fluss und die Stadt dahinter freizugeben. Die Räume sind auf mehreren Ebenen so ineinander verschachtelt, dass sich innerhalb der warmen Holzwände bei großem Platzangebot auch intime Rückzugsorte finden. In der ersten Etage sind die Wohnräume untergebracht, die in eine Freiluft-Lounge mit Pool übergehen.

Cette villa répond aux attentes de celui qui recherche tout à la fois, la vue, l'air, l'intimité et la sécurité. C'est ainsi que se dressent à l'est et à l'ouest des murs extérieurs solides, tandis que la maison s'ouvre en direction du sud, dégageant ainsi une vue grandiose sur le fleuve, puis sur la ville plus loin. Les pièces sont imbriquées les unes dans les autres sur plusieurs étages de telle sorte que, même s'il y a beaucoup de place entre les murs en bois qui rendent l'atmosphère chaude, il est aussi possible de trouver des coins intimes pour s'isoler. Au premier étage se trouvent les pièces d'habitation, qui débouchent sur un salon en plein air avec piscine.

Esta villa debía satisfacer simultáneamente la necesidad de panorámica, aire libre, esfera privada y seguridad. Con este fin se construyeron sólidos muros exteriores orientados al este y al oeste, mientras la casa se abre al sur y ofrece magníficas vistas sobre el río y la ciudad. Las salas, distribuídas en diferentes niveles, se entrelazan de tal modo que en grandes espacios revestidos de cálida madera se encuentran también íntimos rincones ideales para disfrutar de la soledad. La primera planta está dedicada a la zona de la vivienda y se abre a una sala de estar al aire libre con piscina.

Questa villa doveva conciliare in eguale misura una vista panoramica e il bisogno di aria con le esigenze legate alla sfera privata e alla sicurezza; così sono sorte robuste mura esterne a est e a ovest, mentre a sud la casa si apre rivelando un meraviglioso panorama sul fiume e sulla città retrostante. Le stanze sono incastrate l'una dentro l'altra in maniera tale che negli ampi spazi delle calde pareti in legno si creino angoli molto intimi. Il primo piano ospita i soggiorni che si trasformano in una lounge a cielo aperto con piscina.

Extraordinary is the only word to describe this interwoven building structure (l.). Part of the living area is actually under the open sky (r.).

Außergewöhnlich ist die Struktur aus ineinander verschachtelten Gebäudeteilen (l.). Die Wohnräume befinden sich zum Teil unter freiem Himmel (r.).

La structure du bâtiment, qui se compose de plusieurs parties imbriquées les unes dans les autres, est exceptionnelle (à g.). Les pièces d'habitation se trouvent en partie en plein air (à dr.).

La estructura de estos dos cuerpos arquitectónicos engarzados entre sí es muy poco convencional (i.). Algunas estancias quedan al aire libre (d.).

Straordinaria la struttura con le sue parti incastrate l'una dentro l'altra (a sinistra). Gli spazi abitativi si trovano in parte all'aperto (a destra).

Balaam Residence *Brisbane, Australia*

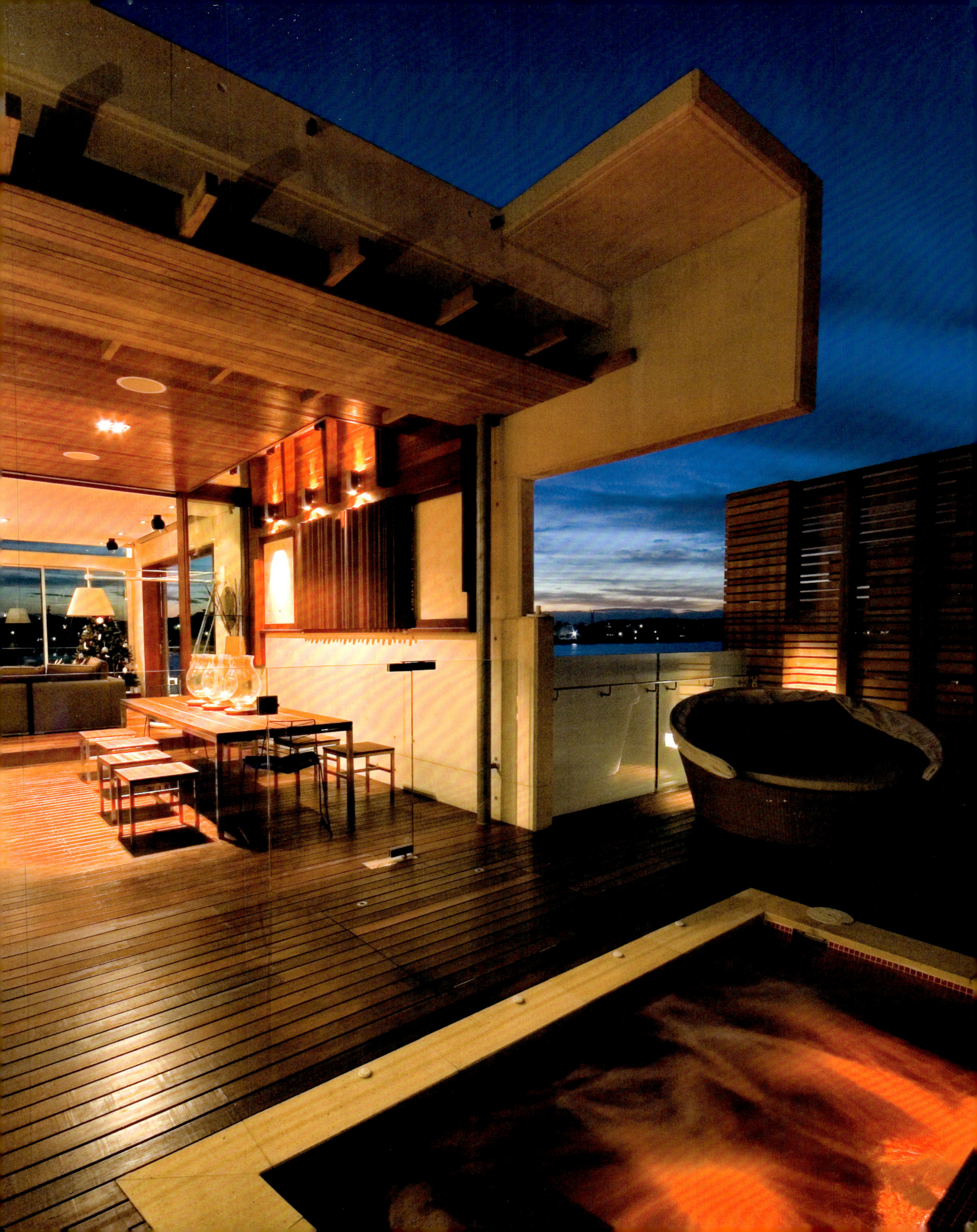

Balaam Residence *Brisbane, Australia*

The kitchen is not only aesthetically pleasing, but is also ready to meet the demands of everyday life (f. l.); the house itself displays an ingenious design (l.). The half-open lounge provides an atmospheric place for a sundowner (b.).

Ästhetisch ansprechend und zugleich absolut alltagstauglich ist die Küche (ganz links); raffiniert die Struktur des Hauses (l.). Einen stimmungsvollen Ort für den Sundowner stellt die halb offene Lounge dar (u.).

Sur le plan esthétique, la cuisine est très agréable mais en même temps parfaitement adaptée à la vie de tous les jours (tout à gauche) ; la structure de la maison est très astucieuse (à g.). Le salon à moitié ouvert est un lieu romantique pour le coucher de soleil (en bas).

La cocina es al mismo tiempo muy bella desde el punto de vista estético y muy práctica para las necesidades cotidianas (izquierda); por otro lado, la estructura de la casa es refinada (i.). La sala de estar parcialemte abierta ofrece un lugar especialmente apropiado para ver el atardecer (ab.).

La cucina è esteticamente gradevole e nel contempo ideale per l'uso quotidiano (prima immagine a sinistra); la struttura della casa è raffinata (a sinistra). La sala semiaperta è un luogo suggestivo dove poter ammirare il tramonto (a destra).

Balaam Residence *Brisbane, Australia*

The house owes its welcoming atmosphere to the generous use of wood (l., b. r.). Towards the street, however, it is partitioned off (a. r.).

Der großzügigen Verwendung von Holz verdankt das Haus seine warme und einladende Atmosphäre (l., u. r.). Zur Straße gibt es sich indessen eher zugeknöpft (o. r.).

L'utilisation massive du bois confère à la maison une atmosphère chaleureuse et agréable (à g., en b. à dr.). Côté rue, toutefois, la maison est plutôt fermée (en h. à dr.).

La casa agradece su atmósfera cálida y acogedora al generoso uso de la madera (i., ab. d.). Hacia el lado de la calle se muestra por el contrario más bien aislada (ar. d.).

La casa deve la sua atmosfera calda e accogliente all'abbondante uso di legno (a sinistra, in basso a destra). Il lato rivolto verso la strada risulta invece piuttosto chiuso (in alto a destra).

Balaam Residence *Brisbane, Australia*   349

Edward River House

Deniliquin, New South Wales, Australia

Architect: Jackson Clement Burrows Architects

Photos: Jon Clements

The term "farm" appears to be a rather modest description for this residence, but the materials used for the exterior—wood paneling and columns—serve to set it in its geographical and cultural context. The building is located between eucalyptus trees at the bank of the Edward River and combines classic farm requirements with a comfortable, contemporary living concept. Utility room, workshop, and the boot collection are housed on the first floor, while the second floor accommodates generous lounges and a high-tech kitchen.

„Farmhaus" mag als allzu bescheidene Umschreibung für dieses Anwesen erscheinen, doch die Materialien seines Exterieurs – Verkleidungen und Säulen aus Holz – stellen es in seinen geografischen und kulturellen Zusammenhang. Zwischen Eukalyptusbäumen am Ufer des Edward River gelegen, vereint es die klassischen Anforderungen an ein Farmhaus mit einem komfortablen, zeitgenössischen Wohnkonzept. Wäscheraum, Werkstatt und die Stiefelsammlung befinden sich im Parterre, großzügige Loungebereiche und die Hightech-Küche in der ersten Etage.

Parler de « ferme » pour décrire cette propriété peut sembler un peu trop modeste, pourtant les matériaux utilisés à l'extérieur – revêtements et colonnes en bois – la replacent dans son contexte géographique et culturel. Située au milieu des eucalyptus sur la rive de l'Edward River, elle répond aux exigences classiques des fermes mais en y associant une conception contemporaine et confortable de l'habitat. La buanderie, l'atelier et la collection de bottes se trouvent au rez-de-chaussée, les salons spacieux et la cuisine high tech se trouvant, eux, au premier étage.

El término "granja" resulte quizá demasiado modesto para esta construcción, pero los materiales de sus exteriores –revestimientos y columnas de madera– la sitúan en este determinado contexto geográfico y cultural. Entre los eucaliptos a orillas del río Edward, esta casa aúna los requisitos clásicos de una granja con el concepto de residencia confortable y actual. El cuarto de la lavadora, el taller y la colección de botas se encuentran en la planta baja; la amplia sala y la cocina de alta tecnología en el primer piso.

Definire questa tenuta semplicemente "fattoria" risulterebbe troppo riduttivo, benché i materiali utilizzati per gli esterni (i rivestimenti e le colonne in legno) la collochino geograficamente e culturalmente in questo contesto. Posizionata tra gli alberi di eucalipto lungo il fiume Edward, essa concilia le esigenze tradizionali di una fattoria con un concetto abitativo moderno e confortevole. Nel parterre si trovano la lavanderia, l'officina e una raccolta di stivali; al primo piano sono ubicati la spaziosa zona giorno e la cucina hi-tech.

The living area is located on the second floor—both because of the vistas and because the first floor is reserved for more practical aspects such as garage and boot room.

Die Wohnräume liegen in der ersten Etage – der Aussicht wegen und weil das Parterre den praktischen Erfordernissen vorbehalten ist. Dort befinden sich etwa Garagen und ein Stiefellager.

Les pièces d'habitation se trouvent au premier étage – à cause de la vue, et aussi parce que le rez-de-chaussée est réservé aux nécessités pratiques. C'est là, par exemple, que se trouvent les garages et un dépôt à bottes.

Las estancias comunes se encuentran en el primer piso para disfrute de las vistas y porque la planta baja se reserva a necesidades prácticas. En ella se encuentran el aparcamiento y un zapatero.

Gli spazi abitativi si trovano al primo piano sia per via della vista, sia perché il parterre è dedicato agli scopi pratici; qui si trovano infatti i garage e il deposito degli stivali.

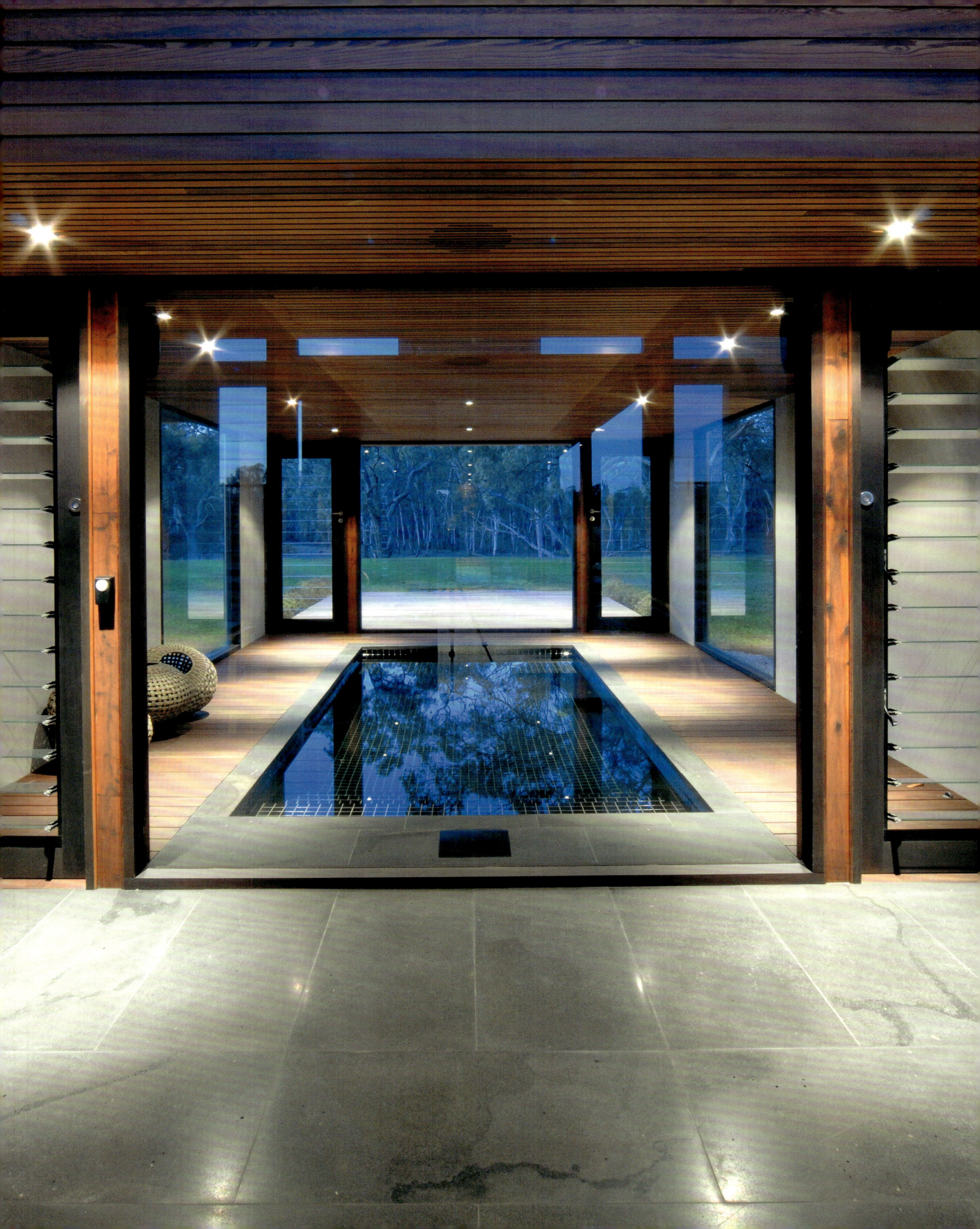

The interior is dominated by wood—from the gallery (b. l.) to the kitchen (a. r.). The building manages to integrate itself harmonically into the river valley, despite all modern creature comforts (b. r.).

Holz prägt das Interieur – von der Galerie (u. l.) bis zur Küche (o. r.). Allem modernen Komfort zum Trotz fügt sich das Gebäude harmonisch ins Flusstal ein (u. r.).

C'est le bois qui donne son cachet à l'intérieur – de la galerie (en b. à g.) à la cuisine (en h. à dr.). En dépit de tout le confort moderne, le bâtiment est en parfaite harmonie avec le paysage de la vallée du fleuve (en b. à dr.).

La madera caracteriza los interiores –desde la galería (ab. i.) hasta la cocina (ar. d.). Pero a pesar del moderno confort, el edificio se integra armónicamente en el valle fluvial (ab. d.).

Dalla galleria (in basso a sinistra) alla cucina (in basso a destra) gli interni sono caratterizzati dal legno. A dispetto di tutti i moderni comfort, l'edificio si inserisce armonicamente nella valle fluviale (in basso a destra).

Edward River House Deniliquin, New South Wales, Australia

Edward River House *Deniliquin, New South Wales, Australia*

Cape Schank House

Mornington Peninsula, Victoria, Australia

Architect: Jackson Clement Burrows Architects

Photos: John Gollings, Gollings Photography

From afar the sight of this house is reminiscent of two massive tree trunks. Materials, colors, and form reflect the untouched landscape of dunes and heath of the Mornington Peninsula. One of the two structures, made of cedar and eucalyptus, harbors a kitchen, a living and dining area with windows on three sides, a garage, and a utility room, while the other contains the bedroom and a study. The architrave block consists of guest rooms. Living quarters and the pool deck face the expansive coast.

An zwei riesige gefällte Baumstämme erinnert der Anblick dieses Hauses aus der Ferne. Materialien, Farben und Form spiegeln die unberührte Dünen- und Heidelandschaft der Mornington-Halbinsel wider. In einer der beiden Strukturen aus Zedern- und Eukalyptushölzern befinden sich Küche, Ess- und Wohnbereich mit Fenstern an drei Seiten, eine Garage und ein Haushaltsraum, in der anderen das Schlafzimmer mit Bad sowie ein Arbeitszimmer. Im Sockel sind die Gästezimmer untergebracht. Wohnbereich und Pooldeck sind auf die weite Küste ausgerichtet.

De loin, cette maison ressemble à deux gigantesques troncs d'arbres abattus. Les matériaux, les couleurs et la forme reflètent le paysage de dunes et de lande sauvage de la péninsule de Mornington. Dans l'une des deux structures en bois de cèdre et d'eucalyptus se trouvent la cuisine, la salle à manger et la salle de séjour, avec des fenêtres sur trois côtés, ainsi qu'un garage et un office ; dans l'autre, il y a la chambre avec salle de bains ainsi qu'un bureau. Les chambres d'amis sont dans le soubassement. Les pièces d'habitation et la piscine donnent sur la vaste côte.

Desde lejos esta casa asemeja a dos troncos caídos. Los materiales, los colores y la forma reflejan el paisaje virgen de dunas y páramos de la Península de Mornington. En una de las estructuras de madera de cedro y de eucalipto se encuentran la cocina y el salón comedor con tres ventanales, un garaje y una despensa. En la otra estructura se ubica el dormitorio con cuarto de baño así como un despacho. En el sótano está la habitación de los huéspedes. Tanto el espacio dedicado a la vivienda como a la piscina están orientados a la extensa costa.

Vista da lontano, questa casa ricorda due giganteschi tronchi d'albero tagliati. I materiali, i colori e la forma rispecchiano il paesaggio incontaminato delle dune e della brughiera della penisola di Mornington. In una delle due strutture realizzate in legno di cedro e di eucalipto si trovano la cucina, la sala da pranzo-soggiorno con finestre su tre lati, un garage e una stanza di servizio; nell'altra la camera da letto con il bagno e uno studio. Nello zoccolo è stata collocata la stanza per gli ospiti. La zona giorno e la piscina sono orientati verso la costa lontana.

The driveway does not give away the extravagance of this residence (l.). Its two wings resemble two horizontal tree trunks (r.).

Die Zufahrt lässt die Extravaganz des Anwesens noch nicht erahnen (l.). Seine beiden Flügel erinnern an liegende Baumstämme (r.).

L'entrée ne permet pas encore de deviner l'extravagance de cette propriété (à g.). Ses deux ailes ressemblent à des troncs d'arbre couchés (à dr.).

El acceso a la casa no permite adivinar la extravagancia de la construcción (i.). Sus dos alas recuerdan sendos troncos caídos (d.).

La via di accesso non fa presagire la stravaganza della tenuta (a sinistra). Le due ali fanno pensare a tronchi d'albero (a destra).

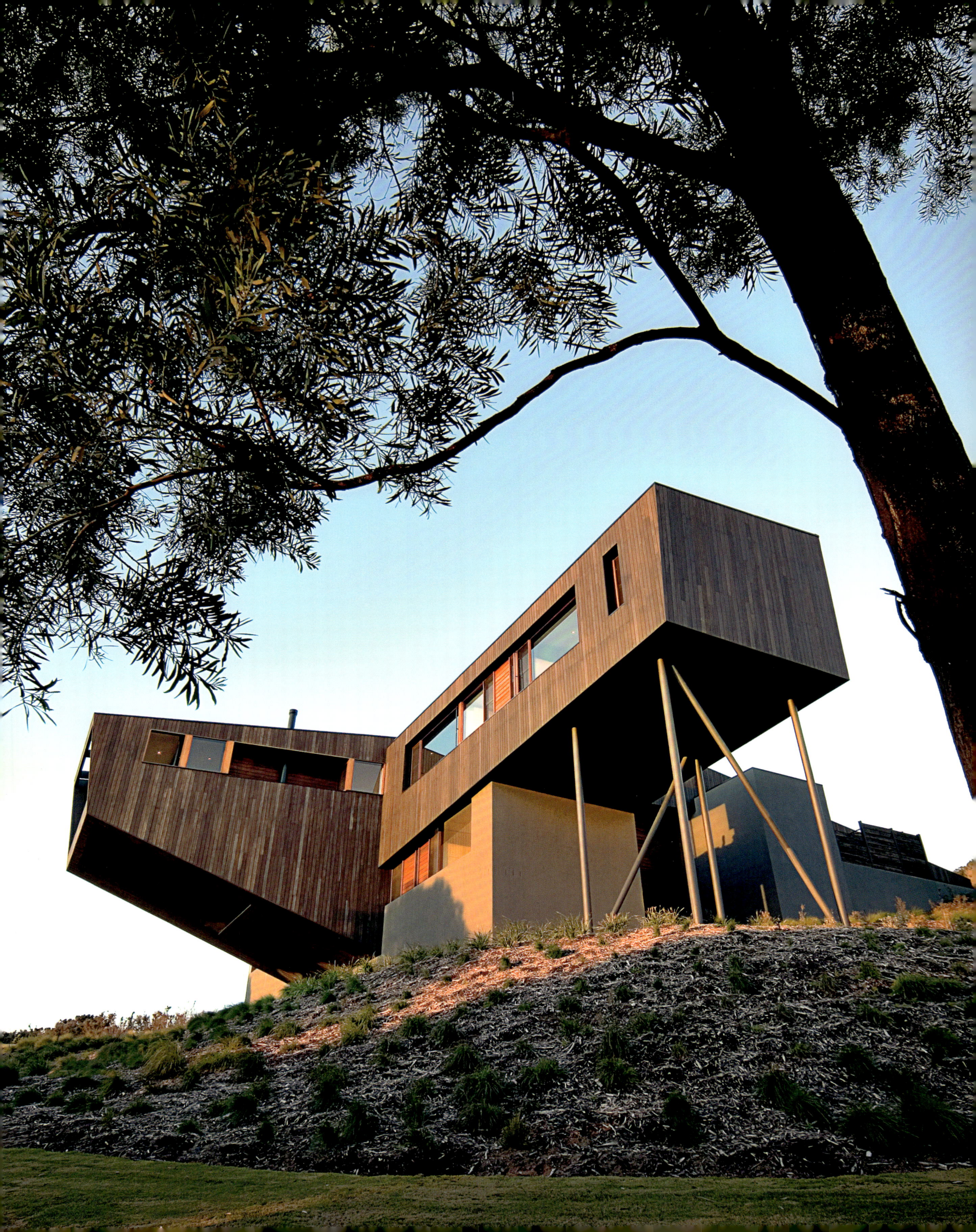

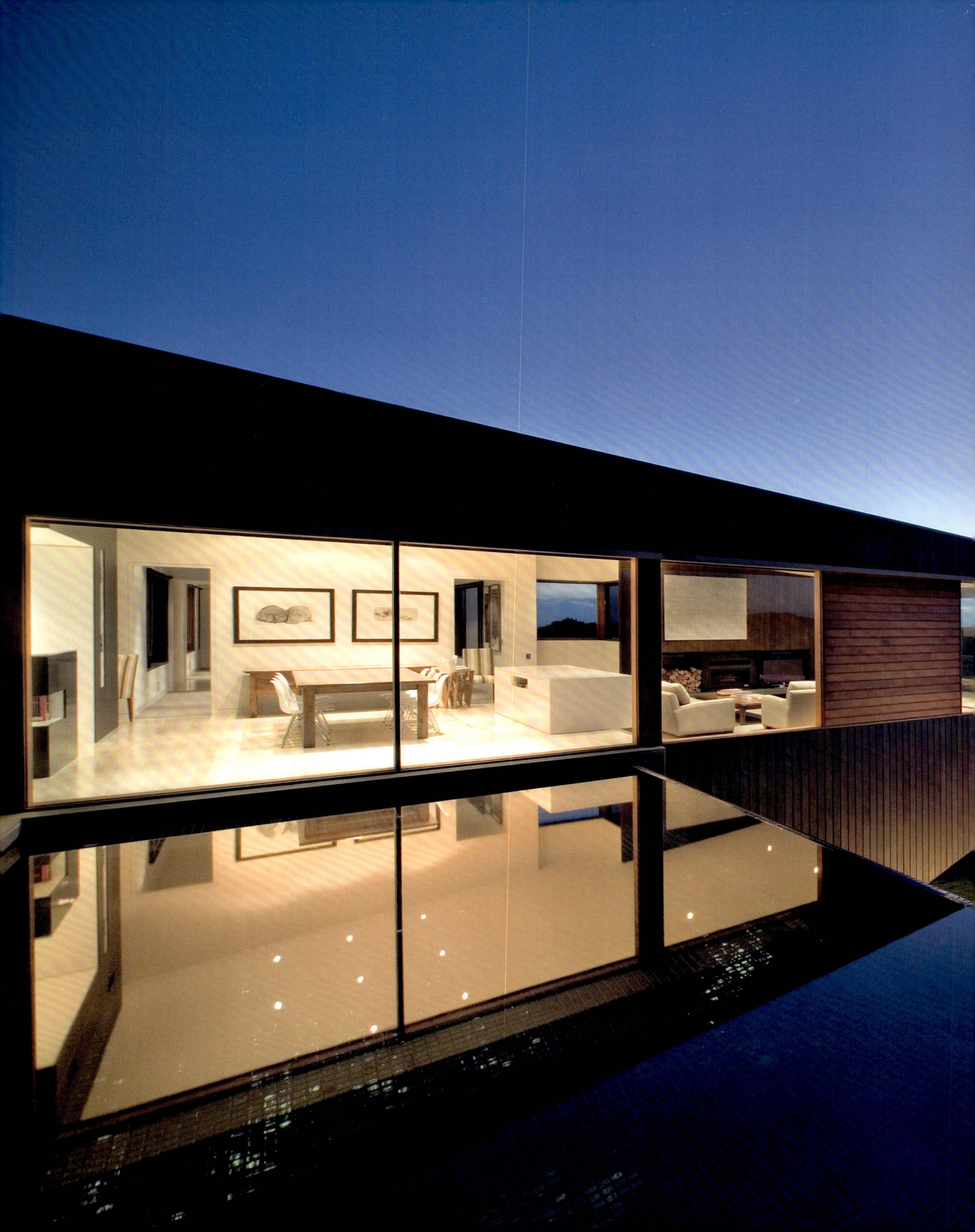

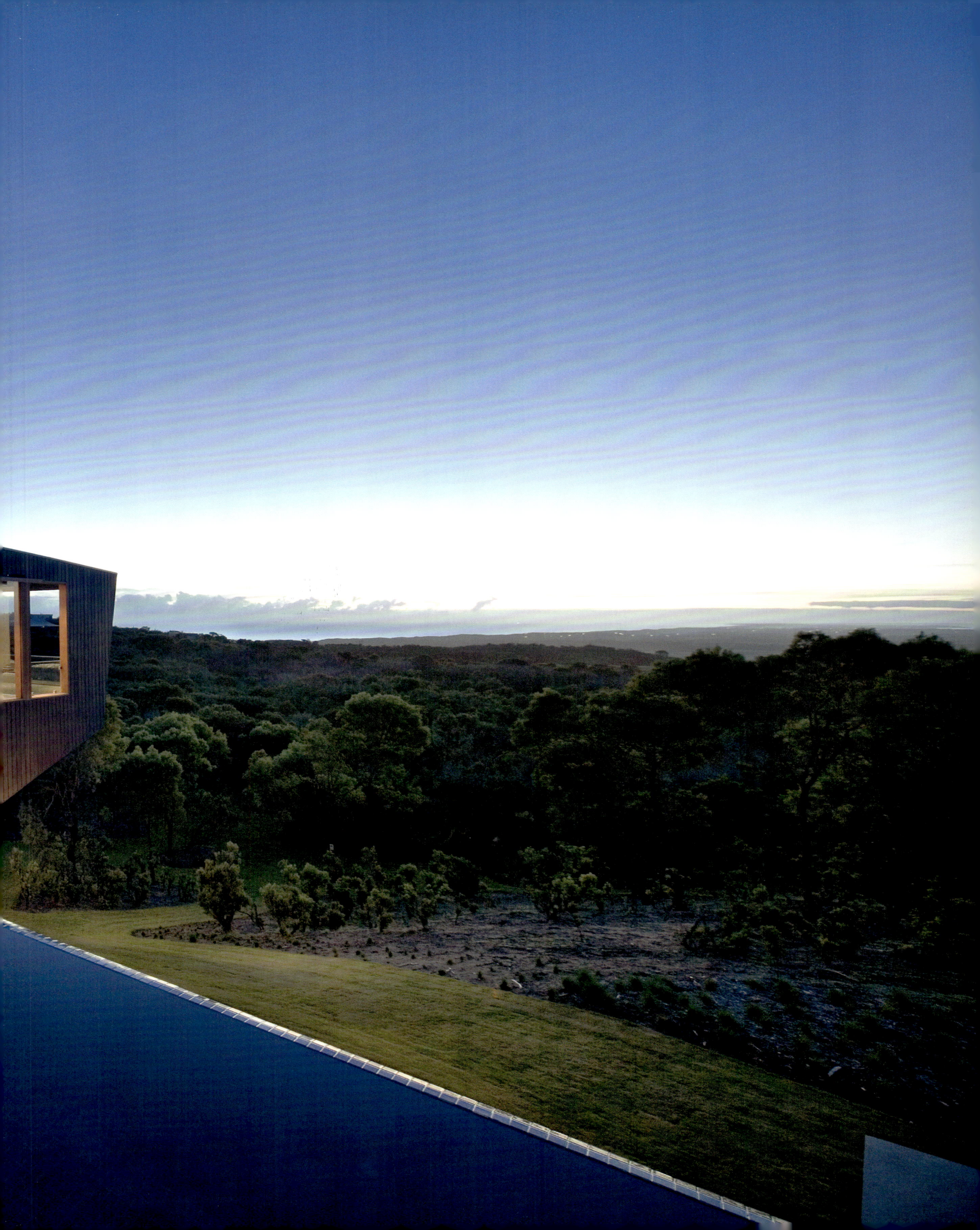

Wood dominates this house. The lounge with its three-sided window front proffers panoramic vistas of the coast (r.).

Holz ist das prägende Material des Hauses. Die Lounge bietet mit Fensterfronten an drei Seiten einen Panoramablick auf die Küste (r.).

Le bois est le matériau caractéristique de cette maison. Le salon, avec ses façades en verre sur trois côtés, offre une vue panoramique sur la côte (à dr.).

La madera es el material que define la casa. El salón ofrece con sus fachadas de ventanales por tres de sus lados una vista panorámica de la costa (d.).

Il legno è il materiale precipuo della casa. La sala con le sue vetrate su tre lati offre una meravigliosa vista panoramica sulla costa (a destra).

Cape Schank House *Mornington Peninsula, Australia*

Cape Schank House *Mornington Peninsula, Australia*   359

Architect: Jackson Clement Burrows Architects
Photos: John Gollings, Gollings Photography

Only the fence pays witness to the fact that this visionary house was erected on a former tennis court, built into the hillside. Every room affords vistas over the valley: there is the golf course, the river Yarra and the far away city of Melbourne. The sides of the house have few windows in order to preserve privacy; they reflect the color of the surrounding eucalyptus trees. Three architectural modules lead successively to the lower floor: a garden, shaded by the terrace of the living quarters above. The whole structure rests on a plethora of slim columns.

Nur der Zaun erinnert daran, dass dieses visionäre Haus auf einem ehemaligen, an einem Hang gelegenen Tennisplatz errichtet wurde. Von jedem Raum aus öffnet sich der Blick über das Tal: auf einen Golfplatz, den Fluss Yarra und das in der Ferne liegende Melbourne. Die Seiten des Hauses sind fast völlig geschlossen, um Einblicke zu vermeiden, und nehmen die Farbe der Eukalyptusbäume ringsum auf. Drei Gebäudeelemente führen sukzessive zur untersten Ebene, einen von der Terrasse des darüberliegenden Wohnbereichs beschatteten Garten. Das Ganze ruht auf einem Wald schlanker Säulen.

Seule la clôture rappelle que cette maison visionnaire a été construite sur un ancien court de tennis situé à flanc de colline. De chaque pièce, on a une vue sur la vallée : sur le terrain de golf, sur la rivière Yarra, et dans le lointain, sur Melbourne. Les côtés de la propriété sont presque complètement fermés pour faire barrière aux regards extérieurs et prennent les couleurs des eucalyptus qui l'entourent. Le bâtiment est constitué de trois éléments qui conduisent successivement au niveau le plus bas, un jardin ombragé par la terrasse attenante aux pièces d'habitation qui le surplombent. L'ensemble repose sur une forêt de minces colonnes.

Sólo la alambrada recuerda que esta visionaria casa se construyó en una ladera donde antes existía un club de tenis. Todas las habitaciones se abren a unas magníficas vistas sobre el valle: un campo de golf, el río Yarra y, a lo lejos, la ciudad de Melbourne. Los laterales de la casa quedan casi cerrados a miradas curiosas y se mimetizan con el color de los eucaliptos que la rodean. Tres elementos sucesivos llevan hasta la planta inferior: un jardín sombreado por la terraza del edificio situado encima. El conjunto descansa sobre un bosque de finas columnas.

Solamente la recinzione ricorda che questa casa visionaria sorge su quello che un tempo era un campo da tennis posto su un pendio. Da ogni stanza si ha una veduta sulla valle: su un campo da golf, sul fiume Yarra e in lontananza su Melbourne. I lati della casa, che riprendono il colore degli alberi di eucalipto tutto intorno, sono completamente chiusi per impedire che vi si possa guardare dentro. Tre corpora conducono gradualmente al piano inferiore, un giardino ombreggiato dalla terrazza del soggiorno soprastante. Il tutto poggia su un gruppo di snelle colonne.

The house is built into the slope in three stages. Glass fronts open up the view over the valley, while the side walls block out any unwanted attention. Columns and color of the facade mirror the surrounding eucalyptus forest.

In drei Etappen breitet sich das Haus am Hang aus. Glasflächen öffnen den Blick ins Tal, während die Seitenwände sich jedem Einblick verschließen. Säulen und die Farbe der Fassade spiegeln den umliegenden Eukalyptuswald.

Cette maison s'élève sur trois niveaux à flanc de colline. Les grandes baies vitrées dégagent une vue sur la vallée tandis que les murs latéraux se ferment aux regards. Les piliers et la couleur des façades reflètent la forêt d'eucalyptus environnante.

Esta casa, situada sobre una pendiente, se abre en tres etapas. Los ventanales permiten las vistas sobre el valle, mientras que las paredes laterales la cierran a cualquier mirada. Las columnas y los colores de la fachada son reminiscencias del vecino bosque de eucaliptos.

La casa si allunga sul pendio in tre corpora. Le vetrate mostrano la valle, mentre le pareti laterali impediscono sguardi indesiderati. Le colonne e il colore della facciata riproducono il bosco di eucalipti circostante.

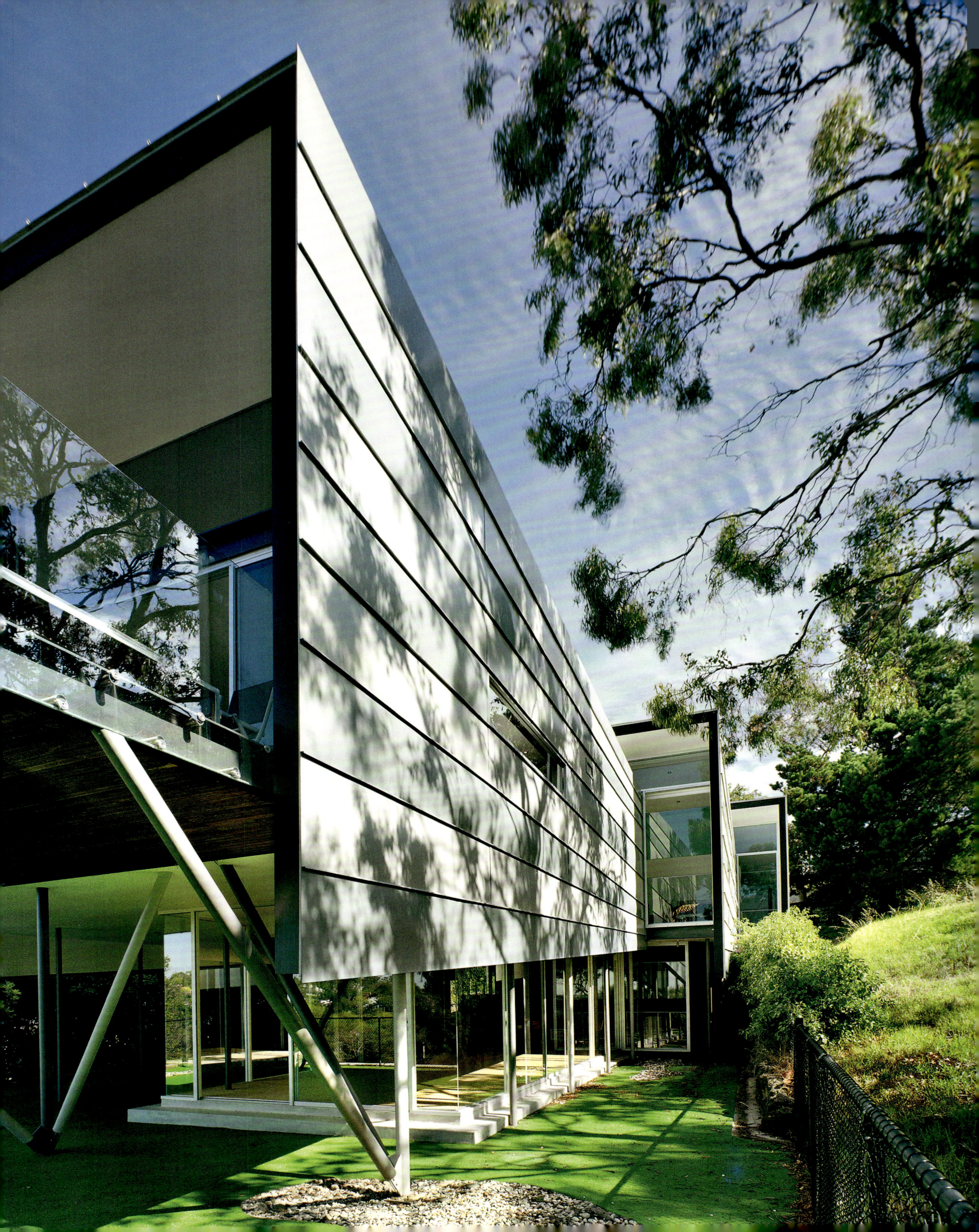

Kew Residence *Kew, Melbourne, Australia*

Kew Residence *Kew, Melbourne, Australia*

Size and extravagance of this residence can only be guessed at from the street (l.). However, it opens up completely towards the vistas (a. r., b. r.).

Von der Straße aus ist von Größe und Extravaganz des Anwesens noch wenig zu sehen (l.). Zur Aussicht hingegen präsentiert es sich ganz offen (o. r., u. r.).

De la rue, l'immensité et l'extravagance de cette propriété est encore peu visible (à g.). En revanche, celle-ci s'ouvre totalement sur la vue (en h. et en b. à dr.).

Desde la calle no se percibe mucho de la grandeza y extravagancia del edificio (i.), aunque éste se muestra totalmente abierto al panorama (ar. d., ab. d.).

Dalla strada non è possibile intuire le dimensioni e la singolarità della tenuta (a sinistra). Dal lato opposto, invece, risulta completamente aperta (in alto a destra, in basso a destra).

Kew Residence *Kew, Melbourne, Australia* 365

Architect: Jackson Clement Burrows Architects
Photos: John Gollings, Gollings Photography

The Victorian house with its new superstructure is still recognizable within this futuristic building. Both the floor plan and the solid foundation walls bear witness to the original structure. The light timber construction on top of the second floor provides an attractive contrast to the first floor and combines generosity and warmth. There is enough space to accommodate five bedrooms and bathrooms. A lounge with an open fireplace was created under the protruding ledge of the superstructure—with its mixture of modernity and comfort, which also marks the interior, it forms a beautiful transition to the garden.

Das viktorianische Haus, das einen neuen Überbau erhalten hat, ist in diesem futuristischen Gebäude nurmehr im Grundriss und in den soliden Grundmauern erkennbar. Das leichte Holz des aufgesetzten ersten Stocks steht in reizvollem Kontrast zum Erdgeschoss und verbindet Großzügigkeit mit Wärme. Fünf Schlafzimmer und Bäder finden hier Platz. Unter dem Vorsprung des Überbaus ist eine Lounge mit Kamin entstanden – ein schöner Übergang zum Garten in einer Mischung aus Modernität und Behaglichkeit, wie sie auch das Interieur auszeichnet.

Cette maison de style victorien a été surmontée d'un nouvel étage et à présent, devenue un bâtiment futuriste, c'est seulement dans son plan et ses solides murs de soutien qu'on la reconnaît encore. Le bois léger du premier étage offre un contraste plein de charme avec le rez-de-chaussée et associe chaleur et espace. On y trouve cinq chambres avec salle de bains. Sous la saillie de l'étage supérieur est apparu un salon avec cheminée – une belle transition avec le jardin dans un mélange de modernité et de confort, qui caractérise aussi tout l'intérieur de la maison.

Sobre esta casa se ha construido una nueva estructura de estilo futurista pero el estilo victoriano original se reconoce en la distribución de los espacios y en los sólidos muros del edificio. La madera ligera del primer piso contrasta atractivamente con la planta baja y combina libertad de espacio con un ambiente acogedor. Aquí se encuentran cinco dormitorios con los correspondientes cuartos de baño. Bajo los voladizos de la construcción superior hay una sala de estar con chimenea: un bonito acceso al jardín con una mezcla de modernidad y comodidad igual a la que se refleja en el interior.

La casa vittoriana su cui è stata realizzata una sopraelevazione è ormai riconoscibile, in questo edificio futuristico, solamente dalla pianta e dalle solide fondazioni. Il legno leggero del primo piano (aggiunto in seguito ai lavori di ammodernamento) crea un affascinante contrasto con il piano terra e combina la generosità degli spazi al calore dell'atmosfera. Qui si trovano cinque camere da letto e bagni. Sotto la sporgenza della sopraelevazione è stata realizzata una sala con camino che forma un bel passaggio dal giardino in un misto di modernità e atmosfere accoglienti che contraddistinguono anche gli interni.

Only the stone wall (r.) hints at the fact that this sober, modern, and elegantly designed house rests on Victorian foundations.

Nur die steinerne Mauer (r.) erinnert daran, dass das klare, moderne und elegante Design dieses Hauses auf einem viktorianischen Fundament ruht.

Seul le mur de pierre (à dr.) rappelle que le design clair, moderne et chic de cette maison repose sur des fondations de l'époque victorienne.

Solo el muro de piedra (d.) recuerda que el diseño claro, moderno y elegante de esta casa se levanta sobre cimientos victorianos.

Solamente la parte muraria (a destra) ricorda che il design pulito, moderno ed elegante di questa casa poggia su fondamenta di epoca vittoriana.

Armadale House *Armadale, Melbourne, Australia*

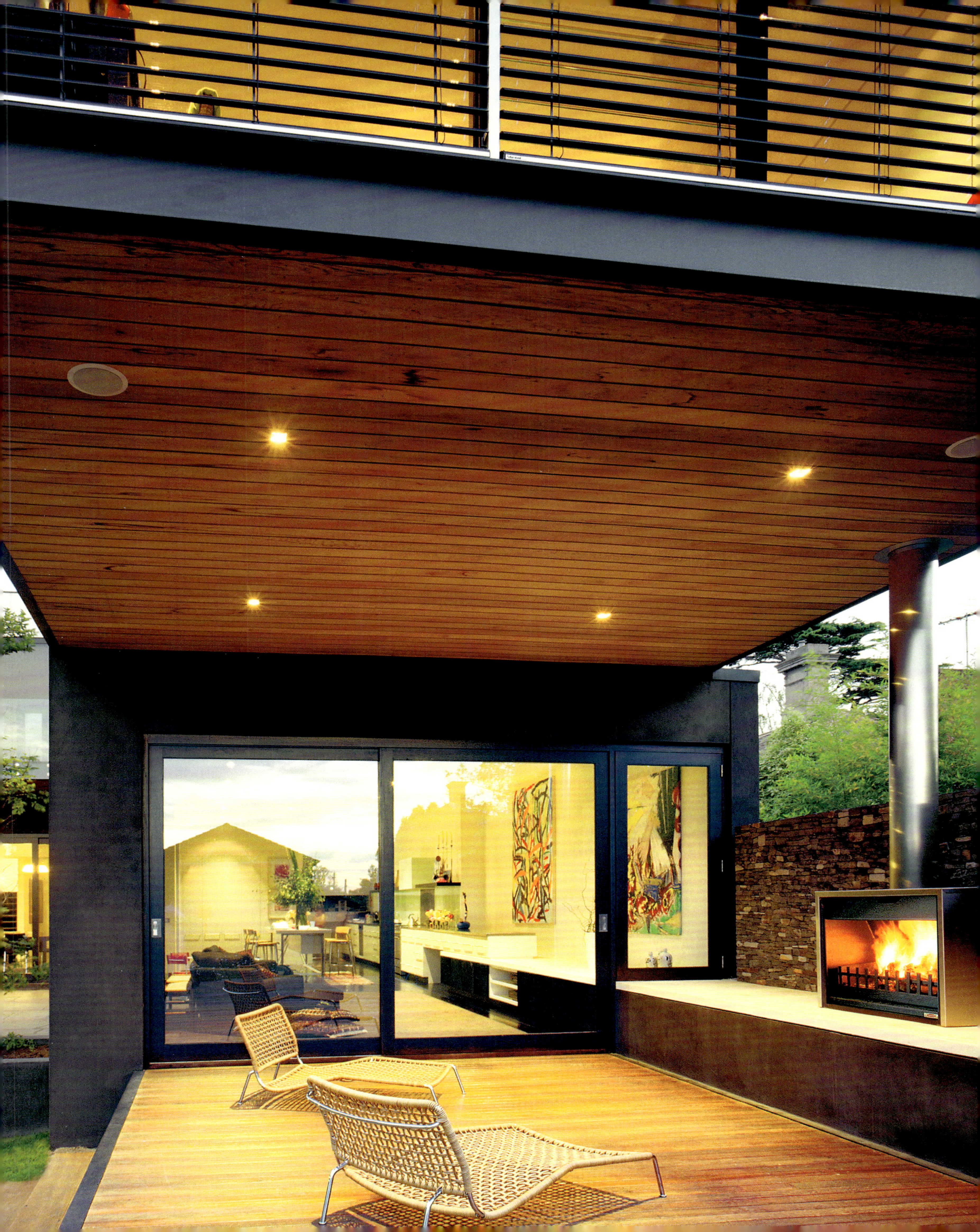

The interior *is dominated by contrasts. Black floors create a lively contrast with white walls and ceilings. The dialog between light and dark continues all the way to the bathroom (b. r.).*

Kontraste prägen *das Interieur. Die schwarzen Böden und weißen Wände und Decken stehen in lebendigem Gegensatz. Der Dialog zwischen Hell und Dunkel setzt sich bis ins Bad fort (u. r.).*

L'intérieur se *caractérise par ses contrastes. Les sols noirs ainsi que les murs et plafonds blancs constituent un contraste vivant. Le dialogue entre les couleurs claires et sombres se poursuit dans la salle de bains (en b. à dr.).*

Los contrastes *marcan los interiores. Los suelos negros y las paredes blancas provocan un vivo contraste. El diálogo entre tonos claros y oscuros se prolonga hasta el baño (ab. d.).*

Gli interni *sono caratterizzati dai contrasti. I pavimenti neri avvicinati alle pareti e ai soffitti bianchi creano una vivace antitesi. L'opposizione tra chiaro e scuro continua fino nel bagno (in basso a destra).*

Armadale House *Armadale, Melbourne, Australia* 369

Butterfly House

Sydney, Australia

Architect: Lippmann Associates

Photos: Willem Rethmeier

This composition of steel, concrete, and glass sitting above Sydney Harbor is worth including in any sightseeing trip. Its architecture follows Feng Shui principles. According to the Chinese teachings of the principles of harmony, the two wings with six floors each make do without any corners. They entwine the main entrance and the open stairway in the middle. A parking garage and a cinema are hidden below ground. The west wing offers spectacular views of the sunset over Sydney Harbor.

Diese Komposition aus Stahl, Beton und Glas über dem Hafen von Sydney hat schon fast den Charakter einer Sehenswürdigkeit. Seine Architektur folgt den Prinzipien des Feng Shui. Entsprechend der chinesischen Lehre von der harmonischen Wohnraumgestaltung kommen die beiden sechsstöckigen Flügel ganz ohne Ecken aus. Sie winden sich um den Haupteingang und das offene Treppenhaus in der Mitte. Unter der Erde verbergen sich Parkplätze und ein Kino. Der Westflügel bietet bei Sonnenuntergang einen spektakulären Blick auf den Hafen Sydneys.

Cette composition d'acier, de béton et de verre qui s'élève au-dessus de la baie de Sydney est déjà presque une curiosité en lui-même. Son architecture suit les principes du Feng Shui. Conformément aux principes chinois de l'harmonie de l'aménagement des pièces d'habitation, les deux ailes de six étages sont dépourvues de tout angle. Elles s'enroulent autour d'une entrée principale et d'une cage d'escalier ouverte au centre. Au sous-sol se cachent des places de parking et un cinéma. L'aile ouest offre une vue spectaculaire sur le port de Sydney au coucher du soleil.

Este palacio de acero, cemento y cristal sobre la bahía de Sidney se ha convertido casi en atracción turística. Su arquitectura es fiel a la filosofía Feng shui. Siguiendo los principios de esta ciencia china sobre la armonía en el diseño de las viviendas, las dos alas de seis pisos de altura se elevan sin una única esquina. Se unen alrededor de la escalera que es abierta y de la entrada principal. A nivel subteráneo se encuentran los aparcamientos y un cine. A la puesta de sol, desde el ala oeste, se disfruta de una magnífica vista de la bahía de Sidney.

Questo palazzo di acciaio, cemento e vetro sulla baia di Sydney potrebbe essere considerato una delle attrazioni della città. La sua architettura segue i principi del Feng Shui. Conformemente alla dottrina cinese sull'organizzazione degli spazi abitativi, entrambe le ali di sei piani non presentano alcun angolo. Queste avvolgono l'ingresso principale e la tromba delle scale centrale. Sotto il livello del suolo trovano posto i parcheggi e un cinema. Al tramonto l'ala occidentale offre una vista spettacolare sul porto di Sydney.

The two wings of the butterfly avoid square corners—in accordance with Feng Shui, the Chinese teachings of harmony. The visual impact is spectacular.

Die beiden Flügel dieses Schmetterlings sind bewusst ohne rechte Winkel gestaltet – der chinesischen Harmonielehre Feng Shui folgend. Die optische Wirkung ist spektakulär.

C'est intentionnellement que les deux ailes de ce papillon ne présentent aucun angle droit, suivant ainsi les préceptes de la doctrine chinoise de l'harmonie qu'est le Feng Shui.

Las dos alas de esta mariposa se concibieron sin esquinas con toda intención, según la doctrina china de la armonía, Feng Shui. El efecto visual es espectacular.

Entrambe le ali di questa farfalla sono state volutamente realizzate senza angoli retti per seguire i precetti cinesi sull'armonia dettati dal Feng Shui.

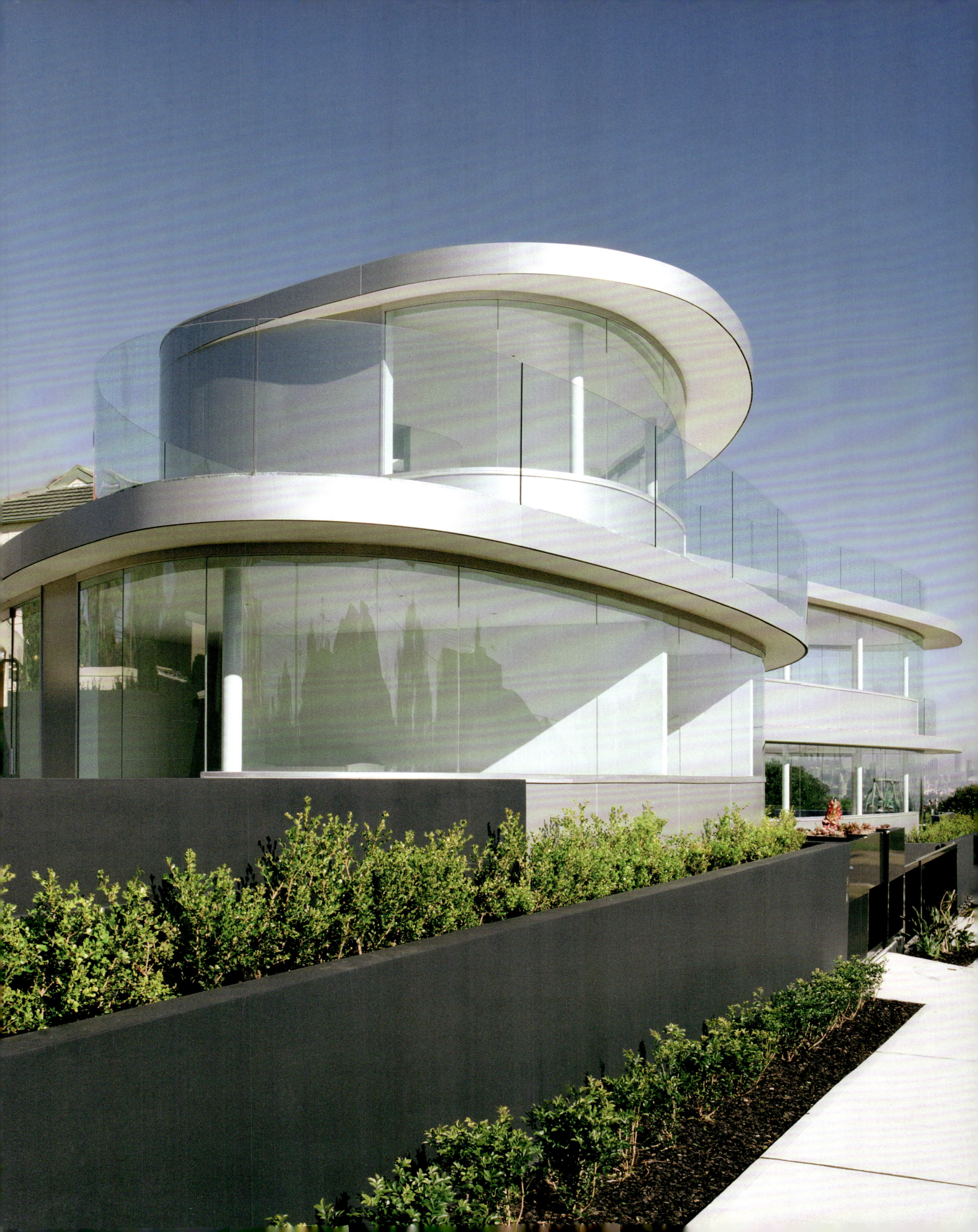

Aesthetic echoes *of the 60s leave their traces all over the house—and contribute to its considerable charm. The eye catcher, however, remains the view over Sydney Harbor.*

Ästhetische Anklänge *an die 1960er Jahre wehen durchs Haus und machen nicht seinen geringsten Reiz aus. Erster Blickfang ist aber stets der Hafen von Sydney in der Ferne.*

Cette maison *présente des réminiscences esthétiques des années 1960 qui ne constituent pas le moindre de ses charmes. Mais le premier point de mire reste toujours le port de Sydney dans le lointain.*

Reminiscencias estéticas *de la década de 1960 recorren la casa y constituyen gran parte de su encanto. Sin embargo, lo primero que llama la atención es el puerto de Sidney a lo lejos.*

Echi dell'estetica *degli anni '60 riecheggiano nell'edificio senza diminuirne minimamente il fascino. La prima cosa che attira sempre lo sguardo è, però, il porto di Sydney in lontananza.*

372   Butterfly House *Sydney, Australia*

Butterfly House *Sydney, Australia* 373

Architect: McBride Charles Ryan Architecture + Interior Design

Photos: John Gollings, Gollings Photography

In this house, the garden connects seamlessly into the interior. Even more spectacular is the architecture of the dome-like construction itself, which is reminiscent of a three-dimensional puzzle, accentuating individual areas. Fragments, such as the letter box and outdoor bench, help to create a pixilated image of the whole. A second point of interest are the first floor rooms that nestle within the roof of the dome. The interior's geometrical shapes and areas form an interesting contrast to the circular silhouette of the building and its surrounding nature.

Bei diesem Haus ist der Garten nahtlos mit dem Inneren verbunden. Außergewöhnlicher noch ist jedoch die Architektur des kuppelförmigen Baus selbst, die an ein aufgebrochenes, dreidimensionales Puzzle erinnert. Dadurch werden einzelne Bereiche effektvoll in Szene gesetzt. Details wie der Briefkasten und die Bank im Freien helfen, dem Ganzen einen heiteren Charakter zu verleihen. Ein weiterer Anziehungspunkt sind die Räume im ersten Stock, die in die Kuppel eingebettet sind. Die geometrischen Formen und Flächen des Interieurs bilden einen reizvollen Kontrast zur runden Silhouette des Gebäudes und zur Natur.

Dans cette maison, le jardin se rattache sans transition à l'intérieur. Encore plus exceptionnelle est toutefois l'architecture de cette construction en forme de coupole, qui fait penser un puzzle ouvert à trois dimensions, mettant ainsi efficacement en valeur les différents espaces. Des détails tels que la boîte aux lettres et le banc placé en plein air aident à donner à l'ensemble un caractère plus joyeux. Autre attraction : les pièces du premier étage, enchâssées dans la coupole. Les formes géométriques et la répartition des surfaces intérieures contrastent avec un charme inouï avec la silhouette ronde du bâtiment et la nature environnante.

El jardín de esta casa está directamente conectado con el interior de la misma. Sin embargo, más extraordinaria es la arquitectura de la construcción en sí, cuya forma de cúpula asemeja un puzzle tridimensional y resquebrajado. Los diferentes espacios de la casa se escenifican de forma espectacular: Detalles como el buzón y el banco al aire libre ayudan a darle más brillo a la totalidad. Otros puntos de atracción son las habitaciones en la primera planta que están empotrados en la cúpula. Las formas y superficies geométricas del interior crean un interesante contraste con el perfil redondeado del edificio y con la naturaleza.

In questo edificio il giardino conduce senza soluzione di continuità al cuore della casa. Tuttavia la cosa più straordinaria è l'architettura stessa dell'edificio a forma di cupola, che ricorda un puzzle a tre dimensioni incompleto. Questa caratteristica evidenzia efficacemente singole aree. Dettagli quali la cassetta per le lettere e la panca da esterno danno brio all'insieme. Un ulteriore elemento di interesse sono le stanze al primo piano, incassate sotto la cupola. Le forme geometriche e le superfici degli interni creano un affascinante contrasto con la silhouette arrotondata dell'edificio e con l'ambiente naturale.

The interior's colors and shapes are of extraordinary intensity.

Farben und Formen des Interieurs sind in ihrer Intensität außergewöhnlich.

C'est leur intensité qui rend les couleurs et les formes de cet intérieur exceptionnelles.

Los colores y las formas del interior son de una intensidad extraordinaria.

Forme e colori degli interni sono straordinari nella loro intensità.

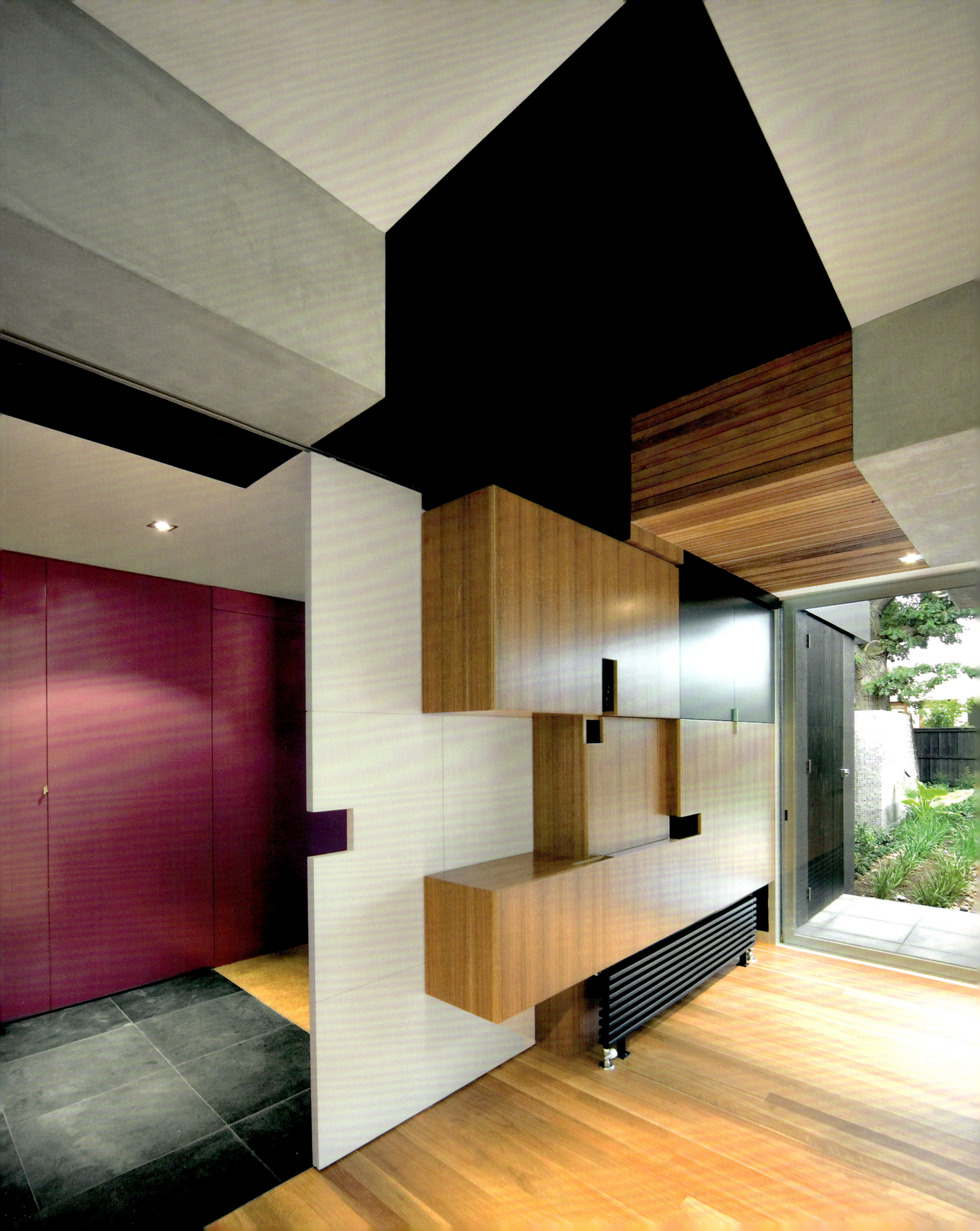

The dome-shaped, apparently broken-up exterior is absolutely unique (l.). The spacious and elegant bathroom is incorporated into the round shape of the house (t. r.). The living room is dominated by clearer lines and geometric areas of color (b. r.).

Absolut einmalig ist das kuppelförmige, wie aufgebrochen wirkende Exterieur (l.). Das großzügige und elegante Bad ist in das Rund des Hauses gefügt (o. r.). Im Wohnzimmer herrschen hingegen klare Linien und geometrische Farbflächen vor (u. r.).

Ce qui est absolument unique, c'est l'extérieur de cette maison en forme de coupole éclatée (à g.). La salle de bains, vaste et chic, suit la forme ronde de la maison (en h. à dr.). En revanche, dans la salle de séjour, ce sont les lignes claires et les surfaces de couleur aux formes géométriques qui dominent (en b. à dr.).

El exterior en forma de cúpula resquebrajada es absolutamente único (i.). El baño, elegante y generoso, se adapta a la redondez de la casa (d. ar.). En el salón dominan, por el contrario, las líneas claras y las superficies cromáticas geométricas (ab. d.).

Assolutamente unici gli esterni con il loro aspetto di una cupola spaccata (a sinistra). Il bagno, spazioso e elegante, si inserisce nella rotondità della casa (in alto a destra). Nel soggiorno, invece, dominano linee pulite e superfici geometriche colorate (in basso a destra).

376   Dome House   *Hawthorn, Melbourne, Australia*

Dome House *Hawthorn, Melbourne, Australia*   377

Architect: Terroir
Photos: Ray Joyce

Glass fronts spanning from floor to ceiling are a sheer must for a house which is located in one the world's most beautiful spots. Lounge and salon of this cuboid villa open up to Hobart, while private hideaways inside impart a feeling of safety and security. A sunny courtyard connects to the surrounding landscape as much as the generous glass fronts, while the clear lines of the exterior provide a contrast to the surrounding vegetation. Thus the contradiction between house and nature is perfectly reflected.

Raumhohe Glasfronten sind geradezu ein Muss für ein Haus, das sich an einem der schönsten Flecken der Erde befindet. Wie Plateaus öffnen die Gesellschaftsräume dieser kubusartigen Villa den Blick auf Hobart, während die privaten Bereiche im Inneren Schutz und Sicherheit vermitteln. Ein sonniger Hof stellt ebenso wie die großen Fensterflächen die Verbindung zur Landschaft her, die klaren Linien des Exteriers bilden dagegen einen Kontrast zur Vegetation von Hügel und Tal. So wird der Gegensatz zwischen Haus und Natur wirkungsvoll inszeniert.

Il est tout naturel que cette maison, qui se trouve dans l'une des plus belles régions de la terre, ait des façades en verre couvrant toute la hauteur des pièces. Les salles de réception de cette villa en forme de cube s'ouvrent comme des plateaux ayant vue sur Hobart, tandis qu'à l'intérieur, les pièces à usage privé donnent un sentiment de protection et de sécurité. Une cour ensoleillée, tout comme les grandes baies vitrées, créent un lien avec le paysage ; en revanche, les lignes claires de l'extérieur forment un contraste avec la végétation de la colline et de la vallée. Une façon impressionnante de mettre en scène l'opposition entre la maison et la nature.

La fachada de ventanales es casi una obligación en una casa que se encuentra en uno de los lugares más bellos del mundo. Las salas de estar de esta villa de forma cúbica se abren como planicies sobre las vistas de Hobart, mientras los ámbitos privados del interior ofrecen protección e intimidad. Un soleado patio y los grandes ventanales crean un lazo de unión con el paisaje, las claras líneas del exterior contrastan con la vegetación del cerro y del valle. De este modo se escenifica eficazmente la contraposición entre casa y naturaleza.

Vetrate che occupano la facciata a tutta altezza sono un must per una casa che sorge in uno degli angoli più belli del pianeta. I salotti di questa villa a forma di cubo si aprono come altopiani sulla città di Hobart, mentre gli ambienti privati rivolti verso l'interno comunicano un senso di sicurezza e protezione. Come le ampie finestre, anche la corte assolata mette in relazione la casa con il paesaggio, mentre le linee pulite degli esterni contrastano con la vegetazione della collina e della valle; in questo modo viene efficacemente rappresentata l'antitesi tra casa e natura.

This house opposes Tasmania's stunning nature with its sober lines and black-and-white aesthetics.

Sachliche Linien und eine schwarz-weiße Ästhetik setzt dieses Haus der traumhaften Natur Tasmaniens entgegen.

Les lignes sobres et l'esthétique noir et blanc de cette maison forment un contraste avec le paysage naturel fantastique de la Tasmanie.

La líneas rectas y la estética en blanco y negro de esta casa se contraponen a la fantástica naturaleza de Tasmania.

Linee sobrie e un'estetica caratterizzata dal bianco e dal nero contrappongono questa casa all'affascinante natura della Tasmania.

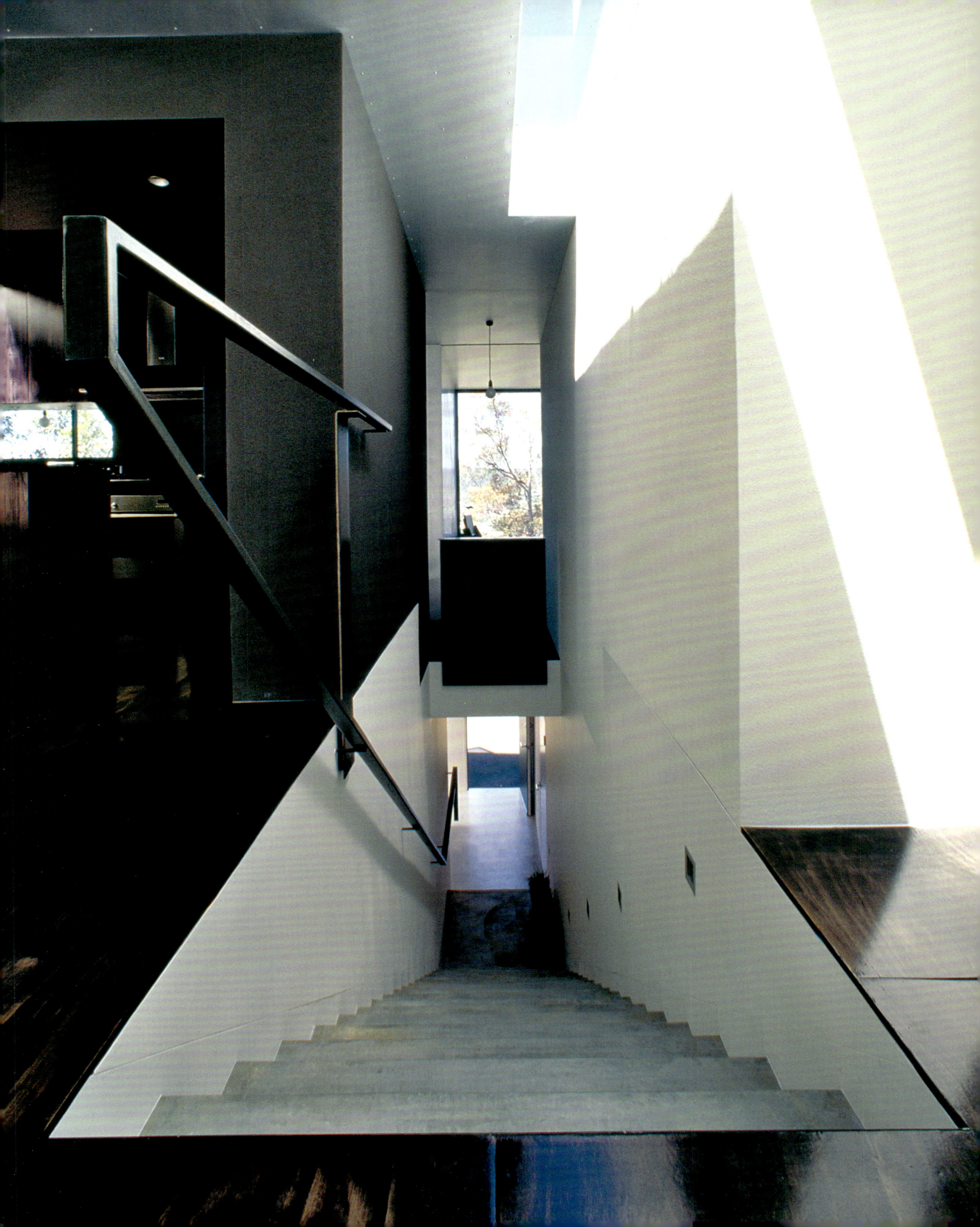

The view over Hobart remains the focal point.

Der Blick auf Hobart steht stets im Mittelpunkt.

La vue sur Hobart est toujours le point essentiel.

Las vistas sobre Hobart encuentran siempre un lugar destacado.

La vista su Hobart è il perno di questa architettura.

Puristic and effective: the dining area with its glass front concentrates entirely on the vistas.

Puristisch und wirkungsvoll: Der Essbereich ist ganz auf die Aussicht jenseits der Glasfront konzentriert.

Puriste et impressionnant : le salon, de l'autre côté de la façade en verre, se focalise vers la vue.

Purista y efectista: el comedor se concentra totalmente en las vistas más allá de la fachada de cristal.

Purista ed efficace: la sala da pranzo è completamente rivolta in direzione della vista fuori dalle vetrate.

Architect: Stevens Lawson Architects

Photos: Mark Smith

The almost 4,300-square-feet large Herne Bay House with its oversized front door, massive oak floors, open fireplaces, and extensive living quarters combines generosity and homely ambiance. Sliding wooden screens help adjust the lounge to form either a large public room or an intimate hideaway. The other living quarters lead through large terrace doors to the patio and pool. An external fireplace affords a comfortable atmosphere. The bedrooms on the second floor offer stunning views of the bay.

Von der übergroßen Eingangstür über die schweren Eichenböden und offenen Kamine bis hin zum weitläufigen Wohnbereich verbinden die knapp 400 Quadratmeter des Herne Bay House Großzügigkeit mit wohnlichem Ambiente. Verschiebbare Holzwände erlauben eine variable Gestaltung der Lounge entweder als großen Gesellschaftsraum oder intimen Rückzugsort. Der zweite Wohnbereich führt durch große Terrassentüren zu Terrasse und Pool. Ein Außenkamin sorgt für Atmosphäre. Die Schlafzimmer in der ersten Etage eröffnen himmlische Blicke über die Bucht.

Depuis la porte d'entrée, de taille imposante, jusqu'aux pièces d'habitation spacieuses, en passant par les sols en bois de chêne massif et les cheminées ouvertes, cette maison de près de 400 mètres carrés offre espace et confort. Les murs en bois coulissants permettent de modifier l'aménagement des salons pour en faire soit de grandes salles de réception, soit des coins-refuges intimes. Les autres pièces d'habitation s'ouvrent sur la terrasse et la piscine. Une cheminée de plein air crée de l'ambiance. Des chambres à coucher du premier étage, on a une vue divine sur la baie.

Los 400 metros cuadrados de la casa Herney Bay se extienden desde la enorme puerta de entrada, pasando por los macizos suelos de roble y la chimenea abierta hasta la amplia zona de vivienda uniendo amplios espacios y ambiente familiar. Paredes correderas de madera permiten variar la disposición de la sala de estar conviertiéndola en un salón para reunirse a disfrutar en compañía o en una sala para retirarse en tranquilidad. Las amplias puertas de la segunda zona dedicada a la vivienda conducen a la terraza y a la piscina. Los dormitorios de la primera planta ofrecen unas vistas paradisíacas sobre la bahía.

Porta d'ingresso sovradimensionata, pavimenti in quercia massicci e camino aperto, zona giorno ariosa: i quasi 400 metri quadrati di Herne Bay House uniscono ampi spazi e un ambiente accogliente. Le pareti in legno mobili permettono di strutturare la sala in maniera variabile o come grande sala da ricevimento o come angolo intimo. La seconda sala giorno conduce, passando attraverso ampie porte, alla terrazza e alla piscina. Un camino esterno provvede a creare l'atmosfera. Le camere da letto al primo piano si schiudono su un'incantevole veduta della baia.

The oversized front door (l.) and the sky lounge on the upper level of the main bedroom (r.), are very spacious.

Großzügig bemessen sind die übergroße Eingangstür (l.) und die Skylounge, die sich oberhalb des Schlafzimmers befindet (r.).

La porte d'entrée (à g.) et la véranda, qui se trouve au-dessus de la chambre à coucher (à dr.), ont de vastes dimensions.

La sobredimensional puerta de entrads (i.), y la terraza abierta que se encuentran sobre el dormitorio (d.) presentan generosas dimensiones.

La porta d'ingresso sovradimensionata (a sinistra) e la veranda aperta situata sopra la camera da letto principale (a destra) hanno dimensioni molto ampie.

Herne Bay House *Auckland, New Zealand*

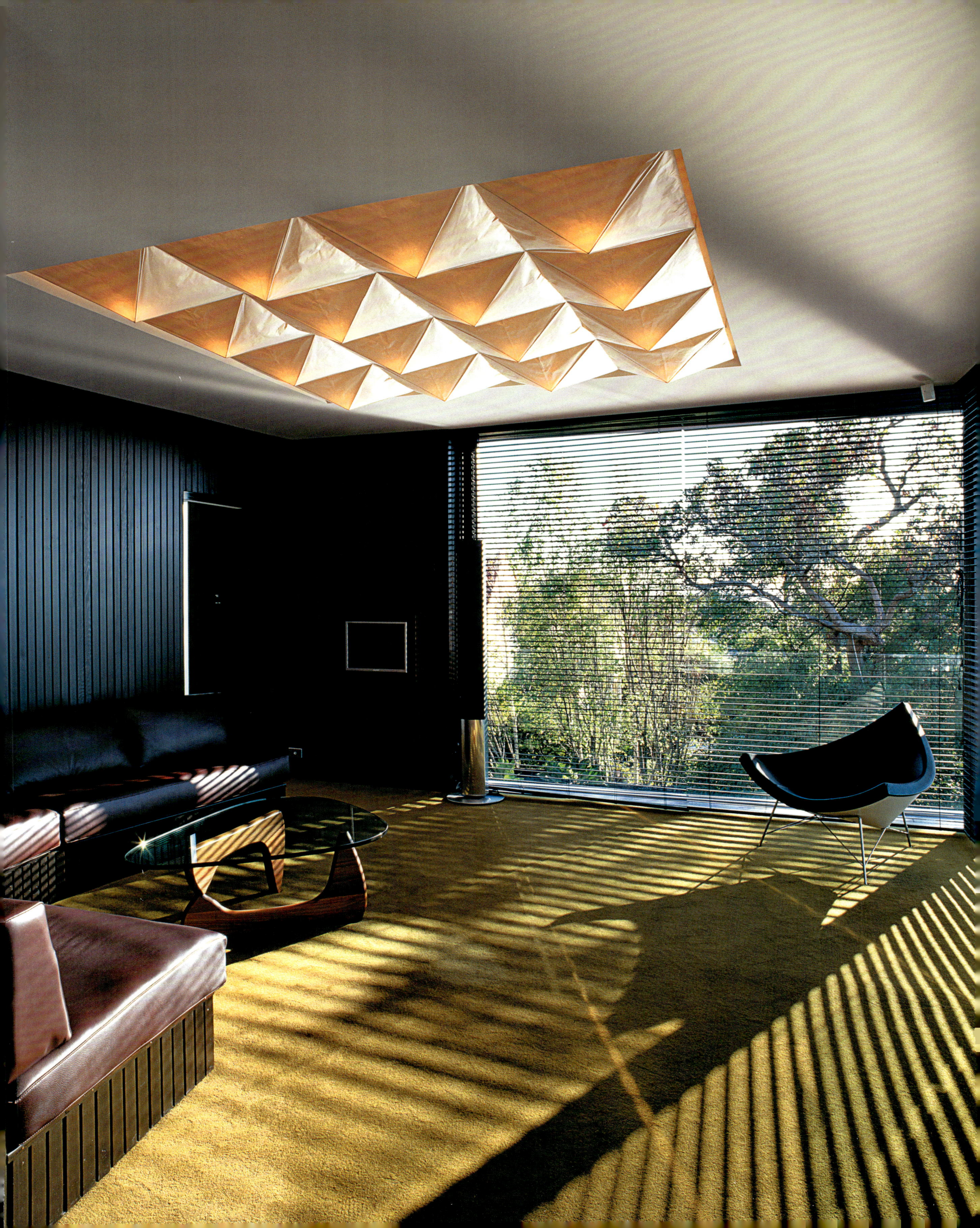

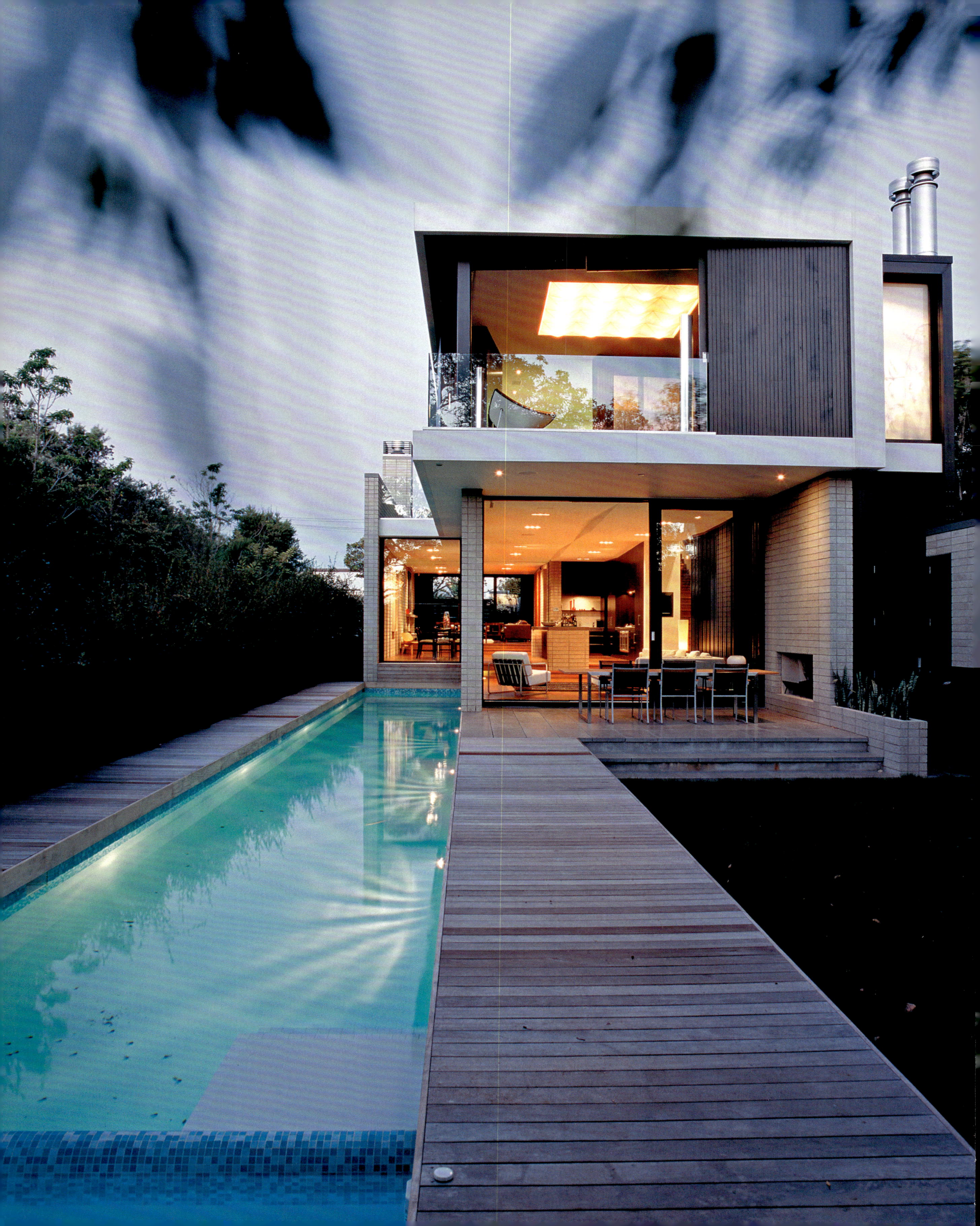

A second lounge points to the terrace with fire place and swimming pool (l.). The open-plan kitchen and dining area combine elegance with a homely atmosphere (r.).

Eine zweite Lounge weist auf die Terrasse mit Kamin und den Swimmingpool (l.). Die offene Küche und der Essbereich verbinden Eleganz mit wohnlicher Atmosphäre (r.).

Un deuxième salon donne sur la terrasse avec cheminée et sur la piscine (à g.). La cuisine ouverte et la salle à manger associent l'élégance à la convivialité (à dr.).

Un segundo salón mira a la terraza con chimenea y a la piscina (i.). La cocina abierta y el comedor aúnan elegancia con ambiente hogareño (d.).

Una seconda sala si affaccia sulla terrazza con camino e sulla piscina (a sinistra). La cucina aperta e la zona pranzo uniscono grande eleganza e un'atmosfera accogliente (a destra).

Index

Norway
Stavanger

Villa Hellearmen
Architect: Tommie Wilhelmsen
www.tommie-wilhelmsen.no
Photos: Emile Ashley, Tommie Wilhelmsen

Sweden
Gothenburg

VillAnn
Architect: Wingårdh Arkitektkontor AB
www.wingardhs.se
Photos: James Silverman

Russia
Moscow

Jukovka House
Architect: Dmitry Velikovsky
www.artistic-design.ru
Photos: Tim Beddow

The Netherlands
Veenendaal

Villa Berkel
Architect: Architectural Office Paul de Ruiter
www.paulderuiter.nl
Photos: Pieter Kers

Germany
Stuttgart

Miki 1
Architect: Alexander Brenner
www.alexanderbrenner.de
Photos: Al Broc/Kuhnle & Knödler

Belgium
Brussels

Private Residence
Architect: Vincent van Duysen Architects
www.vincentvanduysen.com
Photos: Christoph Kicherer, Alberto Piovano (p 40, b. r.),

Austria
Linz

House H
Architect: Caramel Architekten
Interior Design: F. Stiper
www.caramel.at
Photos: Hertha Hurnaus

Klosterneuburg

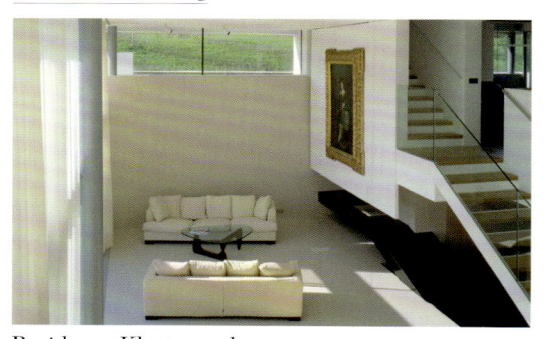

Residence Klosterneuburg
Architect: project A.01 architects
www.schmitzer.com
Photos: Nadine Blanchard

Hafning

Residence Sonndorf
Architect: YES architecture
www.yes-architecture.com
Photos: Croce&Wir

Switzerland

Küsnacht

Country Feeling
Interior Design: Sue Rohrer
www.suerohrer.com
Photos: Agi Simoes/zapaimages.com

Gstaad

A Surrealist Fairytale
Interior Design: Carlo Rampazzi
www.selvaggio.ch
Photos: Reto Guntli/zapaimages.com

Unconventional Originality
Interior Design: Anne Lux
Photos: Reto Guntli/zapaimages.com

Zollikon

New Destiny
Interior Design: Sue Rohrer
www.suerohrer.com
Photos: Reto Guntli/zapaimages.com

Zurich

Around the World in Seven Rooms
Interior Design: Susanne von Meiss
www.michelvonmeissinteriors.com
Photos: Agi Simoes/zapaimages.com

Crans Montana

Eccentric Mountain Interior in Red
Interior Design: Carlo Rampazzi
www.selvaggio.ch
Photos: Reto Guntli/zapaimages.com

Ticino

A Colorful World
Interior Design: Carlo Rampazzi
www.selvaggio.ch
Photos: Reto Guntli/zapaimages.com

United Kingdom

Belper

Light House
Architect: Hudson Architects
www.hudsonarchitects.co.uk
Photos: Steve Townsend

France

Corenc

Villa S
Architect: Herault Arnod Architectes
www.herault-arnod.fr
Photos: Georges Fessy

above Megève

Lavish Comfort
Photos: Reto Guntli/zapaimages.com

Italy

Varenna

The Stone House
Architect: Arturo Montanelli
www.arturomontanelli.com
Photos: Alberto Muciaccia (pp 102 l., 103),
Toni Meneguzzo

Milan

Casa a Patio
Architect: Carlo Donati
www.carlodonati.it
Photos: Matteo Piazza

Art Beats
Interior Design: Aldo Rota
Photos: Reto Guntli/zapaimages.com

Turin

Villa La Mandria
Architect: Carlo Donati
www.carlodonati.it
Photos: Matteo Piazza

Salerno

Villa Positano
Architect: Lazzarini & Pickering
www.lazzarinipickering.com
Photos: Matteo Piazza

Salina

Villa Salina
Architect: Primadesign
www.primadesign.it
Photos: Giorgio Baroni

Malta

Zejtun

Casa Perellos
Architect: Architecture Project
www.ap.com.mt
Photos: David Pisani/Metropolis

Spain

Madrid

Camino Alto
Interior Design: Malales Martinez Canut
www.malmaca.com
Photos: Silvio Posadas

Ibiza

Can Daffas
Interior Design: Malales Martinez Canut
www.malmaca.com
Photos: Silvio Posadas

Andalucia

No.4, La Zagaleta
Architect: Thomas de Cruz Architects/Designers;
Roach & Partners Developers
www.thomasdecruz.com
Photos: Simon Collins

Portugal
Pombal

Casa PR
Architect: p&r Arquitectos
Photos: Fernando Guerra/FG+SG
www.ultimasreportagens.com

Greece
Peloponnes

Cavogallo
Architect: Charles Shoup
Photos: Reto Guntli/zapaimages.com

Turkey
Istanbul

The Ottoman World
Interior Design: Serdar Gülgün
Photos: Reto Guntli/zapaimages.com

Israel
Tel Aviv

Miler Residence
Architect: Alex Meitlis
www.alexmeitlis.com
Photos: Kineret Levy

Ariav Residence
Architect: Alex Meitlis
www.alexmeitlis.com
Photos: Yael Pincus

United Arab Emirates
Persian Gulf

Helal "New Moon" Residence
Architect: Steven Ehrlich Architects with
Godwin Austen Johnson
www.s-ehrlich.com
Photos: Courtesy of Irfan Naqi

South Africa
Cape Town

House Mc Gregor
Architect: Nico van der Meulen
www.nicovdmeulen.com
Photos: Wieland Gleich

Alexandra TT
Architect: Stefan Antoni Olmesdahl Truen Architects
Greg Truen and Stefan Antoni
www.saota.com
Photos: Stefan Antoni

Private House
Architect: Peerutin Architects
www.peerutin.co.za
Photos: Wieland Gleich

Johannesburg

Aberfeldy
Architect: Stefan Antoni Olmesdahl Truen Architects
Greg Truen, Teswill Sars and Stefan Antoni
www.saota.com
Photos: Stefan Antoni

Llandudno

Fishermans 19
Architect: Stefan Antoni Olmesdahl Truen Architects
Philip Olmesdahl and Stefan Antoni
www.saota.com
Photos: Stefan Antoni

Colorado

Telluride

Colorado House
Architect: Architecture Research Office
www.aro.net
Photos: Paul Warchol Photography (pp 198 r., 199, 200, 202 t.), William Abranowicz (pp 202 b., 203), Mark Heithoff (p 198 l.)

California

Malibu

Malibu 3
Architect: Kanner Architects
www.kannerarch.com
Photos: John Edward Linden

Malibu 4
Architect: Kanner Architects
www.kannerarch.com
Photos: John Edward Linden

West Hollywood

Beuth Residence
Architect: Studio Pali Fekete architects (SPF:a),
Zoltan E. Pali, FAIA
www.spfa.com
Photos: Julius Shulman with Juergen Nogai (pp 215, 216),
John Edward Linden (pp 214, 217–219)

Beverly Hills

Brosmith Residence
Architect: Studio Pali Fekete architects (SPF:a),
Zoltan E. Pali, FAIA
www.spfa.com
Photos: John Edward Linden

Boxenbaum Residence
Architect: Steven Ehrlich Architects
www.s-ehrlich.com
Photos: Juergen Nogai

Venice

700 Palms Residence
Architect: Steven Ehrlich Architects
www.s-ehrlich.com
Photos: Erhard Pfeiffer (pp 228, 229, 231, 232),
Julius Shulman & Juergen Nogai (p 230),
Grey Crawford (p 233)

Florida

Palm Beach

Palm Beach Residence
Architect: Peter Marino
www.petermarinoarchitect.com
Photos: Vincent Knapp

Electric Eclectic
Architect: Preston T. Phillips
Interior Design: Tony Ingrao
Photos: Reto Guntli/zapaimages.com

Mexico

Mexico City

Casa Taanah Sak
Architect: BROISSINarchitects
www.broissin.com
Photos: Paul Czitrom

Lope de Vega 324
Architect: Iñaki Echeverria
www.volvox.tv
Photos: Luis Gordoa

Mérida, Yucatán

Casa Corta
Architect: Augusto Quijano Arquitectos, S.C.P.
www.augustoquijano.com
Photos: Roberto Cárdenas Cabello

Acapulco

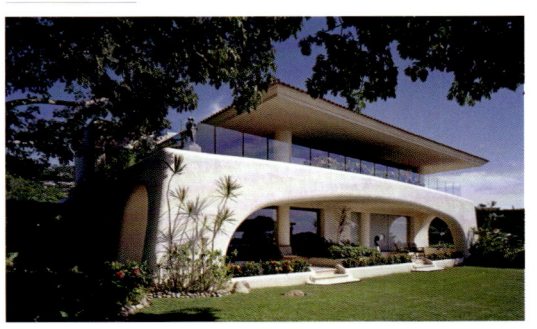

Casa en las Brisas
Architect: Ricardo Rojas Arquitectos
www.ricardorojasarquitectos.com
Photos: Luis Gordoa

Brazil

São Sebastião

LPVM House
Architect: Mario Biselli, Artur Katchborian – Arquitetos
www.bkweb.com.br
Photos: Nelson Kon

Porto Alegre

Slice House
Architect: Procter-Rihl
www.procter-rihl.com
Photos: Suer Barr (pp 264 r., 266–267),
Marcelo Nunes (pp 264 l., 265)

Rio de Janeiro

Freedom in White
Architect: Claudio Bernardes and Paulo Jacobsen
Photos: Agi Simoes/zapaimages.com

Peru

Cañete

B House
Architect: Barclay & Crousse
www.barclaycrousse.com
Photos: Jean Pierre Crousse

Casa Equis
Architect: Barclay & Crousse
www.barclaycrousse.com
Photos: Jean Pierre Crousse

Chile

Santiago

Casa Serrano
Architect: Felipe Assadi
www.assadi.cl
Photos: Guy Wenborne

Indonesia

Jakarta

Albert's House
Architect: Patrick Rendradjaja Architect
patrick@theparadise-group.com
Photos: Albert Widjaja

Bali

Kayumanis Ubud
Architect: Hidayat Endramukti & Budi Harmunanto
www.kayumanis.com
Photos: Kayumanis Ubud

Japan

Kyoto

S Residence
Architect: Edward Suzuki Associates
www.edward.net
Photos: Yasuhiro Nukamura

Todoroki

N Residence
Architect: Edward Suzuki Associates
www.edward.net
Photos: Katsuaki Furudate

Eastern Japan

Lotus House
Architect: Kengo Kuma & Associates
www.kkaa.co.jp
Photos: Daici Ano

Fukaya

House in Fukaya
Architect: Waro Kishi + K. Associates/Architects
www.k-associates.com
Photos: Hiroyuki Hirai

Thailand

Bangkok

Bangkok House
Architect: Jackson Clement Burrows in Association with Hassell Limited Thailand
www.jcba.com.au
Photos: John Gollings, Gollings Photography

Phuket

Samsara
Architect: Original Vision
www.original-vision.com
Photos: Andrzej Wronkowski

Koh Samui

Villa Beige
Architect: NagaConcepts
www.villabeige.com
Photos: Luca Tettoni

Singapore

Singapore

House at Cluny Hill
Architect: Bedmar & Shi Design Consultants
www.bedmar-and-shi.com
Photos: Albert Lim

House at Nassim Road
Architect: Bedmar & Shi Design Consultants
www.bedmar-and-shi.com
Photos: Albert Lim

Andrew Road House
Architect: SCDA Architects Pte Ltd
www.scdaarchitects.com
Photos: Albert Lim

Sentosa Cove House
Architect: SCDA Architects Pte Ltd
www.scdaarchitects.com
Photos: Albert Lim KS

Australia

Brisbane

Balaam Residence
Architect: Arkhefield
www.arkhefield.com.au
Photos: Shaun Lockyer

Deniliquin

Edward River House
Architect: Jackson Clement Burrows Architects
www.jcba.com.au
Photos: Jon Clements

Mornington Peninsula

Cape Schank House
Architect: Jackson Clement Burrows Architects
www.jcba.com.au
Photos: John Gollings, Gollings Photography

Kew, Melbourne

Kew Residence
Architect: Jackson Clement Burrows Architects
www.jcba.com.au
Photos: John Gollings, Gollings Photography

Armadale, Melbourne

Armadale House
Architect: Jackson Clement Burrows Architects
www.jcba.com.au
Photos: John Gollings, Gollings Photography

Sydney

Butterfly House
Architect: Lippmann Associates
www.lippmann.com.au
Photos: Willem Rethmeier

Hawthorn, Melbourne

Dome House
Architect: McBride Charles Ryan Architecture + Interior Design
www.mcbridecharlesryan.com.au
Photos: John Gollings, Gollings Photography

Hobart

Liverpool Crescent House
Architect: Terroir
www.terroir.com.au
Photos: Ray Joyce

New Zealand

Auckland

Herne Bay House
Architect: Stevens Lawson Architects
www.stevenslawson.co.nz
Photos: Mark Smith

Photo Credits

Photographer	Project	Pages
William Abranowicz	Colorado House	202 bottom, 203
Daici Ano	Lotus House	302–307
Stefan Antoni	Aberfeldy	190–193
	Alexandra TT	180–185
	Fishermans 19	194–197
Emile Ashley	Villa Hellearmen	16–19
Giorgio Baroni	Villa Salina	124–129
Suer Barr	Slice House	264 right, 266–267
Tim Beddow	Jukovka House	14, 24–29
Nadine Blanchard	Residence Klosterneuburg	48–53
Al Broc / Kuhnle & Knödler	Miki 1	34–39
Roberto Cárdenas Cabello	Casa Corta	252–255
Jon Clements	Edward River House	350–353
Simon Collins	No.4, La Zagaleta	142–147
Grey Crawford	700 Palms Residence	233
Croce&Wir	Residence Sonndorf	54–59
Jean Pierre Crousse	B House	272–275
	Casa Equis	276–279
Paul Czitrom	Casa Taanah Sak	244–247
Georges Fessy	Villa S	94–97
Katsuaki Furudate	N Residence	298–301
Wieland Gleich	House Mc Gregor	176–179
	Private House	186–189
John Gollings, Gollings Photography		
	Armadale House	366–369
	Bangkok House	312–315
	Cape Schank House	354–359
	Dome House	374–377
	Kew Residence	360–365
Luis Gordoa	Casa en las Brisas	256–259
	Lope de Vega 324	248–251
Fernando Guerra / FG+SG	Casa PR	148–151
Reto Guntli / zapaimages.com		
	A Colorful World	12, 86–89
	Backcover bottom left	
	A Surrealist Fairytale	64–67
	Art Beats	110–113
	Cavogallo	152–155
	Eccentric Mountain Interior in Red	82–85
	Electric Eclectic	7, 240–243
	Lavish Comfort	98–101
	New Destiny	72–77
	The Ottoman World	156–159
	Unconventional Originality	68–71
	Backcover bottom right	
Mark Heithoff	Colorado House	198 left
Hiroyuki Hirai	House in Fukaya	308–311
Hertha Hurnaus	House H	44–47
Ray Joyce	Liverpool Crescent House	378–381
Pieter Kers	Villa Berkel	30–33
Christoph Kicherer	Private Residence	40 bottom left, 41–43
Vincent Knapp	Palm Beach Residence	234–239
Nelson Kon	LPVM House	260–263
Kineret Levy	Miler Residence	160–163
Albert Lim	Andrew Road House	336–339
	House at Cluny Hill	326–331
	House at Nassim Road	332–335
	Sentosa Cove House	340–343
John Edward Linden	Beuth Residence	214, 217–219
	Brosmith Residence	220–223
	Malibu 3	204–209
	Malibu 4	210–213
Shaun Lockyer	Balaam Residence	344–349
Toni Meneguzzo	The Stone House	102 right, 104–105
Alberto Muciaccia	The Stone House	102 left, 103
Irfan Naqi (courtesy)	Helal "New Moon" Residence	168–175
Juergen Nogai	Boxenbaum Residence	224–227
Yasuhiro Nukamura	S Residence	292–297
Marcelo Nunes	Slice House	264 left, 265
Erhard Pfeiffer	700 Palms Residence	228, 229, 231, 232
Matteo Piazza	Casa a Patio	106–109
	Villa La Mandria	114–117
	Villa Positano	9, 118–123
Yael Pincus	Ariav Residence	164–167
Alberto Piovano	Private Residence	40 bottom right
David Pisani / Metropolis	Casa Perellos	130–133
	Backcover top left	
Silvio Posadas	Camino Alto	134–137
	Can Daffas	138–141
Willem Rethmeier	Butterfly House	370–373
Julius Shulman & Juergen Nogai		
	Beuth Residence	215, 216
	700 Palms Residence	230
James Silverman	VillAnn	20–23
Agi Simoes / zapaimages.com		
	Around the World in Seven Rooms	11, 78–81
	Backcover top right	
	Country Feeling	60–63
	Freedom in White	268–271
Mark Smith	Herne Bay House	382–385
Luca Tettoni	Villa Beige	322–325
Steve Townsend	Light House	90–93
Kayumanis Ubud	Kayumanis Ubud	288–291
Paul Warchol Photography	Colorado House	198 right, 199, 200, 202 top
Guy Wenborne	Casa Serrano	280–283
Albert Widjaja	Albert's House	284–287
Tommie Wilhelmsen	Villa Hellearmen	16–19
Andrzej Wronkowski	Samsara	Cover, 316–321

© Produced by fusion publishing gmbh, stuttgart . los angeles
www.fusion-publishing.com

Editorial team:

Martin Nicholas Kunz, Manuela Roth (Editors)

Stefanie Bisping (Text)

Michelle Galindo, Kerstin Graf (Layout)

Michelle Galindo, Nathalie Grolimund (Editorial Coordination)

Zoratti studio editoriale (Translations)
Ingo Wagener (English), Susana Martinez (Spanish),
Anne Cathèrine Gonnot (French), Giulio Monteduro (Italian)

Anke Scholz (Prepress)

Everbest Printing Co.Ltd - www.everbest.com (Imaging)

Published by teNeues Publishing Group

teNeues Verlag GmbH + Co. KG
Am Selder 37, 47906 Kempen, Germany
Tel.: 0049-(0)2152-916-0, Fax: 0049-(0)2152-916-111
Press department: arehn@teneues.de

teNeues Publishing Company
16 West 22nd Street, New York, NY 10010, USA
Tel.: 001-212-627-9090, Fax: 001-212-627-9511

teNeues Publishing UK Ltd.
P.O. Box 402, West Byfleet, KT14 7ZF, Great Britain
Tel.: 0044-1932-403509, Fax: 0044-1932-403514

teNeues France S.A.R.L.
93, rue Bannier, 45000 Orléans, France
Tel.: 0033-2-38541071, Fax: 0033-2-38625340

www.teneues.com

© 2008 teNeues Verlag GmbH + Co. KG, Kempen

ISBN: 978-3-8327-9239-8

Printed in Italy

Picture and text rights reserved for all countries. No part of this publication may be reproduced in any manner whatsoever.

All rights reserved.
While we strive for utmost precision in every detail, we cannot be held responsible for any inaccuracies, neither for any subsequent loss or damage arising.

Bibliographic information published by Die Deutsche Bibliothek. Die Deutsche Bibliothek lists this publication in the Deutsche Nationalbibliografie; detailed bibliographic data is available in the Internet at http://dnb.ddb.de.